RENCONTRES
523

Série *Le dix-huitième siècle*
dirigée par Jacques Berchtold et Catriona Seth
38

Le Geste autobiographique

Actes du colloque « Écrire sa vie en France aux XVIIe et XVIIIe siècles. Écriture, expérience et connaissance de soi du *Discours de la méthode* aux *Confessions* de Rousseau », organisé du 24 au 26 octobre 2019 à Mulhouse (université de Haute-Alsace), publiés avec le soutien de l'Institut de recherche en langues et littératures européennes (ILLE) de l'université de Haute-Alsace

Le Geste autobiographique

Écrire sa vie (XVIIᵉ-XVIIIᵉ siècles)

Sous la direction de Marilina Gianico
et Christine Hammann-Décoppet

PARIS
CLASSIQUES GARNIER
2021

Marilina Gianico est docteure en littératures européennes. Elle travaille sur le pathétique et la sensibilité dans le roman sentimental et, plus récemment, sur le rapport entre l'idée de sentiment intime, le roman et l'écriture de soi. Elle a codirigé *Raconter la douleur* et publié des articles sur la littérature sentimentale et la sensibilité au siècle des Lumières.

Christine Hammann-Décoppet est maître de conférences à l'université de Haute-Alsace. Spécialiste de Rousseau, elle est l'auteur de *Déplaire à son public : le cas Rousseau* et participe à l'édition des *Œuvres complètes* de Rousseau chez Classiques Garnier. Elle travaille actuellement sur les formes de l'écriture de soi dans les textes d'Ancien Régime.

© 2021. Classiques Garnier, Paris.
Reproduction et traduction, même partielles, interdites.
Tous droits réservés pour tous les pays.

ISBN 978-2-406-12058-2 (livre broché)
ISBN 978-2-406-12059-9 (livre relié)
ISSN 2103-5636

INTRODUCTION

Gestes autobiographiques : pratiques disséminées et « moi » partiels

> Je donne à mon âme tantôt un visage, tantôt un autre, selon le côté où je la couche. Si je parle diversement de moi, c'est que je me regarde diversement.
> Michel DE MONTAIGNE, *De l'inconstance de nos actions*, *Essais*, II, 1

> Aujourd'hui, je sais que mettre sa vie en récit, c'est tout simplement vivre. Nous sommes des hommes-récits.
> Philippe LEJEUNE, « Le pacte autobiographique vingt-cinq ans après », *Signes de vie*

Depuis la théorisation de l'autobiographie comme genre par Philippe Lejeune, ce modèle d'écriture a fait l'objet de multiples analyses qui ont conduit à assouplir une approche purement générique des récits de soi en les décentrant du modèle prototypique des *Confessions* de Rousseau. Philippe Gasparini[1], et Lejeune lui-même[2], s'accordent avec Foucault (et déjà bien avant eux Georg Misch[3]) pour montrer que des formes littéraires du « souci de soi[4] » se déploient depuis l'Antiquité.

---

1   Philippe Gasparini, *La tentation autobiographique de l'Antiquité à la Renaissance*, Paris, Seuil, 2013.
2   Notamment dans *Signes de vie. Le Pacte autobiographique 2*, Paris, Seuil, 2005, en particulier le chapitre « Le pacte autobiographique, vingt ans après », p. 11-35.
3   Georg Mish, *Geschichte der Autobiographie*, Francfort, Schulte-Bulmke, 1907-1969, 4 vol.
4   Michel Foucault, « L'Écriture de soi », *Corps écrit*, n° 5 (*L'Autoportrait*), Paris, PUF, février 1983, p. 3-23 ; *Le Souci de soi* (*Histoire de la sexualité*, t. III), Gallimard. Voir aussi Pierre Hadot, *L'Invention de l'autobiographie. D'Hésiode à saint Augustin* (Colloque de Paris, 1990,

La parution, en 2017 du *Dictionnaire de l'autobiographie*[5], se proposant d'« examiner comment l'important capital critique apporté par Philippe Lejeune avait fructifié[6] » et de « cartographier un champ de recherches dont l'extension est souvent mal comprise », relance le débat sur « les écritures de soi en langue française[7] » (c'est le sous-titre de l'ouvrage) et rend compte de l'effervescence de la recherche sur les formes et les enjeux de l'écriture autobiographique.

Tandis que les historiens, curieux du « for privé[8] » voire du « for intérieur[9] », publient depuis plusieurs années les Mémoires de personnages parfois aussi obscurs que l'exilé huguenot Jacques Fontaine[10], l'écrivain de campagne Pierre Prion[11], ou la fugitive comtesse de Schwerin[12], la recherche littéraire ne semble que plus récemment s'emparer de ces textes confidentiels témoignant d'une intériorité qui se dévoile. Les travaux notables publiés durant la dernière décennie sur la correspondance de Mme de Sévigné ou les grands mémorialistes (que l'on songe aux travaux de Marc Hersant sur Saint-Simon[13]), attestent de l'intérêt des chercheurs actuels pour les formes personnelles de l'écriture. C'est ainsi que Catriona Seth, dans sa belle anthologie critique *La Fabrique de l'intime, Mémoires et journaux de femmes du* XVIIIe *siècle* (2013) met au

---

éd. Marie-Françoise Baslez, Philippe Hoffmann et Laurent Pernot), Presses de l'École Normale Supérieure.

5   Françoise Simonet-Tenant (éd.), avec la collaboration de Michel Braud, Jean-Louis Jeannelle, Philippe Lejeune et Véronique Montémont, *Dictionnaire de l'autobiographie. Écritures de soi de langue française*, Honoré Champion, 2017.
6   *Ibid.*, p. 8.
7   *Ibid.*
8   Madeleine Foisil, « L'Écriture du for privé », dans Philippe Ariès et Georges Duby, *Histoire de la vie privée* III. *De la Renaissance aux Lumières*, Paris, Seuil, 1986, p. 331-369 ; Jean-Pierre Bardet et François-Joseph Ruggiu (éd.), *Au plus près du secret des cœurs ? Nouvelles lectures historiques des écrits du for privé en Europe du* XVIIe *au* XVIIIe *siècle*, Paris, PUPS, 2005 ; Jean-Pierre Bardet et François-Joseph Ruggiu (éd.), *Les Écrits du for privé en France, de la fin du Moyen Âge à 1914*, Paris, CTHS, 2014. L'école des *Annales* et la micro-histoire de Carlo Ginzburg ont fortement orienté la recherche historienne en ce sens.
9   Voir à ce sujet la réflexion de Philippe Lejeune dans cet ouvrage, *infra* p. 45-49.
10 Bernard Cottret éd., Jacques Fontaine, *Persécutés pour leur foi, Mémoires d'une famille huguenote (1722)*, Paris, Les Éditions de Paris, 2003.
11 Emmanuel Leroy-Ladurie et Jean-Marc Roger (éd.), *La Chronologiette de Pierre Prion (1744-1759)*, Paris, Fayard, 2007.
12 Maurice Daumas, Claudia Ulbrich (éd.), *Une conversion au* XVIIIe *siècle, Mémoires de la comtesse de Schwerin*, Pessac, Presses Universitaires de Bordeaux, 2013.
13 Marc Hersant, *Le Discours de vérité dans les Mémoires de Saint-Simon*, Paris, Honoré Champion, 2009.

jour les témoignages de femmes plus ou moins ignorées de la « grande histoire », comme Rosalba Carriera (1675-1757), Marguerite-Jeanne de Staal-Delaunay (1684-1750[14]), ou Isabelle de Bourbon-Parme (1741-1763). De même, l'on doit à Adélaïde Cron une monographie étoffée sur les mémoires féminins entre 1675 et la Révolution, distinguant notamment, dans leurs motifs, leurs enjeux, et leur énonciation, les mémoires de la première période (1675-1720) de ceux de la seconde période (1755-1793[15]). Ces travaux divers invitent à prendre la mesure de l'espace autobiographique dans les Mémoires, journaux et correspondances des XVIIe et XVIIIe siècles.

Dès son premier ouvrage sur *L'autobiographie en France* (1971, 2010), Philippe Lejeune soulignait le caractère labile, « complexe et instable » de l'autobiographie dont il n'existe pas, selon lui, de modèle « pur ». Toute tentative de définition est forcément inadaptée aux formes souples et variables de l'écriture de soi : « plus la définition sera nette, écrit le théoricien du genre, plus elle a chance d'être inopérante, parce que le domaine exploré est flou. [...] aussi chaque œuvre réalise-t-elle, selon des proportions diverses, une sorte d'approximation du modèle théorique[16] ». Voire : peut-être la définition elle-même pose-t-elle un cadre trop rigide et toujours partiellement inadapté à des expériences diverses dont la variété et la richesse, précisément, nous intéressent plus que le modèle théorique. Elle reste, comme Lejeune le souligne en revenant sur ses premiers travaux et sur son parcours de recherche, « un objet à analyser[17] ».

Certes, la définition inaugurale proposée en 1971 par le chercheur, et qui servit de pierre de touche à des générations de chercheurs après lui (*récit rétrospectif en prose que quelqu'un fait de sa propre existence, quand il met l'accent principal sur sa vie individuelle, en particulier sur l'histoire de sa personnalité*[18]) permet à première vue de distinguer l'autobiographie

---

14 Que Sainte-Beuve a sorti de son obscurité et qui a récemment intéressé quelques chercheurs.
15 Adélaïde Cron, *Mémoires féminins de la fin du XVIIe siècle à la période révolutionnaire : enquête sur la constitution d'un genre et d'une identité*, Paris, Presses Sorbonne nouvelle, 2016.
16 Philippe Lejeune, *L'Autobiographie en France*, 1971, 3e édition, Paris, Armand Colin, 2014, p. 11.
17 Dans *Signes de vie. Le Pacte autobiographique 2, op. cit.*, p. 22. Voir également *Je est un autre*, Paris, Seuil, 1980 et *Moi aussi*, Paris, Seuil, 1986, dans lesquels Lejeune revient sur son travail et précise le statut instrumental de sa définition, conçue comme « un point de départ pour lancer une déconstruction analytique des facteurs qui entrent dans la perception du genre » et non comme « un lit de Procuste » (*Moi aussi, op. cit.*, p. 15).
18 *Ibid.*, p. 12.

des Mémoires, du roman à la première personne, ou encore du journal intime. Néanmoins, elle ne permet pas de rendre compte du foisonnement de fragments autobiographiques, de bribes d'une écriture d'un moi en quête de lui-même dans les textes les plus disparates. C'est le constat sur lequel convergent la recherche la plus récente de Philippe Lejeune – qui, soucieux de saisir la vérité du phénomène autobiographique, n'a eu de cesse de questionner sa propre définition de l'autobiographie et d'élargir son champ de recherche à des textes non littéraires, se livrant dans l'anonymat des archives à une archéologie de la « démarche autobiographique » impossible à appréhender comme histoire d'un genre littéraire[19] – et les thèses de Marc Hersant, qui préfère parler d'« éclats autobiographiques[20] », et nous invite à douter de la pertinence de l'approche générique de l'écriture mémorialiste.

Ce décloisonnement des genres opéré par la critique ouvre de nouvelles pistes de recherche et de réflexion : comment penser la circulation de la veine autobiographique dans ce paysage littéraire ainsi redessiné, aux frontières somme toute poreuses, où les formes textuelles participant du geste autobiographique sont plurielles et diversifiées ? Depuis les récits de vie, souvent de commande, relatant un parcours spirituel, qui fleurissent au cours du XVIIe siècle (vies de la Mère Alix Le Clerc, Jacques Fontaine, la Sœur Jeanne des Anges, Jeanne-Marie Guyon ou Antoinette Bourignon), jusqu'aux itinéraires intellectuels présentés par Descartes (*Discours de la Méthode*[21]), Pierre-Daniel Huet, Jean Rou, Grosley ou Charles Bonnet ; des récits fragmentés, parcellisés d'une vie telle qu'ils se déploient dans une correspondance même aussi suivie que celle de Mme de Sévigné et sa fille, aux « mémoires », ainsi qu'ils les appellent, que les patients

---

19   Selon la définition que l'association pour l'autobiographie et le patrimoine autobiographique donne d'elle-même : « L'APA est une association de personnes intéressées par la démarche autobiographique, dont l'objectif premier est la collecte, la conservation, la valorisation de textes autobiographiques inédits ». *La Faute à Rousseau*, revue éditée par l'association, rend compte des débats et des découvertes de l'association. Voir http://autobiographie.sitapa.org (consulté le 20 janvier 2021). Voir aussi Philippe Lejeune, *Pour l'autobiographie. Chroniques*, Paris, Seuil, 1998. Cet ouvrage présente notamment des textes ayant accompagné la fondation de l'association et offre un éclaircissement sur l'histoire et les raisons de celle-ci.
20   *Infra*, p. 39.
21   Pour le *Discours de la méthode* comme autobiographie intellectuelle (et pour une bibliographie relativement récente sur la question), voir Christophe Laudou, « Le Cogito autobiographique : quelques conditions métaphysiques d'apparition de l'autobiographie », dans Norbert Col, *Écritures de soi*, L'Harmattan, 2007, p. 31-40.

adressent à des personnalités reconnues par le corps médical pour obtenir un diagnostic[22] et jusqu'aux textes intitulés *Mémoires*, qui, comme ceux de Mme de Staal-Delaunay, n'accordent qu'un intérêt limité à la chronique historique et à la peinture de la Cour, préférant faire porter l'accent sur l'expression d'une personnalité, rien ne semble autoriser le rapprochement d'écrits au premier abord si éloignés par leur forme et leur contenu si ce n'est la présence d'autobiographèmes représentant des espaces d'expression du moi et dessinant, sinon toujours l' « histoire » d'une personnalité ainsi que le voulait Lejeune dans sa première définition, du moins le dévoilement plus ou moins fugace d'une intériorité.

Quel est le « je » qui se donne à lire dans ces « vies » ? Car à l'évidence le « moi » se dévoile rarement tout entier dans ces formes diverses d'écriture de soi. L'autobiographie spirituelle est souvent pudique, et répugne à l'exhibition (Mme Guyon n'avait-elle pas été enjointe de réécrire sa vie pour s'être montrée d'abord trop réservée ?). L'autopathographie, sur laquelle des études récentes se concentrent et que le psychiatre Stéphane Grisi définit comme « tout écrit autobiographique dans lequel l'auteur évoque de façon centrale ou périphérique, des faits, des idées ou des sentiments relatifs à sa propre maladie[23] », interprète l'expérience à l'aune de l'étiologie ou de la symptomatologie médicale. À cet égard la perspective holistique et totalisante de Rousseau, d'abord considéré par Lejeune comme le père de l'autobiographie, est indéniablement originale et témoigne d'une « métaphysique de la subjectivité[24] » qui paraît absente dans les écritures précédentes. Mais faut-il exclure du cadre de l'écriture autobiographique ces « *moi* » *partiels* qui parlent, qui le langage du corps – corps jouissant ou corps en souffrance –, qui celui de l'âme, ou

---

22   Dont l'exemple le plus connu est sans aucun doute la correspondance du médecin suisse Tissot, mais qui, comme le suggère S. Pilloud (Séverine Pilloud, *Les mots du corps : expériences de la maladie dans les lettres de patients à un médecin du* XVIIIe *siècle*, Lausanne, BHMS, 2013) et comme le témoigne également le dossier d'Élie Beaumont publié par D. Teysseire (Élie Beaumont, *Obèse et impuissant. Le dossier médical d'Élie de Beaumont (1765-1776)*, textes établis et présentés par Daniel Teysseire, Grenoble, Jérôme Millon, 1995) était une pratique assez fréquente tout au long du dix-huitième siècle.
23   Stéphane Grisi, *Dans l'intimité des maladies : de Montaigne à Hervé Guibert*, Desclée de Brouwer, 1996, p. 25. L'auteur propose une histoire du mot et de l'empan sémantique qu'il recouvre, le faisant remonter aux études de Möbius sur Rousseau et Nietzsche. Voir aussi, plus récemment, Sophie Vasset, « Narrating pain in British medicine and fiction », dans S. Arnaud, H. Jordheim (éd.), *Le corps et ses images dans l'Europe du dix-huitième siècle / The Body and its Images in Eighteenth-century Europe*, Paris, Champion, 2012, p. 199-217.
24   Pierre Hadot, *L'Invention de l'autobiographie*, op. cit., p. 9.

se contentent de décrire l'itinéraire intellectuel ou spirituel de l'esprit en quête de savoir ou de salut ? On pourrait se demander, comme le font les éditeurs du *Dictionnaire de l'autobiographie*, « si l'écriture autobiographique est un modèle d'écriture identifiable à quelques traits précis ou bien un registre qui transcende les frontières génériques[25] ». Cette question qui, cinquante ans après la constitution de l'autobiographie en objet d'étude, traduit la gêne des chercheurs face à ce même objet redevenu problématique, invite et autorise à repenser la modélisation opérée par la critique et à explorer de nouveaux espaces autobiographiques – des espaces qui transcendent les genres. Telles furent les pistes de réflexion qui orientèrent le colloque tenu à Mulhouse du 24 au 26 octobre 2019, dont nous publions ici les actes, sous un titre qui souligne le caractère éphémère et parfois impromptu de l'émergence du moi dans des textes qui ne proposent pas tous une ressaisie globale de la personnalité.

Ce volume est organisé en cinq parties, dont une prémisse théorique en deux volets qui questionnent les définitions trop rigides du genre et invitent à la prudence méthodologique. Philippe Lejeune offre dans sa contribution une synthèse de ses travaux les plus récents et une leçon. Constatant « combien il est imprudent de dire que quelque chose n'existe pas, en se basant sur le fait qu'on n'en a pas trouvé d'exemple[26] », il partage avec le lecteur les nombreuses surprises que les archives publiques et privées qu'il a consultées ces dernières années lui ont réservées ; surprises qui remettent en question à la fois une périodisation (le journal personnel serait né au dix-neuvième siècle), une filiation (le journal personnel serait le descendant direct du journal religieux d'inspiration protestante) et un genre : l'ensemble des textes révèle plutôt l'existence d'une pratique d'écriture que d'un genre codifié. Se fondant sur un corpus qui va des *Essais* de Montaigne jusqu'au *Journal de mon œil* de Sade, Marc Hersant propose également une problématisation de l'idée de genre, qu'il s'agisse d'étudier l'autobiographie ou bien les Mémoires. Passant en revue trois siècles de littérature, Hersant réfute habilement l'opposition établie par la critique contemporaine entre d'une part l'autobiographie, espace du moi intime, et d'autre part les Mémoires, lieu de déploiement du moi social, montrant dans quelle mesure les catégories génériques élaborées *a posteriori* par la critique littéraire se sont superposées à une réalité des

---

25 Françoise Simonet-Tenant (éd.), *Dictionnaire de l'autobiographie*, *op. cit.*, p. 8.
26 *Infra*, p. 47.

textes qui échappe à toute tentative d'enfermement générique. À la catégorie de genre, opposant autobiographie et Mémoires et résultant, *in fine*, d'une approche anachronique, Hersant préfère les notions d'« éclat autobiographique », d'« enclaves autobiographiques » et de « *moi* » *partiels*, enchevêtrés dans des récits qui sont souvent, à l'instar des *Mémoires* de Saint-Simon, des « mosaïques de récits juxtaposés[27] ». Envisagée de ce point de vue surplombant, l'écriture de soi apparaît comme une « pratique disséminée dans de nombreux contextes de la parole orale et écrite, et plus largement comme élément essentiel de la parole humaine[28] » qui n'a « aucun lieu fixe[29] » et qui demande, pour mieux être saisie, un nouveau regard et de nouveaux outils herméneutiques. Les quatre parties suivantes explorent les divers espaces de déploiement de l'écriture de soi, depuis la deuxième partie du dix-septième siècle jusqu'à la Révolution.

L'autobiographie spirituelle ou, plus généralement, l'écriture à la première personne exprimant une expérience ou un itinéraire spirituels, à laquelle est consacrée la deuxième partie, sont d'emblée confrontées à la gageure que constitue l'exigence de mort à soi, d'humilité et d'abnégation portée par les écrits néotestamentaires et exacerbée par la tradition. Mais il n'est sans doute pas fortuit que le premier monument de l'écriture autobiographique en occident soit les *Confessions* d'Augustin. De fait, rares sont les écrits entrant si intimement dans les méandres et les contradictions du cœur que ceux qui font état d'une quête, d'une conversion ou d'une révélation d'ordre mystique. Généralement produits sur la commande d'un directeur de conscience ou d'une Mère Supérieure, et autorisé par cet ordre de mission à fins édifiantes (ainsi de textes aussi divers que ceux de Thérèse d'Avila, Sœur Jeanne des Anges, les religieuses de Port-Royal, la mère Angélique, Mme Guyon), ces écrits personnels marquent généralement de manière explicite la réticence de l'autrice à faire état d'elle-même, tout en présentant un registre varié de sentiments et d'émotions, émois d'autant plus vifs qu'ils sont attachés à une expérience épiphanique. Ainsi la réserve est souvent corrélée à l'urgence intérieure, à l'impérieuse nécessité d'écrire – soit que la persécution organise un discours apologétique, soit que l'intuition apophatique invite à l'épreuve des mots, soit encore que la quête du divin prenne une forme discursive.

---

27 *Infra*, p. 30.
28 *Infra*, p. 33.
29 *Infra*, p. 38.

C'est sur les *Mémoires* des religieuses de Port-Royal que porte la contribution d'Agnès Cousson, à qui l'on doit déjà une conséquente et précise étude sur l'écriture de soi dans les récits autobiographiques des religieuses de l'abbaye janséniste[30]. L'œuvre mémorielle du monastère des Champs, qui se déploie à partir de 1646, porte premièrement sur la vie de la mère Angélique Arnauld mais s'étend, comme le montre Agnès Cousson, à la communauté persécutée et prisonnière, ce qui la met au nombre des « autobiographies de combat[31] ». L'étude met en valeur la formulation d'un « je » voué à exprimer une identité collective. Elle met notamment en tension récit biographique et autobiographique de la vie de la mère Angélique, objet prismatique produit par plusieurs discours accordés où se réfléchissent en retour les vies de ses consœurs. Agnès Cousson prend, ce faisant, la mesure de la présence implicite et apparemment incidente de la voix personnelle dans les Mémoires, où se dessinent pourtant des altérités.

Dans l'étude de Yolanda Vinas, biographie et autobiographies se font aussi écho dans la présentation qu'Antoinette Bourignon et son éditeur Pierre Poiret donnent de celle qui se veut la nouvelle Mère des croyants. L'autobiographie est même à double facette, Antoinette présentant conjointement ses vies *intérieure* et *extérieure*, tout en laissant dans l'ombre le « continent fabuleux[32] » de ses conversations avec Dieu, pourtant officiellement commanditaire de l'œuvre. L'originalité de cette autobiographie spirituelle réside peut-être dans la manière assumée dont l'autrice, à qui l'on reproche de parler « trop, et trop en bien d'elle-même », assume ce reproche, l'humilité consistant précisément à ses yeux – renversement ingénieux – à le subir.

Sous d'autres formes et sous d'autres horizons que l'autobiographie spirituelle, le journal de voyage conjugue objectivation d'expériences et récit d'une quête. Bien que ce type d'écrit se présente comme un témoignage ethnographique, fuyant toute personnalisation ou commentaire subjectif, les anthropologues du siècle dernier ont montré à quel point la subjectivité de l'observateur teintait de ses propres couleurs un récit qui se voudrait, au premier abord, objectif – que l'on pense à *Tristes*

---

30   Voir son ouvrage *L'Écriture de soi. Lettres et récits autobiographiques des religieuses de Port-Royal*, Paris, Champion, 2012, rééd. 2015.
31   Voir à ce propos l'article éponyme de J. F. Plamondon, *Dictionnaire de l'autobiographie*, mentionné par A. Cousson.
32   *Infra*, p. 83.

tropiques de Lévi-Strauss – : une subjectivité se décèle derrière des stratégies argumentatives visant à garantir l'authenticité de la narration par la présence de l'auteur sur les lieux et dans les situations rapportées. C'est sur différentes formes de la littérature viatique que se concentre la troisième partie, dans laquelle les autrices s'interrogent sur la présence d'une voix de l'intime, d'éclats d'autobiographie plus ou moins dissimulés dans des journaux de voyage issus d'auteurs, milieux et époques différents. Mathilde Mougin met ainsi en regard deux textes qu'un siècle, ainsi que la position et la visée des voyageurs séparent – le *Voyage en Italie* de Montaigne et le *Voyage aux Indes* de Tavernier –, mais qui n'en permettent pas moins, par l'étude comparée qui en est proposée, d'entamer une réflexion sur les degrés de personnalisation du moi et de montrer que, même dans leur prétendue impersonnalité, ces récits donnent une clé d'accès au moi auctorial : « le discours sur le monde que tient le voyageur permet de pénétrer plus avant dans son intimité, en accédant à sa personnalité morale[33] ». Parfois, des fragments autobiographiques font surface dans l'espace de la digression, dans les détours narratifs de la description à vocation documentaire : Stéphanie Bernier-Tomas en interprète les enjeux littéraires et sociopolitiques dans cette inflexion bien particulière de la littérature de voyage qu'est la littérature de la flibuste. La contribution de Camille Kerbaol, qui clôt cette partie, propose également de retrouver des bribes autobiographiques dans un texte *a priori* impersonnel comme le *Journal de mon voyage en Amérique* du comte de Charlus. De ce texte, inédit, conservé aux archives nationales à côté de correspondances officielles et journaux de bord (ceux-ci rigidement codifiés et proscrivant tout recours à des considérations d'ordre personnel), la chercheuse montre qu'il sait offrir des éléments d'analyse pour une histoire et une herméneutique de l'écriture de soi.

Nor last, neither least, Rousseau. L'idée du colloque était de penser Rousseau autrement que comme un précurseur en matière autobiographique. Il s'agissait de montrer à quelles sources l'écrivain avait puisé, et quelles veines affleuraient en matière d'écriture de soi avant lui. Certes, nous n'avons rencontré rien d'équivalent aux *Confessions* : aucun auteur, même dans les autobiographies religieuses les plus intimes, n'avait à ce point développé le projet de se connaître et de se révéler dans les méandres de son intériorité et à chaque détour de sa vie. Ni point de

---

33 *Infra*, p. 118.

départ, ni point d'aboutissement, les *Confessions* sont un jalon déterminant dans l'histoire de l'autobiographie. Mais l'écriture de soi rousseauiste n'est jamais désamarrée du « grand système ». Les trois contributions consacrées à Rousseau s'attachent à mettre en lumière les présupposés et les implications philosophiques et anthropologiques des formes de l'écriture à la première personne développées dans les *Confessions* et les *Rêveries*. Jacques Berchtold, dans une étude où il envisage à nouveaux frais la facture et la structure des *Confessions*, montre comment le texte autobiographique comporte, de manière sous-jacente, le « mode d'emploi » de la pensée de Rousseau sur les conditions de possibilité de l'instauration d'une paix durable, offrant ainsi une clef de compréhension décisive au diptyque formé par l'extrait de *Projet de paix perpétuelle* et le *Jugement sur l'extrait du projet de paix perpétuelle* et publié de manière posthume. Les deux autres communications portent sur les *Rêveries du promeneur solitaire*, sorte d'apax à la première personne ne s'inscrivant dans aucun genre. Christine Hammann-Décoppet, propose d'y voir une forme réappropriée de *méditation*. Elle s'attache à montrer comment, à travers une riche intertextualité cartésienne, Rousseau tout à la fois inscrit l'œuvre dans le fil des méditations métaphysiques suivant une méthode mieux pensée qu'il ne le laisse croire, et propose, ce faisant, une réévaluation des conditions de possibilité de la connaissance de soi et d'autrui. Marilina Gianico envisage également les *Rêveries* dans leur portée philosophique et gnoséologique. Elle contribue en particulier à éclairer l'heuristique rousseauiste à l'œuvre dans ce texte, aboutissant, dans une perspective proche des thèses de Malebranche, à la mise à jour des mécanismes de la connaissance de soi et des conditions de l'observation de l'intime.

En contrepoint de la retraite introspective de Rousseau, une écriture de soi procédant d'un dialogue avec autrui, sous la forme de l'épistolaire ou du mémoire apologétique, fait l'objet de notre cinquième partie consacrée à des vies aux prises avec les tourments de l'Histoire. Les mémorialistes qu'A. Cron nomme de la deuxième époque (1755-1793[34]) se distinguent par leur volonté et leur conquête d'autonomie, passant, notamment pour les femmes, par un affranchissement progressif des stéréotypes du féminin. Les formes d'expression empruntées sont aussi

---

34 Adélaïde Cron, *op. cit.*

plus diverses. La mise en scène de soi rayonne sensiblement dans des formes liminaires ou marginales de l'écriture de soi. C'est sur ces limites du genre que s'interroge la première contribution, en proposant un exemple d'« autobiographie épistolaire[35] ». En effet on pourrait voir dans certaines correspondances au long cours une sorte d'« autobiographie en pièces détachées[36] ». Pour autant, la temporalité particulière de la narration, échelonnée à l'échelle d'une vie, dévoile des modifications de perspective et d'appréhension du sujet par lui-même qui font de la correspondance bien plus qu'un puzzle autobiographique : un laboratoire de soi. C'est ce que montre l'étude de Camille Caparos des lettres adressées par Françoise de Robert d'Escragnolle (1724-?) à un mari capitaine de cavalerie, absent et silencieux durant près de trente ans, dont elle doit gérer le domaine. La correspondance produite admet une « double focale[37] » : mise en scène actuelle des activités de la vie quotidienne et ressaisies réflexives d'une existence malheureuse. Véritable *work in progress*, elle met ainsi en œuvre un processus d'émancipation dont les lettres sont à la fois le reflet et l'opérateur, documentant à merveille les tensions de la condition féminine en son siècle. La contribution de Valentine Dussueil porte sur les fragments autobiographiques ou plus exactement l'« autoportrait moral fragmentaire » disséminé dans les *Mémoires judiciaires* de Beaumarchais, où la chercheuse propose de voir un « laboratoire de l'écriture de soi[38] ». Enfin l'article de Cyril Francès aborde la période postrévolutionnaire et la Terreur à travers l'expérience carcérale de Mme Roland. L'article présente avec finesse ces *Mémoires* (terme « en partie impropre pour caractériser l'ensemble des textes composites rédigés durant l'incarcération[39] ») où se dessine un « incessant va-et-vient entre le public et le particulier, le moi et l'Histoire, l'intime et le politique[40] ». Ils sont le lieu non seulement d'une mise en scène de soi, véritable leçon donnée à l'Histoire, mais aussi d'une conversion à soi, lorsque l'écriture est ressaisie jouissive de l'unité d'un moi voué à la mort.

---

35 Sur cette formule, *cf.* Anne E. McCall Saint-Saëns, *De l'être en lettres : l'autobiographie épistolaire de George Sand*, Amsterdam ; Atlanta, Rodopi, « Faux titre », 1996.
36 *Ibid.*
37 *Infra*, p. 244.
38 *Infra*, p. 259.
39 *Infra*, p. 276.
40 *Infra*, p. 277.

Nous remercions Béatrice Guion et tous les membres du comité scientifique pour leur soutien à ce projet et leurs suggestions avisées. Nous adressons un remerciement particulier à Alexandra Klinger pour sa précieuse collaboration dans la relecture et la mise en page de l'ouvrage.

Christine HAMMANN-DÉCOPPET
et Marilina GIANICO

PREMIÈRE PARTIE

ÉCRIRE SA VIE

DES LIMITES THÉORIQUES D'UN GENRE

DISSÉMINATIONS AUTOBIOGRAPHIQUES

L'autobiographie nous apparaît aujourd'hui comme un « genre », et même parfois comme un des genres les plus importants de la littérature, au même titre que la poésie, le théâtre ou le roman, et par rapport à la poésie en particulier, on peut constater avec un peu d'amertume qu'elle représente un marché considérablement plus important. Des auteurs innombrables, qui appartiennent à toutes les catégories sociales[1], écrivent des « autobiographies » ou des « autofictions » comme ils écrivent dans d'autres cadres génériques sinon stables, puisque les possibilités formelles pour entrer dans ces cases sont presque infinies, du moins à peu près construites culturellement, assez en tout cas pour qu'un lecteur puisse choisir un livre en partie pour cette raison. Sous l'Ancien Régime, il me semble que les choses se présentent de manière tout à fait différente. Certes, des hommes racontent leur vie, mais il n'existe pas un genre, codifié ou non, qui serviraît spécialement à ça, et notamment pas le prétendu « genre » des Mémoires dont j'ai souvent tenté de montrer qu'il était à bien des égards une invention rétrospective des éditeurs du XIXe siècle et des critiques et poéticiens du XXe siècle, point sur lequel je serai amené à revenir ici[2]. Ce qui est frappant, c'est que la plupart du temps, lorsqu'ils racontent leur vie, les écrivains du XVIe, du XVIIe

---

1   Ce n'était pas le cas avant Rousseau qui le remarque dans le préambule de Neufchâtel.
2   En ce qui concerne mes tentatives précédentes sur ce sujet, je me permets de renvoyer à certains de mes articles : « Vitalité des Mémoires au XXe siècle », analyse de l'ouvrage de Jean-Louis Jeannelle, *Écrire ses Mémoires au XXe siècle : déclin et renouveau*, Gallimard, 2008, Fabula, « Acta Fabula », août-septembre 2009, URL : https://www.fabula.org/acta/document5167.php, page consultée le 30 mars 2021 ; « Voltaire, auteur et lecteur de Mémoires », *La réception des mémoires d'Ancien Régime : discours historique, critique, littéraire*, éd. Jean-Jacques Tatin-Gourier, Éditions Le Manuscrit, 2010, p. 143-170 ; « Rousseau mémorialiste ? », *Les Confessions : se dire, tout dire*, éd. Jacques Berchtold et Claude Habib, Garnier, 2015, p. 51-68 ; ainsi qu'à ma thèse : *Le Discours de vérité dans les Mémoires du duc de Saint-Simon*, Paris, Champion, 2009. D'autres approches ont au contraire défendu la possibilité de voir dans les Mémoires un « genre » à proprement parler : voir notamment Emmanuèle Lesne, *La Poétique des Mémoires (1650-1685)*, Paris, Champion, 1996.

et du XVIIIe siècles font presque toujours autre chose en même temps, les textes à la première personne dont la cohérence complète est donnée par des récits de vie personnels étant en fin de compte très rares. Je voudrais pour illustrer cette idée très simple mettre en regard les deux tentatives particulièrement célèbres et structurantes pour notre imaginaire historique des « écritures du moi » que sont les œuvres majeures de Montaigne et de Saint-Simon. Elles me paraissent poser un même problème, mais sous deux angles opposés. Dans les deux cas[3], ce qui attire l'attention, c'est le rapport entre le « programme » annoncé par l'auteur dans le texte où il décrit son projet, et la réalité des textes des *Essais* de Montaigne d'un côté, des *Mémoires* de Saint-Simon dans l'autre.

En ce qui concerne Montaigne, tout le monde connaît le préambule dans lequel cet homme étonnant explique, non sans malice, que la matière de son livre, c'est lui-même. Il n'annonce pas une « autobiographie » au sens où son texte aurait pour cohérence le récit de sa vie, et il suffit de jeter un coup d'œil à la table des matières des *Essais* pour constater que ce n'est pas un principe narratif qui structure son livre, mais il insiste sur le fait que le sujet principal de ce livre n'en est pas moins *lui-même*, Michel de Montaigne. Deux des déclarations les plus célèbres et les plus significatives, « car c'est moy que je peins », et « je suis moy-mesme la matiere de mon livre[4] », ne laissent aucune ambiguïté sur ce sujet. Cependant, lorsque l'on regarde les titres des chapitres des *Essais*, aucun d'eux n'a Montaigne pour sujet explicite. Les thèmes traités se succèdent dans un savant désordre, ou dans un ordre retors et occulte, comme on préférera, c'est à la critique spécialisée de débattre sur ce point, mais ce sont des sujets généraux qui semblent abordés, et pour citer quelques-uns de ceux qui le sont, entre tant d'autres, c'est à la constance ou à la peur, à l'amitié ou à la cruauté, à la vanité ou à l'expérience, au repentir ou à la gloire, que les chapitres sont officiellement consacrés, et non à Montaigne. Il y a donc un décalage entre le projet annoncé et la réalisation apparente, qui fait que dans le premier Montaigne est censé donner son sujet et son unité au livre, alors que si l'on regarde la table des matières, plus aucune trace ne reste d'un tel programme. Et conformément à ce qui est annoncé par les titres des

---

3 Je rappelle tout de même que je suis spécialiste de Saint-Simon, et non de Montaigne…
4 Montaigne, *Les Essais*, éd. Jean Balsamo, Michel Magnien et Catherine Magnien-Simonin, Paris, Gallimard, « Bibliothèque de la Pléiade », 2007, p. 27.

différents chapitres, de longs passages sont consacrés à des éléments de réflexion générale sur des sujets très divers, avec multiplication comme chacun sait de citations savantes et d'exemples historiques et culturels, comme dans l'ahurissant chapitre « De la coutume » (I, XXII) qui les entasse sur de nombreuses pages[5] : Montaigne y parle occasionnellement et brièvement de lui-même, mais ces « saillies » autobiographiques au sens le plus large ou du moins « personnelles » n'occupent qu'une assez petite partie de ce très long chapitre. Ailleurs, et c'est un autre aspect célèbre des *Essais*, Montaigne parle beaucoup de lui et, en particulier, raconte des épisodes de sa vie, comme pour donner encore une fois des exemples qui ne recherchent nullement l'originalité et figurent au contraire parmi les plus connus, son amitié avec La Boétie, un épisode célèbre où il a frôlé la mort, ou encore mille anecdotes où rien ou presque de la vie de son corps ne nous est caché. Mais ces enclaves « autobiographiques » se trouvent dans des chapitres dont le thème principal reste de l'ordre de la généralité, qu'il s'agisse de morale, de religion ou de politique. La notion d'hybridité a bonne presse aujourd'hui, et il est de bon ton de « mélanger » les genres au lieu de les pratiquer dans leur intégrité, comme si l'hybridité était une vertu en soi et une espèce de garant de créativité. De même, un certain discours critique tend à valoriser tout ce qui est « hybride » en matière d'art et de littérature, élément de discours qui a eu nettement tendance à se pétrifier ces dernières années et à devenir un cliché de la réflexion universitaire. Mais le texte de Montaigne n'est pas « hybride » au sens où il proposerait un mélange provocateur de deux catégories textuelles ayant une existence claire et une cohérence propre avant lui, dans une logique postmoderne avant la lettre de « déconstruction » ou de « brouillage » des repères. Les limites entre le discours philosophique et le discours « autobiographique » ou « intime » au sens moderne n'ont strictement aucun sens pour lui, et il ne cherche ni à les transgresser ni à les subvertir : on serait plus proche de la vérité en disant qu'il les ignore totalement ou, à supposer qu'il puisse les penser, ce qui n'est pas sûr, qu'elles lui sont complètement indifférentes. Si l'on décompose le texte en séquences textuelles, on peut donc distinguer, si l'on y tient, outre des « séquences philosophiques » et des « séquences autobiographiques », des « séquences anecdotiques »

---

5   *Ibid.*, p. 111-127.

ou des « séquences historiographiques », ainsi que beaucoup d'autres qui ne rentrent vraiment ni dans l'une ni dans l'autre de ces différentes cases. Mais les *Essais* constituent un tout organique qui résiste à toute tentative de morcellement de ce type et vivent d'une sorte de lien intime entre la parole sur soi, la parole sur le monde, la culture littéraire et historique, et la pensée. Deux siècles plus tard, un texte aussi célèbre que les *Essais*, et qui est lui aussi considéré comme un jalon majeur dans l'histoire de ce qu'on appelle les « écritures du moi », me semble vivre d'un équilibre en partie comparable : je pense aux *Rêveries du promeneur solitaire*. En effet, pas plus que les *Essais*, les *Rêveries* ne sont un récit de vie, et si la catégorie de « Mémoires » semble avoir du mal à digérer un écrit aussi insolite et fulgurant, celle d'autobiographie, contrairement avec ce qui se passe pour les *Confessions*, paraît tout aussi incongrue et décalée : dans ce texte unique alternent des moments de méditation de Rousseau sur sa situation présente, celle d'un homme désormais totalement seul, ou qui du moins se proclame tel ; des moments de réflexion sur des sujets plus généraux, plus rares que chez Montaigne, mais très marquants, comme la magnifique méditation de la quatrième promenade sur la question de la vérité ; des récits brefs d'anecdotes récentes qui ont marqué la vie quotidienne du Rousseau des dernières années, partie particulièrement émouvante de l'œuvre où il évoque, de petit fait en petit fait, les liens ténus qui, à doses homéopathiques, le rattachent encore au reste de l'humanité. Il serait bien difficile de dire, de l'aspect méditatif de l'œuvre, et de son aspect narratif, lequel l'emporte, et si l'un des deux est structurellement dépendant de l'autre, et il me semble que cette tension est maintenue jusqu'au bout.

Je passe à Saint-Simon, pour examiner chez lui aussi un écart, qui n'en est peut-être un que pour nous et les catégories à travers lesquelles nous sommes habitués à penser les textes, entre projet et réalisation. Une des représentations les plus communes de ce que sont des « Mémoires », c'est qu'il s'agit d'un texte où un homme raconte sa vie : Philippe Lejeune[6] a voulu montrer dans les années 1970, point sur lequel il a considérablement nuancé son discours depuis, que la manière de

---

6   L'ouvrage de référence historique de Lejeune est bien sûr *Le Pacte autobiographique*, Paris, Seuil, 1975. Dans un ouvrage beaucoup plus récent et particulièrement admirable, Lejeune a pris ses distances avec les certitudes de sa jeunesse. *Cf. Signes de vie. Le Pacte autobiographique 2*, Paris, Seuil, 2005.

« raconter » sa vie des Mémoires n'est pas celle de l'autobiographie. Je ne reviens pas sur cette distinction trop célèbre, qui est évidemment présente dans tous les esprits, mais je tiens à insister sur l'écart assez malheureux entre l'intensité et la mobilité prodigieuses de pensée de l'œuvre de Lejeune et les quelques idées décevantes qui ont transformé cette pensée en *doxa* pédagogique. Plus récemment, Jean-Louis Jeannelle, dans un ouvrage particulièrement et justement remarqué[7], a cependant durci une opposition que Philippe Lejeune me semble avoir de son côté progressivement assouplie, et que d'autres grands penseurs de l'autobiographie, comme Gusdorf[8], avaient depuis longtemps chahutée. Je rappelle en effet que Jeannelle, se basant sur un corpus de textes du XXe siècle, construit théoriquement un grand écart maximal entre des Mémoires voués à la construction d'un moi monumental et à l'évocation d'une « Vie majuscule », dont l'exemple par excellence serait donné par l'œuvre du Général de Gaulle, et l'autobiographie telle qu'il la conçoit, orientée au contraire vers la saisie des méandres de l'intériorité d'un moi complexe dont Leiris pourrait paraître donner un exemple par excellence. Cette opposition, passionnante pour défendre l'idée que les Mémoires ne sont pas morts avec l'Ancien Régime et restent vivants aujourd'hui, ne fonctionne pas, ou très mal, sur le corpus de mémorialistes d'Ancien Régime, et lorsqu'on observe des signes qu'elle devient elle aussi une *doxa* censée valoir pour toutes les périodes, cela peut inquiéter un peu. Je laisse ces questions théoriques de côté pour le moment, mais disons que dans nos représentations habituelles, qui sont en partie liées à des expériences de lecture des écrivains du passé, mais aussi à l'influence sur nos manières de lire de ceux qui ont théorisé ces questions, un « mémorialiste » est un écrivain qui, même s'il ne le fait pas sous l'angle de son existence intime ou sentimentale, même s'il ne le fait pas pour expliquer la genèse de sa personnalité, n'en raconte pas moins sa vie, par exemple en se focalisant sur la dimension politique, militaire ou ecclésiastique de son existence. Dans ces représentations, même s'ils ne sont pas des autobiographies au sens restreint de la célèbre définition de Lejeune, les Mémoires sont tout de même des « autobiographies » dans un sens plus large et moins rigidement théorisé.

---

7   Jean-Louis Jeannelle, *Écrire ses Mémoires au XXe siècle : déclin et renouveau*, Paris, Gallimard, 2008.
8   Voir notamment *Lignes de vie 1 : Les écritures du moi*, Paris, Odile Jacob, 1991.

Cependant, et je reviens à mon exemple de prédilection, les *Mémoires* de Saint-Simon sont précédés d'une vaste préface, d'une quinzaine de pages dans l'édition de référence d'Yves Coirault dans la « Bibliothèque de la Pléiade », et pas une seule fois Saint-Simon ne présente son œuvre comme un récit de sa vie[9]. J'insiste sur le fait que l'idée de raconter sa propre existence n'y est pas juste un peu négligée ou minorée, traitée de manière désinvolte ou en passant, mais qu'elle est purement et simplement *absente*. Pas un mot de ce texte programmatique n'est consacré à cette dimension. Cette préface magnifique et pathétique des *Mémoires* écrite en 1743 sous le choc de la mort de Mme de Saint-Simon, et traversée de bout en bout par une tension très violente, présente cependant, avec une parfaite cohérence de pensée et une absence complète d'ambiguïté, non un projet autobiographique, mais un projet d'historien. Ce projet, je le rappelle, entre dans le cadre de ce que l'auteur appelle « histoire particulière[10] », c'est-à-dire, dans des conceptions qu'il explique avec une remarquable hauteur de vue, une histoire des faits contemporains de son existence propre, ce qu'on appellerait aujourd'hui une histoire du passé récent, voire une histoire du temps présent. Le sujet annoncé, ce n'est donc pas l'histoire du duc de Saint-Simon, mais l'évocation de ce qui s'est passé du vivant de Saint-Simon à la cour, en France, en Europe, parfois dans le monde, le texte flottant sans cesse entre ces différents possibles sans trouver d'équilibre clair. Or, ce projet ne semble nullement incompatible avec l'étiquette de « Mémoires » que Saint-Simon choisit comme titre de son œuvre, et on peut se demander pourquoi. J'aime à citer un autre exemple qui suggère une réponse à cette question. À peu près à la même époque en effet, Voltaire appelle plusieurs fois dans sa correspondance « Mémoires de la guerre de 1741[11] » un texte qu'il a publié sous le titre d'*Histoire de la guerre de 1741*, et si le terme de Mémoires lui paraît adéquat, s'il désigne tout naturellement son texte de cette manière, ce n'est certes pas parce qu'il raconte dans ce texte des faits auxquels il aurait été mêlé ou même dont il aurait été témoin – faut-il rappeler que c'est le moins guerrier des hommes et qu'il aurait, comme Candide, sur un champ de bataille, « tremblé

---

9 Saint-Simon, *Mémoires*, éd. Yves Coirault, Paris, Gallimard, « Bibliothèque de la Pléiade », 1983-1988, 8 vol., ici en I, p. 3-17.
10 *Ibid.*, p. 6.
11 Voir par exemple D 4052.

comme un philosophe » – mais parce que les faits qu'il relate relèvent d'un passé très récent, et qu'il les a vécus comme des faits d'actualité.

Mais je reviens à Saint-Simon. Car, si maintenant on quitte la préface, préambule monumental d'un écrit océanique, pour entrer dans le corps de l'œuvre, on remarque très vite que ce qui structure les *Mémoires*, c'est une chronique des principaux faits historiques de la période 1691-1723, ce qui est parfaitement en phase avec le programme énoncé dans la préface, mais l'on remarque tout aussi vite que, de temps en temps, avec des écarts qui peuvent varier de quelques pages à quelques dizaines de pages voire plus, Saint-Simon devient un personnage plus ou moins important de certains des événements qu'il relate, alors qu'il ne joue strictement aucun rôle dans beaucoup d'autres, et même, dans de vastes parties de la chronique, dans la plupart des autres. Les passages où Saint-Simon entre en action peuvent avoir un rapport avec l'histoire générale de son époque, par exemple quand il explique sa participation à la gestion du royaume pendant la Régence, mais ils ont parfois aussi un lien beaucoup plus lâche avec la grande histoire, par exemple quand il raconte longuement l'origine de son amitié avec le duc de Beauvillier ou avec le chancelier Ponchartrain, lorsqu'il relate son mariage avec une des filles du maréchal de Lorges en le présentant comme le plus beau jour de sa vie, ou encore lorsqu'il évoque longuement l'origine de sa haine personnelle acharnée pour le duc de Noailles. Saint-Simon, dans certains des récits qui se succèdent dans la chronique, peut apparaître comme le « personnage principal » de certaines des séquences concernées, comme quand il raconte son voyage en Espagne, mais dans certains autres plutôt comme un personnage secondaire, par exemple quand il relate l'affaire du quiétisme et y intervient comme ami proche des ducs de Chevreuse et de Beauvillier, mêlé cependant d'assez loin à cette histoire. Le lecteur qui pense le texte à travers des catégories actuelles peut ici encore croire à tort avoir à faire à quelque chose d'*hybride*, à un « mélange » entre récit ou chronique historique d'un côté, récit autobiographique au sens large de l'autre, Saint-Simon étant susceptible de raconter des nombreux faits d'histoire diplomatique pendant des dizaines de pages sans parler de lui du tout, tout aussi bien que d'insérer une enclave de deux cents pages à propos de son ambassade d'Espagne, où il est de bout en bout le personnage principal. Deux cents pages, cela paraîtrait certes long pour un autre texte, mais dans le cas des 7 200 pages des *Mémoires*, toujours dans la même édition de référence d'Yves Coirault, cela reste malgré tout un peu *perdu dans la masse*. Mais nous ne sommes pas au XXIe siècle, et si le mélange des genres existe certes déjà, comme Catherine Ramond l'a montré dans une étude portant sur les relations entre roman et théâtre au XVIIIe siècle[12], ce mélange à caractère littéraire n'est le souci, ni de Montaigne, ni de Saint-Simon. Tout au plus peut-on observer dans le cas des *Mémoires* de Saint-Simon une évolution au fil du texte entre les deux éléments que j'ai observés : la part des récits personnels grandit dans la deuxième moitié de la chronique, celle des faits extérieurs auxquels il n'a été mêlé en rien s'amenuise proportionnellement un peu – même s'il faut supporter dans les derniers volumes des centaines de pages de copie des *Mémoires* de Torcy sur les affaires diplomatiques – mais ce n'est qu'une modification de l'équilibre, les deux aspects coexistant jusqu'au bout. Nous étions avec Montaigne et Rousseau confrontés à des textes qui semblaient mêler séquences philosophiques et séquences autobiographiques, nous sommes maintenant face à un texte qui, d'une manière en partie similaire, va et vient entre ce que nous appelons « récit (ou chronique) historique » et ce que nous appelons « autobiographie ». De ce point de vue les *Mémoires* de Saint-Simon constituent un cas extrême, mais les *Mémoires* de Retz, beaucoup plus centrés sur la personne de Retz lui-même, ne se privent malgré tout pas comme on sait d'inscrire de longues parties de récit historique plus ou moins copié des actes du parlement de Paris. Et lorsque Retz s'engage dans sa célèbre galerie des figures principales de la Fronde, il peint à peu près tous les acteurs principaux de ce grand événement historique, sauf lui-même – ce qu'il remarque d'ailleurs ironiquement. On peut en outre citer des textes plus tardifs où, même si c'est de manière moins structurelle, écriture du « moi » et « écriture de l'histoire » alternent sans contradiction, et sans volonté provocatrice de « mélanger » ou de « brouiller » les genres, un exemple justement célèbre étant la très longue biographie de Napoléon incrustée dans les *Mémoires d'outre-tombe*, qui participe d'une pensée très profonde de Chateaubriand sur les liens entre vie personnelle et destin national. Dans un format beaucoup plus court, les *Mémoires pour servir à la Vie de M. de Voltaire* insèrent une biographie de Frédéric II qui oublie complètement Voltaire et représente environ 20 % du texte complet :

---

12 *Roman et théâtre au* XVIIIe *siècle : le dialogue des genres*, Oxford, Voltaire foundation, 2012.

la place du roi de Prusse est à vrai dire tellement énorme dans cette œuvre d'une petite centaine de pages qu'on pourrait presque proposer comme titre de « rechange », sur le modèle d'autres célèbres textes de l'époque classique comme les Mémoires de Mme de Motteville pour servir à l'histoire d'Anne d'Autriche, celui de « Mémoires de M. de Voltaire pour servir à l'histoire du roi de Prusse ». Même si un assez bon titre à vrai dire serait aussi « Mémoires de M. de Voltaire pour servir à la démolition de l'image du roi de Prusse ».

Parmi les textes dont j'ai parlé, plusieurs sont assez complètement étrangers à ce que nous appelons aujourd'hui « Mémoires » si nous nous référons aux définitions les plus connues ou même tout simplement au bon sens : les *Essais* de Montaigne ont beau être considérés par tout le monde comme un des textes majeurs de l'espace européen dans l'histoire des « écritures du moi », ils ne sont ni des Mémoires ni une autobiographie ; les *Rêveries du promeneur solitaire* ont été placées parmi les « écrits autobiographiques » de Rousseau dans la grande édition de référence de la « Bibliothèque de la Pléiade », pour la raison que Rousseau y parle beaucoup de lui, et à une époque où tout ce qui était « autobiographique » était à la mode dans les études littéraires, mais l'inscription du texte dans un « genre » des *Mémoir*es aussi bien que dans un « genre » de l'autobiographie peut paraître extrêmement problématique pour des raisons évidentes ; le texte de Chateaubriand, si on garde en tête les mêmes définitions, peut apparaître de manière particulièrement emblématique comme un « mixte » d'autobiographie et de Mémoires sans que cette idée de mélange ou de mixité explique quoi que ce soit de vraiment intéressant à son sujet ; enfin, le texte de Saint-Simon, malgré le fait qu'il s'intitule « Mémoires » et qu'il est un des textes les plus célèbres de toute la tradition française quand il s'agit d'illustrer ce que sont censés être les Mémoires d'Ancien Régime, apparaît en fin de compte comme assez récalcitrant si on part de l'idée commune que les Mémoires sont des textes où l'on raconte sa vie sous l'angle de sa participation à l'histoire, du point de vue politique, militaire ou religieux. Par cette manière de voir, à la louche, un tiers du texte au grand maximum est concerné, et la préface de l'œuvre ne la prend pas en considération du tout. Dans ma thèse je m'étais attaché, et si j'ose dire amusé, à analyser la structure de l'année 1703[13]

---

13 *Le Discours de vérité dans les* Mémoires *du duc de Saint-Simon*, éd. citée.

pour montrer que sur les dizaines de faits relatés cette année-là par Saint-Simon, un seul, l'affaire dite de la Quête, a Saint-Simon pour personnage principal et peut être considéré comme un « récit à la première personne ». C'est peut-être un cas extrême, et certes dans d'autres années les proportions peuvent être très différentes, mais dans le texte de cette année 1703, tout le reste sans exception relève de la pure chronique historique. C'est le Saint-Simon « personnage » de ce récit de la Quête, épisode du long conflit hiérarchique entre les ducs et pairs et les princes étrangers, qui apparaît presque comme un intrus. Cela m'amène à une autre remarque sur le texte de Saint-Simon : il ne constitue pas un récit unitaire, mais se présente plutôt comme une mosaïque de récits juxtaposés, qui adoptent tous les styles, tous les formats, tous les modèles énonciatifs. Certains de ces récits sont des récits « à la première personne », et peuvent ressembler à des fragments d'autobiographies disséminés (ou dispersés) dans l'œuvre, mais cette autobiographie en morceaux ne donne nullement son unité à l'œuvre et reste par ailleurs extrêmement lacunaire : de sa vie, Saint-Simon raconte quelques morceaux, et de manière intrigante et capricieuse il passe sur bien d'autres choses qu'on aimerait savoir, dont, malheureusement pour notre curiosité, il ne dit strictement rien.

Reprenons les choses à partir de catégories vivantes aujourd'hui, et notamment à partir de l'opposition entre autobiographie et Mémoires telle qu'elle est construite par Jeannelle dans son ouvrage sur les Mémoires du XXe siècle. Si l'on part du principe que l'autobiographie commence avec Rousseau, et que les Mémoires sont un genre plus ancien, qui a survécu, comme il veut le montrer, à l'apparition de son rival et reste vivant encore aujourd'hui, on est bien obligé de constater que l'époque sur laquelle nous travaillons, celle qui va de Commynes à Casanova, ou dans la fourchette plus restreinte choisie pour ce livre, de Descartes à Rousseau, ignore forcément cette opposition, puisque l'autobiographie n'existant pas encore, du moins si on tient à l'opposer aux Mémoires, les Mémoires ne sauraient vivre d'une quelconque différenciation avec elle. C'est rétrospectivement que notre imaginaire historique de la littérature a produit l'illusion d'une opposition pertinente, mais il me semble important de rappeler que ladite opposition ne peut pas avoir de sens pour les hommes d'Ancien Régime eux-mêmes, pour cette raison très simple qu'un des pôles de l'opposition n'existe pas. J'ai déjà remarqué par ailleurs[14] que beaucoup de textes que nous sommes habitués à considérer comme des Mémoires ne sont pas intitulés ainsi par leurs auteurs, et qu'à l'inverse il arrive souvent que des textes qui n'ont rien à voir avec ce que nous appelons Mémoires sont tout naturellement désignés ainsi par les auteurs d'Ancien Régime. Par exemple les Mémoires de Retz sont intitulés dans le manuscrit « Vie du cardinal de Retz », Monluc se place dans la tradition de César en intitulant son chef-d'œuvre *Commentaires*, Mme de Caylus choisit le mot de « Souvenirs », le titre des Mémoires de Choisy sur Louis XIV est apocryphe, ainsi probablement que celui des Mémoires pour servir à la Vie de M. de Voltaire, dont André Magnan a remarqué qu'il était sur le manuscrit d'une autre main que celle de Voltaire lui-même : il s'agit donc sans doute d'un titre posthume ajouté par un des dépositaires de ses manuscrits. À l'inverse, j'ai déjà signalé que Voltaire désignait occasionnellement son « Histoire de la guerre de 1741 » comme *Mémoires* et j'aime à remarquer que Voltaire aussi bien que Saint-Simon communient involontairement dans la désignation du Journal de Dangeau comme *Mémoires* de Dangeau, alors que le journal de Dangeau n'est ni un récit à la première personne, ni un texte où Dangeau parle beaucoup de lui, ni même à vrai dire un récit tout court : l'étiquette de Mémoires paraît pourtant aller de soi pour un homme d'Ancien Régime, puisque Voltaire aussi bien que Saint-Simon l'utilisent spontanément, et ce à mon avis tout simplement parce que les faits relatés par Dangeau sont *contemporains de sa vie*. Ironiquement pour nos représentations historiques des écritures du moi, Rousseau lui-même désigne d'ailleurs assez souvent ses *Confessions* comme ses « Mémoires », aussi bien dans sa correspondance que dans le corps de l'œuvre[15]. On voit donc le mot, presque au même moment, se poser sur un texte qui est pour nous emblématique de l'apparition d'autre chose que les Mémoires, l'autobiographie, et sur un autre, le journal de Dangeau, qui nous paraît pour des raisons exactement inverses, l'absence totale de dimension « autobiographique » au sens large, complètement étranger à ce que les synthèses d'Emmanuelle Lesne[16],

---

14 Voir notamment mon article déjà cité « Voltaire auteur et lecteur de Mémoires ».
15 Voir sur ce point mon article déjà cité « Rousseau mémorialiste ? ».
16 Emmanuèle Lesne, *La Poétique des Mémoires (1650-1685)*, éd. citée.

de Frédéric Charbonneau[17] ou de Frédéric Briot[18] ont construit comme « Mémoires » dans nos imaginaires historiques de la littérature. Cela suggère que, lorsqu'ils parlent de « Mémoires », les hommes d'Ancien Régime n'ont pas du tout à l'esprit la même chose que nous. Et ce n'est pas seulement une question de mot, bien sûr. J'ai, pendant de nombreuses années, participé à des réunions régulières à Nantes et à Tours sur les mémorialistes d'Ancien Régime, et mon appartenance à ce groupe de recherche a été une expérience formidablement riche pour moi, en particulier du fait de la générosité et de la hauteur de vue de Jean Garapon, qui était l'âme de cette recherche collective, et à qui je tiens à rendre hommage. Cependant, avec le recul, je me suis rendu compte que ce travail collectif reposait sur une image un peu trop stabilisée des Mémoires d'Ancien Régime qui prenait pour argent comptant des constructions culturelles ou théoriques faites *a posteriori* : durant ces journées d'échanges et de réflexion, il y avait par exemple beaucoup de communications sur Monluc, Commynes, la Grande Mademoiselle, Campion, Choisy, Mme de Motteville, Bassompierre, Pontis, le cardinal de Retz, Saint-Simon, et en gros sur tous les textes où le récit à la première personne témoigne d'une expérience politique ou militaire de l'énonçant, ou encore d'une participation à une sensibilité religieuse collective, comme dans le cas de Nicolas Fontaine racontant l'histoire de Port Royal dans ses magnifiques *Mémoires*. En revanche, des récits purement mystiques comme *Le Château intérieur* ou *Le Livre de La Vie* de sainte Thérèse n'y étaient guère évoqués. Les récits de voyages, plus ou moins clairement envisagés comme un autre genre, ne l'étaient pas souvent non plus, ou alors de manière périphérique, alors même que des Mémoires célèbres comme ceux de Brienne ou de Saint-Simon incorporent d'importants récits de voyages, et que raconter un voyage c'est, à tout prendre, comme le remarque le texte d'appel à contribution du colloque qui était à l'origine de ce livre, tout de même aussi parler de soi et raconter une partie de sa vie. Un texte aussi célèbre que le *Discours de la méthode*, parce que le récit

---

17 Frédéric Charbonneau, *Les Silences de l'histoire, les Mémoires français du* XVIIe *siècle*, Hermann, 2016.
18 Frédéric Briot, *Usage du monde, usage de soi. Enquête sur les mémorialistes d'Ancien Régime*, Paris, Seuil, 1994. Briot est cependant très prudent sur la question des Mémoires comme « genre ».

de vie qui s'y trouve est associé à une des plus célèbres méditations philosophiques de l'époque classique, semble également avoir été considéré comme « hors sujet ». Et, *doxa* de l'opposition entre Mémoires et autobiographie oblige, les *Confessions* de Rousseau et ses autres écrits personnels n'ont que très rarement donné lieu à des communications dans ce cadre. À partir de cet ensemble de béances, on peut être tenté d'attirer la réflexion collective sur l'autobiographie, non comme genre défini, théorisé et institué, mais comme pratique disséminée dans de nombreux contextes de la parole orale et écrite, et plus largement comme élément essentiel de la parole humaine, qui sert si souvent à parler de soi et à raconter ce qu'on a fait ou vu même dans le cadre des échanges quotidiens, dont les multiples réalisations à l'écrit se font dans des contextes génériques et formels extrêmement divers.

Innombrables sont donc les textes susceptibles d'accueillir une parole sur soi et sur sa vie, et non seulement cette parole sur soi ne se concentre dans aucun « genre » pleinement construit comme tel dans les esprits de l'époque classique, mais bien souvent elle invente ou choisit une manière de parler de soi en se concentrant sur un aspect de l'existence, et, comme le remarquent les conceptrices de cet ouvrage, sur des « "moi" partiels ». De mon point de vue, tous les « moi » écrits sont d'ailleurs partiels, et les « moi » intimes des autobiographies modernes les plus représentatives le sont tout autant que les autres, s'ils laissent de côté les aspects professionnels ou publics d'existences qui ne vivent pas que d'intimité. Chaque manière d'isoler un aspect de son existence a sa raison d'être, et la vie spirituelle de sainte Thérèse, la vie intellectuelle de Descartes, ou encore la vie militaire de Monluc, ne sectorisent à mon sens pas plus l'existence que *L'âge d'homme* d'un Leiris obligeant le lecteur à entrer dans les replis d'une intériorité labyrinthique et torturée ou qu'une autobiographie d'orientation purement psychanalytique. On peut se demander d'ailleurs à quoi pourrait ressembler un texte prétendant rendre compte d'un « moi complet », et un tel texte apparaît comme une utopie littéraire ou un fantasme théorique. Cependant, et réciproquement, il est impossible d'isoler un aspect de son existence de manière absolue, comme un corps chimiquement pur qu'on aurait séparé du reste, et chaque manière de parler de soi entretient une forme de rapport dialogique plus ou moins conscient avec d'autres manières possibles de le faire, et avec la saisie d'autres aspects de l'existence. Ainsi, même

Sainte Thérèse laisse occasionnellement de côté le grand récit de l'itinéraire de son âme jusqu'à Dieu pour évoquer des petits faits de sa vie monacale : la réflexion spirituelle de très haut vol peut alors céder la place à des anecdotes apparemment presque triviales ; Saint-Simon a beau situer ce qui, dans ses *Mémoires* relève de son récit de vie essentiellement sur le terrain de son activité politique et de son agitation de courtisan défendant l'institution en péril des ducs et pairs, il dérape régulièrement et jette des lueurs sur des aspects tout à fait différents de son existence intérieure, comme dans les textes célèbres décrivant ses extases au Lit de Justice de 1718 ; Rousseau peut bien vouloir se concentrer sur les éléments saillants de la genèse d'une personnalité qu'il pense unique et absolument singulière, son texte n'en est pas moins occasionnellement ponctué par des anecdotes tout à fait semblables à celles qu'on trouve chez Saint-Simon ou chez Tallemant des Réaux, comme lorsqu'il peint l'inoubliable personnage du juge-mage Simon de manière extraordinairement drôle pour son lecteur, mais sans rendement apparent pour son projet global tel qu'on se le représente habituellement – l'histoire d'une « personnalité ». Monluc, que je vais prendre à ce sujet comme exemple privilégié, a beau croire ou vouloir croire que ses *Commentaires*, écrits par un homme doublement traumatisé par la défiguration physique et par la disgrâce, ont pour utilité principale la formation de futures capitaines bénéficiant, grâce à son texte, de son expérience, le texte est constamment travaillé par des obsessions qui trahissent que ce projet conscient en dissimule un autre beaucoup plus profond, celui de tenter de retrouver, dans et par l'œuvre, une identité et un visage. Je m'arrête un peu sur cet exemple. La dimension de « traité militaire » du texte de Monluc, sur base d'expérience vécue est profonde et sincère, et il n'est pas question pour moi de la minimiser, car c'est dans ce domaine où il s'est illustré toute sa vie que Monluc recherche la reconnaissance d'un public, il faut le rappeler, strictement masculin. Elle explique que son « autobiographie » est en même temps une sorte de manuel. Mais elle n'est pas la seule, car, encore une fois, Monluc écrit son œuvre, non dans la paisible retraite d'une gloire sans tâche, mais sous le double et terrible choc d'une défiguration physique et sociale. Sur le premier plan, je rappelle que le 23 juillet 1570, à la bataille de Rabastens, en pleines Guerres de Religion, le vieux capitaine eut le visage littéralement arraché par une arquebusade, ce qui l'obligea à porter un masque jusqu'à la fin de ses jours. Alors que ses autres blessures sont glorieusement évoquées par l'œuvre comme autant de trophées, celle-ci n'est évidemment l'objet que d'un discours parfaitement désespéré, car Monluc voit dans cette perte de visage une terrible atteinte à son identité. Cette catastrophe du corps est aggravée par une débâcle sociale tout aussi douloureuse, et qui dut former avec la précédente un tout cauchemardesque : dans les semaines qui suivent sa blessure, Charles IX sacrifie politiquement un homme qu'il a utilisé pour réprimer les protestants et dont il veut désormais par opportunisme se désolidariser : il prive Monluc de son gouvernement de Guyenne et accable de procès le vieux capitaine accusé d'avoir utilisé les Guerres de Religion pour s'enrichir. Et c'est dans la foulée de ces deux événements traumatiques que Monluc se lance dans l'élaboration de son œuvre. À la dimension didactique que j'ai évoquée plus haut s'ajoute donc une dimension judiciaire, car Monluc veut se réhabiliter en rappelant avec quelle fougue et quel courage il a servi les rois de France, à coup de « boucheries héroïques », pendant cinquante ans, des Guerres d'Italie aux Guerres de Religion. C'est ce qui explique que Monluc n'a pas pour unique lecteur fantasmé les capitaines en herbe, mais aussi le roi à qui il s'adresse directement à plusieurs reprises dans l'œuvre. Mais plus profondément encore, et à un niveau qui n'est plus rhétorique ou politique, mais véritablement existentiel, les *Commentaires* visent à reconstruire un moi déchiré dans son corps et dans sa gloire, l'œuvre devenant en quelque sorte le substitut d'un visage absent. L'intensité émotionnelle exceptionnelle, toujours souterrainement présente, de l'œuvre, éclate dans deux étonnants récits de rêve qui font surgir, au sein de la succession apparemment monotone de récits de batailles, la profondeur qui les travaille, comme deux blessures béantes. Ces deux récits de rêve[19] sont présentés par Monluc comme des sommets de son existence émotionnelle, le réveil étant marqué, dans un cas par des larmes abondantes[20], dans l'autre par une sueur telle que l'écrivain se décrit « tout en eau, comme si je fusse sorti d'une rivière, ma chemise, les draps, la couette du lit toutes trempées[21] ». Or, tous deux tournent

---

19 Toutes mes références aux *Commentaires* se font dans l'édition de Paul Courteault pour la « Bibliothèque de la Pléiade », Paris, Gallimard, 1964. Les deux récits de rêve figurent p. 465 et 594.
20 *Ibid.*, p. 465.
21 *Ibid.*, p. 594.

de manière obsessionnelle autour de la confrontation de Monluc à la figure royale, un de ces rêves décrivant une sorte de roi-Christ au moment de sa passion bouleversant le capitaine endormi par le spectacle de son visage ensanglanté, l'autre décrivant le soldat-narrateur emporté dans une course éperdue, traqué qu'il est par ses ennemis, puis pris dans un étrange dialogue en italien avec une figure royale, le rêve semblant reposer sur un fantasme de reconstruction du lien perdu avec le monarque. Le « moi partiel » dont voulait consciemment parler Monluc dans ses *Commentaires* est ici comme abîmé, déchiré par un autre aspect de son vécu, d'une manière à la fois troublante et insolite. Dans une thèse récemment soutenue à Paris 3 sous la direction d'Hélène Merlin-Kajman, Denis Roche tente de retracer une sorte de « genèse » du moi moderne dans la littérature du XVIIe siècle à travers la présence de ce qu'il appelle des « éclats » du moi[22] : par exemple il appelle « éclat mélancolique » l'idée d'un moi se construisant dans la conscience de son incapacité à adhérer à son propre idéal de grandeur et « éclat belliqueux » celle d'un moi se construisant avant tout dans un affrontement avec un monde indigne de la grandeur qu'il prétend ramasser en lui, cette dernière catégorie semblant idéale pour penser le cas Saint-Simon. Je ne vais pas tenter de résumer cette thèse ambitieuse et passionnante, qui devrait bientôt être publiée, mais une des idées qui la dirigent, c'est que ce fameux « moi » n'existe que par des saisies fragmentaires, et à travers des types de relations à autrui qui le définissent de manière fragile et provisoire.

La question des secteurs de l'existence concernés par les écritures du « moi » au XVIIe et au XVIIIe siècle m'amène cependant à évoquer une autre frontière essentielle, celle entre ce que disent d'eux des auteurs « réels » et ce que disent d'eux les personnages fictifs des romans de cette période marquée, on le sait, par l'essor et l'épanouissement de la première personne dans les deux genres essentiels du roman-Mémoires et du roman épistolaire. Dans certains cas, les aspects de l'existence pris en charge sont les mêmes, et par exemple, lorsqu'il s'agit de dépeindre leurs émois amoureux, la Marianne fictive de Marivaux et la Mme de Staal-Delaunay de la partie de ses Mémoires où elle raconte comment elle est tombée amoureuse en prison ne sont pas très différentes, et la

---

22 *Éclats et empires du moi dans la littérature française du XVIIe siècle*, thèse soutenue le 19 décembre 2018 à l'Université Paris 3 Sorbonne Nouvelle.

femme fictive et la femme réelle évoquent toutes deux avec une distance ironique et une profondeur analytique très proches la naissance et l'épanouissement de leurs sentiments et de leurs illusions vite déçues. Il n'est d'ailleurs pas impossible que l'œuvre romanesque de Marivaux ait servi de modèle sur ce point à l'œuvre factuelle de la protégée de la duchesse du Maine, et que la fiction ait proposé une manière de parole sur soi dont la littérature non fictionnelle s'est dans la foulée presque immédiatement emparée. Mais à l'inverse, certains aspects de la vie personnelle semblent réservés à la littérature non fictionnelle : sauf erreur ou ignorance de ma part, il n'existe pas de roman à l'époque classique racontant l'histoire d'une âme comparable à ce que fait Sainte Thérèse dans ses œuvres les plus célèbres ; je ne connais pas non plus de roman à la première personne centré sur la vie militaire d'un homme, sur le modèle des *Commentaires* de Monluc ou des *Mémoires de Feuquières* ; même si une œuvre comme le *Dom Carlos* de Saint Réal leur donne une certaine place, je ne connais pas davantage de roman donnant une place centrale aux émotions hiérarchiques et aux obsessions de rang, comme le font de manière si frappante les *Mémoires* de Saint-Simon dans leur peinture du duc et pair et de ses contemporains. Une des différences spectaculaires entre la plupart des mémoires des décennies précédentes – il y a cependant quelques rares exceptions – et les romans-mémoires qui se multiplient en langue française dans les années 1730, c'est que les premiers ne sont que rarement centrés sur la vie affective, sexuelle ou sentimentale de leurs narrateurs, qui ne fournit le plus souvent que de brefs épisodes, alors que c'est un point commun des narrateurs de *La Vie de Marianne*, des *Égarements du cœur et de l'esprit*, de l'*Histoire d'une grecque moderne* ou de *Manon Lescaut* que d'accorder la place principale à cette dimension. Les « "moi" partiels » pris en charge par la fiction à la première personne et par les récits de vie factuels ne sont donc pas forcément les mêmes, ce qui n'empêche évidemment pas la relation dialogique entre ces deux champs de participer par frottement à la transformation progressive des textes se situant des deux côtés de la frontière. L'influence la plus importante d'un champ sur l'autre, que j'ai déjà illustrée par l'effet « Marianne » sur les *Mémoires* de Mme de Staal-Delaunay, me semble être celle du roman-Mémoires et du roman épistolaire sur les écritures factuelles du moi, ces dernières occupant de manière de plus en plus évidente des zones du réel qui étaient, dans un premier temps, surtout pris en charge dans les romans qui du coup, et *a posteriori*[23], apparaissent comme un laboratoire de manières de parler de soi amenées à migrer progressivement, et de manière de plus en plus massive, de l'autre côté de la frontière. Les *Confessions* de Rousseau et l'*Histoire de ma vie* de Casanova sont, envisagés sous un certain angle, deux des conséquences les plus célèbres de cette « migration ». Si l'on ajoute que la dimension « autobiographique » de certains romans, au premier chef la *Nouvelle Héloïse*, est apparue comme une sorte d'évidence aux contemporains, les liens se resserrent encore : on connaît l'insolent exercice de style de Voltaire, dans son pamphlet contre le roman de Rousseau. Il remplace le nom de Saint-Preux par celui de Jean-Jacques et transforme cet immortel chef-d'œuvre romanesque en un récit de vie factuel loufoque d'un Rousseau limité à ses aspects pleurnichards et egocentriques. Des œuvres plus tardives comme l'*Adolphe* de Benjamin Constant ou l'*Oberman* de Sénancour pratiquent un exercice de superposition presque totale de la figure de l'auteur et du narrateur de sa fiction qui jette le trouble. Mes positions ont toujours été proches de celles de Käte Hamburger[24] et de Dorrit Cohn[25] en ce qui concerne une séparation claire et rigoureuse entre la fiction et la non-fiction, qui à mon sens doivent être scrupuleusement distinguées et pensées dans le cadre d'une opposition de nature. Cela n'empêche évidemment pas d'observer le dialogue entre ces pratiques d'écritures différentes mais qui s'observent mutuellement et se répondent constamment, dialogue fait d'interpénétrations et d'influences partielles, et pour ce qui est du sujet qui nous occupe ici, d'une sorte d'interaction fascinante entre les « moi » fictifs et les « moi » réels, dans un jeu d'éloignement et de rapprochement qui travaille toute l'époque classique.

Le « moi » est donc, si l'on veut croire à son unité, en amont ou en aval des discours qui sont tenus sur lui, disséminé dans ces différents lieux de sa manifestation et de sa réalisation, et d'une manière un peu similaire, les écritures de ce moi divers et ondoyant n'ont aucun lieu fixe, aucun territoire générique nettement identifiable, aucun espace spécialement programmé pour les recueillir, et trouvent leurs places

---

23 On ne peut que renvoyer sur ces questions au monument de René Démoris, *Le Roman à la première personne*, Paris, Armand Colin, 1975.
24 Dans son magistral *Logique des genres littéraires*, Paris, Seuil, 1986 pour la traduction française [1957].
25 Voir notamment *Le Propre de la fiction*, Paris, Seuil, 2001.

dans des constructions textuelles elles-mêmes flottantes. Il n'est donc pas surprenant qu'on ait pu consacrer un travail de recherche, récemment, aux « fragments autobiographiques » disséminés dans l'œuvre d'un auteur qui n'a pas écrit d'autobiographie, je pense à l'inédit d'HDR d'Odile Richard-Pauchet sur Diderot[26], qui traque un peu partout dans ses écrits, qu'ils soient littéraires ou non, et quels que soient leur genre ou leur forme, les moments où une parole sur soi et sur la vie de l'auteur vient s'incruster dans un discours auquel le récit de vie personnel ne donne pas son unité, sous la forme de « moments autobiographiques », de « séquences » autobiographiques, ou encore d' « autobiographèmes » plus ou moins cryptés. J'avais moi-même autrefois, dans un esprit un peu similaire, traqué ce que j'avais appelé des « éclats autobiographiques » dans le *Dictionnaire philosophique*[27]. On peut trouver de tels « éclats » dans des textes d'idées, dans des poèmes, dans des lettres, dans des Mémoires comme les séquences autobiographiques dont j'ai parlé à propos du texte de Saint-Simon, dans des romans à condition d'accepter l'idée qu'il puisse y avoir une irruption de la confidence « factuelle » dans la fiction, et naturellement dans des conversations orales qui n'ont malheureusement pas été enregistrées : un de mes fantasmes récurrents est de prendre une machine à remonter le temps pour voir discuter Saint-Simon avec le duc d'Orléans ou Voltaire avec Mme du Deffand. Les progrès de la technique ne semblent malheureusement pas assez rapides pour que je jouisse un jour de cette possibilité.

Pour observer sur un cas particulier ce phénomène de dissémination, j'ai choisi de consacrer la dernière partie de ma réflexion à un écrivain qui n'a, pas plus que Diderot, écrit à proprement parler d'autobiographie ou de Mémoires en forme, et auquel je viens de consacrer une monographie[28], je veux parler du marquis de Sade. L'auteur de *Justine* parle d'un projet d'écriture de Mémoires dans plusieurs de ses lettres de prison adressées à sa femme : à plusieurs reprises, il évoque soit sa volonté de se mettre à les écrire, soit sa volonté, comme s'ils étaient déjà écrits, de les lui faire parvenir en prenant des précautions pour que personne ne puisse les lire

---

[26] *Les Écrits indiscrets. Autoreprésentation et formes de l'écriture de soi dans l'œuvre de Diderot*, HDR soutenue en 2017 à l'Université de Tours.
[27] Je renvoie à mon article « Les éclats autobiographiques du *Dictionnaire philosophique* », *Méthode !*, n° 14, 2008, p. 161-168.
[28] *Genèse de l'« Impur » : l'écriture carcérale du marquis de Sade, 1777-1790*, à paraître.

dans leur parcours jusqu'à elle, et en lui interdisant formellement de les lire elle-même. Je suis convaincu que ces prétendus « Mémoires » faits ou à faire sont un leurre et que ce qu'il désigne ainsi, ce sont *Les Cent Vingt Journées de Sodome* qu'il cherchait à mettre en sécurité en essayant de trouver un moyen de les faire sortir du donjon de Vincennes sans éveiller les soupçons à leur sujet, projet qui s'est avéré impossible à mettre à exécution et auquel il a finalement renoncé. La raison pour laquelle il tente de les faire passer pour des Mémoires plutôt que pour tout autre genre de texte m'intrigue un peu, je l'avoue, mais vu que la date des lettres en question est contemporaine de l'élaboration de son texte le plus insolite et effrayant, je n'ai presque aucun doute à ce sujet. J'ajoute que de manière assez insistante, le « narrateur » des *Cent-Vingt Journées de Sodome* désigne à plusieurs reprises son texte comme « Mémoires », ce qui m'a également intrigué.

Si rien dans l'œuvre de Sade ne prend l'allure d'une autobiographie en forme, des « éclats autobiographiques » se retrouvent cependant un peu partout dans ses écrits aussi bien factuels que fictionnels. Une autobiographie en morceaux semble éparpillée dans l'immensité de sa production épistolaire et romanesque, théâtrale et poétique, qui a souvent nourri les biographies de Lely, de Pauvert, de Lever et de Genand, pour ne citer qu'eux. Mon corpus de travail pour mon livre étant la production carcérale de Sade pendant son long emprisonnement de la période 1777-1790, je resterai installé dans les écrits de cette période-là, pour mentionner trois textes fascinants centrés sur des aspects très divers de la vie de Sade, aux enjeux et aux caractéristiques formelles tout aussi différents, et que je prendrai tout simplement dans l'ordre chronologique : le premier est une très longue lettre – plus de vingt pages dans les éditions de référence – du 20 février 1781, où il raconte sa vie en la centrant sur les « affaires » pour lesquelles il a été accusé[29] ; cette espèce d'autobiographie judiciaire se veut un plaidoyer, Sade prétendant que les orgies qu'il a organisées ne sont que des « parties de filles[30] » comme il s'en ferait quatre-vingt par jour à Paris, et cherchant à montrer que, quoique libertin, il n'est pas criminel. Cela l'amène à reprendre une à une les principales affaires, en donnant la part du lion à ce qu'il est convenu d'appeler aujourd'hui l'affaire des petites filles de Lacoste, la

---

29 Sade, *Lettres à sa femme*, éd. Marc Buffat, Arles, Actes Sud, 1997, p. 210-233.
30 *Ibid.*, p. 215.

dernière ayant précédé son incarcération de longue durée, qui n'a été l'objet d'aucun procès, mais qui a été sans aucun doute la raison véritable de la lettre de cachet qui l'a retenu obstinément prisonnier de 1777 à 1790. À vrai dire, cette lettre de justification, dont Sade espérait sans doute qu'elle serait lue par ses geôliers et au-delà, et qu'elle contribuerait peut-être à sa libération, est une des pièces à charge les plus cruelles contre lui et qui contient le plus d'éléments susceptibles de confirmer les versions les plus noires de sa vie de « grand seigneur méchant homme ». Apparemment soignée et structurée comme une argumentation qui se veut imparable, elle est en réalité criblée d'incohérences et surtout les prétendues « preuves » de son innocence que le prisonnier veut entasser sentent tellement le fabriqué, ou sont parfois si vagues et inconsistantes, qu'on a du mal à comprendre qu'un homme aussi intelligent que Sade ait pu croire une seconde à leur portée persuasive. Sade cherche notamment à prouver pendant plusieurs pages que ses jeunes victimes de Lacoste sont toujours vivantes[31], mais il n'a pour certaines d'entre elles pas d'autre preuve que sa parole d'honneur ou un témoignage dont il est l'unique garant. Un peu de folie, sans doute, s'en est mêlé. Un passage cependant a particulièrement attiré mon attention : après avoir multiplié des « preuves » aussi faibles et aussi peu convaincantes, Sade veut sortir sa « botte secrète » et une ultime preuve à produire, à laquelle on ne s'attendrait pas, et qu'il mobilise *in extremis* après avoir affirmé qu'il n'est qu'un « libertin » et non un « criminel ». Et ce « coup de massue » final qui est censé anéantir les défenses de l'ennemi est... son enfance. Ceux qui l'ont connu enfant savent qu'il était alors un *brave garçon* (je résume) et qu'il est invraisemblable, le crime ayant « ses degrés » que « d'une jeunesse aussi innocente [il soit] parvenu au dernier comble de l'horreur réfléchie[32] ». Cette idée se veut le couronnement de son argumentation. Cette *preuve par l'enfance* est étonnante, et montre peut-être que Sade a, à bien des égards, retenu la leçon de Rousseau, et qu'il « rousseauise », si je puis, dire, son plaidoyer. Elle participe à la fois de l'idée que l'individu a une « histoire » et que la personnalité humaine, idée qui ne va évidemment pas de soi sous l'Ancien Régime, a une certaine cohérence, dont l'enfance est la clé. Comment, partant de celui qu'il était dans son enfance, aurait-il pu devenir celui que ses

---

31 *Ibid.*, p. 216 *sqq.*
32 *Ibid.*, p. 231.

ennemis décrivent : un monstre, un *criminel*, un *meurtrier* ? Cette évolution est présentée comme aberrante par Sade, comme la preuve que son image a été déformée par les mensonges de ses ennemis. Le discours autobiographique au sens moderne vient ici à la rescousse du plaidoyer de Sade, sans forcément convaincre plus que les arguments précédents.

Le deuxième texte qui a attiré mon attention est un étonnant « Journal de mon œil[33] » de 1783 entièrement centré sur l'état de son organe souffrant ; Sade évoque constamment dans ses lettres des problèmes de santé, et notamment des difficultés respiratoires et une infection douloureuse à l'anus, mais rien n'atteint l'intensité douloureuse de sa fixation sur son œil malade dans la période 1782-1785. Comme on imagine évidemment Sade lisant et écrivant constamment dans sa cellule, cette infection oculaire chronique est un fait humain qui accompagne, non seulement l'écriture de ses lettres, mais aussi l'écriture d'une partie des romans qui ont fait sa célébrité et qui l'ont tant occupé en prison. Le discours de Sade sur son œil connait un pic d'intensité très net en 1783, au moment de la première conception des *Cent Vingt Journées de Sodome*, ce qui ne manque pas en outre d'attirer l'attention tant la description de supplices affreux dont l'œil est l'objet abonde dans cette œuvre effarante, Sade s'acharnant imaginairement sur cet organe qui le fait tant souffrir dans la réalité. Pour revenir au « Journal de mon œil », il est difficile de dire si ce texte était destiné aux médecins, à sa femme ou à lui-même, mais cette dernière option paraît la plus probable. À la date du 3 février, un oculiste est en effet mentionné à la troisième personne (« Le matin il l'examina ») et cela reparaît plusieurs fois (le 8 février « Il l'examina », le 19 mars « je vis les oculistes ») ce qui semble écarter la première piste et par ailleurs aucun destinataire n'est jamais explicité et aucune adresse à Mme de Sade n'apparaît tout au long de cet étonnant journal. Sade y consigne jour après jour l'état de son œil malade qui semble avoir concentré en lui toute sa souffrance et être devenu le soleil noir de son existence douloureuse, dans une sorte de réduction obsessionnelle de sa vie à cette partie de son corps. Discours sur le « moi » ? Oui, bien sûr, et à peine « partiel » en fait si on admet que la focalisation de Sade sur son œil est à cette époque si obsessionnelle qu'il n'est presque plus, à la lettre, qu'un œil souffrant.

---

33 *Correspondance*, éd. Alice Laborde, t. XVIII, Genève, Slatkine, 2007, p. 106-112, pour toutes les citations de ce texte.

Le troisième texte qui me retiendra est un passage du roman épistolaire, *Aline et Valcour*, écrit par Sade dans la dernière période de son incarcération et réécrit ensuite pendant la Révolution avant d'être publié en 1795. Il est souvent considéré comme un fragment autobiographique dissimulé sous le masque de la fiction, et qui contiendrait des souvenirs de sa première jeunesse. Il se trouve dans la cinquième lettre du roman qui contient l'autobiographie de Valcour adressée à Aline, et la partie la plus souvent citée est la suivante :

> Né et élevé dans le palais du prince illustre auquel ma mère avait l'honneur d'appartenir, et qui se trouvait à-peu-près de mon âge, on s'empressait de me réunir à lui [...] mais ma vanité du moment, qui n'entendait encore rien à ce calcul, s'offensant un jour dans nos jeux enfantins de ce qu'il voulait me disputer quelque chose, et plus encore de ce qu'à de très-grands titres, sans doute, il s'y croyait autorisé par son rang, je me vengeai de ses résistances par des coups très-multipliés, sans qu'aucune considération m'arrêtât, et sans qu'autre chose que la force et la violence pussent parvenir à me séparer de mon adversaire[34].

Naturellement, tous les détails de cette autobiographie fictive ne correspondent pas à la vie réelle de Sade. Cependant, comme Valcour, Sade a été élevé dans le palais d'un prince, en l'occurrence d'un prince de Condé. Et surtout, et une lettre de la mère de Sade récemment retrouvée confirme de ce point de vue une confidence de Sade lui-même dans une de ses lettres authentiques, le jeune Sade a lui-même roué de coup le jeune prince de Condé avec lequel il était élevé, sous le coup d'une violente jalousie. Il est donc probable que Sade a « fabriqué » le vécu du personnage de son roman à partir de ses propres souvenirs, comme le pensent Pauvert et Lever qui, dans leurs biographies respectives de Sade, citent ce passage presque comme s'il était un fragment autobiographique directement écrit par Sade lui-même. Un certain malaise est ici perceptible. Le geste critique qui consiste à supprimer la médiation fictionnelle du personnage de Valcour pour lire l'extrait que j'ai cité comme purement autobiographique est en effet forcément discutable, mais la prudence paralysante qui tient à distinguer scrupuleusement énonciation fictionnelle et énonciation réelle l'est peut-être tout autant. Tout ce qu'on peut dire, c'est que c'est à partir d'un savoir extérieur au roman de Sade qu'on peut lire ce fameux passage comme une confidence personnelle de l'écrivain,

---

34 *Œuvres*, I, éd. Michel Delon, Paris, Gallimard, « Bibliothèque de la Pléiade », 1990, p. 403.

et que le lecteur de l'édition de 1795 ne pouvait pas le savoir. Cependant, les trois textes que j'ai mentionnés attirent l'attention à la fois par la variété de leur destination et par la variété des aspects de l'existence de Sade qu'ils prennent en charge : destination privée et vie libertine dans la lettre de 1781 ; auto-destination et vie du corps dans le Journal médical de 1783 ; adresse au public d'une œuvre littéraire et évocation d'une anecdote d'enfance dans le roman écrit en 1785-1788 et publié en 1795. Sade, en écrivant ces différents textes, n'a évidemment pas à l'horizon un projet global d'écriture de sa vie, mais sans y penser, il le réalise de manière plurielle et fragmentaire dans des contextes d'écriture si différents qu'il ne penserait sans doute pas lui-même à les rapprocher, donnant involontairement au lecteur d'aujourd'hui quelques-unes des pièces d'un puzzle dont la plus grande partie lui manque, comme autant d'échappées sur un objet largement insaisissable.

J'arrive au terme de ce trop long parcours. De Montaigne à Sade en passant par Saint-Simon, Monluc, Retz, Henri de Campion, Mme de Sévigné, Mme de Staal-Delaunay, Voltaire, Mme du Deffand, ou même Rousseau, la parole sur soi n'a, me semble-t-il, aucun lieu fixe. Aucun genre n'est spécialement destiné à la recevoir, et presque aucun genre n'est totalement incapable, inversement, de l'accueillir et de lui donner une place. Disséminée dans l'ensemble des discours du temps, en grande partie étrangère à la notion de « littérature » telle qu'elle a été construite depuis, elle n'en existe pas moins, et elle s'exprime bien souvent avec une dignité et une modestie qui ont été un peu oubliées par la suite. Elle nous touche et nous atteint, nous concerne et nous émeut, par la familiarité troublante avec laquelle elle nous installe dans un espace de dialogue avec des « moi » à la fois étranges par leur historicité et malgré tout d'une immédiate et chaleureuse évidence, témoignant de cette merveilleuse capacité des hommes et des femmes d'Ancien Régime de devenir, par les textes d'eux qui nous sont parvenus, une partie précieuse, inestimable même, de notre propre vie, et de notre présent.

Marc HERSANT
Université Paris 3
Sorbonne Nouvelle, EA 174

AUX ORIGINES DU JOURNAL PERSONNEL
Synopsis

On trouvera sur le site autopacte.org[1], dédié à l'autobiographie, le Synopsis du livre que j'ai publié sous le titre *Aux origines du journal personnel. France, 1750-1815* (Champion, 2016, 650 p.). J'en propose la lecture non comme un simple résumé, mais comme une vue cavalière ou, de manière je l'espère apéritive, comme une carte de restaurant. Le livre est composé de 36 chapitres qui peuvent se lire indépendamment les uns des autres, monographiques pour la plupart, synthétiques pour certains. Il n'aboutit à aucune conclusion, prêt à s'ouvrir à de nouvelles trouvailles. Un mot de commentaire à partir du titre, avant que vous n'exploriez le menu.

L'objet dont on va repérer les origines n'est pas un ensemble d'œuvres formant un « genre », mais une pratique d'écriture. Il se trouve que dans le champ de cette pratique est ensuite apparu un genre, qui a rétroagi sur la pratique : cette entrée en édition (d'abord de textes non destinés à être publiés), puis, secondairement, en littérature, n'est pas l'objet de cette recherche, mais, en amont, l'émergence, au sein d'un ensemble de pratique collective de journaux, d'actes personnels (soit par le contenu, soit par la destination, soit les deux). J'ai employé l'expression « journal personnel », qui n'existait pas (mais l'expression « journal intime » n'existait pas non plus) pour le distinguer du journal collectif qui s'est développé de manière prodigieuse en Europe à partir de la fin du Moyen Âge sous la double influence de l'apparition du papier et de l'horloge mécanique. La forme journal est pratiquée, de manière impersonnelle, dans la navigation, dans le commerce, dans l'administration, dans l'armée, puis dans ce qu'on appelle, d'un terme lui aussi anachronique, les écrits du « for privé », en particulier les chroniques et les livres de raison, qui,

---

1 https://www.autopacte.org/Origine.html (consulté le 11 novembre 2020).

sans être publics, n'en sont pas pour autant personnels, mais enregistrent la mémoire de collectivités plus ou moins étendues. Ma question est de savoir à partir de quand et comment il est venu à l'idée des individus d'utiliser cet instrument collectif et public d'enregistrement du temps pour l'appliquer à l'inscription de leur vie particulière et de là à la gestion de leur vie intérieure. Et pour répondre à cette question, il faut évidemment élargir le champ de l'enquête au-delà des textes publiés et déjà connus.

Cette recherche avait apparemment déjà été menée dans le livre subtil et brillant de Pierre Pachet, *Les Baromètres de l'âme. Naissance du journal intime*[2], dont il a donné trois éditions, en développant d'édition en édition sa thèse selon laquelle le vrai journal intime, qu'il limite aux journaux qui se donnent pour objet d'établir l'inconsistance du moi, viendrait de Mme Guyon. C'est une lignée possible pour quelques journaux « intimes ». Mais pourquoi limiter le journal à ces rares exemples, arbitrairement choisis, tous masculins, tous publiés ? Nous nous sommes, lui et moi, beaucoup taquiné là-dessus…

J'ai choisi une voie différente : examiner l'apparition du journal centré sur la personne, de manière plus large, et en chercher les traces non seulement dans les textes publiés mais dans les archives publiques ou privées.

Il s'agit, dit le titre, non pas d'une affirmation : voici les origines, mais d'une orientation : allons dans la direction des origines. Prudemment le pluriel ouvre la porte à l'idée que ce n'est pas simple. Et surtout, il désigne un champ chronologique. Pourquoi cette périodisation ? Parce qu'en aval, en 1815, tout semble joué, les études classiques sur le journal personnel partent toutes de cette époque et d'œuvres de grands écrivains données comme origines (Maine de Biran, Stendhal, Constant). Mais pourquoi 1750 ? Ce n'est qu'une date hypothèse, une date question et non une réponse. Il s'agit de repérer les premières apparitions de ce glissement de pratique. En gros, il y a eu un tournant net dans les années 1760-1770. Avant, on ne trouve que des indices épars, sauf, j'y reviendrai, pour la pratique séparée du journal spirituel. Ce tournant, les spécialistes de la correspondance le constatent également : la pratique de la lettre personnelle ou intime ne se développe qu'après le tournant

---

2   P. Pachet, *Les Baromètres de l'âme. Naissance du journal intime*, Gouville-sur-Mer, Le Bruit du temps, 2015 (pour les éditions précédentes : Hatier, 1990 ; Hachette, 2001).

de 1770 (voir l'article de Marie-Claire Grassi, sur la « Naissance de l'intimité épistolaire. 1780-1830[3] »). Le repérage de ces sources en amont est difficile, il y a des avancées, des retards, des discordances et surtout, j'y reviendrai, aucune certitude. Pour la partie publiée, on peut penser mener des recherches exhaustives. Pour la partie enfouie dans les archives, toutes les surprises sont possibles. J'en ai fait l'expérience lors d'une recherche antérieure analogue sur les journaux de jeunes filles (*Le Moi des demoiselles*, Seuil, 1993). Au sein même de cette recherche, menée sur une année, j'ai pu voir combien il est imprudent de dire que quelque chose n'existe pas, en se basant sur le fait qu'on n'en a pas trouvé d'exemple (formule plus prudente). J'avais dit que les journaux se faisaient dans les éducations en famille, non en pensionnat, jusqu'à ce que je trouve un exemple prouvant que c'était faux. Surtout pour la périodisation, j'établissais doctement, ayant trouvé très peu de journaux antérieurs à 1830, que la pratique se développait à partir de la Monarchie de Juillet. La recherche actuelle montre à quel point cela est inexact. D'où le choix de ne pas faire de conclusion, d'établir le maximum de faits, de laisser les choses ouvertes, le choix aussi de ne pas donner à mon livre une structure chronologique, mais thématique. Mon livre ne raconte pas une sorte de genèse collective, comme si toutes ces pratiques communiquaient, se nourrissaient les unes les autres, allaient d'une naissance à un développement pour aboutir à une apothéose. Il va disposer thématiquement les pièces d'un puzzle éparpillé, dont l'histoire a dispersé et perdu la plupart des éléments. Pas de chronologie, pas d'explication non plus. Le comment, non le pourquoi. Il aurait été tentant de me référer aux histoires de la civilisation, suivre Foucault pour vous faire assister à la naissance de l'individu moderne. Oui, le but est de collecter des indices de cette transformation, non de les construire en système. C'est vrai néanmoins qu'il y a une thèse sous-jacente au livre, que j'explicite parfois, en particulier dans les chapitres sur l'éducation, qui est que l'autonomisation de l'individu passe par l'intériorisation des méthodes collectives : chaque individu devient un état en plus petit, avec ses archives, ses règles, son service du contentieux... Désormais, dans les classes dominantes, « l'état c'est le moi », le moi est construit comme une administration. On est passé de la monarchie absolue à

---

3   M.-C. Grassi, « Naissance de l'intimité épistolaire (1780-1830) », *Littérales*, n° 17, « L'Invention de l'intimité au siècle des lumières », éd. Benoît Mélançon, 1995, p. 67-76.

l'individualisme... relatif. Cette intériorisation est tendue entre deux fonctions opposées, la reproduction et l'innovation. Mais ce sont là des thèses bien ambitieuses, l'histoire va à hue et à dia, il y a des cloisonnements, des incompréhensions, coexistent à une même date des stratégies plus ou moins avancées. Si j'ai donc laissé mon livre ouvert, ce n'est pas par paresse, mais par prudence. Il y a un seul point de « thèse » peut-être imprudent dans ce livre, c'est la manière dont je conteste (en me fondant sur ce que j'ai pu observer) la généalogie « religieuse » souvent alléguée. Le journal spirituel n'est pas l'ancêtre et la source du journal intime, encore moins du journal personnel. Aucun journal spirituel n'a été publié qui ait pu fonder une tradition, d'autre part tous les traités de piété classiques catholiques déconseillent formellement l'écriture de soi. Enfin on ne connaît en France à l'époque classique aucun journal spirituel protestant. La pratique du journal spirituel est encore une zone obscure, mais qui ne semble pas communiquer directement avec la formidable expansion parallèle du journal laïque. Je dis « ne semble », prudemment. Après avoir mené une première étude d'ensemble sur le champ et tiré cette conclusion, j'ai repéré deux journaux spirituels inédits, ce sont des bulles qui se développent en silence dans leur propre logique, qui d'ailleurs n'infirment en rien mon raisonnement, mais confirment que nous connaissons peu de chose en comparaison de ce qui a existé...

D'où la méthode de mon livre, aller à la rencontre des journaux inconnus, sans préjugé, mais en laissant de côté pour l'instant les « grands » journaux qui cachent le paysage (Maine de Biran, Stendhal, Constant), en puisant dans quatre sources : a) les publiés à l'époque (traités d'éducation) ; b) les inédits repérés et parfois édités et exploités par des historiens ; c) les inédits trouvés par moi sur catalogue en archives publiques ; d) les inédits venant d'archives privées.

Second aspect de la méthode : sauf pour la religion et l'éducation, j'ai choisi de procéder par monographie et de faire un tableau de chaque journal, sans préjugé, en en proposant un « portrait », ou parfois une sorte de journal de lecture du journal.

Ce faisant, je n'ai pas cherché à dissimuler mes réactions idéologiques et affectives mais comme elles sont affichées elles ne feront pas écran entre mes lecteurs et ces journaux, on pourra tenir compte de mon biais, et aller se faire une idée soi-même grâce à de larges citations. Certainement j'ai mes têtes. Il y a des gens qui me révoltent et que je supporte mal

(Mme de Genlis, Marc-Antoine Julien), des gens qui m'étonnent et m'effraient (Jean-Jacques Olier, d'Hommey, Candy, Noircarmes), des gens qui m'étonnent et me laissent rêveur (Lesage, Azaïs), des gens qui me touchent et que j'admire (Cécile et Alexandre Brongniart, le baron de Prangins), des gens qui m'amusent (Noël, Deleullion de Thorigny)... Cette galerie de portraits empêchera toute généralisation, tant ces figures sont variées, mais elles ont un point commun qui explique mon parti pris : pour le meilleur ou pour le pire, on entre dans un discours privé ou intime.

D'où le parti pris de regrouper au début une série de petites études sur le changement de destination de l'écriture. Quand la lettre devient « intime » en ne s'adressant plus qu'à une seule personne, elle reste conforme au principe de la lettre, qui est de s'adresser par écrit à quelqu'un. Mais jusque vers 1750, les journaux ont toujours été des écritures destinées à une forme de public, plus ou moins large ou spécifié (de la communauté entière à la famille). Voilà maintenant qu'apparaît la tentation de s'adresser à n'importe qui... sauf à tout le monde, en un mot de ne s'adresser désormais qu'à soi seul. C'est un virage à 180°. Au-delà du « for privé », encore collectif, on se réfugie, en écriture, dans le « for intérieur ». Découverte du dialogue intérieur, qui permet d'échapper à la solitude, recherche d'une écriture indéchiffrable pour autrui, qu'on soit seul à pouvoir lire. Personnifier et tutoyer son journal est une première étape, mais qui reste éventuellement lisible par un tiers ; la vraie bulle, infranchissable la plupart du temps, c'est le cryptage, partiel ou total. Il faut avouer que l'emploi systématique en est rare...

Le synopsis que vous allez lire, ou parcourir, est divisé en onze parties : Introduction, Le destinataire, Dieu, Le temps, La famille et l'individu, L'éducation, La santé, Le deuil, L'amour, Le plaisir, L'écriture...

Je vous en souhaite bonne lecture.

Philippe LEJEUNE

DEUXIÈME PARTIE

L'AUTOBIOGRAPHIE SPIRITUELLE

ÉCRITURE DE L'HISTOIRE ET ÉCRITURE DE SOI

Les *Mémoires* de Port-Royal

Les virtualités du récit de soi semblent limitées au couvent, où l'humilité, le détachement et la mort intérieure sont des règles premières. Ce contexte moral et social, qui conditionne une manière d'être, d'agir et de penser, suppose une limitation du contenu au récit des fautes et à la mise en avant de la piété. Le réfléchi « soi » apparaît par essence incongru se rapportant à des religieuses considérées comme des « mortes au monde », qui plus est à Port-Royal, un monastère imprégné de la morale de saint Augustin, selon lequel l'*amor sui* est un obstacle à l'amour de Dieu[1]. La formule de Blaise Pascal, proche du monastère où sa sœur Jacqueline est religieuse, est connue : le « moi » est « haïssable » car il conduit à s'aimer soi-même, à laisser agir et s'exprimer l'amour-propre, source de tous les maux de l'homme selon l'anthropologie augustinienne. Aussi l'usage de la parole, orale ou écrite, fait-il l'objet d'un étroit règlement qui soumet celle-ci aux critères de l'utile et du nécessaire. Hors ces conditions, le recours aux mots est illégitime, perçu comme une enfreinte possible à la règle du silence qui conditionne le recueillement, une source de péché. La réflexivité est soumise aux mêmes injonctions. Il est permis de parler de soi à des finalités morales, lors d'une discussion avec une supérieure et durant la confession. Les règles invitent également à la prudence dans l'introspection nécessaire à l'examen de soi et dans la verbalisation des sentiments, entrave potentielle au détachement au profit d'une complaisance à soi interdite et d'une tentation de se dire avec orgueil, signe par excellence d'amour-propre. Le récit de soi, qui suppose la réminiscence, pose aussi la question du rapport à la mémoire et au temps, également pris en compte par les règles conventuelles. La

---

[1] Sur la distinction de ces deux amours, voir saint Augustin, *La Cité de Dieu*, Paris, Seuil, 1994, t. 2, p. 191 *sq*.

qualité du recueillement suppose l'oubli du passé et de la temporalité humaine au profit d'une immobilité des pensées en Dieu[2]. Enfin, dernier écueil potentiel du récit réflexif, la possibilité de stimuler la conscience de la singularité du sujet écrivant contre l'injonction paulinienne faite aux sœurs d'être dans le « troupeau » des « brebis » indifférenciées. La réticence des premiers mémorialistes du XVIIe siècle à employer le « je[3] », source de malaise alors que la vie privée n'est pas encore objet d'intérêt, est d'autant plus forte chez les moniales, qui la redoutent comme une voie possible d'expression de l'amour de soi[4].

Or, le monastère de Port-Royal laisse une abondante littérature consacrée à sa propre histoire, composée de récits à la première personne du singulier essentiellement écrits par les moniales, auxquels s'ajoutent les écrits des Solitaires[5] et des confesseurs. L'œuvre mémorielle, entamée en 1646, est d'abord centrée autour de la vie de la mère Angélique Arnauld, première abbesse réformée de Port-Royal[6] selon le projet défini par son neveu Antoine Le Maistre de conserver une vie propre à édifier par « la conduite toute extraordinaire que Dieu avait tenue sur cette âme, pour s'en servir à de si grandes choses[7] », un argument qui justifie l'écriture de l'histoire comme un devoir de charité et transforme la célébration d'une vie particulière en un hommage à Dieu à l'origine « [d]es grands trésors de grâce et de lumière » sensibles dans la vie de la mère. « On ne pouvait pas », explique-t-il, « refuser à la postérité de lui en laisser l'histoire[8] ». Le travail de mémoire s'étend au fil des ans à l'histoire de la communauté persécutée, c'est-à-dire à celle du monastère des Champs,

---

2   Sur toutes ces règles, voir les *Constitutions du monastère de Port-Royal du Saint-Sacrement* [1665], éd. V. Alemany et J. Lesaulnier, Paris, Nolin, 2004.
3   Voir E. Lesne-Jaffro, *La poétique des Mémoires, 1650-1685*, Paris, Champion, « Lumière classique », 1996, p. 395 *sq.*
4   Voir notre ouvrage, *L'Écriture de soi. Lettres et récits autobiographiques des religieuses de Port-Royal*, Paris, Champion, 2012, rééd. 2015.
5   Ce qualificatif désigne les hommes qui se retirent à Port-Royal pour vivre dans la prière et l'étude, par exemple Robert Arnauld d'Andilly, père d'Angélique de Saint-Jean. Les Mémoires des hommes de Port-Royal (dont Nicolas Fontaine ou Thomas du Fossé) ont longtemps occulté ceux des moniales, dont le rôle est capital dans la transmission de la mémoire de la communauté.
6   Angélique Arnauld (1591-1661) est réformatrice et abbesse de Port-Royal de 1602 à 1630 et de 1642 à 1654.
7   *Mémoires pour servir à l'histoire de Port-Royal et à la vie de la révérende mère Marie-Angélique de Sainte-Madeleine Arnauld [...]*, abrégé par la suite *Mémoires...*, Utrecht, Aux dépens de la Compagnie, 1742, 3 vol., p. 2.
8   *Ibid.*

où les religieuses résistantes à la signature du Formulaire condamnant cinq propositions attribuées à Jansénius sont prisonnières de 1665 à 1669, privées de communication, de visite et surtout des sacrements, dans un isolement moral et spirituel que la correspondance clandestine qu'elles parviennent à mettre en œuvre donne à lire. Après la séparation par Louis XIV des deux maisons qui composent Port-Royal, en 1669, les résistantes demeurent au monastère des Champs, considérablement appauvri par le partage des biens et souffrent une seconde vague de persécutions, en 1679. Le monastère est finalement détruit par le roi au début du XVIIIe siècle[9]. Port-Royal des Champs, couvent de l'enfance de mère Angélique qui le réforme en 1609, contre la volonté de sa famille hostile à la restauration de principes jugés trop austères, prison et asile des résistantes fidèles à un principe fondateur de la réforme, l'action en conscience, confondue avec la volonté de Dieu, aura donc à ce titre une place centrale dans les *Mémoires*, conformément à ce qu'il représente dans l'histoire et dans l'esprit de la communauté. La maison des Champs occulte celle de Paris, associée à la « trahison » des religieuses signeuses, exclues de l'œuvre mémorielle.

Ces textes relatifs à la vie de la mère Angélique, soit l'histoire des origines de la communauté réformée, qui constituent les trois volumes des *Mémoires* de Port-Royal, retiendront notre attention. Ils sont composés par les moniales témoins de cette époque, invitées à mettre par écrit leurs souvenirs des années de réforme, ou sont rédigés à partir de leurs témoignages[10]. Angélique de Saint-Jean Arnauld d'Andilly, nièce de la

---

9 Le monastère est persécuté dès 1656 pour sa prise de position en faveur de Jansénius, auteur de *L'Augustinus*, un ouvrage condamné par le pape. En août 1664, l'archevêque de Paris, Hardouin de Péréfixe, procède à la séparation de la communauté. Dix-sept religieuses sont envoyées en captivité dans des couvents parisiens. Certaines signent et se rétractent, les autres résistent. Elles font le récit de leur captivité en 1665, à Port-Royal des Champs, où elles sont réunies avec leurs sœurs résistantes à la signature. La captivité la plus longue est celle d'Angélique de Saint-Jean Arnauld d'Andilly, prisonnière dix mois chez les annonciades célestes à Paris. Son récit a fait l'objet d'une publication de L. Cognet, Paris, NRF, Gallimard, 1954, et d'une réédition par S. Lapaque aux éditions de La Table Ronde (2005). L'ensemble des récits a été conservé dans les *Divers actes, lettres et relations des religieuses de Port-Royal, touchant la persécution et les violences qui leur ont été faites au sujet de la signature du Formulaire* [1723-1724] [s. l.], [s. n.].
10 Voir notre article, « Modalités et enjeux du récit personnel dans les *Mémoires* de Port-Royal : la *Relation* de la mère Arnauld et les récits de souvenirs des sœurs », dans *La Mémoire à Port-Royal. De la célébration eucharistique au témoignage*, Paris, Garnier, 2016, L. Plazenet (éd.), p. 47-84.

réformatrice, prend progressivement la direction de ce vaste travail de mémoire à partir de 1652[11]. Elle suscite, collecte et écrit de nombreuses relations, dont le vaste récit qui inaugure cet ensemble sériel autour de la réformatrice. Biographies à la première personne, hagiographies, confessions, des porosités génériques apparaissent dans ces récits à la première personne, intitulés par le même terme vague de « relation[12] ». Un texte se distingue par sa nature : la *Relation*[13] de la mère Angélique, qui peut être qualifiée du terme anachronique d'autobiographie, au sens où la mère est à la fois auteur, narrateur et personnage de son histoire, un élément essentiel de définition du genre selon Philippe Lejeune. S'ils ne correspondent pas à sa définition canonique de l'autobiographie – « récit rétrospectif en prose qu'une personne réelle fait de sa propre existence, lorsqu'elle met l'accent sur sa vie individuelle, en particulier sur l'histoire de sa propre personnalité[14] » – les récits se rapprochent du genre par leur contenu et leurs intentions. L'avant-propos qu'Angélique de Saint-Jean rédige pour les *Mémoires* en 1673, après la mort de la mère Angélique et les grandes persécutions subies par Port-Royal, noue un élément traditionnel du pacte autobiographique : la promesse de sincérité, garantie par le statut de témoin des narratrices[15]. Il révèle aussi l'enrichissement du projet initial du travail mémoriel. Il ne s'agit plus seulement de consigner les vertus *mémorables* de la réformatrice, mais aussi de défendre une interprétation de l'histoire qui détermine l'identité de la communauté opprimée. Le temps est « venu où l'Écriture permet de louer les saints », précise Angélique de Saint-Jean, et l'écriture mémorielle vise à la préservation d'« une mémoire aussi précieuse que

---

11 Antoine Le Maître décède en 1658 et la mère Agnès, qui aide à ce travail de mémoire, meurt en 1671. Angélique de Saint-Jean (1624-1684) entre à 6 ans à Port-Royal avec une forte vocation. Elle est abbesse de Port-Royal des Champs en 1678.

12 Les *Mémoires* comprennent aussi la longue « Relation de plusieurs Entretiens de la mère Angélique avec M. Le Maistre son neveu, qui les écrivait sur le champ dans le dessein de s'en servir pour son histoire », *Mémoires...*, *op. cit.*, t. 2, p. 247-402 et des *Vies* de religieuses de Port-Royal.

13 Nous citons la *Relation* de la mère Angélique d'après l'édition de J. Lesaulnier, *Chroniques de Port-Royal*, n° 41, 1992.

14 *Le Pacte autobiographique*, Paris, Seuil, *Poétique*, n° 4, 1973, p. 138. Sur l'autobiographie au XVIIe siècle, voir notre article « France. XVIIe siècle », *Dictionnaire de l'autobiographie. Écriture de soi de langue française*, F. Simonet-Tenant (éd.), Paris, Champion, 2017, p. 347-350.

15 La sœur Anne-Eugénie Arnauld, une sœur de la mère Angélique, est celle qui a donné le plus de textes : « Elle était extrêmement exacte, et l'on se pouvait absolument fier à sa sincérité et à sa mémoire », *Mémoires...*, *op. cit.*, p. 3.

le doit être dans cette maison celle d'une personne qui a été l'organe de toutes les grâces que Dieu lui a faites, et de tout le bien spirituel et temporel qu'il y a mis ». L'écriture des premières années de la réforme à Port-Royal doit faire voir à la postérité, « si Dieu lui en donne une »,

> [...] quelle a été la conduite et l'esprit de cette incomparable mère, qui se doit appeler au moins la réparatrice de Port-Royal, mais qui mériterait bien un autre nom par rapport à ce qui a plu à Dieu de faire par elle, pour le bien et l'édification de toute l'Église[16].

L'intention démonstrative des récits sera double : prouver la sainteté de la mère Angélique, entérinée de son vivant par la communauté et, par son exemple, témoigner de celle de la communauté résistante, fidèle à ses valeurs qu'elle perpétue par l'écriture. Dès lors, le récit de l'autre est aussi un récit sur soi, chaque sœur apparaissant comme un double moral d'Angélique Arnauld, figure mère originelle, et l'écriture de l'histoire devient indissociable de la quête d'une identité communautaire, la seule possible au couvent, une identité collective fondée sur des valeurs morales et spirituelles communes que chaque sœur doit travailler à faire sienne. Ici et là, un « je » qui se distingue de l'instance énonciative vouée à la neutralité se fait entendre, révélant les effets de l'écriture rétrospective sur le sujet narrateur, invité malgré lui à la confidence. Ces brefs épanchements personnels du récit, exprimés le plus souvent sur le mode de la culpabilité, trahissent des motivations personnelles à écrire au-delà de l'intention manifeste imposée. Une relation intime entre le « je » et son propos s'instaure, infléchissant le récit de l'autre vers le récit de soi.

---

16 *Mémoires...*, *op. cit.*, p. 5-6.

LE RÉCIT DE LA RÉFORME D'ANGÉLIQUE DE SAINT-JEAN
Un récit initiatique dans l'écriture de l'histoire communautaire

C'est sur les « rapports » des témoins d'un temps qu'elle n'a pas connu qu'Angélique de Saint-Jean commence à écrire en 1652 son récit de la réforme, une rédaction qu'elle interrompt avant de la reprendre vingt ans plus tard, en 1671[17]. Le texte s'ouvre sur la naissance de la mère Angélique, en 1591, et sur celle de sa sœur Agnès, l'autre grande figure de référence de Port-Royal[18]. Il comporte les passages obligés des hagiographies : les récits d'enfance[19] et d'adolescence de la mère, son rapport à sa famille, son éveil à la spiritualité, sa conversion, qui fait naître le désir de réformer le monastère. L'intention hagiographique de l'auteur apparaît dans les choix narratifs opérés, qui correspondent aux *topoï* des Vies de saints : par exemple la précocité de l'enfant, qui annonce les futures vertus de l'abbesse. Enfant, Angélique, qui s'appelle alors

---

17 Sa relation commence à la naissance d'Angélique Arnauld, en 1591, et s'achève en 1623, avant le transfert des religieuses des Champs au monastère de Paris. Voir notre étude de ce texte, « Raconter la réforme : de l'histoire au mythe », *Chroniques de Port-Royal*, n° 60, 2010, p. 131-144.

18 La mère Agnès (1593-1671) rejoint son aînée à Port-Royal, après avoir été placée dès l'enfance à Saint-Cyr également pour en être abbesse. Elle est abbesse de Port-Royal de 1636 à 1642 et de 1658 à 1661.

19 Le récit d'enfance n'apparaît guère dans les Mémoires avant Rousseau. Voir Y. Coirault, « Autobiographie et Mémoires (XVIIe-XVIIIe siècles) ou existence et naissance de l'autobiographie », *Revue d'Histoire Littéraire de la France*, n° 6, 1975, p. 942. Les hagiographies l'intègrent au contraire pour son intérêt dans la démonstration des « vertus » en germe. Plusieurs récits reviennent sur l'enfance de la mère Angélique et sur celle de ses sœurs, selon les mêmes desseins : montrer les traces de précocité spirituelle et les « signes » de prédestination par des faits à valeur symbolique. Les relations des femmes de la famille, qui se sont mariées avant d'entrer à Port-Royal, Mme Arnauld, mère de la réformatrice, et Catherine Le Maistre, une de ses filles, suivent un schéma narratif différent, appelé par la vie profane des protagonistes : le récit de naissance est suivi du récit de l'éducation reçue, de la piété manifestée pendant les années de mariage et de l'éducation des enfants. On insiste dans tous les cas sur les vertus des personnages qui préfigurent le degré de vertu manifesté au couvent. Dans sa *Relation*, la mère Angélique fait allusion à la forte piété ressentie durant sa grossesse par la mère de la future Marie des Anges Suireau, qu'elle choisira pour être abbesse de Maubuisson. Ce sentiment est donné à lire comme un « signe » annonciateur de la forte piété de l'enfant à naître.

Jacqueline, souhaite se marier, mais elle accepte d'être religieuse pour faire plaisir à « son grand-papa » qui l'aimait « extraordinairement » à la condition qu'elle sera abbesse : « Je les ferai bien faire leur devoir[20] », lui dit-elle à propos des sœurs. Son caractère vif et autoritaire s'affirme dans cette promesse quand sa cadette (qui se nomme « Jeanne » et pas encore Agnès) fait déjà montre de piété et de sagesse. La narratrice évoque les « plaisantes petites querelles » de « ces deux petites et novices et abbesses prétendues[21] », des querelles dont la mère se serait repentie plus tard avec autant de sentiments que saint Augustin dans ses *Confessions* ! La présence du « grand-papa », l'âge des fillettes et l'adoption d'un vocabulaire enfantin dans le discours rapporté confèrent à l'histoire des origines de la communauté réformée un caractère intime et romanesque que la suite corroborera[22]. Mythique au sens où il est un récit poétique et symbolique qui propose une interprétation des évènements historiques, le récit du passé s'assimile à un récit de famille dans un couvent qui accueille nombre de filles Arnauld ou membres de cette lignée[23]. Écrire la réforme, c'est aussi pour la narratrice graver dans l'écrit l'histoire des siens.

Le premier acte de raison de la future abbesse, à l'âge de sept ans, est mentionné comme une illustration de sa précocité spirituelle. « Ayant ouï dire que Dieu était au ciel », la jeune Angélique décide d'implorer le pardon de ses fautes à genoux « au milieu de la cour du logis[24] » pour être vue de Dieu. Le récit insiste sur l'importance de ce moment dans l'évolution intérieure de la protagoniste, qui n'en fait pas mention dans son propre texte : « Elle nous disait avoir toujours cru depuis que c'était le premier moment où elle avait agi avec raison et discernement. Cela est assez considérable[25]. » Attendu pour sa valeur symbolique dans un itinéraire spirituel, l'épisode figure aussi un des rares souvenirs d'enfance de la narratrice qui confie « une chose que la mère Angélique nous a

---

20 « Relation ou histoire suivie de la vie de la mère Marie-Angélique Arnauld... », abrégée par la suite « *Relation...* », dans *Mémoires...*, *op. cit.*, t. 1, p. 7-216.
21 « *Relation...* », *op. cit.*, dans *Mémoires...*, *op. cit.*, p. 10.
22 Voir la dramatisation de la « Journée du guichet », le récit du mariage manqué de « Mademoiselle Anne » Arnauld, l'entrée sacralisée de la mère Angélique et de ses novices dans Pontoise.
23 Voir F. E. Weaver, « Angélique de Saint-Jean, abbesse et "mythographe" de Port-Royal », *La Mère Angélique de Saint-Jean, Chroniques de Port-Royal*, n° 34, 1985, p. 93-108.
24 « *Relation...* », *op. cit.*, dans *Mémoires...*, *op. cit.*, p. 9.
25 *Ibid.*

elle-même contée, lorsque nous étions bien petites, pour nous exhorter à offrir à Dieu le premier usage de notre raison[26] ». Cette précision dévoile l'intimité qui se crée entre le sujet et son récit à la faveur d'un détail dont on devine la force affective. L'appartenance du souvenir à un passé lointain indéfini renforce la portée mythique du récit des origines, rejeté dans le hors temps du conte, et le rapport personnel qui se tisse à l'écriture quand le sujet doit relater des faits qui ont partie liée à sa propre histoire. Rien ne doit entacher le portrait de famille, d'où l'absence de référence aux manigances du grand-père pour obtenir à une enfant de dix ans l'abbaye de Port-Royal. Même silence sur le manque d'amour de Mme Arnauld pour sa fille. L'aversion d'Angélique pour la vie religieuse est à peine évoquée, de même que son désir de quitter le couvent, autant de faits clairement mentionnés dans la relation dite autobiographique. On sait seulement qu'Angélique reste à Port-Royal pour plaire à ses parents « qu'elle aimait avec une extrême tendresse », une explication qui contribue à dorer la légende familiale.

Les étapes marquantes de la vie spirituelle d'Angélique s'enchaînent : la profession et la première communion, durant laquelle la fillette ressent une impression « vive » de la présence de Dieu malgré l'absence d'instruction religieuse. Les parallèles implicites avec les hagiographies se multiplient. Par exemple, la bonté naturelle de la petite abbesse, aimée de tous, rappelle la capacité des saints à gagner les cœurs. On note aussi la charité innée de l'enfant, qui donne du pain blanc à sa servante en cachette de la cellérière. Ses bonnes inclinations naturelles, à douze ans, s'expriment dans la réprimande faite à des sœurs qui bavardent avec un religieux, si forte « qu'elle paraissait fort bien sortir de la bouche d'une abbesse, et non de celle d'un enfant, quoiqu'alors elle fût l'une et l'autre[27] ». L'exactitude d'Angélique à dire quotidiennement bonsoir à sa prieure, au milieu de ses jeux, présage de l'amour de l'obéissance de l'abbesse convertie, tandis que le refus d'embellir ses vêtements, malgré une répugnance avouée à porter des robes de serge, annonce l'amour de la pauvreté qui sera au cœur de la réforme. Comme dans la plupart des hagiographies, l'avancée en âge s'accompagne des premières inquiétudes de l'esprit, source d'une tristesse qui occasionne une forte fièvre. La jeune abbesse retourne chez ses parents pour être soignée, mais elle

---

26 *Ibid.*
27 *Ibid.*, p. 16.

conserve cet état de langueur jusqu'à la conversion, à seize ans et demi, la nuit, au cours d'un sermon, après qu'on a allumé les flambeaux, une mise en scène qui montre l'importance de l'évènement, raconté en une ligne dans le texte de la mère Angélique : « Cette heure fut comme le point du jour, qui a toujours été croissant en elle jusqu'au midi[28]. » Une autre inquiétude naît, qui porte cette fois sur les moyens de vivre selon l'austérité des principes du premier christianisme. La réforme, présentée dans tous les textes comme une œuvre voulue par Dieu, se présente comme le moyen d'y parvenir. Ces pensées nées de la conversion « furent en elle le fondement de ce grand édifice qu'elle a bâti dessus et qui est admiré de tous ceux qui la connaissent[29] », des termes qui érigent définitivement le récit de la réforme en un récit originel fondateur.

Angélique de Saint-Jean relate sur un mode dramatique la « Journée du Guichet », nom donné au jour où l'abbesse adolescente impose la clôture qu'elle a rétablie à sa propre famille, empêchée de pénétrer plus avant dans le couvent, au nom de Dieu et de sa conscience. Cris, larmes, menaces, vacarme, la jeune fille résiste avec fermeté à un père furieux et à des frères qui l'accusent de « parricide ». On saisit la portée symbolique d'une scène racontée en quelques lignes par la mère Angélique dans l'histoire du monastère et dans l'imaginaire de la communauté persécutée. La réformatrice devient la première martyre de la cause divine dans l'histoire de Port-Royal, un modèle de résistance à l'autorité humaine au profit de l'autorité divine que ses héritières s'appliqueront à imiter durant les persécutions[30]. La confrontation originelle entre la mère et les siens annonce par exemple l'impassibilité de l'abbesse de Ligny, muette face aux insultes et aux cris de l'archevêque de Paris lors de la dispersion de Port-Royal, en 1664, ou encore celle d'Angélique de Saint-Jean face à ses détracteurs durant sa captivité. Dans tous les cas, la vertu est présentée comme une « grâce », un signe manifeste de la bienveillance de Dieu pour les religieuses réformées et leurs doubles que sont les religieuses résistantes à la signature du Formulaire. La suite du récit illustre les vertus de la mère et des filles dont elle a la charge selon un style d'écriture puisé dans la Légende, le langage de l'admiration (les

---
28 Ibid., p. 25.
29 Ibid.
30 Voir la lettre d'Angélique de Saint-Jean à Mlle de Vertus, le 22 août 1664. Nous citons les copies de ses lettres non éditées, conservées à la Bibliothèque de Port-Royal à Paris (LT 88/93 ms).

hyperboles et les périphrases), censé susciter les sentiments traditionnels des récits légendaires : l'admiration et le désir d'imiter[31]. Les années de la réforme, caractérisées par un haut degré de vertu, sont relatées comme l'âge d'or de la spiritualité à Port-Royal, un « paradis de grâce, planté de la main de Dieu et arrosé par [les] soins [de la mère][32] », un passé placé sous le signe de l'« extraordinaire » caractérisé par des religieuses décrites comme des saintes, une manière d'écrire et de lire l'histoire qui contribue à transformer le récit historique en récit hagiographique et mythique.

Angélique de Saint-Jean fait œuvre autobiographique au sens où le « je narrant » saisit par l'écriture un passé dont découle l'identité du « nous » et, par conséquent, l'identité du « je », formé et éduqué par ce « nous ». Une continuité morale et spirituelle s'établit entre les époques par la célébration au moment de l'écriture des valeurs originelles fondatrices de l'identité communautaire (amour de la pauvreté et du silence, humilité, piété, obéissance). Le récit du passé se meut en un récit de filiation qui œuvre à la perpétuation de l'héritage moral et spirituel de la réformatrice, érigée en mère au sens profane et religieux du terme[33]. « Organe de toutes les grâces que Dieu [a faites à la maison][34] », à ses parents et à ses sœurs, la mère Angélique se situe à l'origine du mythe communautaire, porteur du mythe de la famille élue[35], illustré plus loin dans les passages consacrés aux sœurs de la mère Angélique, qui entrent à Port-Royal.

---

31 Voir Ph. Sellier, « Pour une poétique de la légende : *La vie de Monsieur Pascal* », *Chroniques de Port-Royal*, n° 31, 1982, p. 51-65, repris dans *Port-Royal et la littérature*, Paris, Champion, 1999, t. 1, p. 29-48. Les *Vies* de saints, lues à l'office dès le VIIIe siècle, connaissent une diffusion massive au XIVe siècle. La publication dès 1643 des *Vies des saints Pères du désert*, traduites par Robert Arnauld d'Andilly, a favorisé la connaissance de ces textes, très lus à Port-Royal, comme le suggère l'intertextualité entre ces *Vies* et la relation d'Angélique de Saint-Jean. Voir aussi H. Delehaye, *Les Légendes hagiographiques*, Bruxelles, Société des Bollandistes, 4e éd., 1955.

32 Angélique de Saint-Jean, « *Relation...* », *Mémoires...*, *op. cit.*, p. 88.

33 Elle « avait plus de tendresse et d'amour pour tous ses enfants qu'une vraie mère », lit-on dans la « Relation de la maladie et de la mort de la mère Marie-Angélique Arnauld », par Angélique de Saint-Jean, *Mémoires...*, *op. cit.*, t. 2, p. 123-165, une assertion confirmée dans tous les récits des sœurs.

34 *Mémoires...*, *op. cit.*, p. 5.

35 La mise en avant du haut degré de vertu des sœurs Arnauld, souvent dès l'enfance, alimente ce mythe qui est une conviction familiale. Voir la lettre du 23 novembre 1679 d'Angélique de Saint-Jean à Mlle de Courcelles et celle de la mère Angélique à son frère Antoine Arnauld dans *Lettres de la révérende mère Marie-Angélique Arnauld, abbesse et réformatrice de Port-Royal*, Utrecht, 1742-1744, 3 vol., 1644, t. 1, p. 260. Nous signalons

LA *RELATION* DE LA MÈRE ANGÉLIQUE
Le refus du récit personnel

La *Relation* de la mère Angélique se distingue des autobiographies spirituelles par le refus de l'auteur de particulariser un texte qu'elle écrit sous la contrainte de son directeur Antoine Singlin, mais avec peine, désapprouvant un travail de mémoire qui heurte son humilité. Pourtant, l'envie de rédiger « un Livre de la Providence de Dieu » lui a traversé l'esprit, comme en témoigne l'Avertissement à la *Relation* d'Angélique de Saint-Jean, « de crainte que nous ne vinssions à oublier ce que Dieu avait fait pour nous[36] », mais l'aversion des livres l'emporte et il faut la contrainte de son directeur pour obtenir d'elle l'histoire demandée. L'objet de la mère n'est pas de raconter l'histoire de son âme, comme plus tard Thérèse de Lisieux, qui retrace son enfance pour déceler les premiers signes de sa vocation[37], mais de faire « une relation de ce qui s'est passé dans cette maison [Port-Royal des Champs][38] » depuis son entrée pour y être abbesse, le 5 juillet 1602. Le désir premier de montrer la charité de Dieu envers Port-Royal demeure, comme en témoigne la présentation du « je » narré en simple exécutant de la volonté divine[39] et la démarche de la *confessio* adoptée par la mère, dans la lignée de saint

---

l'édition récente de ses lettres : Angélique Arnauld, *Œuvres complètes*, t. 1, 3 vol., éd. J. Lesaulnier, F. Pouge-Bellais, A.-C. Volongo, Paris, Garnier, 2020.
36 *Relation*, Avertissement, *op. cit.*, p. 10.
37 Sainte Thérèse de Lisieux, *Histoire d'une âme*, Paris, Éditions Emmanuel, 2015.
38 *Relation*, *op. cit.*, p. 11.
39 Les *Confessions* d'Augustin, traduites par Robert Arnauld d'Andilly en 1649, connaissent un vif succès dans le monde et ont une influence considérable sur le genre des Mémoires dans la deuxième moitié du XVIIe siècle, notamment les Mémoires d'inspiration augustinienne. On peut attribuer à la *Relation* de la mère le sens de « comptabilité » qui désigne les Mémoires aristocratiques du début du siècle : « Il ne s'agit plus de comparer les dettes et les créances, mais de compter les dettes contractées envers la Grâce divine [...] de dialoguer humblement avec Dieu, en lui rendant grâce pour sa Grâce », M. Fumaroli, « Les Mémoires du XVIIe siècle au carrefour des genres en prose », XVIIe *siècle*, n°s 94-95, 1971, p. 29. L'infléchissement vers l'intime est favorisé dans un texte où le *je* doit s'effacer au profit de Dieu : « Du même coup, l'intériorité du *Je* des Mémoires s'accroît : ce qu'il perd en vitalité vindicative, il le gagne en nuances d'humilité, de reconnaissance, en attention aux petits faits vrais. Il accepte de mourir, refusant seulement de laisser oublier ces visages, ces voix, ces signes par lesquels la Grâce divine a manifesté sur lui, pendant sa vie éphémère, une promesse imméritée de salut ». Ce sens est aussi présent dans les

Augustin : aveu des fautes et louanges de Dieu. Le pacte de lecture qui ouvre le texte ne souffre aucune ambiguïté : il annonce un récit purement factuel, centré sur l'histoire du monastère, fait seulement « par obéissance ». D'un point de vue narratif, la *Relation* s'étend de 1602 à l'arrestation de Saint-Cyran, premier directeur et modèle spirituel de la mère, en 1638[40]. Si les conditions d'écriture, « dans une petite cellule écartée » durant une retraite, laissaient à Angélique Arnauld le temps et la tranquillité nécessaires à la rédaction de sa relation, le « dégoût » qu'elle lui inspire l'emporte et elle la laisse inachevée[41].

La mère passe sous silence son enfance et relate rapidement ses premières années au monastère, au profit d'une critique du dérèglement ambiant. Le souvenir de la fièvre survenue à l'adolescence (mentionnée dans le récit précédent) s'impose dans le récit, les soins prodigués par ses parents ayant raison de son désir de quitter le couvent[42]. Les détails donnés sur les gestes tendres de Mme Arnauld constituent une première entrave au pacte initial, signe de l'importance affective de l'évènement dans la mémoire de la narratrice, qui infléchit son propos vers la confidence :

> Pendant tout ce temps-là, on eut un soin tout extraordinaire de moi. Ma mère me mit dans sa chambre et dans son lit, et se mettant dans un autre petit dans la même chambre ; elle avait une telle attention à tous mes besoins, que je n'appelais jamais la garde qui était tout contre mon lit, que ma mère n'y fût la première[43].

Le retour à soi n'est pas dénoncé comme une digression par la conscience morale en raison de la nécessité narrative de l'épisode dans l'économie du récit. Tel n'est pas le cas lors du récit d'un moment capital dans la vie spirituelle de la mère : sa première confession à Saint-Cyran. La narratrice confie le plaisir inégalé ressenti à pleurer, après y être parvenue. L'intensité de l'émotion passée explique la vivacité du souvenir,

---

Mémoires ou Histoire des Solitaires de Port-Royal, de Nicolas Fontaine, éd. P. Thouvenin, Paris, Champion, 2001, p. 63 *sq.*
40 Elle entame sa relation le 12 janvier 1655 et l'aurait abandonnée le 20 janvier de la même année.
41 On doit ces détails sur l'aversion de la mère à écrire à l'Avertissement d'Angélique de Saint-Jean.
42 Elle refuse aussi de quitter le couvent de crainte de faire preuve d'« ingratitude » envers Dieu. Elle mentionne les pensées qui lui viennent sur la « sainteté » de sa profession sans les analyser rétrospectivement comme des prémisses à la vocation.
43 *Relation, op. cit.*, p. 15.

qui entraîne un abandon à l'écriture immédiatement condamné par le « je » narrant comme une digression :

> Je demeurai si satisfaite et si contente qu'il me semblait être une autre créature. Et quoique Dieu me fît sentir de la douleur de mes péchés, je puis dire n'avoir jamais eu tant de véritable et même de si sensible consolation en toute ma vie. Jamais je n'avais eu tant de plaisir à me divertir et à rire que je n'en avais à pleurer. Je ne dois point dire ceci, n'écrivant que ce qui concerne la conduite et la Providence de Dieu sur cette maison. Et pour cela je dirai que toutes nos sœurs, à la réserve de deux, étaient en la même disposition de pénitence et de joie[44].

Le discours personnel est légitimé par la mention du groupe qui lui rend une possibilité d'existence : le cas particulier peut être raconté car il s'avère conforme à la disposition collective[45].

Le passé précédant la conversion est évoqué en termes de péchés, sur le modèle de saint Augustin, mais dans des formules générales convenues qui procèdent non d'une réelle introspection mais du désir de s'humilier. La mère avoue son aversion première de la vie religieuse, un « joug insupportable », son intérêt pour le monde et les lectures profanes (les *Vies* de Plutarque), son ennui des lectures pieuses, mentionne sa « malice » et qualifie de « licences » ses promenades avec ses compagnes désœuvrées. Comme dans ses lettres, elle stigmatise « la vanité, la promptitude, et l'inconsidération de [s]on esprit naturel », sources d'« une infinité de fautes » dans sa vie[46]. La confession de soi s'accompagne d'une confession familiale[47] avec la mention des tractations de son grand-père pour lui

---

44 *Ibid.*, p. 61.
45 Autre souvenir fort, un compliment de Saint-Cyran, son second directeur et mentor : « Il me dit une parole qui me toucha beaucoup, qui fut qu'il avait vu beaucoup d'abbesses réformer leurs monastères, mais qu'il en avait peu vu réformer leurs personnes. Je me trouvai de ce grand nombre, quoique Dieu m'eût fait la grâce d'avoir beaucoup désiré d'être de ce petit nombre », *ibid.*, p. 56. L'humilité légitime le discours rapporté en le contredisant. Le discours personnel s'exprime souvent de manière indirecte dans le discours sur l'autre. Ainsi, les lignes élogieuses consacrées au père de la mère Suireau peuvent se lire comme une critique indirecte de Monsieur Arnauld.
46 Le bien-fondé de son refus de laisser entrer à Port-Royal trois filles de condition, mises au couvent pour favoriser le mariage de leurs sœurs, constitue le seul doute rétrospectif du récit, mais la satisfaction d'avoir mis son monastère à l'abri des influences parentales l'emporte rapidement sur l'analyse, *ibid.*, p. 48.
47 La dimension expiatoire est nette dans ses *Entretiens avec Antoine Le Maistre*, de même la propension à se livrer, plus grande à l'oral que dans un écrit dont elle doit assumer la responsabilité. La mère confie à son neveu son amour pour son grand-père, l'aversion

obtenir l'abbaye à l'âge de « dix ans et dix mois » (une précision rare qui souligne l'absurdité de cette situation), l'amour de ses parents pour les honneurs du monde. Tournant dans sa vie spirituelle, la conversion est racontée rapidement comme une « grâce singulière » de Dieu, suivie d'une « grâce » collective : la réforme, qui fera l'objet de descriptions longues.

La mère refuse un travail d'explicitation des liens qui unissent son histoire personnelle et celle du monastère. L'analyse est laissée au lecteur à qui il revient de suggérer des liens de cause à effet entre l'enfance et l'adolescence du « je » et les choix mis en place par la réforme. Cette lecture psychologique est favorisée par cette précision de la mère Agnès sur sa sœur : depuis la conversion, « elle [Angélique] s'est toujours regardée comme criminelle devant Dieu [...] regardant les actions et la conduite que son âge devait excuser comme une vie très coupable[48] ». Ce passé de « pécheresse » explique l'excès de la mère Angélique à se mortifier, une information qu'elle tait dans son texte mais que les relations des sœurs mettent en avant. La connaissance du passé du « je » peut éclairer les principes de l'abbesse réformée : son attachement à la confession volontaire par exemple, dans la lignée de Saint-Cyran qui a su attendre sa propre confession, sa patience envers les sœurs, qui rappelle celle du directeur. Liée à la volonté de suivre au plus près le vœu de pauvreté, la préférence accordée à la vocation dans le recrutement des religieuses, quand de nombreux couvents privilégient les filles richement dotées, peut aussi être lue comme un moyen de limiter les passe-droits dont elle a bénéficié dans sa jeunesse. Enfin, l'application de la mère Angélique à instruire les filles dans les devoirs de la vie religieuse renvoie à la souffrance de l'abandon spirituel subi dans le Port-Royal non réformé, objet de vives critiques.

La volonté de s'humilier qui oriente le discours sur soi fausse le discours direct sur soi, réduit à la confession des fautes[49]. Aussi l'intime

---

que lui voue sa mère, s'étend sur les visites de sa petite sœur Agnès quand celle-ci est à Saint-Cyr. Propos réellement exprimés ou retranscrits par l'entretenant qui connaît l'histoire de famille ? La question inhérente à l'entretien de la fiabilité de la retranscription se pose. Sur ce genre personnel, voir A. Cousson (éd.), *L'Entretien au XVIIe siècle*, avec une préface de B. Beugnot, Paris, Garnier, 2018, et la suite, également sous notre direction, *L'Entretien du XVIIIe siècle à nos jours*, Garnier, mars 2021.

48 « Relation de la mère Catherine Agnès de Saint-Paul Arnauld », dans *Mémoires...*, *op. cit.*, t. 2, p. 449.
49 Cette mise en scène de soi à des fins critiques ou apologétiques est courante dans les lettres. Voir R. Duchêne, « Réalité vécue et réussite littéraire : le statut particulier de la lettre », *Revue d'Histoire Littéraire de la France*, n° 2, 1971, p. 177-194.

du sujet est-il à chercher dans l'implicite et les détours de la narration. La biographie se présente comme une variante d'écriture qui permet de conjuguer expression de soi et humilité, dans le respect du pacte originel malgré l'interruption de l'ordre chronologique qu'elle entraîne : le « je » est relégué à l'arrière-plan au profit de la troisième personne du singulier. Le portrait moral de l'autre devient un portrait moral indirect de soi, une affirmation des valeurs du « je » devenues depuis la réforme des valeurs fondatrices de l'identité communautaire : humilité, amour excessif de la pauvreté, du silence et de l'obéissance, piété ardente, zèle au travail. La narratrice présente comme un devoir les pages consacrées à des religieuses qu'elle a formées, Agnès et Anne-Eugénie Arnauld, ses sœurs de sang, et Marie des Anges Suireau qui entrent successivement à Port-Royal. L'arrivée d'Agnès est « un des plus grands effets de sa bonté et sainte miséricorde sur cette maison[50] ». Ces courtes biographies spirituelles dressent un « type » de religieuse à imiter et à perpétuer, reflet de la personnalité de la première abbesse réformée dont elles représentent un double une fois les « défauts » de jeunesse corrigés, par exemple l'attache démesurée au travail, au jeûne et à l'office de la mère Agnès. Le récit des années d'abbatiat de Marie des Anges à Maubuisson donne lieu à une répétition des bienfaits de la réforme pour le règlement d'une maison, déjà illustrés par les changements survenus dans le Port-Royal réformé. La mère Suireau apparaît comme une seconde figure d'abbesse martyre de Port-Royal. Ses souffrances dans la mise en œuvre de sa réforme, réprouvée par des religieux, rappellent celles de la mère Angélique. On note une endurance commune à résister à l'adversité, au nom de la volonté de Dieu, la même attention aussi à faire entrer « quantité de pauvres filles » à Maubuisson, contre la désapprobation générale. La biographie rend possible la mise en avant des vertus interdite par l'humilité dans l'autobiographie : « Les religieux l'ont toujours persécutée [...]. Elle souffrait toutes ces afflictions avec une paix merveilleuse, mettant toute sa confiance en Dieu[51]. »

Des motivations personnelles animent l'écriture, contre la promesse de ne raconter que les « signes » de la « Providence de Dieu » sur la maison.

---

50 *Relation*, *op. cit.*, p. 24. Agnès, élevée à Saint-Cyr, prend l'habit de Port-Royal en 1611 et fait profession en 1612. Anne-Eugénie entre à Port-Royal en 1617, à l'âge de quatorze ans.
51 *Ibid.*, p. 36 *sq.*

Ainsi la défense vigoureuse de la mémoire de son premier directeur confesseur, François de Sales, accusé de mal conduire les filles : « ce saint homme n'était point dans une dévotion doucette, ainsi qu'on l'a voulu persuader[52]. » La narratrice donne à lire le repentir de sa mère qui entre à Port-Royal après la mort de son mari dans une scène d'expiation propre à redorer l'image de Mme Arnauld. Les lignes suivantes obéissent plus aux affects qu'à un impératif narratif :

> Il arriva qu'on fit une professe, et qu'au sermon qu'on y fit ma mère fut tellement touchée de Dieu qu'après la cérémonie elle me vint prier de la mettre en retraite. J'eus une grande joie, me doutant bien que cette retraite de quelques jours aboutirait à celle de toute sa vie. Je la lui accordai aussitôt, et elle eut la bonté et l'humilité de n'y vouloir prendre conduite que de moi. Et dès le lendemain je fus étonnée qu'elle me demandât pardon à genoux, les larmes aux yeux, de ce qu'elle s'était quelquefois fâchée contre moi à cause que je recevais des filles pour rien. […] Dieu, par sa bonté, lui fit connaître cette faute, et depuis l'on n'en prenait jamais assez à son gré[53].

L'autobiographie, si l'on retient ce terme avec les précautions dites, est moins le bilan d'une vie qu'une voie d'expression d'une conception de la vie religieuse[54]. Les sentiments personnels (l'affection pour les siens, l'admiration pour ses directeurs, sensible dans les périphrases élogieuses qui désignent Saint-Cyran) s'expriment dans de menus détails, quand la stigmatisation des péchés est directe. La mère refuse de participer aux concerts d'éloges qui s'organisent autour de sa personne. Le récit supprime l'expression de la forte peur de la mort répétée par la mère dans ses lettres, un sentiment lié à la lecture de sa vie avant la conversion et qui la fait multiplier les appels à prier pour son âme. Si le récit rétrospectif est par nature moins propice à l'expression de soi que le genre épistolaire, par la possibilité offerte d'une réflexion et de corrections que ne permet pas toujours l'écriture souvent précipitée des lettres, il reste une invitation faite au moi de se livrer. Les brèves interventions de la conscience morale montrent l'expérience des pièges du récit personnel et la difficulté, voire l'impossibilité d'un respect total du pacte

---

52 *Ibid.*, p. 42 *sq.* François de Sales décède en 1622.
53 *Ibid.*, p. 46. Mme Arnauld fait profession en 1629.
54 L'autobiographie est moins « le bilan d'une vie » qu'un « moyen de définir son identité », comme dans les littératures africaines émergentes du XXe siècle, ou chez les écrivains noirs, note M. de Grève dans « L'autobiographie, genre littéraire ? », *Revue de littérature comparée*, Paris, Klincksieck, 2008/1, n° 325, p. 30.

de lecture initial. Le narratif et le discursif s'opposent quant à l'image que la narratrice veut laisser d'elle et les actes révèlent les vertus que l'humilité veut cacher. Face aux sollicitations de l'écriture, l'arrêt du récit apparaît comme la seule solution pour conserver la maîtrise de soi.

LES RÉCITS DE SOUVENIRS DES SŒURS
Le « Je » au service de l'histoire de la communauté

Les récits de souvenirs des sœurs illustrent les vertus de la réformatrice dans un style hagiographique commun. L'expression de l'obéissance à écrire, en toute sincérité, constitue un pacte de lecture implicite, dans la lignée du pacte inaugural des *Mémoires*. Le vocabulaire du souvenir rappelle le statut de témoins des auteurs. « Elle m'a / nous dit », « Je me souviens », « J'ai ouï dire » sont des expressions récurrentes qui enchaînent le propos d'une manière paratactique, sans intervention directe du « je », au profit d'un style impersonnel. Le portrait et le discours rapporté, respectivement le « Genre de vie » et les « Dits » des récits légendaires, constituent les deux principales modalités d'écriture de l'histoire[55], dans des desseins communs : susciter l'imitation de la mère par l'admiration de son exemple[56].

Les relations confirment le portrait du récit inaugural par des exemples particuliers des vertus de la réformatrice. La mère Le Conte se souvient d'une conférence prononcée le 6 avril 1653 au cours de laquelle la mère Angélique a confié à la communauté le plaisir ressenti à lire la Passion du Christ dans un livre d'heures, à l'âge de sept ans, et les larmes d'admiration suscitées par cette lecture, des pleurs qu'un lecteur

---

55 Angélique de Saint-Jean privilégie une réécriture des faits à la lumière de l'histoire biblique par des rapprochements dont elle est coutumière aussi dans ses lettres durant les persécutions, une manière de raconter l'histoire qu'on retrouve sous la plume des mémorialistes masculins de Port-Royal. Voir C. Cagnat, « Port-Royal et l'autobiographie », *CAIEF*, n° 49, 1997, p. 236 sq.

56 Le portrait fonctionne moins comme représentation que comme signe, dans l'écriture comme dans la peinture : « Il est traversé, sans être aperçu pour lui-même dans son appauvrissement sensible, vers celui dont il est le signe : le saint, le juste en qui Jésus-Christ se révèle particulièrement », L. Marin, *Philippe de Champaigne ou la présence cachée*, Paris, Hazan, 1995, p. 108.

familier des hagiographies interprète comme des « signes » annonciateurs de la conversion : « Elle ajouta qu'elle était alors très légère, comme elle l'est encore à ce qu'elle dit[57]. » La distance instaurée par la narratrice envers des propos dont elle ne confirme pas l'authenticité rend caduque l'autocritique, érigée en un signe supplémentaire d'humilité, et l'information rapportée vient démentir l'aversion des lectures pieuses confiées dans le récit autobiographique.

Le caractère maternel de la mère Angélique se dessine comme un trait récurrent des divers portraits. La mère Du Fargis, entrée à sept ans à Port-Royal, insiste sur l'ardeur de la mère à les instruire et à les faire prier lors de ses visites au pensionnat : « Ce qu'elle faisait avec une si grande affection que cela m'est toujours demeuré dans l'esprit[58]. » L'effet du souvenir, encore fort au moment de l'écriture, témoigne de l'importance affective de ces visites. La narratrice confie ses pensées d'ancienne pensionnaire envers celle qui l'a formée :

> Pour ce qui est de la conduite, elle nous traitait avec beaucoup de charité, tâchant de nous faire faire ce qu'elle désirait par raison et par amitié. Elle s'accommodait de telle sorte à nous toutes, qu'il n'y en avait pas une seule de nous qui ne crût qu'elle avait pour elle une affection particulière. Quelquefois je me suis étudiée à reconnaître laquelle de nous elle aimait le plus ; ce qui m'a été impossible de découvrir[59].

La dimension personnelle des *Mémoires* naît de ces brefs exemples qui renvoient le sujet à sa propre histoire, des digressions face au dessein premier importantes moins pour leur contenu que pour ce qu'elles révèlent de l'influence de l'écriture à la première personne sur le moi, tenté de se

---

57 « Relation de la mère Marie-Dorothée de l'Incarnation Le Conte », dans *Mémoires...*, *op. cit.*, t. 2, p. 420. La mère Le Conte (1610-1674), pensionnaire à Port-Royal, prend l'habit de novice en 1625 et fait profession en 1626. Elle rapporte aussi un songe que la mère Angélique leur a raconté. On trouve plusieurs récits de songes prophétiques de la réformatrice dans les *Mémoires*, qui reprennent ce motif des hagiographies censé persuader de la sainteté du personnage. Angélique de Saint-Jean raconte aussi celui de la petite Madeleine Arnauld, à la suite duquel elle a soudainement la vocation, à dix ans à peine, dans sa relation inaugurale. L'effet « miraculeux » des prières d'Angélique Arnauld, attesté par plusieurs narratrices, procède de la même intention, suivant le même modèle narratif.
58 « Relation de la mère Marie de Sainte-Madeleine Du Fargis », dans *Mémoires...*, *op. cit.*, t. 2, p. 409. La mère Du Fargis (1618-1691), est placée au pensionnat de Port-Royal en 1626. Elle sera plus tard abbesse de Port-Royal.
59 *Ibid.*, p. 414.

livrer et d'infléchir son propos vers l'intime. Selon Emmanuèle Lesne, « l'autobiographie se profile à l'horizon lorsque les Mémoires disent autre chose que leur contenu manifeste, et que ce qu'ils expriment en plus de l'histoire racontée a un effet sur le mémorialiste[60] ».

L'anecdote relatée par la mère Du Fargis confirme le rapport personnel qui se noue entre le « je » et son récit à l'évocation d'une personne aimée ou d'un fait marquant. Elle se remémore une rencontre avec la mère Angélique, déchargée de ses fonctions d'abbesse, alors qu'elle-même est âgée de douze ans :

> Il arriva une fois que je la rencontrai. Comme j'avais des souliers fort usés, elle me demanda pourquoi on ne m'en donnait pas d'autres. Aussitôt elle se tut sans achever ce qu'elle avait commencé. Elle ajouta seulement : *Mon Dieu, c'est grande pitié de se mêler toujours de ce que l'on a que faire*[61] !

L'anecdote, procédé classique d'écriture de l'histoire, conserve sa fonction première d'illustration des vertus, la charité dans le cas présent, mais la teneur personnelle du contenu indique aussi la part des affects dans les choix narratifs : le « je » consigne une marque d'attention importante dans sa mémoire. L'hommage rendu à la réformatrice se double de l'expression rétrospective de la reconnaissance de la narratrice à son endroit dans un récit qui autorise la verbalisation d'une parole autrefois interdite.

Les justifications qui accompagnent les exemples personnels indiquent la culpabilité engendrée par des détails perçus comme des digressions, de même la rhétorique du devoir utilisée par la sœur Garnier pour relater les soins de la mère à la panser d'un mal survenu à la jambe quand elle était novice et qu'elle avait d'abord caché, de peur d'être renvoyée : « Je ne dois pas passer sous silence une charité dont cette chère mère usa envers moi » :

> Elle eut une telle compassion de moi, qu'elle me promit que personne ne le saurait. Elle me pansait en cachette, et elle allait prendre de l'onguent à la cellule d'une religieuse qui avait aussi mal à la jambe, et elle continua toujours à me rendre cette charité, jusqu'à ce que le mal fut guéri, et me promit que cela ne me ferait point de tort.

---

60 *Op. cit.*, p. 394.
61 « Relation... », *op. cit.*, dans *Mémoires...*, *op. cit.* p. 412-413.

> Elle eut alors la bonté durant quelque temps de se charger elle-même du noviciat qui était tout contre sa chambre, et elle s'y tenait aussi assidue qu'il lui était possible[62].

Ce récit ne s'impose pas si on considère la multiplicité des exemples sur la charité et le dévouement de la mère dans les *Mémoires*. On doit sa présence à la force du souvenir de cet acte de bonté dans la mémoire de la narratrice et à son désir de rendre publique une attention dont elle a bénéficié à titre privé.

Le récit, parce qu'il offre un espace de liberté au couvent, recueille régulièrement de courtes confidences qui correspondent au projet des *Mémoires* de consigner des souvenirs particuliers de la réformatrice, mais la gêne ressentie à écrire confirme la difficulté de répondre à un impératif narratif qui satisfait le plaisir naturel d'évoquer une personne aimée. La mise à l'écrit conjugue réalisation du devoir et assouvissement de désirs personnels. Les relations des sœurs se rapprochent de l'autobiographie par ce lien intime qui unit le sujet à son récit, réceptacle des choix de la mémoire affective et espace d'introspection dans lequel le « je » se construit comme « sujet » au double sens que donne Michel Foucault au terme dans le contexte de l'âge classique : une instance individuelle tout à la fois *assujettie* à des normes et des hiérarchies et siège d'un processus de *subjectivation*[63]. L'écriture agit sur l'intériorité du sujet, remarque Georges Poulet, parce qu'elle stimule la réminiscence et la conscience de soi :

> Le moi qui se remémore redevient dans une certaine mesure possesseur de la quasi-totalité de la durée vécue. Avoir conscience de soi, c'est avoir conscience d'un monde temporel qui, sans cesser d'être présent, s'allonge en arrière, à une distance franchissable, et dont par conséquent l'évanouissement des jours et l'anéantissement des moments ne nous ont pas privés[64].

La dimension personnelle des textes est à chercher dans les motivations personnelles implicites qui animent l'écriture, au-delà des intentions

---

62 « Relation de la sœur Anne de Saint-Augustin Garnier », dans *Mémoires...*, *op. cit.*, t. 2, p. 430-431. Cette sœur (1594-1669), pensionnaire aux Champs en 1602, est la première novice de la mère Angélique.
63 Voir *Histoire de la sexualité* II, *L'usage des plaisirs*, Paris, Gallimard, 1984, « Morale et pratique de soi », p. 36-45.
64 G. Poulet, *Entre moi et moi. Essais critiques sur la conscience de soi*, Paris, Corti, 1977, p. 34.

manifestes, par exemple l'ardeur des sœurs à défendre la mère contre ses anciens détracteurs. Le cœur s'exprime sous couvert de faire acte d'obéissance. La sœur Garnier insiste sur les injustices et les humiliations subies par la réformatrice quand elle est déchargée de sa fonction d'abbesse, de 1630 à 1633 : « Elle [Angélique] les faisait [les humiliations] avec une telle affection que cela était étonnant, et transperçait le cœur de la communauté, sans qu'on osât en dire un seul mot[65]. » Le récit du passé est libération d'une parole autrefois contenue par le « je » narrant, hommage rendu aux souffrances de la mère et critique indirecte de ses opposants. Le récit de sa mort par Angélique de Saint-Jean va dans le même sens. Il dénonce les persécutions comme un facteur majeur de détérioration de sa santé et d'accélération de sa mort, une critique acerbe qui vise les adversaires de Port-Royal, destinataires implicites des *Mémoires*.

Restitution des *res gestae*, les récits de la réforme excèdent le travail d'archivage pratiqué par la plupart des abbayes. Ils répondent en partie à la définition de l'autobiographie de Philippe Lejeune par le projet qui les sous-tend : retracer le passé pour comprendre son identité, faire émerger les éléments constitutifs du « moi », consigner ce qui unit et qui doit être transmis. Au couvent, le « moi » est un « moi » pluriel qui confère à chaque « moi » son identité morale et spirituelle, mais l'usage du « je » favorise la compréhension et l'appréhension de soi comme personne singulière. L'écriture rétrospective à la première personne devient un instrument de constitution de soi dans les vertus célébrées par le récit, entretien de soi dans le modèle moral, rejoignant une finalité classique des lettres de conduite et des fameux carnets de notes antiques (les *hypomnēmata*) dont Michel Foucault a montré l'intérêt dans la formation de soi. Le discours rapporté, médiation et méditation[66]

---

65 « Relation de la sœur Anne de Saint-Augustin Garnier », dans *Mémoires…, op. cit.*, t. 2, p. 437. Elle explicite les motivations de ces critiques après l'élection de la mère Le Tardif à la charge d'abbesse : « Je ne rapporte pas ces choses pour taxer la mère Geneviève qui avait été élue. Je serais bien criminelle si j'avais trouvé à redire à sa conduite qui était bien religieuse ; mais c'est pour faire voir l'esprit de ceux qui la conseillaient ». La sœur stigmatise les agissements de l'évêque de Langres à Port-Royal, Sébastien Zamet, à l'instar de la réformatrice dans son propre texte. Voir le chapitre que J. Lesaulnier consacre à cette abbesse dans *Images de Port-Royal. Tome II*. Paris, Garnier, 2015, chap. 17, « Une abbesse de Port-Royal, la mère Geneviève Le Tardif ».

66 La méditation est selon M. Foucault un « exercice de la pensée sur elle-même qui réactive ce qu'elle sait, se rend présents un principe, une règle ou un exemple, réfléchit sur eux, se

de la parole de l'autre, participe à l'appropriation des vertus célébrées et à la construction du « je » comme double de la figure mère. En même temps, la verbalisation de l'histoire de l'autre instaure entre le sujet et son propos une distance qui favorise le maintien de la subjectivité[67]. « Je est un autre » car les règles conventuelles fondent la singularité dans une altérité commune prédéfinie, il se définit par imitation du modèle dont il doit devenir une copie, mais « je » conserve une part de singularité qui trouve dans l'écrit (le récit, mais surtout la forme épistolaire) un lieu pour se dire.

Les digressions personnelles témoignent de la contradiction de la consigne initiale d'écrire des souvenirs avec détachement et de la difficulté à la respecter, de la force du besoin d'exprimer une émotion propre, supérieure à celle de la culpabilité ressentie à verbaliser l'intime. Les religieuses font l'expérience de leur humanité à travers ces pièges de l'écriture contre lesquels elles sont averties mais auxquels elles cèdent. Les *Mémoires* réalisent l'autobiographie à laquelle la mère Angélique se refuse. Ils forment une vaste autobiographie collective rédigée par des voix plurielles, mais concordantes et harmonieuses, unies par une interprétation commune des faits, dans des choix stylistiques uniformes. Ces voix assemblées composent l'histoire de famille autour de la première abbesse réformée.

Les relations constituent des récits initiatiques à valeur d'enseignement pour les religieuses novices, par l'appel implicite à l'imitation des vertus qu'elles cristallisent ; elles forment un viatique pour les plus expérimentées[68]. Les choix narratifs révèlent la volonté de maintenir une continuité entre les principes de la réformatrice et leur mise à l'écrit. L'illustration

---

les assimile, et se prépare ainsi à affronter le réel. […] Comme élément de l'entraînement de soi, l'écriture a, pour utiliser une expression qu'on trouve chez Plutarque, une fonction *éthopoiétique* : elle est opérateur de la vérité en *ethos* », « L'Écriture de soi », *Corps écrits*, n° 5, Paris, PUF, 1983, p. 6.

67 Voir M. Fumaroli, « Les Mémoires du XVIIe siècle au carrefour des genres en prose » *op. cit.*, p. 17 et « Des Vies à la biographie », *Diogène*, n° 139, 1987, p. 3-30.

68 On peut étendre au récit à la première personne les vertus de la lettre relevées par M. Foucault : il est « une manière d'entraînement » pour le « je » qui entretient son esprit dans les vertus consignées, et même, les pratique, en choisissant des modalités d'écriture qui renvoient aux pratiques de conduite de la mère. Le récit travaille, comme la lettre « à la subjectivation du discours vrai, à son assimilation et à son élaboration comme "bien propre" » et « constitue aussi et en même temps une objectivation de l'âme ». Dans le cas du récit, cette assimilation du devoir se développe dans la confrontation que l'écriture entraîne entre le « je » et l'expérience qu'il rapporte, donnée comme un modèle à imiter.

du « Genre de vie » de la mère, qu'on voit soigner avec zèle les malades, prier avec ardeur et respecter assidument le vœu de pauvreté, est privilégiée pour son pouvoir mimétique, qui facilite l'assimilation des vertus, mais aussi parce qu'il est une transcription de la volonté de la réformatrice d'édifier par l'exemple plutôt que par les paroles[69].

Dans le contexte des persécutions, les *Mémoires* relèvent de l'« autobiographie de combat[70] » et visent à rallier la postérité à la cause de la communauté. Ils répondent aux finalités d'écriture décrites par Philippe Martin dans les autobiographies spirituelles de persécutés : « Écrire est le moyen de donner une logique à une chaîne d'évènements dont le scripteur se sent, le plus souvent, victime. Par l'autobiographie, le croyant a le sentiment d'être dans la main de Dieu[71]. » La présentation des faits dans les *Mémoires* comme une suite d'actions de Dieu correspond à cette définition : l'histoire du monastère est œuvre divine, une lecture et une écriture de l'histoire à valeur consolatoire et réconfortante pour les religieuses résistantes, qui se transforme en un argument d'intimidation délivré à leurs adversaires, confrontés à l'image d'une communauté soutenue par Dieu depuis sa naissance en 1609 et représentante de sa vérité[72]. L'écriture mémorielle est réappropriation par la communauté du sens de son histoire et inversion des rôles : les opprimées sont finalement les « élues », s'attaquer à elles revient à s'en prendre à

« La réciprocité » dans les deux cas, lettres ou récits, « est celle du regard et de l'examen », *op. cit.*, p. 13 *sq.*

69 Sur cette pratique liée aux interdictions pauliniennes et à la priorité que saint Benoît donne à l'exemple sur la parole, voir T. Carr, *Voix des abbesses du Grand Siècle. La prédication au féminin à Port-Royal*, Tübingen, G. Narr, 2006, p. 36-70. La mère Angélique, instruite par Saint-Cyran à la vie religieuse, considère vaine l'obéissance aux règles si celle-ci ne s'accompagne pas de la volonté d'obéir. Elle insiste sur ce point : « C'est par l'intérieur qu'il faut que l'extérieur soit formé, et non de l'extérieur faire l'intérieur », *Lettres, op. cit.*, à M. Macquet, 4 janvier 1635, t. 1, p. 54. Voir aussi J. Orcibal, *La spiritualité de Saint-Cyran*, Paris, Vrin, 1962, p. 482.
70 Voir l'article éponyme de J.-F. Plamondon, *Dictionnaire de l'autobiographie, op. cit.*, p. 86-87.
71 Article « Autobiographie spirituelle », *Dictionnaire de l'autobiographie, op. cit.*, p. 91.
72 En ce sens, les *Mémoires* de Port-Royal rejoignent une des finalités des mémoires aristocratiques du début du XVIIe siècle, dont ceux de Monluc. Il s'agit de montrer son injustice au pouvoir et de constituer un dossier pour le « tribunal de la postérité » (M. Fumaroli, « Les Mémoires du XVIIe siècle au carrefour des genres en prose », *op. cit.*, p. 17). Après la mort de la mère Angélique, en 1661, l'écriture de l'histoire revêt aussi une valeur compensatoire pour la communauté endeuillée. Elle est un substitut à l'absence de la mère, conjuration de sa mort par l'entretien de sa mémoire et la consignation de ses paroles au discours direct.

Dieu, autrement dit à commettre un sacrilège. Le récit du passé participe à l'élaboration d'une identité apologétique et consolatoire dans un présent difficile, face à un avenir incertain. Si les règles appellent à fixer les pensées dans le hors temps de Dieu, les *Mémoires* sont indissociables de ces trois temporalités : le présent appelle le récit historique qui n'a de sens que tourné vers le futur. Ils offrent un lieu de recentrement de la communauté autour des valeurs de la réforme, un point de repère et d'ancrage face aux chaos de l'Histoire et à la menace de la disparition[73]. Le récit de soi autorise une stabilité affective et morale quand la stabilité politique dépend d'un tiers.

Enfin, les *Mémoires* de Port-Royal partagent la dimension éthique des autobiographies des siècles suivants rappelée par Véronique Montémont : « À travers leurs récits, les auteurs engagent une conception du monde, une pensée politique [...] quitte à remodeler au passage quelques facettes de la véracité des faits[74]. » Les relations transmettent une conception de la vie religieuse fondée, non sur le dolorisme, mais sur un plaisir volontaire à servir Dieu, dans la lignée de l'esprit de la réformatrice dont les textes soulignent la piété, l'austérité mais aussi l'enjouement. La réalité fait l'objet d'une sélection des faits historiques qui satisfait le projet mémoriel. Les religieuses montrent le passé tel qu'il a été, mais aussi tel qu'elles veulent qu'il soit vu[75], comme Rousseau le fera dans ses *Confessions*, une finalité démonstrative qui vise à discréditer les accusations de communauté rebelle et hérétique répandues par les adversaires de Port-Royal et à attirer l'admiration du lecteur.

Un « paradis de grâce », telle est l'image du premier Port-Royal donnée par les textes, représentative d'un imaginaire nourri par l'aura de la mère Angélique dans la communauté et par les persécutions infligées à son œuvre. L'histoire du passé confine à la légende parce

---

73 L'écriture du passé revêt une fonction préventive : « L'écriture fixe le présent, et le retient en mémoire, pour le cas où le chrétien cesserait d'entendre la vocation divine », G. Gusdorf, « De l'autobiographie initiatique à l'autobiographie genre littéraire », *R.H.L.F.*, n° 6, 1975, p. 985. Voir aussi *La Présence de l'histoire dans l'épistolaire*, éd. F. Guillaumont et P. Laurence, Presses Universitaires F. Rabelais, 2012, un recueil d'articles qui cerne les problématiques générales soulevées par l'écriture de l'Histoire et/ou de sa propre histoire par un personnage témoin.
74 Article « Autobiographie », *Dictionnaire de l'autobiographie, op. cit.*, p. 82.
75 Sur la question de la sincérité du mémorialiste et de son rapport à la vérité historique, l'opposition entre littérature et histoire, voir H. Carrier, « Sincérité et création littéraire dans les *Mémoires* du cardinal de Retz », XVIIe siècle, n°s 94-95, 1971, p. 39-74.

qu'elle est hagiographie et au conte romanesque parce qu'elle relate la réforme d'un couvent par une adolescente convertie, modèle et figure phare de Port-Royal.

Agnès Cousson
Université de Bretagne occidentale
(Brest)

« C'EST PEU DE CHOSE
QU'ON OPINE MON ORGUEIL »

Enjeux de l'écriture illuminée d'Antoinette Bourignon

« Ils parlent suivant leurs sentiments, sans savoir ce que Dieu demande de moi[1] », déclarait une jeune Antoinette Bourignon à son pasteur et confesseur, non sans lui conseiller d'arrêter son esprit à « bien concevoir[2] » ce qu'elle disait. « Bien concevoir » ce que disait une jeune bourgeoise à qui Dieu avait commandé de quitter la maison familiale et de se déclarer ennemie de son père, c'est ce qu'un homme d'Église ne pouvait faire. Lorsque, pour accomplir la volonté de Dieu, elle annonça qu'il n'y avait plus de vrais chrétiens, on la persécuta et la calomnia. Ses écrits furent examinés et débattus. Labadistes, trembleurs, calvinistes, anabaptistes, cartésiens, sociniens et luthériens s'imaginèrent qu'elle les seconderait. Elle les détrompa : « Dieu m'a donné trop de lumière pour croire aux erreurs[3]. » Les nouveautés en matière de foi lui déplaisaient, mais elle se garda d'attaquer les différentes confessions et de diaboliser leurs adeptes. Contre l'axiome *extra Ecclesiam nulla salus*, qui condamnait sans appel et sans nuances hérétiques et schismatiques, elle prétendait que le dessein salvifique embrasse tous ceux qui cherchent Dieu d'un cœur sincère et s'efforcent d'accomplir sa volonté : « Il faut estre de vrais chrestiens pour arriver au salut, et c'est tout un si on nous appelle Luthériens, Calvinistes ou Romains[4]. » Aussi jugea-t-elle bon de débarrasser la doctrine de Jésus, qu'elle était appelée à remettre en mémoire, de ses pernicieuses scories. La dispute sur la présence réelle du corps et

---

1 Antoinette Bourignon, *L'Appel de Dieu et le refus des hommes*, Œuvres complètes, vol. 3, Amsterdam, Jean Riewerts et Pierre Arents, 1682, p. 82.
2 *Ibid.*, p. 9.
3 A. Bourignon, *Le Tombeau de la fausse théologie*, Œuvres complètes, vol. 5, Amsterdam, Pierre Arents, 1679, p. 5.
4 A. Bourignon, « Epitre au Roy », *Le Témoignage de Vérité*, Œuvres complètes, vol. 13, II, Amsterdam, Pierre Arents, 1683.

du sang du Christ dans les espèces eucharistiques, les querelles sur la grâce qui opposaient jansénistes et molinistes et les discussions entre les théologiens catholiques sur l'attrition et la contrition étaient, à ses yeux, des « choses qui ne font rien à la gloire de Dieu et à l'avancement de notre salut[5] ». Dieu lui fit d'ailleurs savoir qu'aucune congrégation religieuse ne respectait ses divins enseignements. « Ils m'ont délaissé[6] », lui dit-il pour l'inviter à démasquer leur fausse piété. « Le Diable s'est emparé de mon trône[7] », s'est-il plaint. Antoinette comprit alors qu'elle se devait de dénoncer ceux qui « mettent la vertu dans des niaiseries, comme d'obéir à son Confesseur, de porter des habits simples, d'aller à confesse et communion souvent, et mille autres bagatelles[8] ».

Hérétique et blasphème, pour les uns, Mère des croyants envoyée pour rétablir la primitive Église, de l'aveu de certaines figures majeures du monde intellectuel, Antoinette Bourignon incarne la détermination de « ne rien recevoir pour vérité sinon les choses qui nous portent à une plus étroite union avec Dieu et à plus d'abnégation de nous-mêmes[9] ». Peu étaient prêts à l'entendre. Les préjugés confessionnels et les querelles d'école offusquèrent les esprits, peu enclins d'ailleurs à recevoir des leçons d'une pauvre femme. « Ils ne peuvent souffrir qu'une simple femme, comme je suis, parle de choses divines[10] », répétait-elle sans cesse pour justifier son échec.

Pierre Poiret s'employa à réparer le tort. On doit à son dévouement un portrait élogieux mais peu ressemblant d'Antoinette Bourignon. Ses traits y perdent en vivacité parce qu'adoucis. Le mieux était d'éviter les couleurs criardes et les poses outrancières, de leur préférer les teintes blafardes et les questions triviales censées convenir aux âmes mortes à elles-mêmes. Poiret nimba Antoinette de gloire, alors qu'elle ne tenait pas à s'orner d'auréoles comme les saints, les dévots et les béats.

---

5   A. Bourignon, *Le Tombeau de la fausse théologie*, p. 71.
6   A. Bourignon, « La parole de Dieu ou la vie intérieure de Dm[lle] Antoinette Bourignon depuis l'an 1634 jusqu'à l'an 1663 où ses entretiens spirituels avec Dieu et les desseins de Dieu sur elle et par elle, sont décrits par elle-même, et publiés par les âmes de bonne volonté, après sa mort », *La Vie de Dm[lle] Antoinette Bourignon*, t. I, II, Amsterdam, Jean Riewerts et Pierre Arents, 1683, p. 43 [citée dorénavant *Vie intérieure*].
7   *Ibid.*, p. 106.
8   A. Bourignon, *La Lumière née en ténèbres*, *Œuvres complètes*, vol. 4, I, Amsterdam, Pierre Arents, 1683, p. 79.
9   A. Bourignon, *Le Tombeau de la fausse théologie*, p. 70.
10 A. Bourignon, *Le Témoignage de Vérité*, p. 44.

PORTRAIT D'ANTOINETTE BOURIGNON PAR PIERRE POIRET

Antoinette Bourignon ne voulait rien enseigner; elle n'avait rien à enseigner car elle n'était pas sur terre pour prêcher, dogmatiser ou diriger les consciences comme les sectateurs, les réformateurs et les « larrons d'âmes[11] » qu'elle fustigeait, l'obéissance aveugle qu'ils exigeaient de leurs adeptes n'étant pas de Dieu. « S'ils avaient l'Esprit de Dieu, tonnait-elle, ils les obligeraient à la soumission de la doctrine Évangélique, et non à eux-mêmes[12]. » C'est à la dure doctrine de l'abnégation, de l'abandon de soi et du renoncement que devaient se ranger ses fils. Ses fils, parce qu'Antoinette n'avait pas été choisie pour établir une nouvelle Église, fonder une congrégation ou créer une secte. Dieu l'avait désignée pour être « Mère des croyants » et lui avait clairement répondu : « tels que les vôtres[13] » lorsqu'elle s'enquit des sentiments que les siens devaient avoir. Le don de pénétrer dans les secrets des cœurs pour déceler l'orgueil et la vanité lui permit de séparer le bon grain de l'ivraie. Parmi ceux qui venaient à elle, il y en avait qui voulaient la gagner à leurs causes. Elle les démasqua et ils la calomnièrent. D'autres se sentirent attirés par la pureté et la simplicité de son message, mais ne purent pas la suivre sur la voie du renoncement qu'elle les enjoignait d'emprunter. Satan, qui n'avait aucune prise sur elle, ne cessait de « la molester et de lui faire du dommage en choses petites et en grandes par tous ceux qui approchaient de sa personne, qui faisaient alors des fautes qu'ils n'auraient pas commises à l'endroit des autres hommes[14] ». Le dessein divin ne fut pas frustré pour autant. Antoinette connut la joie de la maternité puisque quelques-uns reçurent grâce à ses paroles et à ses écrits la lumière et la force de quitter le monde. C'est ainsi qu'elle enfanta dans la douleur des fils qui lui ressemblaient, tout en lui étant, en tous points, supérieurs.

---

11 A. Bourignon, *Le Tombeau de la fausse théologie*, p. 95.
12 *Ibid.*, p. 96.
13 Pierre Poiret, « La Vie continuée de Dm[lle] Antoinette Bourignon. Reprise depuis sa naissance, suivie jusqu'à sa mort », Antoinette Bourignon, *La Vie de Dm[lle] Antoinette Bourignon*, vol. 1, II, Amsterdam, Jean Riewerts et Pierre Arents, 1683, p. 241 [citée dorénavant *Vie continuée*].
14 *Ibid.*, p. 228.

La « dévote de comédie classique[15] » qu'est, aux yeux de Leszek Kolakowski, Antoinette Bourignon envoûta donc d'éminents esprits tels que l'oratorien Christian de Cort, le pasteur Pierre Poiret, le théologien janséniste Pierre Noels, l'anatomiste Jan Swammerdam et le savant Comenius. Ils succombèrent à sa fascination pour des raisons qui nous échappent, mais l'on sait que certains, parmi lesquels Christian de Cort, la crurent la femme du chapitre XII de l'Apocalypse et que d'autres remercièrent Dieu de leur avoir accordé la grâce de rencontrer cette âme que gouvernait le Saint Esprit. « Sans ses divines lumières, explique Poiret, je serois encore dans les ténèbres de la mort, dans l'aveuglement du cœur, dans l'esclavage et l'idolâtrie de la vaine, orgueilleuse, présomptueuse et chimérique Raison corrompue[16]. »

Le cartésien féru de théologie mystique qu'était Pierre Poiret fut vite conquis par les écrits de la vierge, qu'il finit par rejoindre à Hambourg où elle s'était réfugiée pour échapper à ses persécuteurs. La rencontre lui permit de confirmer que ses lumières étaient surnaturelles et sa conduite désintéressée. « Elle est assurément de Dieu[17] », conclut-il, non sans préciser que son jugement relevait d'un examen raisonné et médité avec « le plus grand degagement et le moins d'emotion qu'il m'a été possible[18]. » À la même époque, Antoinette exprimait ses réserves à l'égard du néophyte :

> Il est vrai que Dieu a donné de grandes lumières de vérité à M. P. pour découvrir les abus des doctes de ce siècle, qui sont aveugles et de grands ignorans devant Dieu, mais il n'est pas encore devenu enfant comme Jésus-Christ disoit à Nicodème qu'il falloit devenir[19].

Sentant sa mort proche, Antoinette Bourignon reprit ses vieux manuscrits et les préfaça, les titra ou les conclut en vue de les faire imprimer, tâche à laquelle contribua sans doute Poiret. Marjolaine

---

15 L. Kolakowski, *Chrétiens sans Église. La conscience religieuse et le lien confessionnel au XVIIe siècle*, Paris, Gallimard, 1987, p. 640.
16 P. Poiret, *Œconome divine*, t. 5, « Avis sur ce volume », cité par Marjolaine Chevallier, *Pierre Poiret (1646-1719) : du protestantisme à la mystique*, Genève, Labor et Fides, 1993, p. 55.
17 Lettre de Pierre Poiret à Van de Walle (manuscrit Aÿ 248), Amsterdam UB, citée par Marjolaine Chevallier, *ibid.*, p. 54.
18 *Ibid.*
19 A. Bourignon, *Avis et instructions salutaires*, *Œuvres complètes*, vol. 19, Amsterdam, Pierre Arentz, 1684, p. 47.

Chevallier[20] affirme qu'après s'être rendu en Holstein, probablement pour récupérer ceux qui avaient été confisqués quelques années auparavant, parmi lesquels le texte français de l'*Avertissement contre la secte des Trembleurs*, Poiret entreprit de les copier et de les regrouper selon une certaine chronologie et une certaine logique. Finalement, en 1686, sous le patronage d'Henri Wettstein, il publia les 19 volumes des *Œuvres* de Mlle Antoinette Bourignon. Le premier contient en deux volumes les deux autobiographies de la Prophétesse encadrées d'une longue préface apologétique et d'une biographie signées par Poiret.

Poiret s'attela donc à la besogne d'examiner, à la lumière des Écritures et de la théologie, « les prétextes les plus ordinaires du mépris, de l'aversion, et de la rejection que l'on fait d'elle [Bourignon] avant même que de prendre la peine de lire ses livres[21] », et retraça, à l'aide de ses souvenirs et de ceux qui l'avaient fréquentée, les dix-sept dernières années de la Prophétesse. Elle aurait pu mettre la dernière main aux deux récits de sa vie, mais elle n'avait pas jugé utile de le faire elle-même, prétextant le mutisme divin. « Lorsqu'il verra qu'il sera nécessaire ou expedient, il saura bien m'y porter[22] », répondait-elle quand on la suppliait de conclure l'histoire de son périple existentiel et spirituel. Comme Dieu ne lui avait fait aucun signe et qu'elle craignait d'être l'objet d'une curiosité malsaine, elle garda le silence. Elle savait désormais que l'histoire de ses faits et gestes ne régénérerait pas les âmes corrompues. « Il n'y a plus rien qui les puisse ranimer ou leur redonner courage[23] », tranchait-elle. Ses arguments laissèrent Poiret sur sa faim. D'autant plus qu'elle s'obstinait à ne pas révéler des choses « sans comparaison plus admirables et en plus grand nombre que les premières touchant les merveilles de Dieu et ses divins colloques avec elle[24] ». Un continent fabuleux restait à explorer et à exploiter, mais Poiret n'y aurait pas d'accès, la sainte femme refusant de lui dévoiler le contenu de ses secrets entretiens avec le Seigneur et des merveilles qu'il opérait en elle et grâce à elle.

---

20 Sur l'influence d'Antoinette Bourignon sur Pierre Poiret, voir M. Chevallier, *op. cit.*
21 P. Poiret, « Une Préface Apologétique, touchant la personne et la Doctrine de Mlle Bourignon », Antoinette Bourignon, *La Vie de Dm^lle Antoinette Bourignon, op. cit.*, t. I, 1, p. 58.
22 P. Poiret, *Vie continuée*, p. 7.
23 *Ibid.*, p. 8.
24 *Ibid.*

Donner une suite aux autobiographies d'Antoinette s'avéra donc difficile, sinon impossible, comme en témoigne la *Vie continuée*, dont les cent premières pages ne relèvent pas de la continuation mais de la reprise. Poiret revient sur la période 1616-1630 pour rapporter les « choses dignes de remarque[25] », effleurées ou passées sous silence par Antoinette, et ne prétend pas faire œuvre d'historien quand il aborde les années 1663-1680. « Notre dessein ne doit pas être de satisfaire à notre curiosité par le récit d'une hystoire[26] », déclare-t-il tout en précisant qu'il émaillera le sien de « quelques réflexions sur les choses que l'on doit le plus prendre à cœur[27] ».

« Réflexion » ne désigne pas l'activité propre de l'esprit, mais sa cessation. Ce n'est qu'abaissé, annihilé et fléchi que l'on perçoit l'infranchissable hiatus entre la créature et le Créateur, dont le propre est de « proceder par des voyes opposées à celles que tous les esprits du monde les plus sages et les plus prudents auroyent devinées et prescrites[28] ». Sans le retour à la simplicité évangélique qu'implique la réflexion, on se méprendrait sur la personne et l'œuvre d'Antoinette Bourignon, chez qui tout relève de la « conduite de Dieu dans les Saints[29] ». Conduite incompréhensible, certes, qui choisit les plus simples et les plus faibles, les oblige à tout quitter et les récompense sans nul répit d'« angoisseuses afflictions et misères[30] ». À la lumière de cette « impertinente conduite[31] » divine, selon les sages de ce monde, Poiret retrace les pas de sa maitresse.

Il parcourt sa vie, non pas comme biographe ou hagiographe, mais comme disciple. Le Christ avait demandé aux siens : « Et vous, qui dites-vous que je suis ? » C'est cette question que l'on entend en sourdine dans la *Vie continuée*, réponse de Poiret à Antoinette Bourignon, que Dieu remplit de ses grâces « tant pour sa propre perfection que pour celle des autres[32] ». Dans cette perspective, la *Vie continuée* est bien une continuation qui témoigne des faveurs reçues par l'intermédiaire d'Antoinette et un credo qui récite que l'ultime recours de Dieu pour

---

25 *Ibid.*, p. 10.
26 *Ibid.*
27 *Ibid.*
28 *Ibid.*, p. 4.
29 *Ibid.*, p. 6.
30 *Ibid.*
31 *Ibid.*
32 *Ibid.*, p. 31.

ramener l'humanité dans la voie du salut et la guérir de son orgueilleuse sagesse, cause de tous ses maux, fut de la recréer par sa propre sagesse divine, incarnée en Antoinette Bourignon. C'est parce qu'elle consentit à l'abaissement qu'elle fut élevée ; et c'est parce qu'on la méprisa qu'elle devint Mère des vrais croyants.

En vrai croyant, Poiret s'évertue, dans sa profession de foi, à donner un sens spirituel aux moindres détails d'une existence marquée du sceau de l'Esprit. Antoinette Bourignon raconte qu'elle était si disgraciée en venant au monde que sa mère, incapable de surmonter l'aversion qu'elle lui causait, fut tentée de l'étrangler. Selon Poiret, ne voulant pas qu'on la pervertisse, Dieu la fit naitre avec « quelque petite incongruité[33] » pour la préserver de la damnation, sort commun des enfants choyés, l'affection dont on les entoure étant à l'origine de leur mollesse et de leur vanité. Les défectuosités disparurent au bout de quelques semaines. « Les cheveux tombèrent d'eux-mêmes[34] », écrit Antoinette, alors que son disciple penche plutôt pour le miracle, imaginant que, sans une « protection particuliere[35] » de la Providence, Satan aurait détruit, par l'intermédiaire de Marguerite Becquart, la créature qu'il se réservait.

Dans la vie d'Antoinette, tout obéit donc à une logique qui échappe à ceux qui, les yeux rivés sur terre, restent à la surface des choses et prennent au pied de la lettre ce qui relève du mystère de l'élection. Comme rien de ce que la Prophétesse faisait, disait ou vivait ne tient du hasard, qui est signe et fait signe, le disciple dut se doubler d'un interprète. Dans la vaste entreprise exégétique qu'est aussi sa *Vie continuée*, le surnaturel l'emporte sur le naturel pour que la lettre ne tue pas l'esprit. Aussi Poiret ne manque-t-il pas de signaler au sujet du détail, rapporté par Antoinette, de la lèvre détachée du nez par un chirurgien qu'on ne put « naturellement fermer[36] » sa bouche : « Il n'estoit pas mal convenable qu'une creature qui devoit durant sa vie parler ouvertement, d'une manière extraordinaire, si dégagée, sans égard, et que nul interet et nulle crainte ne fit taire, naquît la bouche ouverte[37]. »

---

33 *Ibid.*, p. 11.
34 A. Bourignon, « La Vie extérieure de Dam[lle] Antoinette Bourignon écrite par elle-même », *La Vie de Dm[lle] Antoinette Bourignon*, t. I, II, Amsterdam, Jean Riewerts et Pierre Arents, 1683, [dorénavant *Vie extérieure*], p. 143.
35 P. Poiret, *Vie continuée*, p. 11.
36 *Ibid.*, p. 12.
37 *Ibid.*

Cette démarche interprétative, où tout est envisagé *sub ratione Dei*, repose sur la convenance, clef de voûte de la réflexion théologique de Thomas d'Aquin, et vise à mettre en avant les limites et les prérogatives de la raison devant l'insondable, la convenance n'étant, comme le souligne Jean-Pierre Torrell, que « la tentative de rendre humainement compte de ce que nous apprend la révélation d'une manière elle-même digne de Dieu et de ce que nous savons de son plan de salut[38] ». Ce plan mettrait au défi de considérer les tares physiques d'Antoinette une manifestation de la force du Saint Esprit, jadis obscurément révélée « par les cheveux des Nazaréens, par ceux de Samsom, et par le front fort qu'il dit d'avoir donné à Ezechiel son Proféte[39] ». C'est d'ailleurs par une nécessité *ex suppositione finis*, car telle est à proprement parler la convenance de l'Aquinate, que Dieu résolut de faire d'Antoinette l'égale de David, son « typos », au sens paulinien du terme. Le Prophète annonce la Prophétesse et la préfigure quand « il parle de soy comme d'une personne qui dès sa naissance auroit êsté dans un peril extreme sans un secours particulier de Dieu, qui auroit passé pour un monstre, et auroit êté negligé et abandonné de ses parents[40] ».

L'exégèse l'emporte, comme on l'a déjà dit, sur la biographie et l'apologie. Il n'est pas dans les ambitions de Poiret de raconter les vicissitudes d'une existence ou de les justifier en entonnant leur louange, mais de démêler la place de choix qui revint à une femme simple dans l'histoire du salut orchestrée par Dieu. Il voulait dire au monde que décrier Antoinette Bourignon est persévérer dans l'obstination et, par conséquent, s'exposer inexorablement à la damnation. Pour ce faire, il puisa son inspiration dans le chapitre 3 de l'évangile de Jean. La *Vie continuée* ne fut pas conçue, comme on le sait, pour satisfaire la curiosité du lecteur, mais pour lui dire que Dieu choisit une femme illettrée et l'envoya dans le monde, non pour le juger, mais pour le sauver, de sorte que celui qui croit en elle ne périsse pas.

Antoinette essuya le mépris depuis sa plus tendre enfance. À quatre ans, elle s'était mise à rechercher les vrais chrétiens et fut la risée de ses proches. Lorsque Dieu la dépêcha pour ramener les hommes à la simplicité

---

38 J. P. Torrell, *Le Christ en ses mystères. La vie et l'œuvre de Jésus selon Thomas d'Aquin*, t. II, Paris, Desclée, 1999, p. 93.
39 P. Poiret, *La Vie continuée*, p. 12.
40 *Ibid.*, p. 13.

évangélique, on la calomnia et la persécuta. Les théologiens de tous bords se liguèrent contre elle. Ils crièrent à l'hérésie et au scandale et s'érigèrent en champions de Dieu et de son Église. Ils ourdissaient, en réalité, de sinistres machinations. La succession de Christian de Cort[41] et l'affaire de l'hôpital de Notre-Dame-des-Sept-Douleurs[42] servirent de prétexte à leurs sombres intrigues. « La plus divinisée et la plus pure ame qui ait été sur la terre depuis Jésus-Christ[43] » but alors jusqu'à la lie le calice amer du mépris.

Au long de six-cents pages, Poiret revient sur les épisodes troubles qui ternirent la réputation de sainteté de sa chère maitresse. Il ne s'agissait pas de la blanchir des crimes de sorcellerie, d'escroquerie et d'orgueil. Fort de la conviction qu'elle ne pouvait être jugée selon les lois du monde, parce qu'elle était de Dieu et que Dieu l'avait élue pour dénoncer la corruption de son Église, il s'interdit de la défendre. Ni l'apologie, ni le plaidoyer ne convenaient d'ailleurs à la nature du sujet qu'il se devait d'aborder, seul le témoignage étant digne d'attester la sainteté d'Antoinette. Poiret se porte garant de ce qu'il a vu et entendu pour en avoir éprouvé les effets. Témoin, au sens théologique du terme, il l'est, certes, qui se proclame preuve et manifestation des bienfaits surnaturels reçus par l'intermédiaire d'Antoinette Bourignon, « par laquelle nos oreilles ont ouï et nos mains touché la parole de la vie[44] ». La sienne fut une « vie continuée », parce que destinée à accomplir l'œuvre du Messie et à la porter à son ultime perfection. Le titre de l'« évangile » de Poiret évoque, en effet, la mission de cette âme chérie de Dieu, tout en pointant le témoignage qu'il lui rend à l'aide du verset johannique où il est écrit que la lumière est venue dans le monde et les hommes ont préféré les ténèbres.

---

41 La littérature sur cet épisode est abondante. Nous nous contentons de résumer ce qu'en dit Poiret dans le chapitre XXIII de la *Vie continuée*. Christian de Cort conçut le dessein de destiner sa fortune à endiguer l'ile du Nordstrand pour que les amis de Dieu trouvent refuge contre les persécutions. En 1657, il en vendait aux jansénistes des parcelles. Vers la fin 1668, il fut incarcéré à la suite d'une requête d'Arnauld et des Oratoriens de Malines, à qui le père avait concédé les dimes du Nordstrand contre le paiement de ses dettes. Il mourait peu après. Dans son testament, il léguait tous ses biens à Antoinette Bourignon, ce qui fut, pour elle, source de nouveaux conflits.

42 À l'instigation de Saint-Saulieu, Antoinette prit la direction d'un orphelinat fondé par un riche marchand lillois. Les pensionnaires se persuadèrent qu'elles étaient possédées. Le bruit finit par se répandre et fut exploité par les jésuites. Les magistrats commencèrent une enquête, mais ne se sentant pas en sécurité, Antoinette prit la fuite et se réfugia à Gand en 1622.

43 P. Poiret, *Vie continuée*, p. 585.

44 *Ibid.*, p. 599.

ANTOINETTE BOURIGNON PAR ELLE-MÊME

Antoinette Bourignon écrit deux récits autobiographiques, la *Vie extérieure* et la *Vie intérieure* ou *La Parole de Dieu*, ce dernier à la sollicitation d'Aimé Coriache, vicaire général de Malines. Antoinette aurait refusé la requête de l'ecclésiastique si Dieu ne lui avait pas ordonné de prendre la plume : « Je me résolus à écrire puisque Dieu le voulait et me l'avait manifesté auparavant[45]. » La *Vie intérieure* aborde sa conversion et ce que le Seigneur exigea d'elle pour le bien de son Église. Composée à Hambourg vers 1668, *La Vie extérieure* retrace le parcours de vie, cette fois-ci depuis la naissance. Malgré les similitudes entre ces deux écrits, dans *La Vie intérieure* le sujet de l'autobiographie est cette « conduite divine bien particuliere[46] » qui rendit une jeune femme conforme à la volonté du Très-Haut, alors que, dans la *Vie extérieure*, le moi prend sa revanche à des fins apologétiques.

Antoinette se vante d'être bien connue de ses compatriotes, qui témoigneraient de son dévouement à la cause du Seigneur. En terre étrangère, l'accusation de trop convoiter les biens matériels risquait de nuire à sa réputation et, partant, de séparer de son giron les âmes en quête de salut. Pour détourner les soupçons de cupidité, elle argumente qu'elle a bien géré son riche patrimoine et qu'elle l'a fait même fructifier. La raison en est simple : sa sobriété et son refus de dilapider ses biens en distribuant des aumônes. « Les véritables pauvres sont si rares, dit-elle, qu'il les faudrait bien chercher dans un autre monde : car les assistances qu'on fait en nostre miserable siecle servent souvent à pecher davantage[47]. » Antoinette se garde de signaler ses diffamateurs et met sur le compte du diable la calomnie : « le diable jette des doutes et des scrupules dans les esprits de ceux qui lisent mes écrits[48] ». C'est parce que Satan n'avait aucun pouvoir sur elle, et qu'il ne pouvait empêcher les hommes de bonne volonté d'embrasser la vérité, qu'il aurait semé dans le cœur des tièdes « quelques doutes ou arrière-pensées de [sa]

---

45 A. Bourignon, *Vie intérieure*, p. 121.
46 *Ibid.*, p. 126.
47 A. Bourignon, *Vie extérieure*, p. 140.
48 *Ibid.*, p. 142.

personne⁴⁹ ». Ces doutes, elle tient à les dissiper, craignant la damnation de ceux qui hésitent à conduire leur vie selon les préceptes évangéliques qu'elle incarne. La *Vie extérieure* fut composée à leur intention. « Je veux bien déclarer *qui je suis, où j'ay esté, et d'où je viens*⁵⁰. »

Antoinette n'avait aucun intérêt à raconter sa vie, mais le succès de sa mission en dépendait. Quand le scandale de l'hospice de Notre-Dame-des-Sept-Douleurs éclata, la justice n'avait pas cherché à établir la vérité des faits. « Les magistrats ordonnèrent qu'information fût tenue de toute ma vie⁵¹ », déclare-t-elle. C'est cette prise de conscience du fait que la Parole qu'elle se devait de transmettre se mesurait à l'aune des aléas de sa vie qui la poussa à écrire son histoire, comme le souligne Paige : « *Bourignon finds that her eventual justification (or condemnation) hinges not on the debating of doctrinal points, but rather on self-exhibition*⁵². »

La *Vie intérieure* est, aux dires de Poiret, la clef de voûte de tous les ouvrages d'Antoinette Bourignon. La *Parole de Dieu*, son deuxième titre, évoque, comme il ne manque pas de le préciser, les « paroles intérieures et surnaturelles⁵³ » qui, dans la nuit obscure de la mémoire, de la volonté et de l'entendement, procurent cette connaissance intime de Dieu dont parle Jean de la Croix. De ces révélations et de leurs différentes espèces, il est question dans les chapitres 28-31 de *La Montée du Mont Carmel*, abondamment cités par Poiret, sous prétexte qu'il n'a pas l'expérience de ces « divines et très rares manières dont Dieu parle à ses amis⁵⁴ » et que le sublime auteur y décrit admirablement bien « l'état où était Mlle Bourignon quant à ses lumières, son fond, ses mouvements, ses affections, sa volonté et sa conduite⁵⁵ ». En réalité, le disciple avait besoin d'asseoir sur l'autorité incontestée du docteur mystique l'expérience spirituelle de la Prophétesse, dont l'enthousiasme n'avait pas échappé à Leibniz. Sans mentionner le philosophe, il lui réplique :

---

49 *Ibid.*, p. 140.
50 *Ibid.*, p. 142.
51 A. Bourignon, *Vie intérieure*, p. 88.
52 Nicholas D. Paige, *Being Interior. Autobiography and the contradictions of modernity in Seventeenth-Century France*, University of Pennsylvania Press, 2001, p. 146. Bourignon découvre que sa justification (ou sa condamnation) ne dépend pas tant du débat sur des points de doctrine que de l'exhibition de soi. Nous traduisons.
53 P. Poiret, *Une Préface Apologétique*, p. 189.
54 *Ibid.*
55 *Ibid.*, p. 192.

> Il s'en trouvera, sans doute, qui au sujet du traité de la Vie Interieure de Mlle Bourignon, ne manqueront pas de l'accuser les uns d'Enthousiame, et les autres de fausses predictions, les uns trouvant étrange qu'elle dise que Dieu luy a dit telles et telles choses, et les autres prétendant que ce qu'elle a predit comme de la part de Dieu n'est pas arrivé[56].

Selon Poiret, Dieu n'a jamais rompu son dialogue avec l'homme, de sorte que notre entendement, notre volonté et nos sens perçoivent sa bonté et sa puissance, mais ses communications avec les anciens prophètes et les apôtres ainsi qu'avec Kempis, Thérèse d'Avila ou Tauler relèvent du « grand don promis et réservé pour ceux qui luy seront fideles dans les derniers temps[57] », car tel est l'enthousiasme dont fut ornée Antoinette Bourignon. Inexprimables et inimitables, puisque « le Diable ne les peut contrefaire que fort grossierement et par le moyen de l'imagination[58] », ces inspirations, qui étaient « ordinaires[59] » chez elle, tellement elle en recevait, lui procuraient une connaissance intime des choses divines et humaines et produisaient dans son âme « quiétude, illumination, joie et gloire, suavité, pureté, amour, humilité et élévation de l'esprit en Dieu[60] ». Or, Jean de la Croix, censé veiller sur l'orthodoxie de la *Vie intérieure*, devenu, sous son égide, traité de haute spiritualité, avait clairement dit – Poiret oublie sciemment de le signaler – qu'il faut se garder d'attribuer toutes les paroles intérieures à Dieu, la lumière naturelle de l'entendement et les secrètes suggestions de Satan pouvant en être aussi la cause.

Qui parle ? La question hante les grands auteurs spirituels et les autorités ecclésiastiques. Thérèse d'Avila et Jean de la Croix ont tremblé de peur lorsqu'ils ont éprouvé les premières manifestations mystiques : et s'ils étaient victimes d'un leurre ? N'est-ce pas la marque d'un orgueil démoniaque que de prétendre que Dieu nous parle ? Thérèse ne peut s'empêcher de croire que ce qui se passe en elle vient du diable : « pensant alors comment il se pouvait faire qu'étant aussi juste que vous êtes, et moi aussi mauvaise, vous me fissiez des grâces non accordées à ces

---
56 P. Poiret, *Une Préface apologétique*, p. 182.
57 *Ibid.*, p. 188.
58 *Ibid.*, p. 191.
59 *Ibid.*, p. 192.
60 *Ibid.*, p. 191.

bonnes religieuses, vous me répondîtes : contentez-vous de me servir, et ne vous mettez point en peine du reste[61] ».

Antoinette n'a pas mis en doute l'authenticité de ses inspirations jusqu'à ce que, pour la contrecarrer, les Pères de la Compagnie de Jésus lui fassent voir que sa pénitence n'était que de l'amour propre et ses pieuses pensées, des illusions du diable : « J'étais bien en peine, ne sachant que penser de moi-même. Ils me pressaient par tant de raisons diverses que je doutais s'il ne serait point vrai[62]. » Confortée par Dieu, qui ne permet pas que ceux qui l'aiment soient confondus par l'Ennemi, elle refuse alors de se soumettre à l'approbation des censeurs. Elle ne doute pas qu'ils examineraient ses propos non pour y découvrir les traces de l'Esprit, mais pour y « trouver quelques mots par lesquels ils pourraient surprendre, ou quereller[63] ». Antoinette hésite dès lors à « mettre en la censure des hommes des écrits dictés par le Saint Esprit[64] ».

Coriache, comme on l'a déjà dit, la pressait d'écrire pour connaitre ses vrais sentiments, mais elle peinait à se livrer « tant parce qu'[elle]en auroit de la confusion, qu'aussi il n'ajouteroit pleine foi à [son] dire[65] ». Paige a raison de souligner que le *topos* de l'obéissance cher à la littérature spirituelle résonne autrement chez elle : « *The truth of the subject must be spoken by the subject, or, put differently, the biographical subject is her own best authority, so much so that she feels herself propulsed into authorship*[66]. » Contrevenant aux dispositions qui règlementaient la production, la diffusion et la publication d'œuvres spirituelles, Antoinette refuse de renoncer au plein contrôle de ses écrits. « Il ne serait point juste, argue-t-elle, que je désobéisse à Dieu pour obéir aux hommes, lorsqu'ils me deffendent ce que Dieu me commande, à savoir, de ne point publier mes écrits, lorsque Dieu veut que je le fasse[67]. » Pour que la voix divine ne soit pas étouffée, elle se procura des planches d'imprimerie et réserva la *Vie intérieure* à son seul usage, à en croire Poiret, qui écrit : « C'étoit

---

61 T. d'Avila, « Le Livre de la Vie », *Œuvres très complètes de sainte Thérèse*, vol. 1, Paris, Chez J. P. Migne, Paris, 1840, [cité dorénavant *Livre*], p. 229.
62 A. Bourignon, *Vie intérieure*, p. 40.
63 A. Bourignon, *Le Tombeau de la fausse théologie* II, p. 12.
64 *Ibid.*, p. 1.
65 A. Bourignon, *Vie intérieure*, p. 120.
66 N. D. Paige, *op. cit.*, p. 149. La vérité du sujet doit être dite par le sujet ; autrement dit, le sujet biographique est sa meilleure autorité, à tel point qu'elle se sent poussée vers l'auctorialité.
67 A. Bourignon, *Témoignage de la vérité*, p. 38.

la pièce secrete entre ses intimes, dont nul ne pouvait faire la lecture, et encore moins la communiquer à quelque personne de bonne volonté, sans sa permission expresse, qu'elle n'accordait pas à tous[68]. »

Dans la *Vie intérieure*, on lit le sacrifice des liens familiaux, les remords et surtout le parfait détachement du monde et des pratiques ordinaires de dévotion. « Parlez-moi en esprit[69] », commanda le Seigneur à Antoinette qui dut alors renoncer aux prières vocales et à la satisfaction qu'elles lui procuraient. Elle découvrit également que ses œuvres de charité servaient à friponner et en fut épouvantée. L'idée de travailler pour le salut des âmes l'enflamma, mais son inutilité finit par s'imposer à son esprit. Les communions et les confessions fréquentes la consolaient ; Dieu lui signala les outrages qu'il en recevait. La *Vie intérieure* regorge donc de lieux communs de la littérature spirituelle. Le thème de l'abandon des pratiques ordinaires de dévotion, par exemple, n'est pas sans rappeler les sécheresses que ressent l'âme dans les voies contemplative et unitive. L'horreur des créatures et de la conversation humaine est un sujet cher à Thérèse d'Avila, qui avoue avoir reçu la grande faveur de ne pouvoir faire amitié, ni liaison particulière depuis que Dieu lui avait dit qu'il ne voulait pas qu'elle converse avec les hommes, mais avec les anges.

La *Vie intérieure* est aussi le récit d'un combat marqué du sceau de la solitude. « Je n'avais personne[70] », répète inlassablement Antoinette pour apitoyer Dieu, qui ne fléchit pas. Il lui refusa son aide et lui confirma que les délices dont elle jouissait dans l'intimité de leurs entretiens n'étaient que des faiblesses. Quand elle lui avoua que ses exigences étaient au-dessus de ses forces, il la traita en maître et la priva de toute lumière intérieure. Si elle se plaignait des souffrances qu'il lui infligeait, il ne la rassurait point. « Vous souffrirez encore davantage[71] », tonnait-il. Elle n'aspirait qu'au recueillement, et il la dépêcha dans le monde.

Avec un style sec, dépouillé et sans images, aux antipodes de celui de Thérèse d'Avila, Antoinette Bourignon rythme l'errance d'une âme en quête de sens. « Je ne savais pas », « je ne comprenais pas » scandent le désarroi où la plongeaient les propos divins, qu'elle n'était jamais sûre d'interpréter correctement. Le drame d'Antoinette n'est pas de savoir si

---

68 P. Poiret, *Une Préface apologétique*, p. 221.
69 A. Bourignon, *Vie intérieure*, p. 106.
70 *Ibid.*, p. 86.
71 *Ibid.*, p. 132.

la voix qu'elle entend est de Dieu ou du diable, mais celui d'agir selon ses préceptes. Ne les comprenant pas ou les comprenant mal, elle s'égare. Elle se perd en associant « désert », ce lieu où Dieu lui ordonne de se rendre, et « cloitre », qu'elle imagine espace de retraite et de dévotion, et elle met vingt-huit ans, ceux précisément qui font l'objet de son écriture, à saisir le sens des visions de saint Augustin et de la vigne, les seules qu'elle nous rapporte. Au bout d'un chemin semé d'embûches, Bourignon a la révélation que la vigne symbolise l'état pitoyable de l'Église. « Que faut-il que je fasse[72] ? », demanda-t-elle au Seigneur, qui lui fit signe, avec des termes clairs cette fois-ci, de se réhabiliter. C'est alors qu'elle prit la plume.

Dans toute biographie spirituelle, il est question de signaler la coïncidence entre le moi et les desseins de la Providence. Celle d'Antoinette n'en est pas l'exception. Ce qu'elle dit d'elle-même n'avait vraiment pas de quoi susciter l'inquiétude de ses détracteurs ; sa manière de le dire, en revanche, attisa leur colère. À ce propos, on lit chez Poiret : « Une chose que l'on retrouve à redire en elle, et que l'on fait sonner bien haut, est qu'elle parle trop, et trop en bien d'elle-même[73]. » Antoinette parle avantageusement d'elle-même, alors que sa parole est censée jaillir d'une expérience dont le but est de faire le vide en soi et autour de soi. Comme elle n'en était que trop consciente, elle osa exprimer à Dieu ses vives réserves au sujet du projet autobiographique. Elle lui fit remarquer qu'il pouvait y avoir de l'orgueil à manifester ouvertement les grâces et les dons reçus et qu'on ne pouvait déclarer ses secrets sans enfreindre les règles de la bienséance et de la pudeur. Comme d'habitude, il ne lui permit pas de choisir : « Le temps de parler est venu et point de fuir. Que tout le monde vous méprise : qu'importe-t-il, moyennant que vous obéissiez à Dieu[74] ? »

La promesse de « n'avoir plus de volonté, ains de suivre la sienne purement et comme et où il lui plairait[75] » fut tenue, comme en témoigne la *Vie intérieure*, la seule œuvre d'Antoinette qui ne relève pas de l'inspiration. Sous la dictée de l'Esprit, elle avait mis le doigt sur la vanité et la cécité des hommes et accusé les ministres de l'Église

---

72. A. Bourignon, *Vie intérieure*, p. 113.
73. P. Poiret, *Une Préface apologétique*, p. 49.
74. A. Bourignon, *Vie intérieure*, p. 127.
75. *Ibid.*, p. 110 *sq.*

de les conduire à la perdition. Son souffle lui manqua lorsqu'elle eut à révéler ce qu'il opéra en elle pour lui faire accepter ses « prétensions[76] ». Elle fit quand même preuve d'obéissance et de soumission et consentit à « se produire[77] ». Que ta volonté soit faite, dit Antoinette en livrant son récit intime, son *fiat*.

Poiret s'efforça, comme on le sait déjà, de rattacher l'œuvre de sa maitresse, et tout particulièrement sa biographie spirituelle, à la grande tradition mystique, aussi bien pour l'expliquer que pour célébrer ce qui la rendait unique : « Tant d'autres écrits mystiques que l'on a, ne sont ni si naïfs, ni si émouvants, ni si à la portée d'un chacun et du plus petit esprit même, que le sont ces écrits-cy[78]. » À Antoinette, le privilège de la simplicité ; à lui, Pierre Poiret, les subtilités de la théologie et de la logique. Le cartésien repenti qu'il était élabora six règles, non pas pour bien conduire son esprit ou discerner les esprits, comme Descartes et Jean de La Croix qu'il connaissait bien, mais pour distinguer « le parler de soi en bien[79] » du vicieux. Elles établissent que le sujet de celui-ci ne s'attribue pas des qualités qui ne conviennent pas à une simple créature, se sachant néant devant la cause de tout ce qui existe, et qu'il se garde d'éventer les bienfaits reçus de la divine bonté, sauf s'il faut animer les hommes à la vertu. La sixième règle, « la seule suffisante pour engager une personne à parler de soy même[80] », pointe le devoir d'obéissance, qu'Antoinette accomplit parfaitement :

> Par un acte et un effort courageux d'extreme humilité et mortification elle a immolé à l'obéissance à Dieu tous ses ressentiments, toutes ses repugnances interieures, toute sa reputation de modestie, de moderation, et de bien-seance devant les hommes, et tous les egards humains, ensuite de quoi Dieu luy donna ce qu'il avait autrefois donné au Prophéte Ezequiel pour le faire subsister avec force et sans crainte devant les enfants d'Israel[81].

C'est avec force et sans crainte, en effet, qu'Antoinette tonna que ni les hommes, ni le diable ne l'empêcheraient de mettre au jour les lumières que Dieu lui avait données. Elle savait d'avance qu'elle devait

---

76 *Ibid.*, p. 126.
77 P. Poiret, *Une Préface apologétique*, p. 56.
78 *Ibid.*, p. 85.
79 *Ibid.*, p. 51.
80 *Ibid.*, p. 56.
81 P. Poiret, *Une Préface apologétique*, p. 56 sq.

braver seule les difficultés, ne pouvant confier à personne la mission de raconter ce qu'elle avait vécu : « Il vaut mieux en dire soi-même la vérité que de souffrir qu'elle soit mal rapportée, comme il est arrivé à moi-même[82]. » Antoinette respecta les consignes d'écriture dictées par Dieu. Il lui avait dit de « se rétablir[83] » dans l'estime et la considération du monde pour être rabaissée et méprisée, et elle comprit qu'écrire de soi, c'est renoncer à l'amour propre ; c'est consentir à l'abaissement et à l'humiliation. « J'ai franchy, dit-elle, toute crainte et tous égards humains, et me suis exposée à vos mocqueries et à celles de tous les autres ; et même j'expose volontiers ma vie, pour manifester la vérité[84]. »

Antoinette s'expose au regard scrutateur de ses lecteurs/censeurs comme elle s'était autrefois offerte au Dieu qui sonde les profondeurs du cœur. Il lui imposa de se débarrasser de ses appréhensions, de ses fausses craintes et de sa vanité ; les hommes lui reprochèrent de parler trop en bien d'elle-même. Ils étaient loin de soupçonner que leurs blâmes et leurs honneurs l'indiféraient : « Pourvu que l'on remarque les enseignements de Dieu, et qu'on les pratique, c'est peu de chose qu'on opine mon orgueil [ou qu'on me croie superbe]. Si l'on juge que j'ai bien fait, cela [aussi] ne me touche point[85]. »

Antoinette n'aurait pas été honnie, si elle avait accepté d'être simple et modeste comme étaient censé l'être les femmes vertueuses et qu'elle avait fait preuve de docilité et de soumission comme les âmes ornées de dons surnaturels. Pour « se rétablir », il aurait fallu qu'elle respecte les règles, qu'elle s'y plie, alors qu'elle se devait de les saper pour que triomphent la vraie simplicité et la parfaite soumission, vertus surnaturelles qu'on prend habituellement pour de l'orgueil. Les hommes d'Église seraient responsables d'une telle confusion. Imbus de leur propre sagesse, parce que n'ayant aucune expérience de l'Esprit depuis que Dieu les a abandonnés, ils se sont arrogé le droit de décider de l'état des âmes, alors qu'« il faut une lumière divine pour faire ce discernement, parce que les mêmes choses qu'opère l'Esprit de Dieu, celuy du Diable ou de Nature les peut bien faire aussi[86] ».

---

82 A. Bourignon, *Vie intérieure*, p. 126.
83 *Ibid.*, p. 106.
84 A. Bourignon, *Le Témoignage de Vérité*, p. 61.
85 A. Bourignon, *Vie intérieure*, p. 127.
86 A. Bourignon, *La Lumière née en ténèbres*, p. 8.

Il va sans dire que la connaissance livresque des âmes propre aux « prédicans[87] » est de nulle valeur comparée à la « science très ferme et très véritable[88] » qui permettait à Antoinette de voir clairement la malice ou la bonté des créatures. Forte de l'autorité incontestable que lui conférait ce don, elle osa dénoncer les supercheries spirituelles forgées par confesseurs et directeurs de conscience. Mettre en évidence leur incapacité à débusquer les subtils sursauts de l'amour propre et les penchants les plus intimes des cœurs allait de pair avec le devoir de justification. Antoinette se justifie, comme Dieu le lui avait demandé, mais trouve bon de ne pas confier la direction de son âme à ses ministres, de ne pas s'en remettre à leurs décisions en matière de spiritualité et de ne pas leur demander leur placet pour l'apposer à ses œuvres. « Pour moi, dit-elle, je suis assez convaincue que l'Esprit qui a dicté les Écritures saintes est le même Esprit qui me dicte les vérités que j'écris ; et je n'ai point besoin d'autre preuve pour cela que le témoignage de ma propre conscience[89]. »

Antoinette Bourignon ne dissimula jamais son aversion à l'égard de ces loups revêtus de peau d'agneau qui fouillent dans les replis des consciences en quête de preuves et d'indices. Elle ne leur pardonnait pas la fière assurance avec laquelle ils décrétaient ce qui était de Dieu et ce qui relevait du diable, eux qui, par l'ascendant qu'ils prenaient sur les âmes, imitaient le crime odieux du Malin. Il n'est « licite à personne de diriger les consciences[90] », avertissait-elle pour leur rappeler que la tutelle, la discipline et le contrôle qu'ils exerçaient sur ceux qui se réclamaient de Dieu et de ses divines inspirations étaient contraires à la simplicité et à l'humilité évangéliques. Avec ces vertus comme bannière, elle contesta leur autorité tout en laissant planer l'ombre du soupçon sur ce que, faute de mieux, l'on pourrait appeler la « spiritualité consentante » :

> Tout le monde est rempli de gros volumes qui décrivent la perfection et sainteté de cette soumission, laquelle on prend pour discerner si une personne a l'Esprit de Dieu. En quoy l'on se trompe grandement ; car si elle avait l'Esprit de Dieu, il luy serait impossible de se soumettre à quelque homme

---

87 A. Bourignon, *Le Témoignage de Vérité*, p. 93.
88 *Ibid.*
89 A. Bourignon, *Le Témoignage de Vérité*, p. 45.
90 A. Bourignon, *Le Tombeau de la fausse théologie*, p. 96.

qui n'aurait point le mesme Esprit saint, veu qu'elle ne trouverait en luy que de l'empéchement à sa perfection, et beaucoup de perte de temps ; ainsi que plusieurs saints l'ont experimenté à leur grand dommage et retardement[91].

À l'âge où d'autres filles entraient au couvent, Antoinette Bourignon sut que Dieu la voulait libre de toute entrave et de tout lien. Elle sut aussi que dorénavant elle n'obéirait qu'à lui, n'écouterait que ses divins conseils et ne ferait que sa volonté. On essaya maintes fois de l'arraisonner en lui vantant les bontés de la perfection conquise grâce à une longue et patiente méditation des Écritures et à l'épreuve de la purification. Pour qu'elle ne s'égare pas, il valait mieux qu'un directeur guide ses pas et qu'elle marche sur les sentiers frayés par les saints et les spirituels. Antoinette se rebiffa contre cette perfection docile et contre la figure qui l'incarnait le mieux : Thérèse d'Avila. Démasquer ceux qui, sous prétexte de servir Dieu et de défendre les intérêts de son Église, ne font que bourreler les âmes qu'il chérit, c'est ce que Thérèse d'Avila n'avait voulu faire, qui ménagea jésuites et dominicains pour valider son expérience spirituelle. Si elle avait eu l'Esprit de Dieu, elle ne se serait pas pliée. La lâcheté de la réformatrice du Carmel, son immense faiblesse lui avaient valu, cependant, d'être canonisée et de devenir modèle de sainteté :

> Il est hors de doute que les Directeurs lui ont fait plus de mal que les diables mêmes ; ce qu'elle avouerait hautement si elle retournait dans le Monde. Cependant, l'on nous enseigne cette sienne imperfection, d'avoir cherché les hommes, comme sa plus grande vertu ; d'autant qu'elle est avantageuse aux hommes qui font profession de diriger les âmes[92].

Certains épisodes apparemment banals de la vie d'Antoinette Bourignon, en particulier sa rencontre avec Jean de Saint-Saulieu, acquièrent de l'importance à la lueur de ses attaques contre le conformisme des saints et des spirituels et contre les règles du discernement des esprits qui guidaient censeurs et directeurs de conscience. Antoinette raconte dans ses autobiographies que ce fils de paysan l'approcha avec des airs dévots et des discours de la plus haute spiritualité. La première fois qu'elle le vit, il lui parla en prophète ; ensuite, en illuminé. Finalement, il lui

---

91 *Ibid.*, p. 95.
92 *Ibid.*

déclara sa passion, la harcela et publia qu'elle était sa femme. Antoinette justifie l'inclusion de cet épisode dans les récits de sa vie par la nécessité de faire voir à ses lecteurs que le diable est toujours à l'affût. La leçon de catéchisme s'accompagne du commentaire suivant :

> Tout le monde eût jugé une semblable personne estre sainte, qui ne parlait que de perfection et sainteté : si bien que divers prêtres et personnes pieuses l'allaient consulter en matières spirituelles, et ce qui regardait leurs consciences et exercices interieurs. En quoi il était fort entendu et donnait conseil à un chacun[93].

Antoinette admet avoir été convaincue de la sainteté du fripon. Quand elle demanda à Dieu la raison de son aveuglement et pourquoi il l'avait privée de ses divines lumières, il lui répondit : « Pour vous exercer[94]. » Elle découvrit alors qu'il l'exerçait à la sainteté pour régénérer son l'Église. La tâche de se justifier qu'il l'avait poussée à entreprendre prit alors tout son sens. Antoinette devait comparaitre devant le monde comme manifestation de la justice divine ; elle se déclara Mère destinée à accoucher d'une nouvelle humanité qui purifierait la terre.

Antoinette ne découvrit qu'au terme du pèlerinage retracé dans ses autobiographies que Dieu ne voulait pas la conduire à la perfection par les voies ordinaires, celles justement qu'elle s'apprêtait à emprunter, et que le désert où il fallait qu'elle se rende n'était pas à trouver dans le monde. « Je considérai le tout pour savoir si ce n'était point là où Dieu m'appelait[95] », se demande-t-elle à plusieurs reprises. Elle mit longtemps à comprendre qu'il ne viendrait pas à sa rencontre « là » où elle s'entêtait à le chercher. Ce n'était pas dans les cloitres carmélitains ou augustiniens, qu'elle imaginait réduits d'observance étroite de la simplicité évangélique, qu'il avait établi sa demeure. « Je les ai abandonnés à la gueule du loup infernal[96] », lui dit-il.

C'est parce Dieu lui répondit « nuls[97] » quand elle lui demanda s'il n'y avait pas de religieux, de dévots, de saints ou d'ordres monastiques respectueux de ses préceptes, qu'elle se rendit compte que la sienne était une expérience unique et singulière. De cette expérience exceptionnelle,

---

93 A. Bourignon, *Vie extérieure*, p. 193.
94 A. Bourignon, *Vie intérieure*, p. 80.
95 *Ibid.*, p. 27.
96 A. Bourignon, *Vie intérieure*, p. 106.
97 *Ibid.*, p. 43.

celles des prophètes, messies, bigots, saints et dévots du temps n'étaient que la contrefaçon, parce que le diable, censé contrefaire certaines opérations divines, les inspirait. Antoinette n'a cessé de proclamer que l'on vénérait des idoles (Thérèse d'Avila), qu'il était facile de donner le change en matière de piété (Saint-Saulieu) et qu'il suffisait d'un peu d'humilité et de quelques lectures pour se tailler, avec la complicité des docteurs scolastiques, une réputation de sainteté. Les voies du Seigneur ne sont ni insondables, ni impénétrables chez Antoinette, exemple de ce que Dieu exige des siens : « Dieu m'a toujours enseigné de mettre hors de mon esprit toute sorte d'images, et de lectures, et de speculations afin de rendre mon ame simplement vide pour recevoir l'influence du Saint Esprit nuement, et sans l'entremise d'aucunes autres idées[98]. »

Sans lectures et sans doctrine, Antoinette ressemble à une page blanche qui n'attend que d'être écrite par Dieu. C'est sa parole qu'il doit inscrire en elle, ainsi que le signale son autobiographie la plus intime où vie intérieure et parole du Seigneur ne font qu'une seule chose. S'agit-il vraiment d'une relation d'amour ou de perte en Dieu ? Difficile de l'affirmer, mais à l'inverse de ce qui se passe en beaucoup d'oraisons contemplatives, il n'y a pas ici de relation entre un je et un Tu, mais entre un je et un Il/On, de sorte que le sujet apparait comme le creuset d'une parole, qu'il prend soin de « virguler[99] », qui lui est dite, qu'on lui dit et, plus rarement, qu'Il lui dit. Poiret ne manque pas de commenter à l'aide de Jean de la Croix ce trait majeur de la *Vie intérieure*, œuvre entièrement tissée de « paroles formelles ». Instructives et illuminatives, ces communications extraordinaires proférées par une « tierce personne[100] » disposent l'âme à l'obéissance, « quoi qu'avec repugnance dans les choses d'eclat, de superiorité et d'excellence[101] ».

La *Vie intérieure* se résumerait à l'obéissance. Antoinette Bourignon dut surmonter ses craintes et ses pudeurs pour « se produire » comme Mère des croyants. L'effacement de Dieu semble favoriser l'émergence du « je », comme les voix critiques ne manquaient pas de le constater. Pour les faire taire, Poiret improvisa des alibis sous forme de règles de discrétion des discours sur soi. Antoinette préféra ne pas s'empêtrer

---

98 A. Bourignon, *Le Tombeau de la fausse théologie*, p. 61.
99 A. Bourignon, *Vie intérieure*, p. 130.
100 P. Poiret, *Une Préface apologétique*, p. 193.
101 *Ibid.*

dans des doctrines. Si elle ne craignait pas de s'exhiber, ce n'était pas par manque de pudeur et d'humilité. Dieu lui avait appris à se méfier des apparences. « Jugez d'un bon jugement, comme je le connais au-dedans[102] », lui fut-il dit. Elle examina, selon cette divine méthode, les manières de parler de ceux qui se disaient de lui et conclut qu'il y a de la recherche et de l'affectation à parler de soi à la troisième personne :

> Croyez que cela est encore une étude qui divertit l'ame ; et pendant qu'elle pense si ce qu'elle a à dire, est à sa louange ou au mépris, elle se distrait de Dieu et se regarde elle-même ; pendant qu'elle invente des termes propres, pour parler couvertement ou au gré de ses Auditeurs, elle perd son temps, se met en danger de ne dire vérité et sort de la simplicité que Dieu requiert, étouffant par ce moyen la lumière du Saint-Esprit[103].

DE LA *MADRE* À LA MÈRE

Dans le temps que suivit le scandale de la possession des jeunes filles de Notre-Dame-des-Sept-Douleurs, Antoinette Bourignon écrivit le double récit, intérieur et extérieur, de sa vie pour manifester la mission dont elle avait été investie. Elle s'était recriée tout d'abord ; Dieu a insisté. Il lui fallut dès lors vaincre toute résistance et céder. Loin de lui imposer de quitter le monde et de faire retraite, la vanité et la fausseté de la vie séculière l'ayant depuis longtemps détournée de l'ici-bas, il lui demanda d'exposer les grâces dont elle avait été favorisée. Antoinette s'est alors mise au-dessus de ses propres penchants et des jugements des hommes pour faire entendre ce que Dieu parlait en elle. « Beaucoup de ces choses que j'écris ici ne sont pas tirées de ma tête ; c'est ce Maitre céleste lui-même qui me les dicte[104] », avouait Thérèse d'Avila, qui appelait « mien » ce qui ne lui avait pas été révélé. À part ses biographies, rien de ce qu'écrit Antoinette n'est de son cru. Le mérite et la gloire

---

102 A. Bourignon, *Vie intérieure*, p. 44.
103 A. Bourignon, *La Lumière née en ténèbres*, p. 7 sq.
104 Th. d'Avila, *Livre de la Vie*, *Œuvres très complètes de sainte Thérèse*, vol. 1, Paris, chez J. P. Migné, 1840, p. 280.

en reviennent au Saint-Esprit, « lequel me dicte immediatement mes Écrits, sans étude ni aucuns moyens humains[105] ».

À la différence de Thérèse, Antoinette n'a puisé ni dans les livres, ni dans les Écritures sa haute science des mystères divins. La Mère, avide lectrice, reconnait sa dette envers Saint-Augustin et Francisco de Osuna, chez qui elle trouva du réconfort et la manière de faire l'oraison de recueillement. Quand l'Inquisition interdit les livres de piété et les traductions castillanes de l'Écriture, elle fut en proie au désarroi jusqu'à ce que Dieu lui donne le « livre vivant » qu'il lui avait promis. L'écriture est l'espace où le Créateur par excellence s'exprime désormais à sa place, comme le souligne Dominique de Courcelles : « L'écriture comme le corps vierge de Thérèse sont alors essentiellement traversés, porteurs de sens[106]. » Le livre où Thérèse avoue déclarer le mieux qu'elle peut et sans réserve ses sentiments lui fut imprimé à même la chair, qu'elle donna en partage. Aussi ne cesse-t-elle pas de supplier ceux qui sont censés certifier l'authenticité de son expérience spirituelle de « retrancher », de « raturer », de « supprimer ». Antoinette protège farouchement cet espace d'avènement de l'Autre qu'est le récit de sa vie intérieure. Elle le soustrait aux regards et veillera à ce que la Parole soit préservée. Poiret raconte que Pierre Noels, ancien secrétaire de Jansénius, fut émerveillé à la lecture de ses écrits sur la grâce, la prédestination et la liberté. « Jamais nuls saints, nuls Pères, nuls théologiens, n'en ont approché[107] », s'était-il écrié, selon Poiret. Noels se proposa pour en corriger le style et la syntaxe. Antoinette s'en remit à son Maitre, qui, indigné, protesta : « Quelle témérité aux hommes de vouloir corriger les œuvres d'un Dieu[108] ! » Antoinette a été comme Thérèse espace de l'Autre. À ceci près : le Dieu de la sainte s'offre ; celui de la prophétesse se retire. *Hoc est corpus meum*, dit l'un ; *Noli me tangere*, avertit l'autre.

Pendant vingt ans, Antoinette n'a cessé d'interroger Dieu sur la place qu'elle se devait d'occuper. Elle finit par découvrir, comme ceux que vexait le dogmatisme, qu'il lui faudrait aménager un espace intérieur à l'abri de la hiérarchie qui l'aliénait comme personne et comme femme. Claude Louis-Combet écrit à ce propos :

---
105 A. Bourignon, « Épître au Roy », *Le Témoignage de Vérité*, p. 5.
106 D. de Courcelles, *Thérèse d'Avila : femme d'écriture et de pouvoir dans l'Espagne du Siècle d'Or*, Grenoble, Éditions Jérôme Millon, 1993, p. 133 *sq*.
107 P. Poiret, *Vie continuée*, p. 270.
108 *Ibid.*, p. 272.

> Peut-être parce qu'elle était née sans visage et qu'elle avait dû, pendant toute son enfance, inventer d'elle-même toutes les raisons de jouir et d'espérer, elle avait abordé la vie publique entrainée à l'exercice de la pensée solitaire et du monologue et fortifiée dans la conviction que les enseignements des Églises ne la concernaient pas, elle-même, qu'elle était un être hors du commun, bénéficiant d'une révélation particulière, et qu'elle avait donc pour mission de recréer tout le christianisme à partir de sa seule expérience intérieure[109].

Antoinette revendique, contre tout didactisme et tout dogmatisme, la valeur absolue de l'expérience du cœur, comme bien des mystiques et des spirituels. Comme Thérèse qui l'a devancée et qu'elle prétend surpasser. Dieu l'avait rencontrée dans la chambre nuptiale de l'âme, mais son expérience intime ne fut sacrée qu'en 1621, lorsque Grégoire XV décrète d'autorité apostolique que Thérèse « soit honorée comme une sainte et une élue du Seigneur[110] ». Antoinette n'avait qu'à se mouler à son image, mais elle refusa, comme elle avait refusé le joug du mariage et l'anonymat du cloître. Elle ne voulait pas « être comme », elle ne tenait pas à « ressembler à ». Pourtant, les deux femmes partagent bien de choses. L'angoisse du regard qui les traverse, elles la conjurent de la même manière : en déplaçant les attentes des lecteurs et des juges masculins vers cet Autre qu'elles donnent à entendre. La méfiance envers les confesseurs, l'apprentissage de l'obéissance, les protestations de faiblesse, les unissent. Toutes les deux avaient d'ailleurs accepté de mauvais gré d'écrire deux autobiographies, réservant la lecture de celles qu'elles prisaient le plus à leur cercle d'intimes.

Antoinette cherche, néanmoins, à se dégager de l'emprise de Thérèse, idole à abattre pour qu'advienne le règne des vrais chrétiens. Dieu ne l'avait pas choisie pour réformer un ordre monastique, mais pour inaugurer le nouvel ordre. Pour que sa volonté soit faite, la *Madre* devait laisser sa place à la Mère des croyants. C'est parce qu'elle était venue instaurer le Royaume et qu'elle représentait une rupture dans le cours de l'histoire, qu'Antoinette n'avait pas à perpétuer l'œuvre du Christ, qu'elle ne mentionne que très rarement. Elle ne se devait pas de continuer l'œuvre du salut, bien que Poiret fasse de sa vie une continuation.

---

109 Cl. Louis-Combet, *Mère des croyants. Mythobiographie d'Antoinette Bourignon*, Paris, Flammarion, 1983, p. 245.
110 « Bulle de canonisation de la bienheureuse vierge Thérèse », *Œuvres très complètes de Thérèse d'Avila*, t. I, p. 126.

Antoinette ne s'était pas trompée quand elle compara Poiret avec Nicodème. On sait qu'elle abhorrait les théologiens et leurs discours abscons ; son disciple entreprit de « satisfaire à toutes les difficultés que l'on trouve dans ses écrits[111] » à la lumière de leur science. Elle se montrait inflexible lorsqu'il s'agissait de soumettre ses entretiens avec Dieu aux autorités ecclésiastiques ; Poiret examina ses « doctrines » sur la divinité du Christ, la Trinité, la prédestination et la grâce. « Avec ses livres, écrit-il, je veux bien que l'on agisse aussi rigoureusement que fait l'Inquisition d'Espagne ou de Rome ; mais il seroit odieux de vouloir la surpasser en sévérité[112]. »

Antoinette tenait à son expérience de la divinité, dont elle a maintes fois célébré le caractère extraordinaire pour se séparer de la *Madre*, faire son propre chemin et trouver sa place. Poiret l'encensa avec des œuvres qui calquent la bulle de canonisation de Thérèse de Jésus. Il y est dit que le Verbe n'a pas choisi « beaucoup de personnes nobles, ni beaucoup de philosophes du siècle, pour propager, dans l'univers entier, l'Église de ses élus qu'il avait acquise par son sang[113] », mais une simple femme, lie et rebut des hommes.

Le Seigneur prit Thérèse comme épouse. « Maintenant je suis ton unique, et tu es toute à moi[114] », lui dit-il. La Mère des croyants ne jouit pas des caresses de l'Époux ; elle n'en entendit que des « paroles formelles ».

Yolanda Viñas del Palacio
Université de Salamanque

---

111 P. Poiret, *Une Préface apologétique*, p. 58.
112 *Ibid.*, p. 87.
113 « Bulle de canonisation de la bienheureuse vierge Thérèse », *op. cit.*, p. 125.
114 *Ibid.*, p. 127.

TROISIÈME PARTIE

LA VOIX DE L'INTIME
DANS LE JOURNAL DE VOYAGE

LES VARIATIONS DE L'INTIMITÉ

dans les récits de voyage de Montaigne et Jean-Baptiste Tavernier

> Amy particulier, et à qui on descouvre son cœur et ses affaires plus confidemment qu'à tout autre. Enée et Achates, Oreste et Pilades estoient des amis *intimes*. je suis joint d'une *intime* amitié, d'une amitié tres-estroite, avec cet homme-là, c'est mon *intime*[1].
>
> Il n'a guere d'usage qu'en cette phrase. Ami intime, qui signifie, Un ami cordial, un homme avec lequel on a une liaison d'amitié tres-estroite[2].

Si, dans la terminologie actuellement en usage, l'« intime » qualifie prioritairement des journaux, des confessions, ou tout autre écrit livrant – publiquement ou non – l'intériorité secrète de son scripteur[3], il en est autrement à l'âge classique. « Avant de qualifier la profondeur de la relation que l'on entretient avec soi, l'adjectif "intime" a qualifié la liaison entre deux personnes[4] » : la relation à l'autre semble être alors la principale modalité de l'intimité, comme en témoignent ces définitions extraites de deux dictionnaires majeurs de la fin du XVIIe siècle[5]. Ainsi

---

1 « Amy particulier, et à qui on descouvre son cœur et ses affaires plus confidemment qu'à tout autre. INTIMEMENT. Adv. D'une maniere, d'une liaison tres-estroite. Ces deux personnes sont unies tres-intimement ». A. Furetière, *Dictionaire Universel*, La Haye et Rotterdam, Arnout et Reinier Leers, 3 tomes, 1690, article « INTIME. adj. m. et f. et substantif ».
2 *Le Dictionnaire de l'Académie françoise dedié au Roy*, 1694, Paris, Coignard (Veuve Jean-Baptiste), Coignard (Jean-Baptiste), 1694.
3 « qui se situe ou se rattache à un niveau très profond de la vie psychique ; qui reste généralement caché sous les apparences, impénétrable à l'observation externe », *TLFi : Trésor de la langue Française informatisé*, http://www.atilf.fr/tlfi, ATILF – CNRS & Université de Lorraine, *s. v.* « Intime » ; CNRTL : Centre National de Ressources Textuelles et Lexicales, « Intime », https://www.cnrtl.fr/definition/Intime (consulté le 30/03/2021).
4 F. Simonet-Tenant, « À la recherche des prémices d'une culture de l'intime », *Itinéraires*, 2009-4 (consulté le 26 novembre 2020). URL : http://journals.openedition.org/itineraires/1466.
5 Pour une histoire de la notion d'intime, consulter notamment l'article de Jean Beauverd, « Problématique de l'intime », dans *Intime, intimité, intimisme*, Société des études romantiques, Université de Lille III, Éditions universitaires, 1976, p. 15-46.

la lettre, cet « escrit qu'on envoye à un absent pour luy faire entendre sa pensée[6] » et que Madame de Sévigné a si bien illustrée dans la correspondance entretenue avec sa fille, figure le lieu idéal de l'écriture de l'intime au XVIIe siècle. Toutefois, cette conception relationnelle de l'intimité, également sensible dans la définition que propose Pierre Nicot, proche de l'acception actuelle du terme qui remotive un sens ancien[7] – « ce qui est au profond et en l'interieur, comme, l'amitié intime que i'ay à vous, ou que ie vous porte[8] » – semble exclure des pratiques courantes de l'écriture l'expression de ce qui relèverait d'une intimité trop profonde et secrète. L'intimité serait socialisée, gouvernée par les limites de la bienséance régissant les relations des salons et de leur extension épistolaire.

De ce fait, la vocation documentaire du récit de voyage, genre dont Geoffroy Atkinson reconnaît « l'énorme publication[9] » au XVIIe, paraît incompatible avec l'écriture de l'intimité. En effet, la littérature viatique, dès lors qu'elle s'est distinguée de la tradition du récit de pèlerinage dont l'enjeu est moins la découverte de nouvelles contrées que la reconnaissance de lieux bien connus de la culture chrétienne, recèle une vocation pédagogique. Bien que « partie de la vie des hommes[10] » mettant en scène l'expérience personnelle d'un individu, un de ses objectifs premiers est de communiquer au lecteur une culture, une nature, des mœurs, un monde qu'il ne connaît pas, qu'il s'agisse du Nouveau Monde incarnant le degré maximal de l'exotisme, ou de l'Orient, dont la fréquentation pluriséculaire, avec les Croisades puis les échanges diplomatiques, n'a pas annulé la part d'étrangeté, lui conférant une aura terrifiante et fascinatoire. Ainsi, le voyageur serait la conscience enregistrante au fondement d'une narration documentaire, dont la modalité personnelle servirait la description d'un territoire et d'un peuple exotiques davantage qu'un récit intime.

---

6 A. Furetière, *op. cit.*, *s. v.*
7 L'acception usuelle de l'adjectif aujourd'hui procède en effet d'une réactualisation du sens ancien de l'adjectif latin *intimus*, « ce qui est le plus en dedans, le fond de », TLFi, *op. cit.*
8 J. Nicot, *Thrésor de la langue françoyse, tant ancienne que moderne*, Paris, David Douceur, 1606.
9 G. Atkinson, *Les Relations de voyages du* XVIIe *et l'évolution des idées. Contribution à l'étude de la formation de l'esprit au* XVIIIe, Genève, Slatkine Reprints, 1972 (réimpression 2010), p. 5.
10 C. Sorel, *Bibliothèque française*, Paris, par la Compagnie des Libraires du Palais, 1664, p. 146.

Toutefois, des remarques relatives au vécu personnel du voyageur émaillent les relations de voyage et semblent caractérisées par une certaine gratuité, en marge de la vocation documentaire du genre. En effet, cette narration personnelle d'une expérience vécue est l'occasion de confidences. Les notations personnelles relatives à la faim, à la maladie, à l'épreuve des températures parfois extrêmes, ou encore, l'expression de goûts ou de dégoûts personnels, alimentaires, esthétiques ou moraux constitueraient des « autobiographèmes[11] » permettant de dresser le portrait du voyageur. Il s'agira d'examiner ces notations personnelles et de tenter d'évaluer leur degré d'intimité, à partir de la confrontation inédite de deux récits de voyage que tout semble opposer : le *Journal de voyage en Italie* de Montaigne, rédigé entre 1580 et 1581 au cours d'un voyage curatif de l'auteur, et les *Six voyages* de Jean-Baptiste Tavernier, publiés pour la première fois en 1676 chez Claude Barbin, et relatant les multiples expéditions du marchand en Turquie, en Perse et en Inde.

Le *Journal de voyage* est caractérisé par une importante hybridité, cette œuvre associant à la poétique du récit de voyage[12] – qui consigne les us

---

11   Terme forgé par Bernard Magné et qui « peut être défini comme un trait spécifique, récurrent, en relation avec un ou plusieurs énoncés autobiographiques attestés, organisant dans un écrit, localement et/ou globalement, la forme du contenu et/ou de l'expression », « L'autobiotexte perecquien », *Le Cabinet d'amateur*, n° 5, juin 1997, p. 10.

12   Le récit de voyage n'est pas doté d'une poétique qui, à la manière de celle de la tragédie ou de l'épopée, aurait fait l'objet d'une théorisation dans l'Antiquité. Genre « métoyen » – expression que Sylvie Requemora-Gros emprunte au récit de François Bertaud (*Journal du voyage d'Espagne*, Paris, Denys Thierri, 1699, p. IV) dans son étude *Voguer vers la modernité : Le voyage à travers les genres au XVIIe siècle*, Paris, PUPS, « Imago Mundi », 2012 –, le récit de voyage est caractérisé par sa forme plurielle, ressortissant aux genres « sérieux » tels que l'histoire ou la cosmographie, mais aussi au roman, au théâtre, etc. Plusieurs études ont été entreprises pour tenter de définir sa poétique, dont celle de Sylvie Requemora-Gros déjà citée, mais aussi celle de Friedrich Wolfzettel (*Le Discours du voyageur. Pour une histoire littéraire du récit de voyage en France, du Moyen Âge au XVIIIe siècle*, Paris, PUF, « Perspectives littéraires », 1996), de Normand Doiron (*L'Art de voyager : le déplacement à l'époque classique pour l'art du voyage*, Sainte-Foy, Presses de l'Université de Laval, 1995), de Sophie Linon-Chipon sur le voyage en Inde (*Gallia orientalis. Voyages aux Indes orientales. 1529-1722. Poétique et imaginaire d'un genre littéraire en formation*, Paris, PUPS, « Imago mundi », 2003), de Rachel Lauthelier-Mourier sur le voyage en Perse (*Le Voyage de Perse à l'âge classique. Lieux rhétoriques et géographiques*, Paris, Garnier, « Lire le XVIIe siècle », série « Voyages réels et voyages imaginaires », n° 4, 2020), de Marie-Christine Gomez-Géraud sur les récits de pèlerinage (*Le Crépuscule du Grand Voyage. Les récits des pèlerins de Jérusalem à la Renaissance (1458-1612)*, Paris, Champion, 1998), ou encore de Frédéric Tinguely sur le récit de voyage au Levant (*L'Écriture du Levant à la Renaissance : enquête sur les voyageurs français dans l'Empire de Soliman le Magnifique*, Genèse, Droz, 2000).

et coutumes des villes françaises, italiennes et suisses dans lesquelles séjourne Montaigne – celle du journal de santé, qui détaille la variété des manifestations de la maladie de la pierre, la gravelle, dont souffre l'auteur. Ce dernier dicte la première partie du récit à son secrétaire, qui la compose alors à la troisième personne du singulier, avant d'en reprendre la rédaction en italien puis en français. Ce n'est qu'en 1770 que ce texte est découvert dans « un vieux coffre » du château de Montaigne alors propriété du Comte de Ségur de la Roquette[13], par l'abbé de Prunis, qui donne lieu à un projet d'anthologie « qui s'en tiendrait honnêtement aux passages autorisés par le bon goût[14] ». Meusnier de Querlon, qui en propose une première édition en 1774, et l'abbé de Prunis s'accordent à remarquer la dimension personnelle de ce journal, intéressant « pour les Lecteurs qui cherchent l'homme dans ses écrits », jugeant que ce journal « leur fera beaucoup mieux connaître l'auteur des *Essais*, que les *Essais* même[15] » ; « il n'omet aucune des plus petites circonstances concernant son habitude physique, & l'opération journaliere de ses boissons, de ses douches, etc.[16] ». « Pas un verre d'eau dont il ne vous rapporte les effets, pas le moindre petit mal dont il ne vous entretienne[17] », exagère l'abbé de Prunis. L'adoption d'une narration hétérodiégétique dans la première partie du *Journal* ne réduit pas la qualité personnelle du récit, « puisqu'on retrouve ici toutes les expressions de Montaigne, et que même en dictant il lui échappe des égoïsmes qui le décèlent[18] » ; « mêmes agréments, même naïveté piquante : c'est toujours Montaigne[19] ». Friedrich Wolfzettel souligne que ce journal personnel, décentré par rapport à la production humaniste, rencontre l'intérêt du lectorat de la fin du XVIIIe siècle, cette œuvre étant découverte à une période d'essor du voyage sentimental en France[20]. L'histoire de sa réception tend à privilégier la dimension personnelle de ce récit de voyage, alors distinct des

---

13 M. de Querlon (éd.), *Journal de voyage de Montaigne en Italie, par la Suisse & l'Allemagne en 1580 et 1581*, Paris, Chez le Jay, 1774, p. 7.
14 F. Rigolot (éd.), *Journal de voyage de Montaigne*, Paris, PUF, 1992, p. v.
15 M. de Querlon, *op. cit.*, p. 78.
16 M. de Querlon, *op. cit.*, p. 122.
17 J. Prunis, « Préface de Joseph Prunis à son projet d'édition (1772) », F. Rigolot, *Journal de voyage de Michel de Montaigne*, Paris, PUF, 1992, p. 303.
18 M. de Querlon, *op. cit.*, p. 10 *sq.*
19 J. Prunis, *op. cit.*, p. 302.
20 F. Wolfzettel, *op. cit.*

relations contemporaines de voyages effectués en Orient ou en Amérique, davantage identifiées à leur fonction documentaire.

Quant au récit de Jean-Baptiste Tavernier (1605-1689), il est rédigé à l'issue des six voyages de l'auteur effectués entre 1631 et 1668 dans l'Empire ottoman, en Perse et en Inde[21]. « Il avait ramassé un grand nombre d'observations : mais il n'avait guère appris ni à parler ni à écrire en français ; et ce n'est point lui qui a dressé les relations qu'il nous a données », explique Pierre Bayle dans son *Dictionnaire historique et critique*[22], raison pour laquelle il recourt à un *ghost writer*[23], Samuel Chappuzeau (1625-1701). L'écriture collaborative d'une relation fortement teintée d'une dimension politique et commerciale – Friedrich Wolfzettel le classe dans la catégorie du « voyage commercial » et considère ce récit régi par le « besoin de faire abstraction de la subjectivité d'un moi qui ne semble viser que l'utilité générale des renseignements donnés[24] » – semble obérer l'expression de l'intimité de l'auteur. Toutefois, cette perspective économique et diplomatique de la relation n'exclut pas des notations personnelles relatives à l'expérience du voyage. La modalité terrestre du déplacement, à pied et à cheval, rapproche ces deux récits que l'époque – un siècle les sépare – et la destination – l'un part en Orient, l'autre dans les pays européens frontaliers – semblent opposer. Ces deux voyageurs sont effectivement exposés à des perceptions et des sensations spécifiques à ce type de voyage[25] : les dîners en auberge ou ceux du caravansérail, la qualité de la couche, la chaleur désagréable à endurer lors des déplacements : une série de *realia* liées à l'expérience corporelle viatique saturent ces deux récits et justifient leur mise en perspective dans le cadre de cette étude. Il s'agira ainsi d'examiner les énoncés personnels parcourant ces deux récits et de statuer sur leur degré d'intimité. En effet, un énoncé, pour être personnel, n'est pas

---

21 P.-F. Burger, « Tavernier, Jean-Baptiste », *Encyclopædia Iranica*, online edition, 2017, http://www.iranicaonline.org/articles/tavernier-jean-baptiste (consulté le 20/03/2020).
22 P. Bayle, *Dictionnaire historique et critique. Nouvelle édition augmentée [...]*, Paris, Desoer, Libraire, Rue Christine, 1820, t. quatorzième, p. 47.
23 G. Holtz, *L'ombre de l'auteur : Pierre Bergeron et l'écriture du voyage à la fin de la Renaissance*, Genève, Droz, « Travaux d'Humanisme et Renaissance », 2010.
24 F. Wolfzettel, *op. cit.*, p. 148.
25 À propos des spécificités du voyage terrestre, voir les travaux de Rachel Lauthelier-Mourier : « [...] l'expérience du voyage et le récit qu'on en fait, ne peut être la même selon que l'horizon quotidien est une ligne qui chaque jour nous échappe, ou une ville, dans laquelle on pénètre et où l'on trouve le gîte et le couvert », *op. cit.*, p. 17.

nécessairement intime, pouvant illustrer ou motiver un discours plus général sur la géographie du pays, son climat ou sa population. « Dans toute observation, scientifique ou non, se joue d'une certaine manière une procédure d'institution du sujet regardant l'objet ; ou du moins cette institution du "sujet regardant" est inhérente au processus narratif de l'observation[26] », remarque Isabelle Luciani à propos d'un texte relevant de ce que les historiens nomment les « écrits du for privé[27] ». Comment, dans ce cas, tracer la frontière entre la simple subjectivité perceptive et la véritable figuration d'une conscience particulière, d'une personnalité, d'une intimité ? Cette étude interrogera le degré de personnalisation des énoncés personnels à travers une typologie progressive.

UN MOI EN TROMPE-L'ŒIL

Seront tout d'abord envisagées les notations personnelles que nous pourrions qualifier comme étant « en trompe-l'œil » : pour formellement personnelles que soient ces déclarations, elles ne permettent pas vraiment de déduire quoi que ce soit de la personne du voyageur. L'expression du principe d'autopsie, véritable stylème du récit de voyage, intègre cette catégorie. En effet, pour contrer le soupçon d'affabulation inhérent aux relations de voyage[28], exprimé notamment par le proverbe « A beau mentir qui vient de loin », les voyageurs arguent le sens de la

---

26 I. Luciani, « "Estant ce que je suis…" Du recueil savant au récit de soi : l'écriture quotidienne de François Rebatu (1588-1662) », J.-F. Bardet, É. Arnoul et F.-J. Ruggiu, *Les Écrits du for privé en Europe du Moyen Âge à l'époque contemporaine. Enquêtes, Analyses, Publications*, Pessac, Presses Universitaires de Bordeaux, 2010, p. 363.
27 « Ils regroupent les livres de raison, les livres de famille, les diaires, les mémoires, les autobiographies, les journaux de toute nature (personnel ou "intime", de voyage, de campagne, de prison…) et, d'une manière générale, tous les textes produits hors institution et témoignant d'une prise de parole personnelle d'un individu, sur lui-même, les siens, sa communauté », J.-P. Bardet et F.-J. Ruggiu, *Les Écrits du for privé, de la fin du Moyen Âge à 1914*, http://ecritsduforprive.huma-num.fr/presentation.htm, 2009 (consulté le 01/09/2020).
28 Voir à ce propos l'article de Sophie Linon-Chipon, qui porte sur les stratégies rhétoriques permettant de pallier ce soupçon : « Brièveté et authenticité : l'identité générique de la relation de voyage à la fin de l'Âge classique », *La Licorne*, « Brièveté et Écriture », n° 21, novembre 1991, p. 115-123.

vue, considéré comme garant de l'authenticité de leur témoignage : « le souci d'authenticité basé sur les choses *vues* devient l'un des traits caractéristiques d'un savoir qui n'a plus besoin de prouver sa légitimité[29]. » Souvent au seuil des récits, par exemple dans les dédicaces, le principe d'autopsie permet de tisser avec le lecteur un pacte d'authenticité. Il s'agit pour le voyageur d'accréditer la vérité de son récit, en offrant la garantie que constitue une perception personnelle, bien qu'il s'agisse bien souvent de « conventions de la rhétorique de l'authenticité » et qu'« il est en général difficile d'y juger quels "j'ai moi-même vu" et autres expressions autoptiques sont véridiques[30] », ainsi que le rappelle Sylvia Murr. Ainsi, le sens de la vue sature la dédicace au roi ainsi que les premières lignes du récit de Tavernier : « J'ay crû [...] devoir rendre compte de mes *observations* sur ce que j'ay *vû* », « la vérité que j'y ai soigneusement *observée* », « j'avois *vû* les plus belles regions de l'Europe[31] », etc. La visite de la bibliothèque du Vatican que fait Montaigne donne par ailleurs lieu à une surreprésentation du sens de la vue :

> Le 6 de mars, je fus *voir* la libreirie du Vatican, qui est en cinq ou six salles tout de suite. [...] *J'y vis* de remercable la statue du bon Aristide atout une belle teste chauve, la barbe espesse, grand front, le regard plein de douceur et de magesté [...]. *J'y vis* aussi un lopin de l'antien *papirus*, où il y avoit des characteres inconnus : c'est un'-écorce d'arbre. *J'y vis* le breviaire de S. Grégoire escrit à mein [...]. *J'y vis* un livre de S. Thomas, où il y a des corrections de la mein du propre autheur, qui écrivoit mal, une petite lettre pire que la mienne[32].

Le sens de la vue authentifie l'existence de réalités extraordinaires qui suscitent l'admiration du voyageur, sensible à travers des qualifications méliuratives (« le regard plein de douceur et de magesté ») et des déterminants numéraux connotant l'idée d'émerveillement de

---

29 F. Wolfzettel, *op. cit.*, p. 43.
30 S. Murr, « Le politique "au Mogol" selon Bernier : appareil conceptuel, rhétorique stratégique, philosophie morale », *Purusartha*, n° 13, 1990, p. 239-311, p. 255.
31 J.-B. Tavernier, *Les six Voyages de Jean-Baptiste Tavernier, écuyer baron d'Aubonne, qu'il a fait en Turquie, en Perse et aux Indes, pendant l'espace de quarante ans, & par toutes les routes que l'on peut tenir : accompagnez d'observations particulières sur la qualité, la religion, le gouvernement, les coutumes & le commerce de chaque païs* [...], Paris, G. Clouzier et C. Barbin, 1676, vol. I, p. 3, 6 et 7 (nous soulignons).
32 Montaigne, *Journal d'un voyage en Italie par la Suisse et l'Allemagne*, Paris, Gallimard, « Bibliothèque de la Pléiade », 1962, p. 1222 (nous soulignons).

l'observateur (« force livres », « grand nombre de livres »). Tavernier lui aussi use de cette fonction authentifiante de l'autopsie lorsqu'il présente les diamants indiens :

> Ce Diamant appartient au Grand Mogol, lequel me fit l'honneur de me le faire montrer avec tous les autres joyaux.
> C'est la figure du diamant du Grand Duc de Toscane, qu'il a bien voulu me montrer plus d'une fois.
> Estant à Golconda l'an 1642, on me *fit voir* cette pierre, & c'est le plus grand diamant que *j'ay vû* aux Indes entre les mains de marchands[33].

Le champ lexical de la perception visuelle parcourt la description des diamants, et le procédé d'insistance (« montrer plus d'une fois ») est utilisé à l'endroit d'un des diamants les plus impressionnants[34]. L'évocation de la perception personnelle revêt la fonction d'opérateur de crédance des réalités évoquées, tout en participant à la constitution de l'*ethos* du diamantaire. Cependant, ces notations personnelles ne dévoilent pas vraiment l'intimité des auteurs, et l'admiration pour la bibliothèque vaticane ainsi que pour les joyaux royaux relève davantage d'un *topos* – celui du récit de pèlerinage pour le premier, qui compile les lieux de la culture chrétienne, et celui des merveilles orientales pour le second.

Un autre type d'énoncés formellement personnels relève d'un discours général sur les mœurs plutôt que de l'expression d'une intimité. Ainsi de cette anecdote rapportée par Tavernier :

> Le vingt-cinquieme jour aprés mon arrivée le General m'envoya un de ses Gardes pour me prier à dîner, ou se trouverent le Sieur Caron, deux autres Conseillers, l'Avocat Fiscal, le Major, & leurs femmes. Tandis que nous fûmes à tables on ne parla que des nouvelles des païs étrangers, & principalement de la Cour du Roy de Perse ; & après le dîné quelques-uns se mirent à jouer au trictrac en attendant la fraîcheur[35].

Le récit personnel de la rencontre des dignitaires de l'île de Batavia semble pour l'auteur un prétexte à la description des relations et des

---

33 J.-B. Tavernier, *op. cit.*, vol. II, p. 335 (nous soulignons).
34 Ce principe d'autopsie peut également engager d'autres sens que la vue, comme le toucher. Ainsi, Tavernier décrit la texture des pierres qu'il manipule : « Le costé plat où il y a deux glaces au bas estoit mince comme une feüille de gros papier. En faisant tailler la pierre je fis emporter tout ce morceau mince avec une partie du bout d'en-haut », déclare-t-il à propos d'un diamant (J.-B. Tavernier, *op. cit.*, vol. II, p. 335).
35 J.-B. Tavernier, *op. cit.*, vol. II, p. 454.

activités des membres de l'administration coloniale. Friedrich Wolfzettel analyse chez l'auteur la

> recherche de la vérité historique, le besoin de faire abstraction de la subjectivité d'un moi qui ne semble viser que l'utilité générale des renseignements donnés [...]. L'aventure et l'anecdote ne peuvent, par conséquent, avoir d'autre fonction que de servir d'illustration exemplaire [...], l'anecdote doit servir à mettre l'expérience unique et individuelle de Tavernier sur un plan plus général[36].

L'exemple le plus patent est lorsque Tavernier évoque la mort de son frère, événement suscitant l'horizon d'attente de l'expression de la peine et de la douleur. Pourtant, Tavernier tait son émotion au profit de l'exposition des coutumes locales en matière de deuil.

> Comme j'estois sur le port pour m'embarquer, il arriva une petite barque de Bantam dans laquelle estoit mon frere, fort malade d'un flux de sang qui provenoit des debauches qu'il avoit eu la complaisance de faire avec le Roy de Bantam. Le voyant en cet estat cela me fit rompre mon voyage pour prendre soin de sa guerison. Mais tous mes soins & tous les remedes que l'on y put apporter ne servirent de rien, & au bout de trente jours Dieu le retira de ce monde. Pour le faire enterrer il me fallut suivre d'assez étranges coûtumes, que les Hollandois ont inventées pour faire dépenser de l'argent aux héritiers des deffunts[37].

Cette discrétion relative à la douleur très probable de l'auteur assistant au décès de son frère, au profit d'observations ethnographiques sur les usages hollandais, est peut-être pour lui une stratégie de conjuration de sa peine, à l'instar de Madame de Sévigné, à la même époque, qui souvent élabore des stratégies de divertissements en parlant des « affaires » pour ne pas céder à l'épanchement du sentiment de manque suscité par l'absence de sa fille.

---

36 F. Wolfzettel, *op. cit.*, p. 148-149.
37 J.-B. Tavernier, *op. cit.*, vol. II, p. 491.

LES « AUTOPATHOGRAPHÈMES »
Une physiologie intime ?

Les « autopathographèmes[38] », ou notations relatives à la maladie et aux affections corporelles, semblent au premier abord présenter une forme d'écriture de l'intime. Cependant, leur statut est ambigu, les détails les plus physiologiquement profonds n'étant pas nécessairement intimes. Les « autopathographèmes » abondent dans le récit montaignien que d'aucuns qualifient de « journal de santé[39] ».

> Ce n'est plus le Journal d'un Voyageur qu'on va lire ; c'est le Mémoire d'un malade attentif à tous les procédés du remede dont il use à discrétion, aux plus petits incidens de son action sur son être & de son état actuel : enfin c'est un compte bien circonstancié qu'il semble rendre à son Médecin[40]

remarque Meusnier de Querlon. La consignation précise des symptômes de la maladie de la pierre et des réactions physiologiques consécutives à l'administration de différents traitements apparente effectivement ce texte à un journal du corps. Il

> eut [...] une forte colicque, le vint et troisieme decembre, de quoi il se mit au lit environ midy ; et y fut jusques au soir, qu'il rendit force sable, et après une grosse pierre dure, longue et unie, qui arresta cinq ou six heures au passage de la verge[41].

> Tout le jour j'avois la bouche aride et sèche, avec une altération, non de soif mais provenant d'une chaleur interne, telle que j'en ai sentie autrefois dans nos temps chauds. Je ne mangeois que du fruit et de la salade avec du sucre, et malgré ce régime je ne me portois pas bien[42].

---

38 « nous proposons de désigner par le néologisme "autopathographie" tout écrit autobiographique dans lequel l'auteur évoque, de façon centrale ou périphérique, des faits, des idées ou des sentiments relatifs à sa propre maladie ». Stéphane Grisi, *Dans l'Intimité des maladies, de Montaigne à Hervé Guibert*, Desclée de Brouwer, « Intelligence du corps », 1996, p. 25 *sq*.
39 F. Rigolot, *op. cit.*, p. XXIII.
40 M. de Querlon, *op. cit.*, p. 121 *sq*.
41 Montaigne, *op. cit.*, p. 1205 *sq*.
42 *Ibid.*, p. 1293.

> Le 17, j'eus ma cholique cinq ou six heures supportable, et randis quelque tamps après une grosse pierre come un gros pinon de cest forme[43].

Friedrich Wolfzettel considère que « pour Montaigne, parler de son moi, c'est parler aussi de son corps, c'est, en somme, remplacer la "relation" des choses vues par la notation des "humeurs" de celui qui observe tout en le plaçant résolument dans un environnement précis[44] ». Toutefois, si l'on considère que cette consignation précise d'affections corporelles relève davantage du journal de santé que de l'écriture de soi, qualifier ce texte d'intime serait lui prêter une intentionnalité qu'il n'a pas. En effet, l'indécidabilité du statut de ces notations physiologiques est imputable à celle du statut du texte lui-même : Montaigne a-t-il tenu un registre de santé pour lui-même, ou a-t-il composé un texte dans une perspective de représentation ? La lecture du *Journal de voyage* comme un journal de santé réduit sa part d'intime, les notations de caractère médical impliquant une objectivation, et donc une dépersonnalisation du corps. Lui prêter au contraire une « intention de représentation[45] » modifie la réception du texte en le plaçant du côté de l'« indiscrétion personnelle [...], marque de l'audace, de l'impudeur et de la protestation contre la bienséance[46] ».

Tavernier lui aussi évoque certaines affections corporelles dont il est personnellement atteint, comme par exemple une infection contractée à la suite de l'absorption de l'eau des citernes de Lar, ville de Perse :

> Comme elle [l'eau] croupit souvent dans ces citernes des années entières il s'y engendre une infinité de petits vers, & bien qu'on la passe dans un linge ou qu'on la fasse bouillir, on y voit toûjours y regardant de bien prés comme de petits atomes qui sont la semence de ces vers. C'est cette corruption qui engendre particulièrement aux jambes & aux pieds de certains vers, dont j'ay fait par ailleurs la description, & j'ay remarqué qu'à mon retour à Paris de mon cinquième voyage il m'en sortit un du dessus du pied gauche de deux aunes & demi de long, & un autre de demi aune dessous la cheville du pied droit[47].

Mais ici, le récit d'expérience vécue soutient et illustre un discours plus général sur la mauvaise qualité de l'eau de la ville. L'expérience

---

43 *Ibid.*, p. 1227.
44 F. Wolfzettel, *op. cit.*, p. 117.
45 Ph. Lejeune, « Célestin Guittard, diariste malade », J.-F. Bardet, É. Arnoul et F.-J. Ruggiu, *op. cit.*, p. 313.
46 S. Grisi, *op. cit.*, p. 63.
47 J.-B. Tavernier, *op. cit.*, vol. I, p. 676.

personnelle est au service d'un discours documentaire, et constitue une variation du principe d'autopsie : Tavernier livre au lecteur un discours de vérité, puisqu'il a lui-même été affecté de la mauvaise qualité de l'eau qu'il décrit. Il fait par ailleurs l'expérience personnelle de certains remèdes, comme par exemple un vernis de peinture qui, détourné de son usage, soigne les hémorroïdes :

> Il n'y a rien de plus souverain que cette huile pour les hemorrhoïdes. Si elles sont en dehors, il faut tremper du cotton dans l'huile, & en froter la partie ; & si elles sont en dedans, on fait un petit rouleau de coton trempé dans la mesme huile pour le mettre au fondement[48].

La précision de cette description est l'indice de l'expérimentation personnelle de ce remède, et constitue en cela un « autopathographème », la relation de ce type d'affections étant l'occasion de préciser les contours de la personne du voyageur, davantage que dans un récit dont la vocation première serait de tenir un registre de santé, comme dans le cas du *Journal* de Montaigne. En effet, si les notations physiologiques du récit de ce dernier ne constituent pas nécessairement un indice personnel, celles du récit de Tavernier, périphériques, dans un texte dont l'intention de diffusion ne fait aucun doute, participent à la peinture de l'individualité de l'auteur. Tavernier n'est pas une simple conscience enregistrant les réalités exotiques orientales, il est également un voyageur incarné dans un corps sujet aux affections.

QUAND JE VOUS PARLE DU MONDE, JE VOUS PARLE DE MOI

Si les autopathographèmes permettent de déduire certaines caractéristiques du voyageur et de tracer les contours de son individualité corporelle, le discours sur le monde que tient le voyageur permet de pénétrer plus avant dans son intimité, en accédant à sa personnalité morale. Il est possible de distinguer trois modalités de jugements exprimés par les voyageurs : les jugements affectifs, liés au plaisir, au déplaisir et

---

48 *Ibid.*, p. 590.

au goût; les jugements esthétiques et les jugements axiologiques. Ces jugements sont toutefois à considérer avec prudence, émanant d'une instance auctoriale complexe, médiatisés par un secrétaire dans le cas de Montaigne, et potentiellement par le rédacteur Chappuzeau dans le cas de Tavernier.

Les multiples stations de Montaigne dans des villes d'eau sont l'occasion de nombreux jugements de goût. Il juge par exemple que « le vin et le pain sont mauvais » à Plombières[49] mais qu'en revanche, « le meilleur pain du monde se mange » à Bolzano[50]. Il admire par ailleurs les « belles prairies[51] » de Sterzing, ou un vallon de la région viennoise qui lui « sembloit [...] représenter le plus agréable païsage qu'il eust jamais veu[52] ». Dans le récit de Tavernier, il n'est pas évident de déterminer si la description méliorative des pierres, par exemple, trahit le goût personnel du voyageur, ou relève de l'évaluation économique du marchand : « C'est la perle la plus grosse & la plus parfaite qu'on ait découverte jusques à cette heure, & où il n'y a pas le moindre defaut[53] », déclare-t-il à propos d'une perle de la collection du roi de Perse.

C'est peut-être à l'endroit des jugements axiologiques que les voyageurs dévoilent le plus leur intimité. Des jugements moraux parcourent le récit de Tavernier concernant les coutumes orientales, comme celle de l'émasculation, pratique alors emblématique de la barbarie des Mahométans. La caractérisation du chirurgien qui exécute l'opération, « avare », « méchant » et « infame », dit bien toute l'indignation morale du voyageur, qui condamne cette « action si mauvaise » et ce « crime[54] ». Quant à la religion mahométane, elle est considérée comme pleine de « superstition & de folie[55] ». Toutefois, Tavernier reconduit ici une turcophobie ambiante[56] dont l'expression ne saurait constituer un indice d'intimité. Son originalité réside plutôt dans un usage subtil des préjugés occidentaux à l'égard des mahométans, à travers lesquels

---

49 Montaigne, *op. cit.*, p. 1123.
50 *Ibid.*, p. 1172.
51 *Ibid.*, p. 1170.
52 *Ibid.*, p. 1164.
53 J.-B. Tavernier, *op. cit.*, vol. II, p. 338.
54 J.-B. Tavernier, *op. cit.*, vol. I, p. 578-579.
55 *Ibid.*, p. 23.
56 Voir à ce propos les travaux de Géraud Poumarède, *Pour en finir avec la Croisade. Mythes et réalités de la lutte contre les Turcs au XVIe et XVIIe siècles*, Paris, PUF, « Quadrige », 2009.

il est possible de deviner la condamnation des usages catholiques par le réformé. Ainsi, évoquant la région de Perse traversée par les rivières d'Aras et de Kars, il explique que

> [...] le peu de Mahometans qui s'y trouvent sont si superstitieux, qu'ils ne boivent point de l'eau d'aucune de ces rivières, & ne s'y lavent point, les tenant impures & soüillées par les Chrestiens qui s'en servent. Ils ont des puits & des citernes en leur particulier, & ils ne souffrent pas que les Chrestiens en approchent [...].

Quant aux femmes de Zulfa, arméniennes, « elles ne veulent point boire de l'eau de la riviere de Senderou, qui passe à Ispahan, parce que les Mahometans s'y lavent[57] ». Ce jugement sévère à l'égard des croyances mahométanes et arméniennes relatives à l'eau et au fantasme de souillure n'est pas sans évoquer la condamnation par les réformés de certains aspects du dogme catholique, jugés idolâtres[58], ainsi que de l'extrême formalisme de la liturgie, conformément à la tradition des humanistes protestants du siècle précédent[59]. Quant à Montaigne, la sensibilité du sceptique est patente à l'endroit de la condamnation de la pompe de la procession religieuse à Saint-Pierre de Rome, qualifiée de « singerie[60] ». Il commente notamment l'aspect des processionnaires, qu'il juge davantage motivés par le gain que par la foi : « à voir leurs souliers et chausses, il parest bien que ce sont personnes de fort peu et qui se vandent pour ce service, au moins la pluspart[61] ». Plus qu'une critique anticléricale, Montaigne émet ici une invitation à la vigilance, les perceptions pouvant être trompeuses et nécessitant une interprétation prudente. Se dessine ici l'ethos du philosophe héritier du scepticisme et de l'épicurisme, deux courants de pensée instituant les apparences en principe heuristique[62].

---

57 J.-B. Tavernier, *op. cit.*, vol. I, p. 23.
58 Voir à ce propos l'article de Frédéric Tinguely qui étudie la perception de l'altérité mahométane à travers le regard réformé de Chardin : « La différence religieuse selon Jean Chardin », *Dix-septième siècle*, vol. 278, n° 1, 2018, p. 111-122.
59 Voir par exemple le *Traité des reliques* (1543) de Calvin, dans lequel l'auteur raille les pratiques catholiques du pèlerinage et du culte des images.
60 Montaigne, *op. cit.*, p. 1233.
61 *Ibid.*, p. 1233.
62 Voir à ce propos les travaux de Jean-Charles Darmon, *Philosophie épicurienne et littérature au XVIIe siècle*, Paris, PUF, 1998, et en particulier les chapitres « L'Héritage de Montaigne, médiateur ondoyant » et « L'héritage gassendien » – ainsi que l'ouvrage d'Hugo Friedrich,

DES STRATÉGIES POUR SE DIRE

Si le discours que le voyageur tient sur le monde permet au lecteur d'accéder à certains pans de sa personnalité, de ses goûts, de ses croyances et de ses valeurs, son intimité demeure encore opaque au lecteur. Il semble que la représentation de l'intimité nécessite une intention de se dire, conformément à l'acception relationnelle de l'intimité en vigueur à cette époque. L'intimité n'est pas accidentelle : elle fait intentionnellement l'objet d'un discours adressé, comme en témoignent par exemple des situations de confidence.

Tavernier confie ainsi son émotion à la vue d'une jeune fille : « Je puis dire que je ne vis jamais de si belle fille que j'en vis une à Machedraba[63]. » La précision sur l'acte de discours – « je puis dire que... » – traduit une intentionnalité de la déclaration ainsi qu'une intention de destination. De plus, le contenu de cette déclaration, potentiellement embarrassante pour un homme marié et très attaché à sa femme[64] – l'érige en aveu. De même chez Montaigne, des confidences semblent confirmer que le *Journal* est composé pour être lu : alors en Toscane, Montaigne donna « après dîner un bal de paysannes, et y dins[a] [lui]-même pour ne pas paroître trop réservé[65] ». Le récit est donc un espace intime soustrait à l'espace social, alors scène de représentation, où l'auteur livre les motivations de certains de ses comportements. Quelques pages plus loin, arrivé dans une nouvelle auberge, il évalue son expérience des logements italiens :

> A vrai dire, j'ai toujours été non-seulement bien, mais même agréablement logé dans tous les lieux où je me suis arrêté en Italie [...]. Ma chambre ici (à Luscques) étoit écartée ; rien ne manquoit ; je n'avois aucun embarras, nulle sorte d'incommodité. Les politesses même sont fatigantes et parfois ennuyeuses, mais j'étois rarement visité par les habitans[66].

Montaigne, Paris, Gallimard, « Tel Gallimard », 1968, chap. III « L'homme humilité », p. 141-148.
63 J.-B. Tavernier, *op. cit.*, vol. I, p. 290.
64 *Cf. infra.*
65 Montaigne, *op. cit.*, p. 1274.
66 *Ibid.*, p. 1306.

La locution adverbiale liminaire (« à vrai dire ») place cette déclaration sous le sceau de la confidence. Le journal est un espace de révélation dans lequel Montaigne confie ses sentiments de confort, de fatigue ou encore d'ennui éprouvés lors de son périple italien.

L'intimité fait également l'objet d'une figuration intradiégétique, comme lors de l'épisode de pèlerinage à Notre-Dame de Lorette du *Journal* de Montaigne. Lorette est un « petit village clos de murailles et fortifié pour l'incursion des Turcs » :

> Le lieu de devotion, c'est une petite maisonete fort vieille et chetifve, bastie de brique [...]. A sa teste on a faict un moïen, lequel moïen a à chaque costé une porte de fer ; à l'entredus une grille de fer ; tout cela grossier, vieil et sans aucun appareil de richesse. Ceste grile tient la largeur d'une porte à l'autre ; au travers d'icelle, on voit jusques au bout de ceste logette ; et ce bout, qui est environ la cinquiesme partie de la grandur de ceste logette qu'on renferme, c'est le lieu de la principale relligion. [...] J'y peus trouver à toute peine place, et avec beaucoup de faveur, pour y loger un tableau dans lequel il y a quatre figures d'arjant attachées : cele de Nostre Dame, la miéne, cele de ma fame, cele de ma fille [...][67].

La simplicité du lieu et son dénuement (« maisonete fort vieille et chetifve ») miment la simplicité de l'intimité dévoilée. La description de ce sanctuaire doublement protégé par une grille et des murailles semble une figuration spatiale de l'intimité – spirituelle ici – dans laquelle on pénètre par un seuil. Montaigne y pose un tableau de sa famille, dont la préciosité du matériau (l'« arjant ») connote celle de l'intimité qui, pour être exceptionnellement dévoilée, revêt de la valeur. Le contraste entre la richesse du « lieu de la principale relligion », si « fort paré » qu'il n'y a « jusques à terre pas un pousse vuide » et la sobriété de la porte et grille « de fer » qui permettent d'y accéder achève de dramatiser cette spatialisation du dévoilement de soi.

Le dialogue est également un espace propice au dévoilement de soi, comme l'illustre l'échange entre Tavernier et le roi à la cour de Perse. Le voyageur, mettant en scène sa proximité physique avec le souverain qui le « fit asseoir[68] », rapporte leur conversation à propos de ses voyages, au cours de laquelle ce dernier lui demande de lui montrer le portrait de sa femme :

---

67 Montaigne, *op. cit.*, p. 1248.
68 J.-B. Tavernier, *op. cit.*, vol. I, p. 490.

En même temps je tiray de ma pochete le portrait de ma femme, & le Nazar tout joyeux l'envoya prontement au Roy par un Eunuque, me demandant plusieurs fois si je le voulois vendre à sa Majesté. Je lui dis que cela ne se pouvoit pas, & que c'estoit une chose que je voulois garder toute ma vie[69].

Le circonstant temporel, « toute ma vie », par sa dimension totalisante et peut-être hyperbolique, exprime bien la force de l'attachement que le voyageur éprouve pour son épouse, et constitue en cela une notation intime. Le roi demande ensuite au voyageur « [son] avis touchant la beauté des femmes » : « je lui dis que cela dependoit fort des coutumes des pays ». Puis le roi lui demande « quel est [son] sentiment des blanches & des noires », ce à quoi Tavernier répond par une boutade : « je ferois comme on achete du pain, des diamans & des perles, & je m'attacherois toûjours à celles qui auroient le plus de blancheur[70] ». En contournant la question, personnelle, de son goût en matière de femmes, l'auteur nous fait lire un sentiment très intime, celui de la gêne.

S'il s'agit de statuer sur la validité de la frontière tracée par l'œuvre emblématique de la littérature de l'intime, *Les Confessions*, alors il est indéniable que la littérature de la période moderne antérieure au chantre de l'autobiographie ne témoigne pas de la même expression du for intérieur, *a fortiori* dans la littérature si particulière qu'est la littérature de voyage. En effet, le premier objectif de cette littérature est pédagogique : il s'agit de faire découvrir au lecteur des contrées et des mœurs exotiques. Toutefois, l'écriture du voyage, bien que souvent le fruit d'une rédaction collective – le voyageur s'aidant d'un rédacteur, comme c'est aussi le cas pour Montaigne avec son secrétaire – est avant tout fondée sur une expérience personnelle, dont l'intimité affleure de manière souvent accidentelle, au détour d'un énoncé documentaire renseignant sur la géographie ou les mœurs du pays visité. C'est là un enjeu capital du récit de voyage : exhumer ce qui, dans la notation ethnographique, peut s'apparenter à une évocation personnelle, et statuer sur le degré d'intimité d'énoncés formellement personnels, le voyageur ne se disant presque jamais frontalement et usant de détours. Toutefois, le statut de certaines notations personnelles demeure indécidable : les goûts et les

---

69 *Ibid.*, p. 490.
70 *Ibid.*, p. 490 *sq.*

jugements exprimés par les voyageurs renseignent-ils sur leur personnalité, ou ont-ils vocation à dépeindre les contrées qu'ils parcourent ? Tout énoncé personnel ne relève pas de l'intime, qui suppose une intentionnalité, conformément à la conception relationnelle de l'intimité qui prévaut à l'âge classique.

Mathilde Mougin
Aix-Marseille Université
(CIELAM-TELEMMe)

ÉCRIRE SA VIE D'AVENTURIER SOUS L'ANCIEN RÉGIME

C'est avec Alexandre-Olivier Oexmelin et son *Histoire des aventuriers qui se sont signalés dans les Indes* que prend naissance un genre viatique que l'on pourrait qualifier de « littérature de la flibuste ». À partir de la fin du XVIIe siècle fleurissent, en effet, maints récits authentiques de voyages, essentiellement maritimes, écrits à la première personne par des aventuriers d'un genre bien spécifique : les flibustiers et les corsaires. Bien connus des historiens, ces textes ne sont devenus sujets d'investigation des littéraires et des linguistes que depuis quelques dizaines d'années, au même titre que les textes confidentiels d'auteurs reconnus ou obscurs, révélant ainsi l'intérêt des chercheurs pour toutes les formes personnelles de l'écriture et de « la fabrique de l'intime » : récits du « for privé[1] », mémoires aristocratiques et historiques[2], mémoires et journaux féminins[3] ont fait récemment l'objet de passionnantes analyses. Non codifiés, ces récits viatiques, qui ont connu un véritable engouement au tournant du siècle, relèvent d'une littérature marginale et rentrent dans la catégorie des textes « amphibies[4] », terme utilisé par Marc Fumaroli pour désigner des œuvres situées à la fois dans le champ autobiographique et dans celui de l'Histoire. Leur émergence et leur vogue, outre des facteurs purement historiques liés au développement de la course, peuvent également s'expliquer par le goût de l'exotisme.

Ces récits de voyages jouissent, de surcroît, d'un contexte favorable à l'affirmation de l'individualité et à la revendication du « droit

---

1 J.-P. Bardet, F-J. Ruggiu (éd.), *Les Écrits du for privé en France, de la fin du Moyen Âge à 1914*, Paris, CTHS, 2014.
2 D. Zanone, *Écrire son temps. Les Mémoires en France de 1815 à 1848*, Presses Universitaires de Lyon, 2006.
3 C. Seth, *La Fabrique de l'intime. Mémoires et journaux de femmes du* XVIIIe *siècle*, Paris, Laffont, 2013.
4 M. Fumaroli, « La Conversation », P. Nora (éd.), *Lieux de mémoire, Les France*, Paris, Gallimard, « Quarto », 1997, p. 3628.

à l'intimité[5] ». « Le fait semble acquis : le XVIIIe siècle aurait inventé l'intime[6] » selon Jean-Marie Goulemot : que ce soit dans le cadre de genres littéraires existants (la lettre, le journal) ou inédits (l'autobiographie), une même tentation surgit, celle de tout dire de soi. Bien que les « tyrans des mers », aux visages protéiformes et aux catégories poreuses, ne soient pas des écrivains de profession, ils n'échappent pas moins à ce désir d'inscrire dans la mémoire collective la relation de leurs exploits, ou de ceux de leurs « Frères de la côte », en la couchant sur le papier.

Le corpus que nous avons retenu pour cette communication est, à dessein, limité ; il ne prétend nullement à l'exhaustivité mais suppose qu'un discours illustré par deux textes fondateurs, l'*Histoire des aventuriers qui se sont signalés dans les Indes*[7] d'Oexmelin et le *Journal*[8] de Raveneau de Lussan publié à sa suite, permette d'établir un principe de représentativité.

L'œuvre du chirurgien Oexmelin est certainement le récit le plus célèbre de toute la littérature des flibustiers et des corsaires de la fin du XVIIe siècle. Longtemps l'identité de l'auteur de *l'Histoire des aventuriers* a été incertaine et le nom même de l'écrivain a été orthographié de maintes façons. On a cru l'homme hollandais mais aujourd'hui les spécialistes s'accordent à penser qu'Alexandre-Olivier Oexmelin était de nationalité française. Né vraisemblablement à Honfleur en 1646, ce fils d'un apothicaire se destinait à prêter serment à Hippocrate lorsqu'il fut atteint, vers sa vingtième année, par l'ordonnance du Roi interdisant l'exercice de la médecine aux membres de la religion réformée et dut renoncer à son projet. C'est ainsi qu'il emprunta des chemins de traverse pour faire fortune. Contraint mais également séduit par le caractère aventureux de l'entreprise, il s'embarqua pour l'île de la Tortue le 2 mai 1666 au Havre. Engagé pendant trois années, il s'enrôla ensuite parmi les flibustiers, jouissant de la considération particulière accordée aux chirurgiens de

---

5   M. Delon, R. Mauzi, S. Menant, *Littérature française. 6. De l'Encyclopédie aux Méditations. 1750-1820*, Paris, Arthaud, « Littérature française / Poche », 1984, p. 256.
6   J.-M. Goulemot, « Tensions et contradictions de l'intime dans la pratique des Lumières », *Littérales* n° 17, *L'Invention de l'intimité au Siècle des Lumières*, Université Paris X-Nanterre, 1995, p. 13-14.
7   A. O. Oexmelin, *Histoire des Aventuriers qui se sont signalés dans les Indes contenant ce qu'ils ont fait de plus remarquable depuis vingt années*, Paris, J. Le Febvre, 1686, 2 vol. (Arsenal : 8°H 18300bis). Deux autres éditions, en 1688 et 1699, paraissent chez ce libraire.
8   J. Raveneau de Lussan, *Journal du voyage fait à la Mer du Sud avec les flibustiers de l'Amérique en 1684 et années suivantes*, Paris, J. Le Febvre, 1699.

marine. C'est cette période de sa vie qui constitue la matière d'un récit publié pour la première fois, en néerlandais, à Amsterdam, en 1678[9], avant de connaître de multiples rééditions sous des titres divers, et dans de nombreuses langues. Composée de 48 brefs chapitres, selon un ordre à la fois chronologique et thématique, puisque chacun ou presque est consacré à une expédition accomplie aux côtés d'un aventurier illustre, dont l'auteur se fait le biographe et le portraitiste, l'*Histoire* d'Oexmelin mêle biographie et autobiographie.

C'est en 1689 que fut publié pour la première fois le récit de Raveneau de Lussan[10], qui a voyagé dans les Caraïbes à la fin du XVIIe siècle, mais cet ouvrage fut surtout réédité de manière incomplète à la suite de l'œuvre d'Oexmelin (5 fois de 1690 à 1705). On sait peu de choses sur ce jeune noble qui serait né en 1663 à Paris et s'embarqua en 1679 pour Saint-Domingue, comme engagé lui aussi. À l'issue de son contrat, il navigua avec Laurent de Graff, avant de tenter l'aventure « à la mer du Sud », d'où le titre de son ouvrage : *Journal du voyage fait avec les flibustiers à la mer du Sud en 1684 et années suivantes*. Raveneau et ses compagnons disposaient d'une commission et pouvaient donc se prétendre corsaires, au regard du droit français. En 1684, onze cents flibustiers de différentes nationalités s'associèrent pour aller piller la côte du Pérou. Les uns partirent par mer, les autres, dont Raveneau, choisirent de franchir l'isthme de Panama par voie de terre. En 1685, ces deux groupes se rejoignirent sur la côte pacifique et commencèrent alors à attaquer presque systématiquement les villes côtières avant que les hommes ne se divisassent. Le retour à la mer du Nord (la mer des Caraïbes), relaté dans le 4e et dernier chapitre, s'effectua également par la terre ferme. Le texte de Raveneau de Lussan relève donc, au premier abord, d'un genre plus nettement identifiable, celui du journal. Journal de bord, scrupuleusement daté, qui restitue avec exactitude les pérégrinations des aventuriers, leur passage d'une mer à l'autre.

Nous tenterons de situer cette production narrative marginale dans le paysage littéraire de l'époque et de déterminer quelle place accorder au moi dans ces narrations qui visent en apparence à en effacer les marques. Quel « je » se donne en effet à lire dans l'entrelacs subtil de la biographie

---

9   A. O. Exquemelin, *De Americaensche Zee-Roovers*, Amsterdam, Jan Ten Hoorn, 1678.
10 J. Raveneau de Lussan, *Journal d'un voyage fait à la Mer du Sud avec les flibustiers de l'Amérique (depuis le 22 novembre 1684 jusqu'en janvier 1688)*, Paris, J. B. Coignard, 1689.

et de l'autobiographie ? Peut-on véritablement parler d'autobiographie au sujet de ces œuvres, si l'on retient la définition de Philippe Lejeune d'un « récit rétrospectif en prose qu'une personne réelle fait de sa propre existence, lorsqu'elle met l'accent sur sa vie individuelle, en particulier sur l'histoire de sa personnalité[11] » ? Assurée et assumée par l'auteur à travers le célèbre « pacte », l'autobiographie se double d'un « pacte référentiel », à savoir de la prétention à se rapporter à une réalité extratextuelle vérifiable[12]. Dès son premier ouvrage, Philippe Lejeune a néanmoins souligné le caractère « complexe et instable » de l'autobiographie dont il n'existe pas de modèle canonique « pur ». « Plus la définition sera nette, constate-t-il, plus elle a de chance d'être inopérante, parce que le domaine exploré est flou[13] ». Il est sans doute plus légitime de ranger ces deux ouvrages dans le vaste champ de l'écriture de soi, si l'on admet avec Georges Gusdorf que « les écritures du moi forment un champ unitaire, au sein duquel il n'est pas possible d'établir des compartiments étanches[14] », et de les confronter au genre des mémoires.

UNE ÉCRITURE FRAGMENTAIRE ET LACUNAIRE DE SOI

PORTRAIT DES AUTEURS EN AVENTURIERS

Corsaires et flibustiers[15] sont des aventuriers d'un genre particulier, des prédateurs qui entretiennent un rapport différent à la loi, selon la légalisation ou non de leurs exactions par l'État. Si la piraterie est une notion ancienne, qui naît avec l'apparition du commerce maritime et

---

11 Ph. Lejeune, *Le Pacte autobiographique*, Paris, Seuil, 1975, p. 14.
12 *Ibid.*, p. 36.
13 Ph. Lejeune, *L'Autobiographie en France*, 1971, 3ᵉ édition, Paris, Armand Colin, 2014, p. 11.
14 G. Gusdorf, *Lignes de vie. 1. Les écritures du moi*, Paris, Odile Jacob, 1991, p. 241.
15 G. A. Jaeger, *L'Aventure maritime : corsaires, flibustiers, pirates et barbaresques, synthèse d'une légende*, Paris, DUC, 1986 ; *Les Aventuriers de la mer : bibliographie thématique, XVI-XXᵉ siècles*, Lausanne, Le Front littéraire, 1984 ; *Le Livre blanc de la piraterie : contribution à une identification du pirate occidental*, Paris, DUC, 1990 ; *Vues sur la piraterie, cartes, tableaux, chronologie, bibliographie*, Paris, Tallandier, 1992.

sévit déjà dans l'Antiquité, la course et la flibuste, en revanche, revêtent des acceptions plus étroites et spécifiques : les corsaires sont généralement d'anciens pirates affectés à une fonction particulière, comme les flibustiers seront ensuite d'anciens corsaires circonscrits à un espace géographique déterminé. La désignation officielle du corsaire, démarqué du pirate, passe nécessairement par l'emploi du mot « course », notion plus récente que la piraterie : cette activité commerciale, dont l'objectif principal est la prise, c'est-à-dire l'appropriation de navires marchands ennemis, se pratique uniquement en temps de guerre et s'inscrit dans un contexte légal, dans la mesure où les corsaires reçoivent une lettre de marque délivrée par leur souverain, les autorisant à piller les bateaux ennemis. La course naît ainsi d'un processus de légalisation des pratiques féodales, comme l'explique Patrick Villiers dans son introduction à l'édition du texte de Raveneau de Lussan[16]. Le flibustier (littéralement « libre butineur[17] »), quant à lui, est un pirate d'un genre particulier, sévissant sur la côte des Caraïbes aux XVIIe et XVIIIe siècles : en majorité français, anglais ou hollandais, ces individus hors-la-loi vivaient du pillage des colonies et des navires espagnols dans la zone géographique des Antilles ; dès 1630, ils formèrent dans l'île de la Tortue ou sur la côte nord-est de Saint-Domingue de petites communautés de « Frères de la côte ». Mais les catégories sont poreuses et les hommes peuvent changer de statut selon les circonstances.

Rien ne semble *a priori* prédisposer ces aventuriers à écrire, si ce n'est le désir de faire part d'aventures extraordinaires, de voyages en terres inconnues. La finalité avouée d'Oexmelin et de Raveneau de Lussan est, de fait, de rapporter des événements hors du commun, de peindre des individus hors norme, de rendre compte d'une réalité exotique. L'isotopie de l'inédit avec la récurrence des termes « bizarre », « surprenant », « extraordinaire », « singulier », « étrange » est remarquable dans les deux textes, signe, entre autres, de la contamination du récit d'aventure par mer par le modèle picaresque. Bien qu'ils appartiennent à des catégories sociales

---

16   Raveneau de Lussan, *Les Flibustiers de la mer du Sud*, édition critique, d'après l'édition originale et le manuscrit des Archives nationales, notes et préface de Patrick Villiers, Paris, France Empire, 1993.
17   Le terme *flibustier* est une adaptation de l'anglais *flibutor*, lui-même emprunt au néerlandais *vrijbuiter* « pillard », littéralement « celui qui fait du butin librement ». *Dictionnaire historique de la langue française, sous la direction d'Alain Rey*, nouvelle édition, Paris, Le Robert.

diverses (homme de qualité pour Raveneau de Lussan, chirurgien pour Oexmelin), tous deux sont pourvus d'une solide éducation, qui leur permet de rendre compte de leurs expéditions, et sont animés par le même goût de l'aventure, motif de leur départ de France. Dans le récit étiologique qui tient lieu de préambule à son *Journal*, Raveneau de Lussan fait ainsi part de précoces et « violentes inclinations pour les voyages », de son désir irrépressible d'être « un homme d'aventures » ; il décrit « son humeur ambulante » et « martiale » comme un penchant naturel et fatal : « Je n'avais, écrit-il, que voyages en tête, les plus longs et les plus périlleux me semblaient les plus beaux[18]. » Ainsi l'enfant « libertin » embarque-t-il à Dieppe le 5 mars 1679 pour accoster à Saint-Domingue et réaliser son désir d'évasion. Mais le rêve tourne au cauchemar ; Raveneau séjourne à Saint-Domingue trois ans contre son gré, se retrouve endetté, avant de rencontrer Laurent de Graff, « bon homme pour un corsaire[19] », et de s'enrôler à ses côtés. Débute alors sa première expédition flibustière sur une prise faite aux Espagnols le 22 novembre 1684, objet de son récit.

Si Oexmelin préserve le mystère sur ses motivations, il restitue avec précision son arrivée dans l'île de la Tortue et fait part d'une expérience analogue : la signature d'un engagement de trois ans à la Compagnie des Indes Occidentales, le débarquement sur l'île de la Tortue, puis un asservissement humiliant. Il faudra toute l'influence du gouverneur de l'île, Bertrand d'Orgeron, pour que l'irascible et mal nommé La Vie accepte de relâcher son esclave, qui sera ensuite placé chez un chirurgien de renom et finalement libéré grâce à ses bons services :

> Nous fûmes vendus chacun trente écus, que l'on payait à la Compagnie : elle nous obligeait à servir trois ans pour cette somme, et pendant ce temps-là nos maîtres pouvaient disposer de nous à leur gré, et nous employer à ce qu'ils voulaient. [...] M. le Gouverneur avait dessein de m'acheter [...] voyant bien à mon visage que si je rencontrais un mauvais maître, je ne résisterais jamais aux fatigues du pays ; mais le sieur de La Vie m'avait déjà retenu [...] Je rapporterai la manière dont il en a agi avec moi, quand je parlerai du traitement que les habitants ont coutume de faire subir à leurs domestiques[20].

---

18   J. Raveneau de Lussan, *Journal du voyage fait à la Mer du Sud avec les flibustiers de l'Amérique en 1684 et années suivantes*, Paris, J. Le Febvre, 1699, p. 5. Nous citerons dorénavant le texte d'après cette édition accessible sur Gallica.
19   *Ibid.*, p. 10.
20   A. O. Oexmelin, *Les Flibustiers du Nouveau Monde, Histoire des flibustiers et boucaniers qui se sont illustrés dans les Indes*, éd. critique de Michel Le Bris, Paris, Phébus, 1996, p. 33 *sq*.

Jamais Oexmelin ne se livre à un portrait exhaustif de lui-même. L'autoportrait d'un être pugnace, épris de nouveauté et de liberté, fin observateur du monde et des hommes, se dessine néanmoins en creux à travers l'écriture. Outre une humeur « aventureuse », si l'on reprend la distinction établie par Jankélévitch dans *L'Aventure, l'Ennui, le Sérieux*[21] entre l'aventurier et l'aventureux, les deux hommes présentent donc d'étroites similarités dans leur parcours : un engagement se muant en asservissement, puis une vie d'aventures menée en compagnie de flibustiers et de corsaires, qui fait figure d'échappatoire. Mais cette émancipation et cet affranchissement ne sont pas l'objet premier du récit ; ils sont évoqués de manière fragmentaire et lacunaire.

FRAGMENTS AUTOBIOGRAPHIQUES

À première vue, le récit du chirurgien Oexmelin, fût-il limité à quelques années, remplit les traits définitoires de l'écriture autobiographique, tels qu'ils ont été formulés depuis ces cinquante dernières années : identité entre auteur, narrateur et personnage, référentialité d'un voyage réel entamé en 1666 dans les Caraïbes (« nous nous embarquâmes le 2 mai 1666... »), et souci d'exactitude, comme en témoigne l'incipit du récit :

> Les voyageurs aiment naturellement à parler de ce qui leur est arrivé, surtout lorsqu'ils sont hors de danger et qu'ils croient que leurs aventures méritent d'être sues. Je ne veux donc point dissimuler que je prends quelque plaisir à raconter ce qui s'est passé dans mon voyage. Peut-être même ne sera-t-on pas fâché de l'apprendre ; je tâcherai du moins d'en rendre la relation aussi agréable qu'elle est vraie[22].

Plaisir de rapporter une expérience vécue, goût de l'inédit, revendication d'authenticité, soumission au lecteur, tous les éléments qui deviendront topiques dans les textes autobiographiques sont présents dans cette ouverture, propédeutique à la mise en scène du moi. Conformément à

---
21 V. Jankélévitch : « La temporalité privilégiée qu'à la suite du grand philosophe Georg Simmel nous voudrions décrire n'est pas, à proprement parler, celle de *l'aventurier*, mais celle de *l'aventureux*. Car la temporalité aventureuse et la temporalité aventurière font deux... L'homme aventureux représente un style de vie, au lieu que l'aventurier est un professionnel des aventures. » (*L'Aventure, l'Ennui, le Sérieux*, Paris, GF, 2017, chapitre I, p. 83).
22 Oexmelin, *op. cit.* p. 29.

ce qu'annonçait la prolepse du premier chapitre, le narrateur s'attarde plus longuement, à l'occasion de la peinture des habitants de l'île de la Tortue, sur l'épreuve douloureuse qu'il a vécue, utilisant son histoire comme *exemplum* :

> Il n'est pas besoin que je cite d'autre aventure que celle qui m'est arrivée à moi-même, pour faire connaître leur barbarie. J'ai déjà dit qu'à mon arrivée à la Tortue je fus exposé en vente par le commis général de Messieurs de la Compagnie, et acheté par lui.

Le passage s'attarde sur les souffrances endurées par le narrateur et laisse émerger un récit personnel à la première personne :

> [...] au lieu de m'employer à ce qui regardait ma profession [...] il me condamna aux emplois les plus bas et les plus serviles. [...] Un an après mon arrivée, je tombai malade et [...] lorsque je me croyais sur le point de mourir, une sueur me tira d'affaire ; mais à peine fus-je délivré de ce mal que j'en ressentis un autre aussi cruel. C'était la faim, et, par malheur, je n'avais ni de quoi manger, ni la permission d'aller chercher des vivres : de sorte que j'étais contraint de me nourrir d'oranges amères, qui ne commençaient qu'à nouer[23].

Il s'agit là néanmoins d'une des rares aventures personnelles consignées par le narrateur qui se sent obligé de justifier cette confidence :

> Le lecteur me pardonnera cette digression au sujet des engagés. Je reviens au commandant qui les fait travailler[24].

A *priori* le journal de Raveneau de Lussan, eu égard à sa forme, semble plus propice à la retranscription d'anecdotes et de sentiments personnels. Relatant l'établissement des flibustiers sur l'île de la Puna, il évoque ainsi les liens noués avec la population locale :

> Quelques-uns même de nos gens lièrent des amitiés avec nos dames prisonnières, qui sans leur faire aucune violence ne leur étaient pas avares de leurs faveurs et faisaient voir, comme j'ai déjà remarqué, qu'elles n'avaient pas pour la nation française, après l'avoir connue, toute l'aversion qu'on leur en avait imprimée, lorsqu'elles ne la connaissaient pas[25].

---

23 *Ibid.*, p. 82.
24 *Ibid.*, p. 83.
25 Raveneau de Lussan, *op. cit.*, p. 315.

Raveneau révèle alors au lecteur la relation sentimentale qu'il aurait entretenue avec une autochtone : « parmi tout cela j'eus aussi une aventure[26] ». Il explique comment il s'est attaché à une jeune Espagnole au point de vouloir se marier. Un court passage introspectif fait état du dilemme qui l'agite, entre désir de s'établir avec une jolie femme et de quitter la vie misérable et précaire qui est la sienne, et espoir de rentrer en France, sentiment qui l'emporte finalement sur toute autre considération :

> Je me résolus malgré la douleur et les larmes de cette agréable Espagnole, de préférer la continuation de mes peines[27].

Mais cette confidence, rare, ne donne pas lieu à un long épanchement sentimental. Comme Oexmelin, Raveneau utilise plutôt sa vie comme *exemplum* et son œuvre s'apparente davantage à un journal de voyage qu'à un journal intime, l'expérience collective l'emportant sur la destinée individuelle.

L'EFFACEMENT DU MOI

LE REFUS DE L'INTIME

Le fragment autobiographique est donc présenté par ces deux auteurs comme une digression, comme un détour ; l'un et l'autre semblent peu enclins à s'épancher et pourraient s'attribuer la formule de Germaine de Staël au début de *Dix années d'exil* : « Je me flatte de me faire souvent oublier en racontant ma propre histoire[28]. »

À peine libéré de son engagement, Oexmelin s'embarque pour une expédition mouvementée sur le Dauphin, dont le capitaine est Michel le Basque, flibustier de renom qui court pour le roi de France. Commence alors, dès le chapitre IX, le récit des exploits des aventuriers les plus illustres, dont l'auteur a été davantage le témoin que l'acteur :

---

26 *Ibid.*, p. 316.
27 *Ibid.*, p. 318.
28 G. de Staël, *Dix années d'exil*, Paris, Fayard, 1996, p. 46.

> Après avoir été quelque temps avec le chirurgien dont j'ai parlé, je lui demandai la permission de me mettre sur un vaisseau aventurier qui était prêt à aller en course, ce qu'il m'accorda bien volontiers. C'est ainsi que je me trouvai parmi les aventuriers, et je vais maintenant décrire les plus mémorables actions que je leur ai vu faire[29].

Cette transition ménage par conséquent le passage d'un récit autobiographique à un récit biographique, le narrateur recourant, à partir du chapitre XX, le plus souvent à la 3e personne, et se servant de la trame de son existence pour y insérer, pour y greffer celle de ses compagnons de fortune ou d'infortune. La parenté avec le genre des mémoires est patente, à ceci près que l'auteur ne se fait pas le témoin de la société aristocratique mais d'une communauté marginale, ce qui subvertit le genre. Le contenu de l'œuvre entre alors en conformité avec le titre choisi et semble annihiler l'horizon d'attente autobiographique créé par l'incipit. Très vite en effet (dès le deuxième chapitre), l'histoire personnelle d'Oexmelin est occultée au profit de la topographie (description de l'île de la Tortue au chapitre II, de Saint-Domingue au chapitre VI, ou de Cuba au chapitre XXVII) et de la chronique des exploits flibustiers. Une fois le cadre spatio-temporel posé (le monde caribéen dans la deuxième moitié du XVIIe siècle), l'auteur s'emploie, en digne ethnographe, à peindre les mœurs de la flibuste, à travers des figures marquantes (Morgan, l'Olonnais, Monbars l'Exterminateur), et des actions éclatantes, telle la prise de Maracaïbo[30] (chapitre XXX). Les chapitres s'enchaînent à un rythme alerte et le narrateur tient le lecteur en haleine grâce à une intrigue qui rebondit continuellement mais de laquelle il est absent. Dans son ouvrage, Oexmelin ne met pas l'accent sur sa vie propre, ni sur l'histoire de sa personnalité. Le récit oscille entre biographie et *encomium*, dans la mesure où le narrateur mythifie les aventuriers, transforme leur vie en destin, sinon exemplaire, du moins hors norme, ainsi celle d'Alexandre « surnommé Bras-de-Fer », qui n'a rien à envier à son illustre prédécesseur :

> Pour revenir à ceux qui donnent le nom de roman à tout ce qui leur cause quelque surprise, que diraient-ils si on leur rapportait les expéditions

---

29 Oexmelin, *op. cit.*, p. 85.
30 Maracaïbo, ville du Vénézuela, a été pillée en 1660 par François l'Olonnais, aidé de Michel le Basque.

d'Alexandre, surnommé Bras-de-fer, à cause de la force de son poignet ? On peut remarquer que ce nouvel Alexandre a tout autant signalé son nom entre les aventuriers, que l'ancien Alexandre a distingué le sien entre les conquérants. On ne doit pas trouver la comparaison étrange ; car, enfin, Alexandre le Grand, tout Alexandre qu'il était, était-il autre chose qu'un aventurier, mais un aventurier de famille royale ? Et celui dont je vais parler était de condition.

La comparaison est accompagnée d'un portrait élogieux d'Alexandre « surnommé Bras-de-Fer » :

> Il était beau de visage, robuste de corps ; j'en puis parler pour l'avoir vu de près, parce que je l'ai pansé et guéri d'une blessure considérable. [...] Il avait beaucoup de tête quand il s'agissait d'entreprendre, et un grand courage lorsqu'il fallait exécuter[31].

La dramatisation dont fait preuve Oexmelin fait davantage penser à un traitement romanesque, voire épique, de la matière narrative, qu'à une relation historique purement objective, même s'il s'en défend. Deux registres discursifs dominent, conformément aux traits inhérents à une relation de voyages : le narratif et le descriptif. Ce texte privilégie donc une conception du champ historique assimilé à un champ de rencontres personnelles, dans lequel l'auteur promeut les anecdotes et les portraits. L'histoire de la flibuste, restituée à travers un phénomène général de réduction, est ramenée aux personnages héroïques et aux événements marquants.

Dans le récit de Raveneau de Lussan, le narratif l'emporte également sur le descriptif, le collectif sur l'individuel, comme en témoigne l'usage dominant de la première personne du pluriel. L'aventure n'est guère individualisée, et le narrateur ne recourt à la première personne du singulier que lorsqu'il endosse le rôle de l'observateur. L'hétérogénéité formelle et discursive du texte montre néanmoins qu'on ne saurait le réduire au seul genre du journal de bord, tant la diversité des sujets abordés y est grande. À l'instar d'Oexmelin, Raveneau se fait ethnologue et se plaît à expliquer les us et coutumes des autochtones : peinture des Espagnols retors ou des Indiens cruels qui « n'ont parmi eux aucune trace de religion, ni aucune connaissance de Dieu[32] », description de la faune et de la flore émaillent la narration et confèrent à l'ouvrage un caractère éminemment protéiforme.

---

31 Oexmelin, *op. cit.*, p. 147.
32 Raveneau de Lussan, *op. cit.*, p. 46.

On cherchera donc en vain des révélations intimes, un véritable épanchement de soi dans ces récits de voyage, si l'on définit le privé comme « ce que l'institution admet ou se résout à admettre comme espace de liberté ou comme territoire échappant à son droit de regard » et l'intime comme « ce qui appartient à l'individu en propre comme son secret, ce dont il a, lui seul, une connaissance intuitive[33] ».

UNE ÉCRITURE OBLIQUE DE SOI

Les œuvres d'Oexmelin et de Raveneau de Lussan révèlent donc un moi fragmenté et lacunaire. Cette vision partielle du moi résulte de plusieurs facteurs : d'une part, de la chronologie étroite couverte par ces récits, d'autre part, du primat du moi social sur le moi intime. Si la présence du « je » est nécessaire comme instance narrative (instance revêtant d'ailleurs de multiples fonctions, de régie, de communication, testimoniale, idéologique), cela ne signifie pas pour autant que le « moi » est prévalent. L'auteur-narrateur, dans les deux textes, s'affirme comme sujet mais s'efface souvent comme objet, car il faut des mérites particuliers pour se faire accepter comme tel à l'époque, de surcroît dans un récit d'aventures ; or la figure d'Oexmelin paraît bien terne, comparée aux portraits flamboyants des corsaires et des flibustiers rencontrés au cours de sa vie, tout comme l'individualité de Raveneau de Lussan semble noyée dans l'indistinction de la collectivité.

Par-delà cet effacement marqué, on ne saurait toutefois nier que le moi est présent, voire omniprésent, mais de manière oblique. Cette stratégie d'obliquité souligne avant tout la position aporétique d'auteurs qui entendent parler de soi, sans en parler vraiment, ou peut-être parler de soi, par une médiation, une altérité, le prisme de l'existence d'autrui : si Oexmelin évoque rarement son cas personnel, nombre d'anecdotes reflètent assurément certains épisodes de son existence, ainsi la description de la journée laborieuse d'un engagé anonyme (chapitre VIII) ou les traitements cruels qui sont infligés à cette catégorie de population. Les histoires effroyables des engagés témoignent de la barbarie des colons, même à l'endroit de leurs concitoyens. Telle celle d'un « habitant qui avait un engagé malade à mourir, il le fit lever afin de tourner une meule pour aiguiser sa hache ; et ce pauvre malade ne tournant point à son gré,

---

33 J. M. Goulemot, *op. cit.*, p. 13 *sq.*

il lui donna un coup de hache entre les épaules, qui entraîna la mort deux heures après[34] ». Comment ne pas voir à travers l'histoire tragique d'autres engagés le miroir funeste et inversé de la propre condition d'Oexmelin ? Comment ne pas voir son visage démultiplié par mille autres qui constitueraient une sorte de vision kaléidoscopique du moi ? Comment ne pas voir les autres protagonistes, tragiques ou héroïques, comme autant de virtualités du sujet ? Si certains engagés sont morts sous les coups de leur maître, l'auteur a eu, lui, la chance d'en réchapper et de vivre pour raconter son existence et celle des autres, pour témoigner et inscrire ces exploits dans la mémoire collective.

Dans une certaine mesure, les flibustiers évoqués par Oexmelin apparaissent comme le double fantasmé de son moi, l'incarnation des rêves de gloire d'un jeune homme parti faire fortune sous la contrainte, et qui aurait aimé ne pas être seulement le témoin de leurs aventures ; enfin comme la projection, inconsciente ou non, d'un sujet qui s'affirme surtout en tant qu'écrivant/écrivain, dans une entreprise d'écriture palimpseste. Raconter l'autre, c'est devenir l'autre, vivre et revivre ses aventures, sans risquer le pire, c'est-à-dire la mort. La plupart des destins racontés sont, en effet, tragiques, les deux récits insistant sur le caractère « mortel » de l'aventure, ce qui en est la quintessence selon Jankélévitch. Être un aventurier, c'est risquer sa vie à chaque instant et souvent, moins héroïquement, tenter simplement de survivre, d'échapper aux périls. Raveneau insiste de manière itérative sur les conditions de vie extrêmes des flibustiers dans un journal qui tend parfois paradoxalement à la stase, les hommes étant réduits à une attente interminable ou conduits par une quête incessante d'eau et de vivres. Loin d'être une relation de faits mémorables, sa narration rapporte maintes fois les combats incessants pour leur survie d'individus en proie à la faim, à la soif et à la maladie, mettant en scène des corps souffrants et meurtris, et rapprochant l'œuvre de la pathographie, voire de l'autopathographie, puisque l'auteur évoque sa souffrance autant que celle de ses compagnons :

> Le 4, nous séjournâmes pour attendre ceux de nos gens qui étaient restés derrière, et pour raccommoder nos canots qui étaient endommagés par les roches et les hauts-fonds qui règnent tout le long du cours de cette rivière ; nous eûmes des peines incroyables à les conduire jusqu'à la grande eau, parce

---

34 Oexmelin, *op. cit.*, p. 81.

que nous trouvions des endroits où ils étaient à sec ; tellement qu'il nous les fallait presque porter. Il nous mourut cette journée un homme d'un flux de sang, ce qui était fort commun parmi nous, tant à cause des jeûnes que nous faisions, que pour les mauvais aliments que nous prenions, et notre continuelle marche dans les eaux[35].

Comment les auteurs parviennent-ils dès lors à articuler le récit du monde avec le récit de soi ? Quel traitement réservent-ils à la disproportion du particulier et du général ? Quel sens revêt cet entrelacs de la biographie et de l'autobiographie ?

UN IDÉAL D'ABSTRACTION TESTIMONIAL ET COMMUNAUTAIRE

MOI TESTIMONIAL ET AUCTORIAL

Chez Oexmelin, la voix narrative semble presque désincarnée, à la manière d'un romancier behavioriste qui se contenterait de consigner les faits et gestes des personnages sans chercher à avoir accès à leur intériorité. Le narrateur, comme le remarque Réal Ouellet, « souvent oublié dans les péripéties de l'aventure flibustière[36] » voit ainsi son « moi » occulté, gommé dans une relation qui s'apparente davantage à un témoignage historique, fût-il partial, qu'à un récit de vie. Dans son *Apologie pour l'histoire*[37], Marc Bloch désigne les témoignages comme une condition des sources historiques. Cette nécessité testimoniale est de fait une préoccupation centrale de tous les historiens depuis l'Antiquité. Oexmelin recourt précisément à la notion de témoignage, comme garantie de la véracité des événements qu'il rapporte :

> Certainement ces choses sont extraordinaires ; mais aussi, pour peu qu'on soit de bon sens, et sans prévention, il est aisé de voir qu'elles sont accompagnées de circonstances si originales et si naturelles, qu'il est malaisé de douter,

---

35 Raveneau de Lussan, *op. cit.*, p. 49-50.
36 R. Ouellet, « Fiction et réalité », dans *Les Tyrans de la mer. Pirates, corsaires et flibustiers*, Paris, Presses de l'Université de Paris-Sorbonne, 2002, p. 290.
37 M. Bloch, *Apologie pour l'histoire ou Métier d'historien*, nouvelle édition, Paris, Armand Colin, 1997.

puisqu'enfin elles respirent partout la vérité. D'ailleurs, tout extraordinaires qu'elles soient, je puis bien assurer que je les ai vues moi-même, et si mon témoignage ne suffit pas pour en accréditer le récit, je suis encore en état de le confirmer par celui de quantité de gens de considération, qui sont encore pleins de vie[38].

Cette revendication d'authenticité n'est pas sans rappeler l'énonciation solennelle qui ouvre les *Confessions* de Rousseau et scelle le « pacte autobiographique ». Si l'on trouve dans les deux textes étudiés de telles protestations, elles ne font pas nécessairement l'objet d'un préambule ou d'un péritexte introductif mais elles resurgissent plutôt au fil du récit et montrent le dialogisme d'œuvres destinées à être publiées. Cette question de la destination du texte est essentielle car c'est ce qui motive, en partie, sa forme et son contenu et on relève maintes apostrophes au destinataire, liminaires ou insérées dans la trame narrative, qui soulignent l'aspect fondamentalement contractuel du discours. L'autobiographe ou le biographe s'engage ainsi sur la voie de la vérité, revendique une parole dépouillée des afféteries du style et prétend sacrifier l'esthétique à l'éthique, la littérature à l'Histoire. De telles protestations sont légion chez Oexmelin :

> Lorsque je fais réflexion à ce que j'ai déjà écrit des aventuriers, et ce qui me reste à en dire, je ne doute point que parmi ceux qui liront leur histoire, il ne s'en trouve quelques-uns de difficile croyance et qui, sur le moindre récit de quelque aventure singulière, ne soient tentés de prendre l'historien pour un romancier. Je ne conseille pas à ces messieurs de lire la vie des flibustiers, où tout est extraordinaire[39].

Rhétoriquement, les auteurs éprouvent toujours le besoin de légitimer leur récit par le recours à la vérité objective, se défendant d'inventer, d'enjoliver, d'extravaguer, aussi incroyables que soient les faits qu'ils rapportent ; et par là même, ils soulignent ingénieusement l'intérêt d'un récit inédit.

Néanmoins le moi qui émerge chez Oexmelin ne se réduit pas à une fonction testimoniale. Le récit personnel liminaire constitue tout d'abord un moyen commode de lier petite et grande histoire, fournit un prétexte pour introduire la fresque événementielle. Le moi sert de prolégomènes à

---

38 Oexmelin, *op. cit.*, p. 147.
39 *Ibid.*, p. 146.

l'évocation de figures héroïques. Comme chez les mémorialistes, il revêt une fonction unificatrice, sert de fil conducteur au récit, assure un *continuum* entre des épisodes épars, permet de ménager des transitions et gomme *in fine* l'hétérogénéité de l'œuvre et les aspérités de l'écriture. La présence du « je » qui organise la matière unifie le caractère composite du texte et assure ainsi au narrateur-auteur sa suprématie de démiurge. Dire, c'est être. Et l'auteur pourrait affirmer, avec Montaigne : « Je n'ai pas plus fait mon livre que mon livre ne m'a fait.[40] » C'est l'ouvrage d'Oexmelin, non ses actes, qui lui a assuré une gloire pérenne. Par conséquent, on peut considérer qu'il prend sa revanche sur l'Histoire à travers la fonction auctoriale, et on peut émettre l'hypothèse, en paraphrasant Jean Ricardou à propos du Nouveau Roman, que cette histoire « n'est désormais plus l'écriture d'une aventure mais l'aventure d'une écriture », l'aventure résidant dans la quête d'une forme qui cherche à frayer sa voie entre histoire et fictionnalisation. Oexmelin se distingue en effet de Raveneau par une écriture ramassée et une habileté rare à trousser en quelques lignes une histoire brève et piquante, il brille dans l'art de la narration courte, manifeste un sens affirmé du portrait. La description pittoresque des boucaniers effectuée au chapitre VII en est l'illustration éclatante. Les hypotyposes abondent. Son écriture se veut sobre, mais recherche l'efficacité dramatique et ne répugne pas à l'amplification. La négligence affichée du style, qui se veut le signe d'un refus de toute considération esthétique, est en réalité la manifestation d'un nouveau style, simple et naturel, qui n'est pas sans rappeler ce que Nathalie Rizzoni nomme, au sujet de Pannard, « l'esthétique du petit[41] », conception littéraire qui innerve nombre de genres marginaux à l'époque. La vérité est, de fait, la qualité à laquelle prétendent ces textes, et le naturel est tenu pour l'un de ses attributs essentiels. La rhétorique de la sincérité s'accompagne d'une écriture prétendument « naïve » qui n'empêche pas la fictionnalisation du réel.

IDÉAL COMMUNAUTAIRE

Enfin, si le *moi* protagoniste s'efface généralement au profit du *nous*, c'est moins par pudeur, par souci de bienséance que par idéologie. Si

---

40 Michel de Montaigne, *Essais*, Livre II, chapitre XVIII, Paris, Gallimard, 2007, p. 703.
41 N. Rizzoni, *Charles-François Pannard et l'esthétique du « petit »*, Oxford, Voltaire Foundation, 2000.

les auteurs répugnent à parler d'eux à la première personne, ce n'est pas parce que le moi est « haïssable », mais parce qu'ils participent à une communauté et prônent ses valeurs. L'*Histoire* d'Oexmelin et le *Journal* de Raveneau de Lussan ne sont pas seulement de coruscants récits d'aventures, de précieux rapports géographiques et témoignages ethnographiques sur le monde caribéen, ce sont également des œuvres que l'on peut qualifier de politiques dans la mesure où elles questionnent la hiérarchie sociale et l'organisation de la cité, où elles proposent un modèle sociétal inédit en France, où elles promeuvent l'idéal démocratique. À travers leur propre expérience et à travers celle des autres puisque, en tant qu'auteur, le *moi* devient une unité qui transcende la totalité des expériences vécues et lui donne un sens, ces aventuriers peignent une véritable contre-société organisée, une sorte d'utopie dans laquelle l'égalité entre les membres de la communauté est de mise et le mérite triomphe, fût-il fondé sur la force et la violence. En prenant la plume, Oexmelin et Raveneau donnent voix à ceux qui en sont privés ou n'en usent pas, à des marginaux, à des exclus, qui voient dans l'aventure un moyen d'échapper à la société rigide et cloisonnée de l'Ancien Régime ; ils anticipent de ce fait le rôle qui sera celui des philosophes des Lumières, en posant un regard critique, analytique sur une autre forme d'organisation de la cité. Le fait d'écrire, de témoigner est un choix politique et leur œuvre revêt une fonction heuristique. Le « je » auctorial est là, non pour exalter des passions individuelles, revendiquer la singularité du sujet, mais pour porter la parole d'un groupe, rendre compte de trajectoires particulières (dans tous les sens du terme) dans le monde, dans des cadres où s'est construit un autre *ethos*. L'effacement de soi, obtenu en contenant le plus possible la subjectivité et l'individualité, s'opère donc dans un idéal communautaire. Les récits d'aventuriers participent de la représentation politique que l'émergence de la notion d'individu, mise en avant par l'autobiographie, contribue à abattre. L'objet du journal de Raveneau de Lussan n'est pas l'individu, concept qui fonde l'autobiographie, mais la collectivité. L'usage systématique de la première personne du pluriel montre que la conscience de soi passe par la représentation sociale. Le flibustier ne pense pas effectivement l'individu dans son isolement, mais l'homme dans une tension permanente avec la société, dans une dynamique d'intégration ou d'ostracisme.

En développant le *modus vivendi* des aventuriers, Oexmelin offre, quant à lui, un document de valeur anthropologique, comme le prouve le chapitre intitulé « Particularités des aventuriers dans leurs courses. Côtes qu'ils fréquentent. Chasse-partie qu'ils font entre eux. Leur manière de vivre ». Il met au jour le fonctionnement d'une société totalement ignorée à l'époque dans le Royaume. Michel le Bris avance qu'il est « le premier peut-être, du moins en France, [qui] a compris que le monde de la flibuste était une société, avec ses règles, ses usages, ses rites, et non point un agrégat de brutes toujours en limite du chaos[42] » :

> Combien voit-on de personnes capables des plus hautes entreprises languir dans l'oisiveté faute d'avoir les choses nécessaires pour les exécuter ! Il n'en est pas de même des flibustiers ; leur génie supplée au défaut de leurs moyens : ils ne manquent jamais d'inventions pour trouver les munitions de guerre et de bouche. [...] Pendant que les uns salent ces porcs, les autres amassent du bois et de l'eau pour le voyage, et tous étant convenus d'une commune voix du port où ils iront, ils font un accord qu'ils nomment entre eux chasse-partie, pour régler ce qui doit revenir au capitaine, au chirurgien et aux estropiés[43].

La société de la flibuste, qui repose sur les trois piliers qui étaieront la République française (liberté, égalité, fraternité), apparaît comme une société avant-gardiste, animée par la passion de l'égalité, telle que la décrira Tocqueville dans *De la démocratie en Amérique*. Oexmelin peint effectivement une communauté qui a déjà effectué le passage d'une société aristocratique à une société démocratique : où le butin est partagé de façon équitable, sans privilège pour le capitaine, ce dernier étant, en outre, élu en assemblée générale, donc démocratiquement. Ces règles s'inspirent directement des *dissenters* religieux britanniques, fer de lance de la Révolution anglaise. Les aventuriers jouissent en outre d'une liberté totale et sont capables d'une forte solidarité dans l'adversité :

> Pendant que les aventuriers sont en mer, ils vivent dans une grande amitié les uns avec les autres, et ils s'appellent tous Frères de la Côte ; ils nomment leur fusil leur arme. Quand deux d'entre eux rencontrent une belle femme, pour éviter la contestation qu'elle ferait naître, ils jettent à croix-pile à qui l'épousera. Celui que le sort favorise l'épouse, mais son camarade sera reçu à la maison : cela s'appelle matelotage. Tant qu'ils ont de quoi, ils se traitent

---

42 Michel Le Bris, *Introduction*, A. O. Oexmelin, *op. cit.*, p. 23.
43 Oexmelin, *op. cit.*, p. 89-90.

humainement ; chacun fait son devoir sans murmure, et sans dire : « J'en fais plus que celui-là[44] ».

L'effacement du moi au profit de la collectivité revêt par conséquent un sens éthique et politique. Et l'on pourrait appliquer à ces textes, n'eût été l'anachronisme, le raisonnement conduit par Hannah Arendt dans *La Tradition cachée*[45], pour penser le rôle et le statut du récit de vie dans la réflexion politique. À travers l'expérience de l'apatride et du paria social, la philosophe montre que le détour par le vécu est nécessaire à la théorie politique dont il constitue l'origine et la texture : ainsi en est-il des flibustiers, dont la marginalité est d'ordre juridique, social et linguistique.

Écrits à la première personne, *L'Histoire* d'Oexmelin et le *Journal* de Raveneau de Lussan relèvent bien de l'écriture de soi au sens large et livrent des indices sur la personnalité étonnante de leurs auteurs, dévoilent des fragments de leur existence aventureuse. Il est toutefois évident que la finalité première de ces œuvres, qui s'apparentent aux mémoires, n'est pas de restituer le parcours d'un individu mais plutôt de brosser les mœurs marginales et subversives du monde de la flibuste, à travers des figures saisissantes et des événements marquants. Le moi qui se manifeste dans l'entrelacs subtil de la biographie et de l'autobiographie est une entité parcellaire, subsumée par la dimension collective de l'expérience narrée et unifiée par l'aventure de l'écriture. Ces textes « amphibies », manifestant un paradigme de tensions dans l'expression de soi, assurent l'effacement du moi protagoniste au profit d'un moi testimonial et auctorial dominant. Le moi qui se révèle est donc avant tout un être de langage. Vue sous cet angle, l'écriture de ces histoires n'est peut-être pas tant la narration cohérente d'un passé mais la lente acquisition d'une identité, celle d'un sujet, voire d'une communauté, menacés par la mort à chaque instant, par la dissolution, par l'anéantissement, et dont l'écriture permet d'assurer une permanence, une signification, et une visibilité. En contrepoint de la position élevée occupée par l'épopée en vers et l'histoire en prose, les récits de flibustiers,

---

44 Oexmelin, *op. cit.*, p. 92.
45 H. Arendt, *La Tradition cachée. Le Juif comme paria*, traduction de S. Courtine-Denamy, Paris, Essais Payot, 2019.

recourant au style moyen, délivrant une vérité partielle, occupent une position médiane dans le paysage littéraire de l'époque et permettent de redistribuer les valeurs esthétiques de manière moins ambitieuse.

Stéphanie BERNIER-TOMAS
Université Bordeaux Montaigne,
LaPRIL-CLARE

MÉANDRES DE L'INTIME
DANS LE *JOURNAL DE MON VOYAGE EN AMÉRIQUE* DU COMTE DE CHARLUS

Armand Charles Augustin de La Croix de Castries, comte de Charlus (1756-1842) est le fils de Charles Eugène Gabriel de La Croix de Castries (1727-1801) et de Gabrielle Isabeau Thérèse de Rosset de Fleury, petite-nièce du cardinal Fleury. En jeune homme bien né, il commence sa carrière militaire à treize ans en tant que lieutenant d'artillerie, puis il fait un beau mariage en 1778 avec Marie Adrienne de Bonnières de Guines, fille du duc de Guines, ancien ambassadeur à Berlin et à Londres. Ce parcours sans faute mais sans relief le pousse sans doute, à l'image de La Fayette, à renoncer aux joies de l'hymen et à s'engager dans la guerre d'Indépendance américaine. Beaucoup d'appelés, mais peu d'élus pour faire la guerre de l'autre côté de l'Atlantique ! Charlus reste en France jusqu'à l'hiver 1780, date à laquelle il apprend que le comte de Rochambeau part avec un corps expéditionnaire aux États-Unis. Bien que son père soit devenu opportunément ministre de la Marine au même moment, Charlus n'obtient, pour ainsi dire, qu'à l'arrachée, la permission de suivre l'armée française.

Conscient que sa participation à la guerre doit être l'expérience la plus marquante de sa vie – la Révolution française lui en procurera d'autres, mais cela dépasse notre propos –, Charlus consigne ses actes et ses impressions dans un *Journal de mon Voyage en Amérique*. Le manuscrit se trouve aux Archives nationales[1], dans un registre coté MAR/B4/183 et il en occupe les f° 171r° – 228 r°, soit 113 pages, impeccablement calligraphiées, sans taches ni ratures : cet état plaide pour une probable

---

[1] AN, MAR/B4/183, f° 171r°. Par la suite, nous indiquerons uniquement le foliotage dans le corps du texte. Pour les principes de la retranscription, nous suivrons les préconisations de Bernard Barbiche, *Éditer des textes de l'époque moderne*, reprise simplifiée et actualisée de son ouvrage, *L'Édition des textes anciens : XVIe-XVIIIe siècle*, éd. Bernard Barbiche et Monique Chatenet, Paris, Association Études, loisirs et patrimoine, 1990.

mise au net ou copie. La période couverte par le *Journal* commence le 3 mai 1780, date à laquelle Charlus arrive à Brest, et s'arrête brutalement le 27 septembre de la même année, sans que rien ne puisse expliquer cette interruption. Il est inédit en français : tout au plus trouve-t-on dix pages de retranscription dans un numéro de la *Revue de Paris* de 1957[2], mais, chose curieuse, le texte a été traduit intégralement en anglais en 1970[3]. Son emplacement dans les archives n'a pas contribué, semble-t-il, à sa mise en lumière. En effet, la section B4 de la section Marine est réservée aux documents relatifs aux campagnes d'Ancien Régime et, dans le volume 183, le *Journal* est noyé au milieu de correspondances officielles et de journaux de bords, ce voisinage de « littérature grise » invitant à le lire de prime abord comme un document officiel, et non pas comme un récit destiné à la sphère familiale.

Il faut bien évidemment mettre le *Journal* en regard avec des productions du même type, puisqu'un certain nombre d'officiers participants à la Guerre d'Indépendance américaine ont écrit leurs mémoires ou leurs souvenirs, même si tous n'ont pas pu être imprimés. Parmi ces officiers, on trouvera Rochambeau, Chastellux, Moré de Pontgibaud, le comte de Dumas, le comte des Deux Ponts, le prince de Broglie et quelques autres. La plupart de ces diaristes ou mémorialistes sont des officiers de l'armée de terre. Or, la majorité des opérations militaires de ce conflit sont des opérations amphibies : ainsi, avant de découvrir les paysages de la Nouvelle Angleterre, ces officiers de terre découvrent le service de mer et tous ont un petit mot, souvent désagréable, pour leurs camarades de la Marine. L'attention que le diariste manifeste pour ce nouveau milieu fait tout l'intérêt du *Journal*, en particulier lors de la traversée qui fut considérablement longue ; car l'escadre de Ternay, sur laquelle est embarqué le corps expéditionnaire, escorte un convoi d'une centaine de transports, toujours plus lents que les vaisseaux de ligne : il faut donc éviter les flottes anglaises qui circulent entre l'Espagne et la Manche, ainsi qu'entre les Antilles et la côte est des États-Unis.

---

2   René de Castries, « Dans l'armée de La Fayette : souvenirs inédits du comte de Charlus », *Revue de Paris*, n° 64, juillet 1957, p. 94-110. L'historien y publie les extraits les plus saillants du récit.

3   S. W. Jackman, *A middle passage : the journal of Armand-Charles Augustin de la Croix de Castries, Duc de Castries, Comte de Charlus and Baron Castries, 6 April 1780 to 29 Septembre 1780*, Boston, Boston Athenæum, 1970.

Sur un plan plus littéraire, le texte n'est pas dépourvu d'intérêt non plus : la nécessité d'ordre éthique qui pousse Charlus à prendre les armes et la plume l'amène à tester toutes les possibilités génériques de l'écriture du for intérieur ; mais si la finalité du texte est, dès les premières lignes, de justifier une vocation militaire et un statut social, l'identité du destinataire de ce plaidoyer *pro domo* est incertaine : Charlus écrit-il pour lui-même ? Le texte penche alors du côté des mémoires, de l'autobiographie ou du journal de voyage. Laisse-t-il à penser que son destinataire est son ministre de père ? Le texte devient alors un rapport officiel et quitte le champ littéraire.

UN RÉCIT DE VOYAGE ?

Si on s'en tient au titre « *Journal de mon voyage en Amérique* », le texte se rangerait naturellement dans la catégorie du récit de voyage, soit un récit personnel qui raconte un déplacement et dans lequel le regard de l'auteur est plutôt dirigé vers le monde qui l'entoure. Le cadre spatio-temporel structure en effet la narration en trois moments de longueur variable, chaque moment correspondant à un lieu particulier : les préparatifs du convoi à Brest occupent les folios f° 171r° au f° 174v°, ces huit pages couvrant la période du 6 avril au 2 mai 1780 ; puis le voyage en mer qui s'étend des f° 174v° au f° 208v°, soixante-huit pages allant du 2 mai au 11 juillet ; enfin l'arrivée sur la côte américaine et l'installation de l'armée à Newport, du f° 208v° au f° 228r°, soit une quarantaine de pages pour une durée presque similaire à la précédente, du 12 juillet au 27 septembre. Le récit s'achève à cette date, sur la mention de brouilles stratégiques entre Français et Américains, fin ouverte qui sera abordée plus tard.

On retrouve des lieux communs du récit de voyage : ainsi la narration s'attarde régulièrement sur les détails matériels du transport. Le voyage d'aussi nombreuses troupes dans un convoi aussi grand est avant tout une question d'organisation, ou de désorganisation dans le cas de l'expédition de Rochambeau :

> J'arrivai à Brest le 3 mai au matin, pour y prendre les ordres de M. de Rochambeau, et me rendre promptement à mon Régiment qui venoit d'arriver

> à Crozon. Le vent étoit contraire, je restai trois jours au quartier général à attendre que la mer fut praticable ; je profitai de ce séjour pour suivre le détail de notre embarquement. Aucun ordre n'avait été donné pour le préparer. Cinq mille hommes pouvoient à peine tenir sur le petit nombre de batimens marchands qu'on avoit rassemblés. Les attirails d'artillerie et toutes les provisions nécessaires étoient encore à Rennes le 25 de mars. M. de Rochambeau, prévenu par le Ministre que tout seroit prêt à son arrivée à Brest, fut très étonné d'y trouver ce retard. Les huit mille hommes qui devoient composer sa division étoient cantonnés dans les environs. (f° 171v°)

Le pittoresque qu'auraient pu inspirer la traversée de la Bretagne et le spectacle de la ville de Brest remplie de vaisseau est absent[4] : les actions des différents protagonistes intéressent davantage Charlus que la description de son environnement. Cela illustre une tension inhérente au récit de voyage, conçu comme la « recherche d'une solution moyenne qui allie la finalité documentaire, la séduction du plaisir et du divertissement, à laquelle les voyageurs apportent des réponses diversement dosées » comme le veut Roland Le Huenen. Ainsi, ceux-ci « privilégient, dans leurs relations, tantôt la description tournée vers l'information géographique, tantôt le récit, potentiellement riche en aventures[5] ». Chez Charlus, l'aventure est remplacée par le marasme de l'attente dans le camp franco-américain et, si l'Amérique est le véritable sujet du *Journal*, elle tient à ces quelques remarques amusantes sur la visite des Indiens au camp de Rochambeau :

> Le chef de ces nations m'a paru intelligent. Il est calme, parle françois assez bien, et même sans accent. Il y en a un autre Allemand, qui est transporté dans ce paÿs-là depuis l'âge de dix ans ; ils se couvrent avec des couvertures de laine que quelques-uns peignent en rouge ; c'est la couleur qu'ils aiment le mieux. Quand ils sont entrés chez le Général, ils n'avoient qu'un seul pied chaussé pour lui marquer leur respect ; mais le plus qu'ils peuvent, ils

---

4   Jusqu'alors peu visitée, la ville de Brest attire quelques touristes de marque lors de la Guerre d'indépendance américaine, comme le comte et la comtesse du Nord, que la baronne Oberkirch accompagne en juin 1782. Cette dernière décrit ainsi le port : « C'est une chose merveilleuse que les détails d'un port et tout ce qui tient à la marine. Cela donne une grande idée du génie inventif de l'esprit humain. », *Mémoires de la baronne d'Oberkirch sur la Cour de Louis XVI et la société française avant 1789*, Paris, Mercure de France, 2010, p. 313 *sqq*. On trouve également une description de Brest et sa région chez Pindansat de Mairobert, dans *L'Espion Anglois ou Correspondance Secrète entre Milord All'Eye & All'Ear*, Londres, John Adamson, 1784, t. 8, « Lettre III : Sur la ville de Brest. Description de ce port. Armemens qui s'y font ; caractère des généraux & autres officiers les plus distingués qui doivent commander les vaisseaux qu'on équipe », p. 85-142.

5   Roland Le Huenen, *Le récit de voyage au prisme de la littérature*, Paris, PUPS, 2015, p. 25.

se mettent tous nuds. [...] On devoit dire la messe pour eux dans la matinée parce qu'ils aiment beaucoup les cérémonies d'Eglise ; mais la pluye en a empêché : quelques-uns d'entre eux sont catholiques et même fort dévots. Presque tous sont attachés à M. de Moncalm et à M. de Lévis, dont ils nous demandèrent des nouvelles avec intérêt. (f° 221r°)

Les Sauvages allèrent diner à bord de M. de Ternay. Ils trouvèrent les vaisseaux superbes et pour les amuser leur fit tirer du canon qui les effraya d'une telle manière qu'ils vouloient s'enfuir. (f° 221v°)

À bien des égards, les récits de voyage de la même époque, comme le *Voyage dans l'Amérique septentrionale* du marquis de Chastellux, donnent une représentation bien plus exhaustive de l'Amérique que Charlus : où sont les pages évoquant les forêts primitives à peine touchées par l'homme qui émerveillèrent les voyageurs français[6], ou la surprise face aux progrès de la civilisation à la découverte de Boston ? Ces lieux communs des récits de voyage manquent étrangement dans notre texte, où pourtant sont bien présentes les trois visées, proposées par Pierre Rajotte pour définir le genre viatique, à savoir la visée « documentaire qui consiste à rendre compte aussi objectivement que possible des lieux parcourus », la visée « idéologique qui subordonne le récit à des fins religieuses ou colonisatrices » et la visée « esthétique ou littéraire qui privilégie les impressions personnelles du voyageur et du processus de reconnaissance culturelle[7] ». Pour Gusdorf, « la décision initiale d'écrire » est une manière d'exprimer « le vœu d'une remise en jeu de l'existence, sous l'effet d'une nécessité intime, d'un désaccord entre le sujet et sa vie propre[8] ». Dans le cas de Charlus, le journal a été détourné de son objet initial : l'Amérique, qui aurait dû être le déclencheur de l'écriture, est finalement moins intrigante que la Marine française et ses officiers. Dès lors, le texte quitte les terres du récit de voyage.

---

6   Parmi les grands récits de la redécouverte de l'Amérique par les Français lors de la guerre d'Indépendance ou lors de leur exil pendant la Révolution, on trouve entre autres les ouvrages suivants : Charles César Robin, *Nouveau voyage dans l'Amérique Septentrionale en l'année 1781 ; et campagne de l'armée de M. le Comte de Rochambeau*, Philadelphie & Paris, Moutard, 1782 ; Jacques Pierre Brissot, *Nouveau voyage dans les États-Unis de l'Amérique septentrionale, fait en 1788*, Paris, Buisson, 1788, 3 vol. ; Charles Albert Moré de Pontgibaud, *Mémoires*, Paris, Thiercelin, 1828, p. 98-157 ; Chateaubriand, *Mémoires d'Outre-Tombe*, éd. Jean-Claude Berchet, Paris, Livre de Poche, « La Pochothèque », 2003, t. 1, p. 320-434, et Talleyrand, *Mémoires et correspondance*, éd. Emmanuel de Waresquiel, Paris, Robert Laffont, 2007, p. 207-218.
7   Pierre Rajotte, *Le récit de voyage, aux frontières du littéraire*, Montréal, Tryptique, 1997, p. 53.
8   Georges Gusdorf, *Lignes de vie. 1. Les écritures du Moi*, Paris, Odile Jacob, 1991, p. 257.

LE *JOURNAL* ET L'INFLUENCE
DES FORMES D'ÉCRITURES APERSONNELLES

Le titre *Journal de ma campagne* aurait été plus juste, tant l'attention à la « chose militaire », tant marine que terrestre, est grande. Par ailleurs, il faut rappeler que ce *Journal* s'insère dans un volume d'archives officielles, en particulier de rapports militaires, avec par exemple le *Journal de bord* du marquis de Deshaye, commandant du *Saint-Esprit*, une proposition d'expédition dans la baie d'Hudson, probablement de la main de La Pérouse, la correspondance de Rochambeau et de Ternay avec le ministre Sartines et d'autres documents relevant de la « littérature grise ».

Il est notable que Charlus présente très rapidement son *Journal* comme un journal de bord, que l'on pourrait considérer comme un récit de voyage dépouillé de toute visée autre que documentaire. Très rapidement, on voit apparaître à partir du 4e folio les indications de longitude et latitude selon la présentation canonique des journaux de bord, à savoir en marge à gauche. C'est sans doute le signe qu'il demande au capitaine, M. de la Clochetterie, l'accès au journal de bord officiel ou qu'il assiste tous les midis au calcul du point[9]. Néanmoins, cette logique graphique n'est pas poussée jusqu'au bout, dans la mesure où, par exemple, les dates ne sont pas notées à la mode de la Marine, c'est-à-dire de midi à midi. Il prend également l'habitude de noter les heures des différents événements, et l'on retrouve l'expression traditionnelle « rien d'intéressant » qui signale une journée sans événements maritimes particuliers. Charlus se plait aussi à montrer une certaine aisance avec le vocabulaire technique de la navigation :

> La mer n'étoit point agitée et il n'y avoit nulle apparence de mauvais tems, lorsque sur les deux heures après midi, il passa une forte raffale ou un grain qui rompit le petit mât de hune de la *Provence* et son grand mât de perroquet. Le Capitaine fit alors plusieurs signaux, entr'autres celui d'avaries qui

---

9   Dans son journal de campagne, Claude Blanchard note à plusieurs reprises que les officiers de terre profitent de leur inaction pour consulter les journaux de bord des officiers ou du pilote, voir *Journal de campagne de Claude Blanchard, commissaire des guerres principal au corps auxiliaire français sous le commandement du lieutenant général comte de Rochambeau*, Paris, Librairie Militaire de J. Dumaine, L. Baudouin et successeurs, 1881, p. 20.

> ne pouvoient se réparer à la mer, et celui de ne pouvoir exécuter les ordres du Commandant qui lui avoit fait signal de virer de bord vent arrière, ainsi qu'au reste de l'escadre. Le Commandant ayant annullé ce signal fit celui de mettre à la cape, les amures à babord ; ventant grand frais nous y restâmes toute la soirée ; vers les 11 heures, on fit signal de raliement général mais le convoi étoit trop éloigné pour le voir. Nous restâmes ainsi toute la mâtinée du 10. (f° 176v°)

Pourtant, il est difficile de réduire le *Journal* à un journal de bord, puisqu'en dehors de ces quelques éléments formels, Charlus n'a pas complètement le « style » marin, réputé pour sa sécheresse[10]. Les journaux de bord sont, de fait, des comptes-rendus factuels des différents événements de la journée, narrés au passé simple, adoptant assez facilement le style coupé et n'hésitant pas à employer des phrases averbales, en particulier pour noter les airs de vent et l'état de la mer. C'est par excellence le style impersonnel réservé à l'administration, qui à l'époque de la guerre d'Indépendance américaine tend à se standardiser, via des journaux de bords pré-imprimés.

Or Charlus contrevient aux habitudes de cette écriture administrative de différentes manières. Il étoffe par exemple, jusqu'à lui faire prendre des proportions démesurées, un épisode qui serait effectivement signalé dans un journal de bord, mais qui ne serait que mentionné :

> [...] on ne mit pas en panne ce jour là ; mais le soir un homme du *Duc de Bourgogne* étant tombé à l'eau, on en fit le signal, en arborant pavillon rouge à

---

10 On peut penser à Nompère de Champagny qui, s'attardant à parler d'une manœuvre de voile dans ses *Mémoires*, s'en excuse par ces mots : « Mais je me suis laissé entraîner là dans des détails sans intérêt, même pour mes enfants dont aucun n'est marin. » En refusant d'employer la langue technique et spécifique de la Marine, Nompère de Champagny rend son texte plus lisible pour les néophytes et élargit la portée de son ouvrage, là où les officiers de marine tendent à conserver une certaine forme de technicité : plus tôt dans le siècle, la querelle entre deux officiers mémorialistes, Forbin et Duguay-Trouin, s'était assez largement concentrée sur cette question de langue : la trop grande simplification et accessibilité des *Mémoires* de Forbin étant considérée comme une marque de fausseté du témoignage. Sur le style « marine », voir le dernier chapitre de ma thèse, « Des lettres "sans art" ? La correspondance d'Adrien Mandat et la poétique de la lettre au XVIIIe siècle », p. 566-579, dans *Les lettres d'Adrien Simon Galliot-Marie de Mandat-Grancey. Édition critique de la correspondance familière d'un officier de la Marine royale française (1781-1791)*, thèse soutenue en décembre 2019 à l'Université de Bretagne Occidentale, https://tel.archives-ouvertes.fr/tel-02969054, consulté le 30 mars 2021. Voir également Camille Kerbaol, « Les Mémoires de Forbin : fortune des mers, infortune de la postérité », *Cahiers Saint-Simon*, n° 48, 2020.

l'artimon et tirant un coup de canon. Chaque vaisseau s'empressa de le secourir, mais nous ne sçumes pas s'il avoit été sauvé, parce qu'il étoit nuit et que des feux nous apprirent peu de tems après qu'il falloit appareiller. (f° 186v°)

Ce genre de malheur, extrêmement fréquent à bord, n'est ordinairement signalé que par un lapidaire « un homme à la mer » ; si l'on trouve quelques fois la mention du succès de l'entreprise de sauvetage, le détail de la manœuvre et des signaux exécutés ne sont en revanche presque jamais précisés. Les punitions au manque de discipline sont également rarement évoquées : à double tranchant, leur évocation peut connoter aussi bien la sévérité de la « police » à bord, qu'une potentielle absence d'ascendant du commandement sur l'équipage. Seuls les cas graves qui ne peuvent être cachés figurent dans les journaux ; ainsi, Charlus écrit : « un coup de canon annonçoit une punition sévère pour servir d'exemple à toute la flotte, nous hélâmes le batiment pour scavoir quel en étoit le sujet et il nous répondit, qu'on avoit donné la cale à un housard de Lauzun qui avoit volé et voulu mettre le feu au vaisseau » (f° 187r°). Claude Blanchard ne relèvera pas dans son *Journal de campagne* cette punition si exemplaire, par ailleurs donnée à un soldat et non à un marin. Enfin, les réflexions sur l'état d'esprit des autres officiers à bord ne relèvent pas du rapport administratif ; ainsi de l'ennui de M. de Chastellux :

> Je trouvai à M. de Chastellux l'air triste ; mais cela ne m'étonna pas parce que s'étant toujours plus occupé de sciences et de Belles Lettres que de détails militaires, il doit trouver ceux-ci ennuyeux et la conversation des personnes qui sont sur le *Duc de Bourgogne* peu satisfaisante. C'est le hazard qui les y a rassemblés et quand on l'auroit fait exprès, on ne pourroit pas en trouver de moins aimables. (f° 185r°)

Là où le journal de bord serait purement factuel, Charlus introduit des commentaires qui apparaissent comme autant de digressions, parfois signalées comme telles. Après avoir longuement évoqué la stratégie navale française, en particulier le refus de s'attaquer au commerce anglais pour se concentrer sur des batailles navales parfaitement improductives, Charlus conclut : « Laissons un moment cette digression pour en revenir à ce qui se passa dans la journée. » (f° 182v°) Cette réflexion montre bien qu'il a conscience de transgresser une règle d'écriture du journal de bord et, par ailleurs, un officier de marine qui souhaiterait disserter sur le sujet écrirait plutôt un mémoire séparé.

Le journal de bord est un document qui doit mentionner, outre les événements ou rencontres de la journée, des éléments hydrographiques ou plus largement scientifiques, considérés comme inédits : il a par conséquent la vocation d'augmenter le savoir maritime de ceux qui le consultent, et c'est dans cet esprit qu'ont été conservés les journaux de bords de la section JJ4 des Archives nationales. Charlus semble *a priori* faire de même en incluant un certain nombre de réflexions sur des phénomènes naturels, comme le principe du changement d'heure à mesure que l'on s'éloigne de la France ou bien le phénomène des alizés :

> Les jours diminuent en approchant de la ligne et nos montres retardent d'une heure sur celles de Brest à mesure que nous avançons d'un degré de longitude, on les règle ordinairement à midi, lorsque le soleil paroit en prenant sa hauteur, c'est-à-dire le moment où il coupe le méridien au lieu où on se trouve. (f° 185v°)
>
> Toute cette journée et le lendemain matin, nous eûmes presque toujours du calme, de sorte que nous fîmes peu de chemin ; nous étions dans ce que les marins appellent vents alizés, produits par des vents du Nord-Est et du Sud-Est qui dans l'été produisent des vents doux et réglés, et dans l'hyver et le moment des Equinoxes, les tempêtes les plus fortes. (f° 189r°)

Et il en va de même pour les réflexions sur ce qui relève de la construction du bateau ou des manœuvres. Ces passages digressifs, qui ressemblent parfois à des leçons mal apprises[11] – les alizés sont dans le sens nord-est / sud-ouest dans l'hémisphère nord –, n'apportent pas de connaissances nouvelles mais répètent ce qui est déjà connu. Leur vocation n'est pas vraiment didactique mais sert à mettre en avant un *ethos marin*, puisqu'il s'agit de prouver, par le pastiche du style marin, que le voyage a permis au scripteur de « s'amariner ». Presque tous les officiers de terre, exception faite de Guillaume de Deux-Pont[12], sacrifient

---

11 Le comte de Dumas, à bord du *Jason* comme le comte de Charlus, fait également cette digression sur les alizés, laissant sous-entendre que son origine fut une discussion avec le commandant du vaisseau : « Notre brave capitaine, M. de la Clochetterie, nous démontrait qu'il était préférable de faire un si long détour, au lieu de prendre la route moyenne en rangeant de près les Açores. Les vents alizés en deçà du tropique sont ordinairement, disait-il, des vents de nord-est et d'est-nord-ouest ; et ceux qu'on trouve au-delà sont des vents de sud-est. Sous le tropique on a des vents d'est franc. » (*Souvenirs du Lieutenant Général comte Mathieu Dumas de 1770 à 1836*, publiés par son fils, Paris, Charles Gosselin, 1889, t. 1, p. 29). La leçon est ici mieux comprise...

12 Comte Guillaume de Deux Ponts, *Mes campagnes d'Amérique*, Boston, J. K. Wiggin and WM Parsons Lunt, 1868.

quelques lignes plus ou moins justes à la science maritime, ainsi Claude Blanchard[13]; cependant la part réservée à ces considérations est très limitée, à la mesure du nombre lui aussi limité de pages consacrées au temps du voyage en mer. Chez Charlus, on recense plus d'une dizaine de ces remarques scientifiques, ce qui traduit soit un goût personnel pour les sciences naturelles, soit plus modestement, au vu des erreurs et approximations, la volonté de paraître maîtriser ce qui relève du monde maritime.

ÉCLATS DE MOI

Si le texte, par bien des traits, se rapproche du journal de bord, son classement dans le fonds B4 des campagnes d'Ancien régime apparait erroné, comme si des documents personnels du ministre de Castries s'étaient glissés au milieu des documents professionnels. Le texte commence en effet par une assez longue justification que l'on ne trouve habituellement pas dans le rapport officiel ou le journal de bord, la commande administrative de la hiérarchie légitimant d'emblée son existence. Le « je » est normalement absent, mais on le trouve ici dès les premières lignes du texte, lui conférant sans ambiguïté un caractère personnel :

> C'est à 24 ans que, tourmenté depuis longtemps du désir de faire la guerre et de mériter aux coups de fusil une place à laquelle je pouvois prétendre en restant à Paris, je déterminai le meilleur et le plus tendre des pères à me sacrifier l'intérêt qu'il pouvoit avoir à me conserver près de lui. Il y mit une bonté et une sensibilité dont je serai toute ma vie reconnoissant. Tout l'engageoit à s'opposer à mes désirs ; mais dès que je lui eûs exposé les raisons qui me déterminoient à prendre ce parti, je trouvai en lui un père et un ami qui me servit de tout son crédit. (f° 181r°)

---

13 Claude Blanchard se fend d'une description du goémon : « ce jour, 1ᵉʳ juin, nous avons vu beaucoup de goémons ; nous avions commencé à en voir depuis le 30ᵉ de latitude, et cela continue jusqu'aux tropiques : aussi appelle-t-on le goémon le raisin des tropiques. Le goémon est un herbage qui se détache des rochers sous-marins ou des îles Canaries ; il a de petites graines en forme de grappes de raisin, la mer en est toute couverte » (*op. cit.*, p. 21). Blanchard confond ici l'appellation « raisin des Tropiques », ou sargasses, et « raisin de mer » qui désigne les grappes d'œufs de seiches.

Charlus explique donc que son engagement en Amérique est un moyen pour lui d'éviter une sorte de dissolution du Moi, rattachant ainsi son texte aux écrits du for intérieur, gouvernés, selon Gusdorf, par ce principe :

> Un individu, jusque-là satisfait de se laisser aller jour après jour au fil du temps comme la plupart des hommes, ressent la nécessité à la suite de telle ou telle circonstance intime de marquer un temps d'arrêt, de prendre du recul, et de tenter de regrouper la matière de son être éparpillé. Ce besoin d'un nouveau contact de soi à soi correspond à une intention critique. Le sujet se demande s'il n'a pas perdu son temps, gaspillé sa vie, anxiété ou angoisse suscitant un besoin de récapitulation avec désir latent de justification[14].

En évoquant le besoin de « mérite », Charlus écarte la hantise du « privilège » : le *Journal* devrait donc témoigner de cette prise de risque sociale, familiale, affective et morale. En écrivant son *Journal*, Charlus espère montrer qu'il est pleinement un sujet. Cette espérance sera déçue puisque, constatant que l'armée risque de rester à Newport tout l'hiver, le diariste s'exclame : « Voila une campagne perdue et bien du tems passé inutilement en Amérique. » (f° 218v°) Loin d'être un nouveau départ, l'aventure américaine ne fait que continuer, d'une autre manière, l'oisiveté dénoncée au début du texte. Comme le rappelle Philippe Lejeune, « l'écriture du temps quotidien se répand peu à peu » dans la seconde moitié du XVIIIe siècle, en partie liée à l'émergence d'un « nouveau souci qui, comme une marée, s'infiltre peu à peu dans toutes les activités humaines, celui de la gestion du temps[15] ». Si le diariste est bien conscient d'une défaillance dans sa gestion du temps, l'écriture ne lui permet pas de prendre le « recul » nécessaire sur son expérience : si on trouve effectivement quelques commentaires ou des marques d'affectivité, elles ne sont pas mises réellement au service d'une réflexivité. D'une certaine manière, Charlus reste au stade de la chronique.

On serait tenté, à la lecture des deux premières pages, de penser que Charlus a hésité entre le récit rétrospectif des *mémoires* et l'écriture quotidienne du journal, mais un examen attentif du folio 171v° donne une solution plus simple à ce brusque changement de régime : en face de la date du 7 mai, le texte commence ainsi :

---

14 G. Gusdorf, *op. cit.*, p. 257.
15 Philippe Lejeune, *Aux origines du journal personnel, France, 1750-1815*, Paris, Champion, 2016, p. 9.

> Le 7 mai. On eut pu mettre à la voile dès le 15 avril si le vent eut été favorable. Les troupes eurent ordre dès le premier moment de s'embarquer du quatre au huit mais il y a eut des délais qui en retarderent l'execution. Je me rendis à Crozon dans la soirée. L'ordre fut donné pour que le régiment prit les armes le lendemain.
> Le 8 mai. Je fus reçu de M. de Custine à la tête de deux bataillons.

On peut donc envisager que Charlus prend la décision de commencer son *Journal* le 7 mai, ou peut-être la veille, et qu'après le préambule[16], il résume tous les événements dont il n'a pas tenu le compte, signalant simplement au passage quelques dates marquantes comme celle de son arrivée à Brest « le 3 mai au matin » (f° 171v°).

Contrairement à l'usage des journaux de bord, plutôt écrits au passé composé, le *Journal* de Charlus est rédigé avec les temps du récit, passé simple et imparfait, avec parfois des incursions dans le présent du diariste :

> [Le] projet [de M. de Chastellux] étoit de rejoindre [la flotte] dans un bateau. *Je trouve cependant* qu'au moment de s'embarquer il ne devoit pas risquer son honneur pour venger de mauvais propos, qui ne lui avoient pas été tenus à lui-même [suit le récit du duel de M. Dillon] Il partit de Brest sans rien dire et fit la petite équipée de jeune homme *dont je viens de rendre compte : on peut dire que c'est une étourderie, mais elle est d'un genre à donner bonne idée* de celui qui l'a fait[17]. (f° 173v°)

> Il ignoroit la plupart des détails de sa place ; et d'ailleurs il l'avoit oublié. *J'espère* cependant que de pareils mal entendus n'arriveront pas tous les jours, cela pourroit être dangereux dans le cours de la campagne, et cette petite leçon fera que M. de Rochambeau y mettra ordre. Le 12 mai. Je restai à terre à arrenger mes affaires. (f° 173r°)

> Et la matinée du 22 un petit vent nous fit faire même assez de chemin sans nous tourmenter, car la mer étoit bien calme. Je scus des nouvelles de M. de Ste Maimes, qui étoit à bord du Neptune ; *il va mieux qu'hier*. (f° 185v°)

Avec ces « éclats » de présent de l'indicatif, l'intérêt du scripteur ne se porte plus sur les choses narrées mais sur le moment de l'énonciation[18] ; néanmoins, la portée de ces passages est limitée. Si l'on regarde la pratique des camarades de Charlus, Guillaume de Deux-Pont, Claude

---

16 Ph. Lejeune remarque l'usage du préambule chez le marquis de Bombelles ou chez Pierre-Philippe Candy (« Bombelles et Bombon », *op. cit.*, p. 325-344 ; « Pierre-Philippe Candy, diariste sexuel », *op. cit.*, p. 545-560).
17 Les passages en italique sont soulignés par nos soins.
18 Ph. Lejeune, « Au jour d'aujourd'hui », *op. cit.*, p. 197-207.

Blanchard ou le comte de Dumas, ces derniers ont le plus souvent opté pour une recomposition de la matière de leur journal de bord en l'intégrant dans la trame de leurs mémoires[19] : le récit a pris le pas sur un potentiel discours. Si Blanchard maintient une écriture journalière durant le temps de la traversée et présente les événements à terre selon une temporalité plus globale et moins stricte, Dumas, sans doute dans un souci d'homogénéiser les deux temps, essaie de raconter la traversée en la découpant par périodes cohérentes, comme lorsqu'il écrit : « Du 1er au 15 mai, nous avions passé du 34° au 62° de longitude[20]. » Ainsi, personne n'exploite véritablement le journal de bord comme un lieu possible d'expression personnelle.

« LE MEILLEUR ET LE PLUS TENDRE DES PÈRES... »

Un autre aspect important du paragraphe initial du *Journal* de Charlus est la question du destinataire. Gusdorf rappelle à juste titre :

> Le journal est souvent rédigé comme un message adressé à quelqu'un d'autre, parfois un individu concret, ami ou amie, plus souvent un être abstrait, un lecteur à venir dont on sollicite par avance le jugement ou enfin Dieu lui-même, devant lequel se placent les rédacteurs des journaux religieux[21].

Et, prolongeant cette idée, Philippe Lejeune note que :

> Si le journal devient peu à peu « intime » dans la seconde moitié du XVIIIe siècle, c'est en rejoignant le système d'énonciation de la lettre, mais aussi en en détournant l'esprit par l'intériorisation du destinataire[22].

Contrairement à Claude Blanchard qui, dans son journal, définit un pacte de lecture – certes contradictoire – en écrivant d'abord, « je n'écris

---

19 Pour un exemple au XVIIe siècle, voir l'analyse d'Emmanuèle Lesne sur les *Mémoires* de Bussy-Rabutin, dans *La Poétique des Mémoires (1650-1685)*, Paris, Champion, « Lumière classique », 1996, p. 355 *sqq.*
20 M. Dumas, *op. cit.*, p. 31.
21 G. Gusdorf, *op. cit.*, p. 154.
22 Ph. Lejeune, « Au jour d'aujourd'hui », *op. cit.*, p. 204.

absolument que pour moi[23] », puis plus loin, « j'écris ces détails [sur le mal de mer] pour mes enfants et mes amis, qui peuvent être dans le cas de s'embarquer[24] », Charlus ne précise à aucun moment la finalité ou la destination de son ouvrage. Le désarroi personnel des premières lignes suggèrerait un écrit réservé pour soi et l'éloge du « père et ami » ne prouve pas que le père est envisagé au début comme le destinataire du texte. Il n'y a donc pas de « tu » ou de « vous » chez Charlus, mais un usage parfois particulier du « on », qui la plupart du temps reprend le « nous » de l'équipage, voire prend un sens indéfini quand il s'agit d'énoncer une sentence, comme ici : « on peut quand on commande, se passer d'être aimé, jamais d'être estimé » (f° 177r°). Mais ce n'est pas le cas dans cet exemple, où il reprend un « tu » :

> [...] on concevra facilement les regrets que j'éprouvai lorsqu'il fallut me séparer de toutes les personnes que j'aimois. j'avoue que le courage m'étoit plus nécessaire dans ce moment-là que dans tous ceux où je me suis trouvé ; je n'ai jamais ressenti de peine plus vive ni plus profonde. (f° 171v°)

Le rapport direct entre le « je » et le « tu » est donc gommé dans un premier temps, mais ce qui est certain, c'est qu'au fil du temps le père devient le destinataire du texte[25] ; or cette destination s'avère problématique puisque M. de Castries change de statut : le personnage, envisagé dans la relation filiale privée, devient candidat au poste, puis ministre de la Marine à l'automne 1780 ; par conséquent, les avis critiques que l'on pouvait confier à l'un n'ont plus la même valeur, ni le même poids, confiés à l'autre. Que penser par exemple de la réflexion suivante sur M. de la Clochetterie à la date du 8 juin ?

> C'est un homme dont un ministre de la Marine pourrait malgré tout ce que je viens de dire, tirer un grand parti, s'il vouloit faire une révolution dans ce corps, en lui disant, je vous ferai votre fortune si vous adoptés mes principes, ou si vous vous y refusés, donnés votre démission ou je vous casse.

---

23 C. Blanchard, *op. cit.*, p. ix.
24 *Ibid.*, p. 20.
25 Philippe Lejeune remarque que les auteurs de journaux personnels de la seconde moitié du xviiie siècle « ont pensé écrire moins pour *la* postérité que pour *leur* postérité ou même, tout bonnement pour eux-mêmes » (« Bombelles et Bonbon », *op. cit.*, p. 325). Charlus contrevient à cette habitude de destination puisqu'il s'agit d'un fils qui écrit pour son père : le caractère extraordinaire du voyage inverserait donc temporairement la hiérarchie intra-familiale.

> C'est un homme ferme, exact, qui a de la tête, de la chaleur et susceptible de prendre le bon chemin, si sa fortune assurée en étoit la récompense. (f° 192v°)

L'avis personnel se transforme alors en notation officielle…

LA TRAVERSÉE DE L'INTIME

Ne sachant quel sens donner à sa participation aux événements du monde, Charlus peine à donner une forme « fermée » à son ouvrage : « le projet de totalité […] qui prétend arrêter les comptes », qui caractérise l'autobiographie selon Gusdorf, se réduit à un « simple recueil d'inscriptions dans les marges de l'existence[26] », selon la définition que ce même auteur donne du journal. Or, le journal permet de capter de manière plus vive le cheminement des idées, notamment par des notations contradictoires. Ainsi, Charlus critique l'organisation du convoi le 4 mai : « Je remarquai dans la journée que l'on avoit mal fait deplacer les batimens de transport à notre droite, parce qu'ils étoient justement dans le point où il étoit possible que les Anglais debouchassent » (f° 175r°), avant de se corriger deux jours après, s'étant sans doute fait expliquer les raisons de ce choix : « La flotte composée de 32 batimens marchoit toujours au vent, tantôt à droite tantôt à gauche, afin de pouvoir forcer de voiles du côté opposé où viendroit l'Ennemi. » (f° 175v°)

De même, au fur et à mesure que le temps passe, les relations avec les autres changent, et les multiples portraits du commandant de La Clochetterie montrent ces variations[27] : ainsi, le 7 mai, M. de La Clochetterie est un « officier distingué par ses connoissances et ses talents » (176r°) ; le 18 mai, il est « un des meilleurs capitaines de vaisseau que le Roi a à son service » (f° 181r°) mais Charlus est fâché de le voir calomnier

---

26 G. Gusdorf, *op. cit.*, p. 317.
27 On retrouve un phénomène identique chez Blanchard vis-à-vis du commandant de La Grandière, mais nettement moins développé. Il écrit à la date du 30 mai : « il est vrai que nous avions beaucoup à nous louer de tous les officiers, en exceptant le capitaine qui est de mauvaise humeur, dévot, peu éclairé, joueur, intéressé, communiant tous les dimanches, sans être plus humain envers ses matelots et ses malades, annonçant enfin une religion moliniste » (*op. cit.*, p. 21), puis le 21 juin, après un combat naval, « je n'ai pas fait son portrait en beau ; mais on lui pardonne ses défauts un jour de combat » (*ibid.*, p. 26). Il n'en sera plus question par la suite.

Paul Jones, le célèbre aventurier américain ; le 21 il reste un « officier de distinction », mais qui aurait bien besoin que le ministre puisse « lui fermer la bouche en le comblant de grâces » (f° 184r°) ; le 8 juin, M. de la Clochetterie « a une manière d'être avec nous qui me déplaît : il est plein d'orgueil et de fierté, et pénétré des préjugés de son corps ; mais c'est un homme plein de talents et d'ambitions, courageux et qu'il est utile d'employer » (f° 192v°) ; le 21 juin, après un combat naval, « M. de la Clochetterie est d'une bravoure bien brillante, c'est un officier plein de talent et de mérite » (f° 200r°) mais le 11 juillet, dernier jour en mer, Charlus le qualifie d'« énergumène » pour s'être écrié : « "que l'on dise maintenant que les Marins de France sont des poltrons &c." et d'autres propos encore plus déplacés que ceux-là dans la bouche d'un homme sensé, qui devroit donner l'exemple d'une conduite régulière » (f° 208r°).

Véritable témoignage sur l'état psychologique lors d'un voyage en mer, le récit de Charlus décrit non seulement l'exaspération de vivre ensemble, mais aussi des sentiments plus profonds, notamment l'angoisse que l'on ressent quand on ne voit plus la terre :

> Deux heures après le départ on commença à ne plus voir de terre ; je ne crois pas qu'il soit possible d'éprouver un moment plus pénible que celui que je ressentis. Mon cœur étoit serré, agité, j'avoue que j'étois dans l'affliction la plus grande, je croyois être séparé pour toujours des personnes qui me sont chères. Le plus grand mal que je pourrois souhaiter à mon ennemi seroit de se trouver en pareille position. (f° 174v°)

Le *Journal* est l'occasion de noter toutes les variations d'humeur lors d'une longue traversée, liée à une expérience du temps long, que les officiers de terre, oisifs à bord, découvrent :

> Je remarquai ce jour là que lorsqu'on scavoit s'occuper le tems passoit sans qu'on s'en apperçut : à Paris, on est dans un délire continuel, personne ne s'y laisse aller plus que moi ; mais fort heureusement accoutumé dès l'enfance à m'occuper ; je retrouve cette douce habitude avec un grand plaisir quand je m'y trouve forcé. (f° 184v°-f°185r°)

Blanchard remarquera quant à lui que « sur un vaisseau, le moindre événement occupe[28] ». Cette expérience du temps long exacerbe la sensibilité, Charlus décrivant ainsi l'euphorie d'écrire une lettre à ses proches :

---

28 *Ibid.*, p. 28.

> J'étois au désespoir de ne pas écrire en France et dans le moment où je m'en plaignois, le radeau du cutter qui devoit être chargé de porter de nos nouvelles aux ministres, vint demander à M. de la Clochetterie ses commissions ; j'en profitai avec un tel empressement que je ne pus pas exprimer tout ce que je sentois ; j'eus à peine le tems de mander comment je me portois et je sentis vivement le plaisir d'écrire un mot aux personnes que l'on aime quand on est séparé d'eux. Je fus tout le reste de la soirée d'une gayeté que je n'avois pas encore éprouvée à bord, et le tems étoit si beau que tout s'accordoit à me rendre heureux. (f° 180r°)

La mer est donc un lieu où la vie est « retranchée », où l'esprit se découvre comme malgré lui et reconnait ses limites. On y perd par exemple la perception globale des événements. Ainsi, un des bâtiments de la flotte part chasser un bateau mais la nuit tombe, et il disparait. Charlus note : « sur mer comme sur terre quand on est en ligne, l'on ne scait rien de ce qui se passe hors du point où l'on est attaché » (f° 176r°). Par la suite, il ne cesse de signaler des événements dans des récits fragmentaires, exhibant son ignorance, comme pour l'exécution du hussard précédemment mentionnée. En mer, Charlus expérimente alors la frustration de se sentir incomplet. Après un mois de traversée, l'impatience et le doute se manifestent et le scripteur souligne ce jalon :

> C'est aujourd'hui le 1er de juin : voilà enfin un mois dépassé, le terme est long, éloigné de tous les objets qui intéressent et je ne le sens que trop vivement : il y a des moments durs à passer pour acquérir de la gloire ; Il faudroit pour ne pas l'éprouver, n'avoir aucune sensibilité et elle m'a trop souvent rendu heureux pour la sacrifier à mon ambition au reste Si je mérite par mon sacrifice ce que le hazard pouvoit me faire obtenir, mon objet sera rempli et je ne négligerai rien pour y réussir. (f° 187v°)

L'aventure est à peine commencée que le découragement guette. L'expérience du feu, lors d'un combat en mer quelques jours après, et l'éventualité d'une mort à la fois collective et anonyme, fragilise un peu plus l'esprit du diariste :

> Il y avoit du zèle dans l'équipage, quoi que j'aye remarqué quelques matelots qui prenoient le grand mât pour chef de file et d'autres qui baissoient la tête. Il est vrai que le seul bruit du canon est si fort qu'il fait remuer malgré soi ; on croit être en Enfer. (f° 199v°-f° 200r°)

Le *Journal* permet donc d'exprimer un certain nombre d'affects, ce qui amène à conclure que la vie en mer est « la plus contre nature que l'on puisse imaginer » (f° 184r°). Le voyage au long cours en mer est une épreuve pour le corps et pour l'esprit, mais ce n'est pas l'aspect le plus original du texte de Charlus : ce genre de notations apparaissaient déjà dans le *Journal d'un Voyage fait aux Indes orientales* de Robert Challe, et foisonnent également chez les contemporains, notamment dans la correspondance en forme de journal du chevalier de Boufflers avec la comtesse de Sabran[29]. Néanmoins, la continuité et la longueur des remarques psychologiques dans les écrits du for intérieur marquent une étape dans l'histoire de la sensibilité à la mer ; n'étant plus tout à fait dans le sentiment de peur de la mer qu'avait étudié Jean Delumeau[30], les diaristes ne sont pas encore dans un *goût* de la mer, qui commence au début du XIXe siècle[31] : on se situe plutôt dans une conception transitoire de la mer comme espace d'inconfort.

CES MESSIEURS DE LA MARINE…

L'écriture autobiographique est motivée, selon George Gusdorf, par un « vœu de fidélité à soi-même », d'où le « caractère apologétique » de ce genre d'écrit. Le début du texte assignait au diariste de justifier une existence qui risquait d'être inutile. Or, Charlus ne va pas tant se découvrir par le biais de l'introspection que se construire dans la confrontation à l'autre, qui n'est, chose curieuse pour un récit de voyage en Amérique, ni l'Américain, ni l'ennemi anglais, ni l'allié indien : cet autre, c'est l'officier de Marine, et la grande originalité du texte de Charlus est de nous dépeindre la société des officiers en temps de mer.

Les officiers de marine avaient extrêmement mauvaise réputation, si bien que les rares qui ont entrepris d'écrire leurs *Mémoires* à la même époque prennent toujours un temps pour s'en défendre : on peut penser

---

29 Comtesse de Sabran, *Correspondance inédite de la comtesse de Sabran et du chevalier de Boufflers (1778-1788)*, éd. E. de Magnieu et H. Prat, Paris, Plon, 1875.
30 Jean Delumeau, *La Peur en Occident*, Paris, Fayard, 1978.
31 Alain Corbin, *Le Territoire du vide, L'Occident et le désir du rivage*, Paris, Champs Histoire, 1990. Plus récemment, *The sea : fictions, powers, identities / La mer : fictions, pouvoirs, identités*, Aurélia Gaillard (éd.), RIEDS (*Revue internationale d'étude du dix-huitième siècle*) / IRECS, vol. 4, automne 2019.

à Scipion de Castries, le cousin de Charlus, qui, dans ses *Souvenirs maritimes*, consacre toute une page à cette infamante renommée[32]. Charlus va au-delà de la réputation et accuse clairement les officiers de rendre la vie à bord insupportable. Il écrit ainsi : « la tristesse commençoit à me gagner, j'avois de l'humeur contre tout le monde ; il m'arrivoit souvent de maudire intérieurement les officiers de la Marine qui formoient notre société et je n'étois pas le seul qui s'en plaignoit » (f° 205v°), remarque qui ne fait que reprendre un propos tenu quelques semaines plus tôt : « Tout ce qui est ici m'ennuye au dela de toute expression et habiter ensemble comme on le fait continuellement et se voir tous les jours doit porter à s'abhorrer. » (f° 192v°)

Comme Charlus le note, « lorsque l'on est abord toujours avec les mêmes personnes, on est dans le cas de faire des remarques sur tout ce que l'on entend » (f° 178v°). Le diariste va donc truffer son journal de conversations rapportées, qui sont autant de témoignages à charge contre ses compagnons :

> Vous n'oteriez pas de la tête de quelques-uns même des plus sensés [officiers de l'infanterie], ni de la plus part des marins que c'est un voleur [Choiseul] ; je leur ai entendu dire qu'il auroit mérité d'être pendu. L'idée qu'ils ont de M. d'Estaing est encore plus désavantageuse, je ne conçois même pas comment il a pu faire ce qu'il a entrepris étant détesté comme il l'étoit par ceux qui servoient sous ses ordres. On peut quand on commande se passer d'être aimé, mais jamais d'être estimé. (f° 179r°)
>
> On parla ensuite de Paul Jones, mais M. de La Clochetterie s'échauffa sur son combat, et osa dire tout haut que c'étoit un poltron et un homme sans talents. Il prononça le même jugement sur M. d'Estaing ; je ne pus l'entendre sans être fâché de voir un si brave homme en calomnier un autre ; mais jamais il ne me fut possible de l'en faire revenir. En tout cas, je me repeterai souvent sur le jugement que j'ai porté sur la Marine, mais je ne peux pas en avoir d'autres. C'est un corps ou l'on ne respire que jalousie, insubordination, où tout ce qui n'a pas commencé par être aspirant est abhorré, méprisé, et où chacun des officiers en particulier même ceux qui ont le plus de talents ont des préjugés que l'on ne pourroit détruire qu'en reformant le corps entier et le recréant de nouveau. (f° 181r°)
>
> Je causai avec M. de la Clochetterie et les officiers de son vaisseau une partie de la matinée ; leur orgueil, la hauteur et l'insubordination insoutenable dont ils sont, me révoltèrent de nouveau. Ils me tinrent des propos dont on ne

---

32 Scipion de Castries, *Souvenirs maritimes*, éd. Gérard de Colbert-Turgis, Paris, France, Mercure de France, 2005, p. 61-65. Voir la section de ma thèse intitulée « Du je au nous : de l'intimité à la revendication d'un *ethos* d'officier de marine », p. 390-405.

peut se former d'idée : l'un d'eux me disoit qu'un Ministre ose nous donner une ordonnance qui ne nous convient pas, nous la renvoyons et nous ne la suivons pas. Le commerce, disoit l'autre, nous ne sommes pas faits pour le protéger ; voilà cependant le résultat d'une mauvaise administration. (f° 181v°)
 J'eus dans la soirée une dispute avec M. de la Clochetterie qui dit tout haut en pleine table que les Espagnols étoient des poltrons et qu'on ne pouvoit en douter à la manière dont Lanzara s'étoit battu ; il dit ainsi que les autres officiers du vaisseau des horreurs de cette Nation, prétendit même que pendant leur séjour à Brest les officiers voloient les marchands. Cette apostrophe dans la bouche d'un homme sensé, me parut le comble de la déraison, je fus d'un avis opposé au sien. Nous y mimes réciproquement de la chaleur, mais je croyois devoir à ma place et à ma façon de penser de ne pas convenir que les Espagnols étoient en général des poltrons à cause que Lanzara s'étoit mal conduit. (f° 182v°-183r°)
 Le soir, j'eus une conversation avec M. de Baleroi sur les officiers auxiliaires et après avoir discuté cette matière, il finit par nous dire, au surplus, MM. cela peut-être l'interet de l'Etat qu'il y en ait, mais cela n'est pas le nôtre, ainsi cela ne doit pas être. Voila sans doute une conclusion des plus extraordinaires, mais tel est le langage de MM. les officiers de la Marine, toutes les fois qu'on veut faire un nouvel établissement quelqu'avantageux qu'il soit. (f° 184v°-185r°)

Le discours rapporté, souvent au style direct dans la plupart de ces extraits, fait entendre les paroles des officiers, les faisant paraître des êtres déraisonnables et orgueilleux. Ces discours entraînent une réaction d'indignation ou de surprise de la part de Charlus qui participe à la mise en scène du Moi. L'émotion déclenche aussitôt le commentaire, sous forme de brefs exposés ou d'aphorismes généraux : le diariste se construit ainsi un *ethos* d'homme rationnel et de défenseur du Bien public. Car « porter un jugement sur la Marine » (f° 184r°) est aussi une manière de s'affirmer comme un potentiel réformateur ou administrateur de ce corps, rendant poreuse la limite entre le Moi intime et le Moi social. Ces avis personnels si sévères sur la Marine n'ont-ils pas pour but d'influencer un père qui va bientôt arriver aux affaires ? Jusqu'à quel point Charlus cherche-t-il à se présenter comme un conseiller compétent, celui qui serait justement capable de « reformer le corps entier » (f° 181r°) ?
 À partir du moment où Charlus débarque à Newport et où il rejoint son milieu naturel, l'armée de terre, cette posture d'homme indigné disparaît, non sans quelques paradoxes : Charlus n'appréciait pas en effet que les officiers de marine critiquent leur chefs, mais il fait de même à l'égard de Rochambeau, son supérieur, et la suite du texte montre que les relations interpersonnelles entre officiers de l'armée de terre ne sont

pas meilleures ou plus exemplaires que celles qui existent entre officiers de Marine. Sur le plan stylistique, ce retour à terre se traduit par un rattachement plus net à l'esthétique des *Mémoires*, avec une narration plus suivie même si elle reste journalière : elle est essentiellement tournée vers l'extérieur. Le récit des opérations militaires et le détail des relations entre les Américains, les officiers français et les Indiens tendent à évacuer toute intrusion de l'intime.

Le *Journal* s'interrompt brusquement sans explication, la fin étant amorcée seulement par quelques réflexions sur l'attentisme de Rochambeau et de Ternay et par les rumeurs de paix. La révélation de soi par la guerre n'a pas eu lieu, le diariste semble avoir jugé inutile de continuer alors qu'il ne revient en France qu'en décembre 1781. Il est également curieux que le *Journal* s'arrête deux semaines et demie avant la nomination officielle de son père le 13 octobre 1780 : est-ce à dire qu'il n'y a plus de confidence personnelle possible ? Charlus a-t-il conscience que le *Journal* bascule vers le rapport ? Sans documents complémentaires, il est difficile de donner la raison véritable de cette fin en suspens.

Le *Journal* de Charlus est marqué par l'indétermination, en premier lieu, vis-à-vis de soi, puisque le projet de donner un sens à son existence par l'expérience de la guerre tourne court. Certes, la découverte de la Marine, plus que celle du Nouveau Monde, permet un temps au diariste de prendre la posture de serviteur fidèle de l'État, mais ce personnage se dissout rapidement dans le marasme des armées à terre. Ne sachant qui il est ou qui il veut être, si l'écriture quotidienne permet de prendre acte des modifications des pensées et des sentiments, elle ne débouche pas vers une lecture réflexive du parcours de vie. L'interruption brutale du texte traduit cet échec, sans que l'on sache si elle est due à la prise de conscience d'une certaine vanité de l'écriture quotidienne ou bien si l'émergence d'un destinataire second, le père qui devient ministre de la Marine, contribue à invalider l'écriture intime et sa liberté de ton.

Camille KERBAOL
École Navale (Lanvéoc Poulmic)

QUATRIÈME PARTIE

ROUSSEAU : HÉRITIER OU PRÉCURSEUR ?

GUERRE ET PAIX DANS
LES *CONFESSIONS* DE J.-J. ROUSSEAU

Dans un ouvrage de synthèse sur « *Genève et la Paix* », je m'étais intéressé à la position de Rousseau sur la paix perpétuelle[1]. Le concept était riche et convaincant : son *Projet de paix perpétuelle* (1761) a mené vers le projet *Vers la paix perpétuelle* de Kant (1795). Les rédacteurs de la Charte de la Société des Nations en 1919 à Genève se sont encore inspirés des écrits de Rousseau et Kant, restées des lectures prioritaires[2].

Dans le projet apparemment distinct d'« écrire sa vie », le mémorialiste témoigne d'un parcours et les événements sont rapportés à la connaissance de soi. On étudie Rousseau dans cette perspective d'une introspection, d'un repli sur le moi, d'une attention aux états d'âme, d'une construction du « je » comme il n'y eut pas d'exemple précédemment. J'orienterai ma perspective sur la révélation de la Vérité. *Les Confessions* se présentent comme autobiographie ; le parcours témoigne d'expériences accumulées qui ont été nécessaires pour atteindre un certain type de vérité. La devise que s'est donnée Rousseau, "*Vitam impendere vero*" (consacrer sa vie au Vrai[3]), reçoit des applications particulières. On trouve des discours d'idées dans les *Confessions* qui se présentent comme autobiographiques : l'apport est considérable sur le plan anthropologique, mais aussi sur celui de la philosophie politique. Je propose de chausser des lunettes « guerre et paix » et de lire la seconde moitié des *Confessions* comme *mémoire de Rousseau explicatif du processus ayant conduit à la révélation de la juste théorie de la paix*. La parole de Vérité présente

---

1 J. Berchtold, « J.-J. Rousseau et la paix des Lumières », dans *Genève et la paix. Actes et enjeux. Trois siècles d'histoire*, Actes du colloque du palais de l'Athénée de novembre 2001, éd. Roger Durand, Genève, Association « Genève : un lieu pour la paix », 2005, p. 35-50.

2 *Id.*, « Rousseau, Kant et le projet de paix perpétuelle des Lumières », dans *Guerre et Paix*, éd. J. Berchtold, N. Ducimetière, P. Hazan, C. Imperiali, Gallimard, 2019, p. 226-233.

3 *Id.*, « *Vitam impendere vero*. Dépense, dette et dédommagement : autour de la devise de Rousseau », *Europe*, 930, 84ᵉ année (n° *J.-J. Rousseau*, éd. Michel Delon), oct. 2006, p. 141-160.

les prémisses d'une telle révélation des conditions requises pour qu'il y ait paix et concorde entre les hommes.

Le parcours restitué n'est séparé ni des œuvres systématiques, ni de la théorie de l'histoire[4]. J'avais traité jadis d'un cas de figure exemplaire, à propos du livre V des *Confessions*. En 1732, Rousseau s'était rendu à Besançon et l'ensemble du livre V pouvait être analysé dans la tension (il a vingt ans) : il y a tentation de devenir d'une part musicien, d'autre part militaire. Il reste frappé par l'impression laissée par sa première lecture, Vies *parallèles* de Plutarque (I, 33-34) et, quand il réside à Chambéry, par le passage de soldats français qui traversent la vallée (V, 224-225). On pense même qu'il s'est rendu à Besançon pour tenter de s'enrôler (V, 252-255[5]). En étudiant en détail le livre V des *Confessions*, j'ai montré que, au-delà d'événements qui se prêtent à la vérification, le choix de ceux-ci au fil du discours procède d'une savante sélection où l'on voit Rousseau mettre en scène toutes sortes d'épisodes et orchestrer leur tension. Une donnée frappante est le rôle que joue la référence à Philidor, grand musicien et le plus grand joueur d'échecs du siècle. Il y a une mise en vedette remarquable du lien entre ce petit modèle du jeu d'échecs (stylisation de guerre) et l'art du compositeur. Dans la seconde moitié des *Confessions*, la même articulation sera reprise *en majeur* à propos des choix musicaux du grand Jean-Philippe Rameau (dans les *Confessions*, ces échos ne sont plus offerts qu'*en mineur* à la pratique du jeu d'échecs, petit modèle de la guerre selon des règles propres, X, 264, 303-304).

On retrouve Besançon à la fin des *Confessions*, au Livre XI (353). Rousseau doit fuir de Montmorency. Le *Contrat social* « ouvrage de concorde et de paix » et l'*Émile* (traité d'éducation formant un citoyen à l'opposé de l'« homme avarié par l'homme ») sont condamnés à Genève. Rousseau hésite à repasser par Besançon. Il y renonce, mais il a besoin de rappeler qu'il l'a envisagé. On se rend compte que le premier séjour à Besançon, ville-garnison marquée par la forteresse de Vauban, présent au début (*Conf.* V, 252-255), trouve un écho sous la forme du passage envisagé. Il y a une architecture. On peut montrer une axiologie, un

---

4 Id., « Rousseau : un recours iconoclaste à l'histoire », dans *Les philosophes et l'histoire au XVIIIe siècle*, éd. Muriel Brot, Paris, Hermann, 2011, p. 150-163.
5 Nos références renvoient à *Les Confessions*, éd. Alain Grosrichard, GF Flammarion, 2002, 2 vol. (livre et page). *Cf.* J. Berchtold, « La musique des murailles. Rousseau visiteur de Vauban », *Annales de la Société J.-J. Rousseau*, 48, 2008 (pendant avec l'article de J.-F. Perrin cité supra note 20).

champ sémantique : un réseau de motifs demande à être repéré, qui se prête à être organisé, et la thématique exprime des enjeux cruciaux. Il n'y a pas seulement restitution d'éléments autobiographiques réalistes dans les *Confessions* ; il y a une savante marqueterie, dont il revient au lecteur de dégager un sens. À la différence d'un « discours » ou « essai » où prédomine le discours argumentatif démonstratif et systématique, l'accumulation d'expériences et la genèse présentées reçoivent valeur heuristique. Selon notre thèse, c'est à la fin de la lecture des *Confessions* que le lecteur disposera des éléments pour comprendre *comment Rousseau est devenu le penseur qui a donné aux hommes une configuration d'œuvres décisives sur l'instauration de la paix*, notamment un diptyque : l'extrait du *Projet de paix perpétuelle* et – encore manuscrit – le *Jugement sur l'extrait du projet de paix perpétuelle*, publié posthume (IX, 156 ; 172-174 ; XI, 310-311) ; également, durant cet « intervalle de paix » pour lui (IX, 190), *Du Contrat Social* (IX, 187), l'*Émile*[6] et la *Nouvelle Héloïse*[7] (IX, 181-183 ; 188-190). Tout converge et procède du même projet. Rousseau équipe ses *Confessions*, à l'intention des lecteurs futurs, d'un mode d'emploi utile, l'exposé des conditions dont s'est dégagée la compréhension juste de la concorde et de la paix entre les hommes[8]. Offrant les *Confessions*, il leur permet de disposer, au sein de ses œuvres complètes, du complément d'une telle clé (une genèse, le dévoilement de prémisses). *La restitution des étapes de la persécution de Rousseau retrace, dans la seconde moitié des* Confessions, *un parcours de formation et de maturation ayant mené au discours vrai sur la paix*. Sans l'épreuve de la persécution préalable, il n'y aurait pas eu une telle lucidité.

Rousseau part de loin. Il y eut des projets de paix ; ceux du juriste Grotius (1625 ; préparant et permettant de façon heureuse la Paix de Westphalie en 1648) ; ou de l'abbé de Saint-Pierre (associé à la Paix d'Utrecht de 1714). Pour Rousseau, ne pas revoir au départ le pacte

---

6   Lorsqu'il sera préoccupé par la publication d'*Émile*, Rousseau retrouvera consolation dans Le Tasse (*Conf.* XI, 337).
7   *Cf.* Martin Rueff, « "Chère amie, ne savez-vous pas que la vertu est un état de guerre, et que, pour y vivre, on a toujours quelque combat à rendre contre soi ?" Les guerres de *Julie ou la Nouvelle Héloïse* », Journée *Rousseau, Guerre et Paix* (Société J.-J. Rousseau), org. J. Berchtold à la Fondation Martin Bodmer, Cologny, 19 oct. 2019.
8   « Aujourd'hui même, que je vois marcher sans obstacle à son succès, à son exécution le plus noir, le plus affreux complot qui ait jamais été tramé contre la mémoire d'un homme, je mourrai beaucoup plus tranquille, certain de laisser dans mes écrits un témoignage de moi qui triomphera tôt ou tard des complots des hommes. » (XI, 333).

social revient à mettre un emplâtre sur une jambe de bois (il accumule des prémisses indispensables avant de travailler à la rédaction prévue d'*Institutions politiques*, IX,153). On n'organisera pas de « ligue des nations » ni d'entente équilibrée des patries, ainsi que l'ont rêvé Grotius ou Saint-Pierre. Les rois en place ne sont que des *brigands notabilisés*. Les potentats se caractérisent par une pulsion de domination et il n'y aura jamais chez eux d'aptitude, au vu des (anti-)qualités qui les constituent (parangons d'« hommes avariés par l'homme »), d'établir des traités de paix durables. Ces hommes de pouvoir sont des conquérants. À cet égard, le *Commentaire sur la Guerre des Gaules* de Jules César représente, par le statut qu'il occupe au sein des *Confessions*, un signal intertextuel majeur[9].

Je rappelle que *Du Contrat Social* est désigné, en son introduction et sa conclusion, par la périphrase d'« objet [...] de concorde et de paix publique » (*Conf.* IX, 187). L'ouvrage, reprenant à la base le type de sociabilité qui est requise pour qu'il y ait plus tard des entités qui puissent être caractérisées comme des communautés nationales, reprend la question bien en amont des nations constituées[10]. Rousseau est le premier à le faire. Au contraire, les autres projets de paix perpétuelle entérinaient l'état de fait, les royaumes tels qu'ils étaient. Soulignons que, à l'époque où Rousseau écrit (période que couvre le compas des *Confessions*), il y a une alternance incessante en Europe entre périodes de guerre et de paix. Il y d'abord la Guerre de Succession d'Espagne qui dure une dizaine d'années, de 1701 à 1714. Rousseau a deux ans quand le traité de Rastatt (1714) entérine définitivement la paix d'Utrecht, à propos de laquelle l'abbé de Saint-Pierre écrit son *Projet de paix perpétuelle*. Saint-Pierre veut à Utrecht rencontrer tous les souverains et leur proposer le « traité de paix perpétuelle » qu'il croit avoir *démontré* de façon incontestable car cela est inspiré par la logique et de Descartes et de Spinoza[11].

---

9   *Cf.* Yves Touchefeu, *L'Antiquité et le christianisme dans la pensée de J.-J. Rousseau*, Oxford, Studies on Voltaire, 1999.
10 *Cf. Du Contrat social, ou Principes du droit politique*, l. I, ch. IV : « ...ce prétendu droit de tuer les vaincus ne résulte en aucune manière de l'état de guerre. Par cela seul que les hommes vivant dans leur primitive indépendance, n'ont point entre eux de rapport assez constant pour constituer ni l'état de paix ni l'état de guerre, ils ne sont point naturellement ennemis. C'est le rapport des choses et non des hommes qui constitue la guerre. »
11 *Cf.* Céline Spector, « Le *Projet de paix perpétuelle* : de Saint-Pierre à Rousseau », *Rousseau, Principes du droit de la guerre. Écrits sur la Paix Perpétuelle*, éd. B. Bachofen, B. Bernardi, G. Silvestrini, C. Spector, Vrin, 2008, p. 229-294 ; Carole Dornier, « L'abbé de Saint-Pierre :

Cela ne marche pas, mais on a tout de même dix-neuf ans de paix. Ensuite éclate la Guerre de Succession de Pologne, de 1733 à 1738, suivie de trois ans de paix. Puis éclate la Guerre de Succession d'Autriche, de 1740 à 1748. Elle joue un grand rôle dans la seconde moitié des *Confessions*; à cette occasion Voltaire tourne mal aux yeux de Rousseau: historiographe du roi et donc pensionné, il écrit sans liberté dans la « noble » tradition des hauts sujets de poésie, le poème de *La Bataille de Fontenoy* (*Confessions* VII, 74-75[12]). Voltaire aurait pu bien tourner, s'il était resté fidèle à l'esprit de son poème épique *La Henriade* (admiré par Rousseau, en partie rédigé à la Bastille, 1717). Mais voilà que, « dénaturé », il flagorne à présent ce roi Louis XV qui le pensionne[13]. Ensuite, il y a une période de huit ans, avant qu'éclate la Guerre de Sept ans qui caractérise la période dont parle le plus la seconde moitié des *Confessions*, de 1756 à 1763. C'est au début de cette terrible période de guerre que Rousseau travaille à la rédaction du *Projet de paix perpétuelle* et au *Jugement sur le projet de paix perpétuelle* (IX, 156; 172-174). Ces différentes guerres montrent qu'il n'y a pas non plus de stabilité dans les alliances. Trois guerres durant, l'Autriche est ennemie de la France, et, dans la dernière, la Guerre de Sept ans, son alliée. Même chose pour la Prusse, qui était, durant la Guerre de Succession de l'Autriche, alliée à la France. Or elle devient son principal opposant dans la Guerre de Sept ans. L'instabilité des alliances (conforme à la vision que Rousseau se fait de « belligérants »), confirme le fait qu'on est dans une instabilité générée par des pulsions de domination rivales. La seconde moitié des *Confessions* montre qu'une instabilité similaire caractérise le pôle de ses « amitiés ». *Chez Rousseau, la réflexion sur la nature de l'amitié et ce qui se joue sur le plan le plus personnel (l'amitié avec Diderot en sera la cause), est*

---

rationalité politique et écriture du système », *L'Esprit de système au 18ᵉ siècle*, éd. S. Marchand, É. Pavy-Guilbert, Hermann, 2017, p. 33-42; Rousseau, *Écrits sur l'abbé de Saint-Pierre*, éd. Denis de Casabianca, *Œuvres complètes*, éd. J. Berchtold, F. Jacob, C. Martin, Y. Séité, Paris, Classiques Garnier, t. VIII.

12 *Cf. Conf.*, VII, 75 : « L'hiver qui suivit la bataille de Fontenoy [11 mai 1745], il y eut beaucoup de fêtes à Versailles, entre autres plusieurs opéras [...] ».

13 Rousseau écrit (*Conf.*, IX, 181) ne rien vouloir savoir du texte satirique où Voltaire le stylise en 1759. Convaincu que Voltaire fit une application personnelle, que « Candide, c'est moi », il ne s'exprime nulle part sur l'immersion de Candide (enrôlé de force) au cœur du conflit des Abares et des Bulgares, au chap. 3. Loin du poème « haut genre » honteusement flagorneur et belliciste sur la bataille de Fontenoy, la dénonciation mordante des rois belliqueux Louis XV et Frédéric II, de la part de Voltaire, lui aurait pourtant convenu.

indissociable de ce qui se joue sur le plan de l'impossibilité des nations d'établir une paix durable. Le micro-lien (« l'homme de l'homme » de son cercle social) offre un sinistre reflet du macro-lien (« l'homme de l'homme » au niveau des relations inter-étatiques).

La seconde moitié des *Confessions,* qui paraîtra comme une entité séparée posthume (1789), montrera d'abord Rousseau faire la connaissance de l'abbé de Mably (VII, 14). *Il y a là une composition en diptyque impliquant deux frères.* Au livre VI, Rousseau avait eu *chez le premier frère* son premier emploi. Il avait obtenu, ayant quitté Chambéry, un préceptorat à Lyon chez Jean Bonnot de Mably, général de la maréchaussée lyonnaise. Celui-ci l'avait employé comme précepteur de ses jeunes garçons, potentiellement destinés à devenir officiers dans l'armée (VI, 319-321). Rousseau avait adressé à cet employeur un projet d'éducation (manuscrit à la Fondation Martin Bodmer) où, de façon inattendue, il enseignait en premier lieu le *Commentaire de la Guerre des Gaules.* Dans ce premier projet de programme d'éducation de 1740, le *Commentaire* joue le rôle de livre de chevet. Au début de la deuxième moitié des *Confessions* (VII, 14), Rousseau relate comment il fit la connaissance du *deuxième frère,* l'abbé de Mably. Gabriel Bonnot, abbé de Mably, lui commande de rédiger de façon attractive, simple et claire, un résumé du *Projet de paix perpétuelle* de l'abbé de Saint-Pierre, rédigé en 1714 (IX, 156 ; 172-174).

Qu'il y ait frères fait système (ne développons pas ici le *tertio comparationis* que constitue *La Mort d'Abel* : Salomon Gessner sera central lors de la fuite de Montmorency, XI, 352-353). Il s'instaure un vis-à-vis spéculaire. Le premier frère a demandé à Rousseau d'être précepteur de ses garçons destinés à la carrière militaire. Rousseau le prit à cœur et leur apprit à lire dans le *Commentaire sur la Guerre des Gaules* de Jules César. Le second frère apparaît plus tard (un livre plus loin dans les *Confessions* ; le processus s'étale sur une quinzaine d'années) : Rousseau se plonge dans les écrits de l'abbé de Saint-Pierre, excessivement volubile dans son *Projet de paix perpétuelle* d'à peu près six cents pages. En 1714 Saint-Pierre l'avait envoyé à toutes les altesses et aux philosophes. Il ne reçut en retour, au mieux, que quelques lignes de remerciements ; personne ne lit vraiment cet ouvrage difficilement lisible. L'abbé de Mably demande (requête fondée) à Rousseau de tirer quelque chose de compact, de resserré de ce texte. Cette aventure est racontée dans les *Confessions* : *l'autobiographie raconte l'aventure de Rousseau affrontant le défi de rédiger un ouvrage de paix*. Ce sont les imperfections propres au *Projet de paix perpétuelle* de l'abbé de Saint-Pierre qui stimuleront sa réflexion, l'aideront à comprendre pourquoi cela ne peut en aucun cas marcher – car les prémisses (ne reposant que sur « l'homme de l'homme », et donc ne remontant pas au processus de détérioration de « l'homme de la nature ») sont viciées et fausses. Le défendre, ce serait cautionner des brigands que sont les rois et les princes ! Le troisième frère de cette fratrie est le grand philosophe Condillac, le vulgarisateur du sensualisme et de l'empirisme en France, responsable du fait que la France des Lumières se soit détournée du cartésianisme. Il jouera un grand rôle à la fin de la vie de Rousseau, qui espérera lui confier le texte qui fera suite aux *Confessions, Rousseau juge de J.-J. Dialogues*, tirant les conséquences du fiasco de la réception des *Confessions* (dernier texte autobiographique espérant des destinataires). Le second frère, l'abbé de Mably (étroitement impliqué dans le système pacifiste des *Confessions*), est étroitement associé à l'ouvrage qu'il rédigea ; en 1740, il avait publié un retentissant *Parallèle des Romains et des Français, par rapport au gouvernement*[14].

La fonctionnalité de la relation de Rousseau aux frères Mably est ainsi mise en scène dans les *Confessions* : le premier des trois frères avait lancé la chiquenaude féconde initiale ; il avait commandité la formulation écrite d'un préceptorat (ancêtre d'*Émile*), à la suite de quoi Rousseau propose de retenir, comme œuvre où apprendre à lire aux enfants, le *Commentaire sur la guerre des Gaules* de Jules César. Le deuxième frère, auteur du *Parallèle des Romains et des Français, par rapport au gouvernement*, confirme la pertinence de César comme modèle de référence politique. Mais l'abbé de Mably demande surtout à Rousseau de réagir sur le traité de « paix perpétuelle » que propose l'abbé de Saint-Pierre.

C'est à ce stade que Rousseau raconte l'aventure de son premier opéra important, les *Muses galantes* (1743), où le premier acte s'appelle « le Tasse » (VII, 30[15]). C'est là que se joue une brouille avec les deux autres créateurs majeurs impliqués dans le projet, Voltaire et Rameau.

---

14   *Cf.* Flora Champy, *L'Antiquité politique de Rousseau : exemples et modèles*, thèse ENS Lyon, 06.08.2018, à paraître aux Éditions Classiques Garnier, L'Europe des Lumières, 2021 ; *id.*, « La Rome de Rousseau et le pragmatisme politique », in *La culture de l'Antiquité et des Lumières, New Approaches and Perspectives*, dir. Felicity Loughlin, Alexander Johnston, Brill, 2020, p. 219-240.
15   *Cf.* Christine Hammann, « La "vie" de J.-J. Rousseau ou l'éternel retour du Tasse », *Revue d'histoire littéraire de la France*, 106, 4, 2006, p. 859-883.

Il est intéressant de suivre ce qui s'est passé. Il y eut la commande des *Muses Galantes*, avec son premier acte. Le Tasse est le poète qui donne à l'Italie l'épopée à souffle épique, mettant en scène la Première Croisade, opposant, sur le mode martial, chrétiens et sarrasins, de façon nuancée. Le Tasse est le poète incorruptible. Dans l'acte « le Tasse » des *Muses galantes*, malheureusement perdu, on sait que Rousseau prit le risque de mettre en scène non pas tel épisode de la *Jérusalem délivrée*, mais le destin tragique du Tasse. Incorruptible, ce poète génial, sensible et apolitique ne sut se comporter en courtisan à la Cour et y fut, pour cette raison, écrasé – lui qui avait donné son grand poème à la littérature italienne (*Conf.* VII, 30, 74). A-t-on suffisamment relevé l'importance d'une telle digression se référant au traumatisme de l'histoire de Rousseau prenant conscience de la méchanceté de ses collaborateurs dans cette entreprise artistique, dans la Grande Histoire de la guerre internationale ? Une interruption (parenthèse dont la leçon est éloquente) suit immédiatement : le service de Rousseau secrétaire auprès de l'ambassadeur de France à Venise (1743-1744). On est en pleine guerre (« On était en guerre [...] » VII, 34), et la leçon, le comportement sadique, despotique, tyrannique à son égard, de l'ambassadeur, qui est son employeur, est une leçon traumatisante fondatrice qui devait marquer Rousseau (VII, 49 *sq.*). C'est une première persécution, forte et cruelle. Pour le biographe de Rousseau, le pacifiste Jean Guéhenno[16], ce fut le traumatisme fondateur à partir duquel il comprend, en période de guerre, qu'il n'admettra plus (indépendamment du contexte martial) que l'homme soit expliqué selon la grille des caractères des moralistes du XVIIe siècle (La Bruyère, La Rochefoucauld). À ses yeux, il faut comprendre (plan anthropologique) pourquoi des personnages deviennent aussi méchants que cet ambassadeur de France l'a été avec lui. La période de composition des *Muses galantes* (1743) en collaboration avec Rameau et Voltaire enjambe l'épisode de Venise (une perversion de l'homme artificiel, de l'homme dénaturé, révélée à l'occasion d'un contexte de guerre). L'intervalle revêt comme profit (combien douloureux) d'avoir révélé à Rousseau que les traitements poétiques et musicaux veules, courtisans de la célébration de « Guerre et Paix » chez Voltaire et Rameau (aveuglés par leur culture

---

16 J. Berchtold, « Jean Guéhenno lecteur de Rousseau », *Jean Guéhenno : guerres et paix*, éd. Jeanyves Guérin [*et al.*], Lille-Villeneuve d'Ascq, Presses Universitaires du Septentrion, 2009, p. 165-180.

de Cour) ne sont pas à la hauteur des enjeux, ne comprennent rien aux paramètres anthropologico-sociaux en cause. De retour à Paris, Rousseau reprend les *Muses Galantes*. Le duc de Richelieu, enthousiaste, veut le jouer à la cour ; il y a cabale de Rameau et Voltaire. On supprime l'acte rousseauiste du « Tasse » poète réfractaire, et on le remplace par le non polémique « Hésiode » (1747, 1751). Une mise en scène de la condition du poète incorruptible, écrasé à la Cour par le pouvoir aveugle (Tasso), était peu agréable aux yeux de Rameau, compositeur qui, lorsqu'il y aura Paix (Guerre de Succession d'Autriche s'achevant par le Traité d'Aix, 18 oct. 1748), sera chargé de chanter « Grandeur célébrant Paix ». Ce seront *Les Surprises de l'amour* (Versailles, 27 novembre 1748). Aux yeux de Rousseau (avant tout musicien), Rameau se disqualifie pour toute réflexion de fond crédible sur la nature de la paix car il se compromet du côté du pouvoir. Son œuvre flagorneuse *Les Surprises de l'amour* décrira les amours désarmant les cyclopes fabricateurs d'armes ; Vénus est plus forte que Mars (air « L'amour est le dieu de la paix »). Rameau flatte le roi vainqueur concluant la paix et satisfait l'exigence qui émane des commandes de Cour. Même chose pour Voltaire ! En 1745 il s'est déconsidéré, lui censé être le Tasse français (être aussi pur que le Tasse, qui avait écrit *La Henriade* en 1728, seul poème épique à sujet chrétien de la littérature française). Voilà qu'il tombe précisément dans le travers où le Tasse (parce qu'il fut pur, intransigeant) ne serait jamais tombé : il devient historiographe du roi et chante la magnificence de Louis XV, souverain en dentelle au milieu du champ de bataille – indifférent à l'égard des blessés, des souffrances endurées. Le poème rappelle désagréablement les scènes des tableaux à sujets guerriers du XVIIe siècle (encore visibles au Louvre). Rousseau musicien constate que l'art est à mille lieues de nourrir en quoi que ce soit une réflexion utile sur la Paix durable. À côté du plus grand poète (Voltaire) et du plus grand compositeur de musique (Rameau), ses contemporains, il disqualifie un troisième personnage. Il est aussi sévère avec le juriste Grotius, célébré pour avoir offert par son traité (*De jure belli ac pacis – Sur les lois de la guerre et de la paix*, 1625) les bases théoriques ayant rendu possibles les traités de Westphalie (1648) et permis de mettre un terme à l'épouvantable Guerre de Trente ans. Aux yeux de Rousseau, employé par Louis XIII, il sert un monarque qui le pensionnait et les prémisses de sa philosophie des « raisons d'état » s'en trouvent invalidées. Sa sophistique définissant la « guerre juste » en opposition à la guerre injuste, est entachée du fait qu'il écrivit pour un commanditaire impliqué dans une conception guerrière qui servait ses intérêts. Grotius, Voltaire, Rameau : il faut déplorer qu'il n'y eût chez eux ni recul ni neutralité philosophiques. S'agissant de penser la paix, Voltaire (au meilleur niveau de la poésie), Rameau (au meilleur niveau de la musique), et Grotius (au meilleur niveau du droit), sont récusés. Dans notre lecture, les *Confessions* distillent des indices de cette disqualification au fur et à mesure du parcours chronologique.

Nouvelle architecture : la seconde moitié des *Confessions* est articulée autour de deux *donjons*. Il y a d'abord, à la fin du livre VII (89) et au début du livre VIII (90-91), le donjon de Vincennes. C'est (sur le plan personnel) le meilleur ami, Diderot, et (sur le plan de la rénovation de la pensée) le principal artisan des Lumières, qui est en cause. Parce qu'il a écrit des vérités sur le processus cognitif chez les aveugles, il est mis en prison et, du coup, la plus grande entreprise du siècle, l'*Encyclopédie* qu'il codirige, est menacée en son existence. « Donjon », terme important recouvrant des enjeux de haut prix, vient de « *dominare* » – ce dont Rousseau voudrait libérer les hommes ; il leur apprend à être libres, égaux. Diderot est l'ami avec qui il partage et éprouve la quintessence de l'amitié. C'est à lui que Rousseau rend visite à Vincennes. Une preuve d'amitié insigne est donnée : ses visites régulières, alors qu'il se rend à pied de Paris à Vincennes et obtient de visiter son ami.

On est confronté, dans les *Confessions*, à une architecture remarquable. Le second « donjon » sera celui du séjour à Montmorency (X, 253), où Rousseau rédigera ses œuvres les plus importantes : à proprement parler la *Lettre à d'Alembert sur les spectacles*, et par extension (contraintes morales coercitives, oppressives, de cette période), la *Nouvelle Héloïse*, le *Contrat social*, l'*Émile*, et cela sera stimulé, inspiré, nourri par la haine de... Diderot pour Rousseau.

Dans la relation si importante et exclusive au meilleur ami, il y eut, à partir de 1757, rupture totale. Or ce qui, dans l'épisode du second « donjon », occupera la fonction de Vincennes qui avait enfermé Diderot en 1749 (le terme reste ; les positions sont interverties), ce sera... l'inimitié cruelle du cercle des anciens meilleurs amis. On a la preuve la plus extrême (paroxysmique) des mauvaises prémisses de l'éducation de « l'homme corrompu par l'homme ». Des gens de la qualité de Diderot, Grimm, etc. (Rousseau fut leur ami ; contributeur de l'*Encyclopédie*, il rédigea près de quatre cents articles de musique), ne souderont l'alliance de leur amitié qu'en haïssant Rousseau. Il y a un renversement qui contribue à révéler les mauvaises prémisses sur lesquelles était assise la (prétendue) « amitié » qui était celle de Rousseau et Diderot avant qu'elle ne soit totalement renversée. De même un traité de paix entre deux royaumes ne vaut que tant que l'humeur et le caprice du monarque le permettent. Rappelons que le donjon de Vincennes (comme la Bastille, dont il est question dans la 2ᵉ moitié des *Confessions* ; menace grave pesant sur J.-J., VIII, 129 ; XI, 344 ; *Cf.* IV, 212), est forteresse d'État. Rousseau, grand lecteur de Tite-Live, Tacite et autres historiens de la Rome antique ayant traité de la fondation de Rome, sait qu'il y a deux propensions pour *l'urbs* : « *arx* », citadelle qui « se défend contre » (*arcere*[17]) ; et, second mouvement complémentaire inverse, « *carcer* », prison (*coercere*). Il y a double disposition (pulsions xénophobes *vs* de rétention). Quelque chose de dénaturé dans l'*arx*, qui avait pour vocation de se défendre contre des ennemis du dehors, devient vocation à enfermer (*coercere*) des habitants de la cité. Il y a eu perversion du lien de solidarité citoyenne.

Cela est remarquable dans la seconde moitié des *Confessions*. En confrontant la fin du livre VII et le début du livre VIII au livre XII, on remarque, de la part de Rousseau, une architecture concertée autour de deux « donjons » : un premier réel, la forteresse de Vincennes (tout s'enclenche à partir de là[18]) ; puis celui de Montmorency. Le second, petit lieu, revêt une acception métaphorique, offrant une idée de l'étau qui encercle Rousseau et (contraintes fécondes) lui inspire la meilleure part de ses œuvres, déclinées à partir de la révélation des prémisses requises pour réformer, pour de bon, le lien social. Ceci se joue dans le second « donjon » où il se retire pour écrire.

Au livre VIII, où se conclut le chapitre du premier donjon (*incipit*), Rousseau explique qu'il fit une « réforme ». Dans la chronologie, alors qu'on se situe au cœur de l'intervalle entre les rédactions des deux *Discours* (le premier sur les *Sciences et les arts* ; le second sur l'*Origine de l'inégalité* qu'il n'a pas encore écrit), il raconte : « je commençai ma réforme […],

---

17 Carole Dornier, « Écrire la Citadelle intérieure : les thérapeutiques de l'âme dans les *Rêveries du promeneur solitaire* », *Annales de la Société Jean-Jacques Rousseau*, éd. J. Berchtold, M. Porret, 48, 2008, p. 105-112.
18 Amélie Tissoires, *L'Opéra mental. Formes et enjeux de l'écriture du spectacle chez J.-J. Rousseau*, Genève, Slatkine, 2012.

je posai l'épée » (VIII, 106). On apprend qu'il avait le droit de porter l'épée ; il l'a reçu à Lyon chez M. de Mably. Mais voilà qu'il dépose l'épée, acte symbolique fort. Rousseau développe que c'est parce qu'il fera désormais de sa propre vie un « exemple », qu'il déclenche la haine de ses meilleurs amis[19]. C'est moins par le contenu et le succès des livres qu'il agace ses détracteurs, que parce qu'il veut offrir un « exemple » par ses mœurs, et faire de son personnage même, sage intransigeant et vertueux, un « exemple » de comportement – alors que ses amis adoptent une distanciation cynique et ne confondent pas la pensée et les plaisirs de la vie qui sont deux choses distinctes. Dans les *Confessions*, Rousseau prend un soin extrême à exposer les prémisses d'une haine nourrie à son égard (la plus forte émane de ses « amis »), qui ne fait que se confirmer et croît de façon inflationniste et qu'il décrit avec rigueur.

Lorsque la seconde question de l'Académie de Dijon est publiée (« Quelle est l'origine de l'inégalité parmi les hommes ? »), soulignons qu'il s'agit d'une question audacieuse (l'Académie provinciale de Dijon fut rappelée à l'ordre par Paris). Dans les *Confessions*, Rousseau caractérise la localisation de la juste inspiration (la forêt précède le donjon !) et raconte : « Tout le reste du jour *enfoncé dans la forêt*, j'y cherchai [...] » (VIII, 133). C'est un état intermédiaire. Réfléchir *en forêt* au lieu de réfléchir dans une bibliothèque optimale, comme Grotius compilant des autorités et avant de se retirer (persécution féconde) en son « donjon » : la *silva* et le barbare silvestre de Montmorency offrent un contraste par rapport à l'*urbs* (Paris) et à l'urbanité des potentats politiques et autorités philosophiques parisiens. L'indication du décentrement témoigne que Rousseau est passé du côté de l'opposant de Jules César. La référence à l'intertexte de la *Guerre des Gaules*, introduite dès le livre I des *Confessions* et confirmée, reste valide. Il y eut un diapason offert au premier livre des *Confessions* : quand il était à Bossey, Rousseau avait construit un aqueduc et s'était comparé à César. À cette occasion il s'était plu à dire que, en émulation, il avait fait mieux que son modèle (jouant d'une formule citation[20]).

---

19 Bérengère Baucher, *L'art de former un homme : les figures de l'exemple dans l'œuvre de Jean-Jacques Rousseau, du premier* Discours *aux* Confessions (thèse soutenue le 22 septembre 2014, en préparation).
20 Jules César s'était vanté d'avoir fait mieux qu'Alexandre à trente ans. Le jeune Alexandre s'était plaint de risquer de ne pas faire aussi bien qu'Achille, son modèle (I, 50). Les conquérants sont dans l'émulation, dans la recherche du surpassement du modèle précédent. *Cf.* Jean-François Perrin, « César à Bossey : le palimpseste antique au livre I des

Rousseau « en forêt » rompt avec la recherche de la ressemblance à Jules César, il passe dans la résistance, devient le dissident réfractaire[21]. Dans la *Guerre des Gaules*, ce que raconte César comme étant son échec majeur, est de n'avoir jamais pu pénétrer victorieusement les forêts profondes de Germanie. Un imaginaire dûment documenté depuis les pamphlets satiriques anti-Rousseau publiés à l'époque de la Querelle des Bouffons fit coïncider « barbare gothique » et « Suisse rustique ». Rousseau vécut à Paris en intériorisant ce quolibet, ce sarcasme. Il parlait un français qui correspondait à un dialecte genevois. Jules César raconte dans le premier épisode de son *Commentaire* de sa conquête des Gaules que, en 58 av. JC, il vint à Genève, vit et vainquit : il brûla le pont sur le Rhône à Genève et, fort de cet exploit, s'opposa victorieusement aux Helvètes. Il y a dans l'exposé des *Confessions* du contexte de rédaction sylvestre du second *Discours* (« *enfoncé dans la forêt* »), quelque chose renvoyant aux « forêts » de Germanie qui se trouveraient réhabilitées par Rousseau car elles sont le lieu de la résistance à l'hégémonie césarienne. En cette période historique, nous sommes à un tournant de l'évaluation du personnage. L'opéra de Haendel en 1713, *Arminius*, héroïsa le Germain qui avait fait opposition à l'hégémonie césarienne ; suit en 1772 la tragédie de Jean-Grégoire Bauvin, *Arminius*, où (pas idéologique franchi), le barbare rustique représentera l'héritier positif des valeurs de la résistance et de la vertu républicaines, que le potentat impérial n'arrive pas à dompter (l'empereur représente désormais de façon négative la corruption du régime oligarchique[22]).

Le *Commentaire sur la Guerre des Gaules* a été rédigé comme propagande par Jules César. Au terme de la campagne, il revient prendre le pouvoir à Rome. Il aura ce pouvoir, il mettra fin à la République. Rousseau (dans les *Confessions*, paradigme d'autobiographie) écrit son moderne

---

Confessions », *Annales de la Société J.-J. Rousseau*, 48, éd. J. Berchtold, M. Porret, 2008, p. 317-337.

21 Sur cette figure, Christine Hammann, *Déplaire au public : le cas Rousseau*, Paris, Éditions Classiques Garnier, 2011.

22 Une génération après les défaites des légions romaines de Jules César en forêts de Germanie (relatées dans le *Commentaire*) et après la mort de Jules César, surgit un nom : « Arminius le libérateur » (Tacite) personnifie la résistance anti-impériale « en forêt ». De son vivant, deux empereurs julio-claudiens, Auguste et Tibère, occupent le trône à Rome. Naturellement il y aura une application d'une telle polarisation dans la littérature antinapoléonienne (Kleist, *La Bataille de Hermann*, 1808). *Cf.* Martin Winkler, *Arminius the liberator, Myth and Ideology*, Oxford UP, 2016.

Commentaire de la Guerre des Gaules : fasciné au début de sa vie par les militaires, Rousseau apprit à lire dans les *Vies parallèles* d'Alexandre et César de Plutarque (I, 33-34[23]). Il signale un moment où il continue le projet consistant à construire une forteresse livresque, au regard de César qui l'avait fait avec son livre de propagande. Rousseau passe du côté de celui qui assume de rester « enfoncé dans la forêt » (VIII, 133). Il s'agit de s'ériger un monument sylvestre à soi-même ; mais en inversant la finalité. La finalité de César a consisté à poursuivre un parcours irrésistible de domination et de pouvoir. Au contraire, Rousseau essaie de poursuivre un parcours de révélation de la Vérité pour mettre fin à toutes les souffrances causées par la volonté de domination et par toutes ces prémisses non vues par aucun philosophe avant lui, qui fait qu'un homme puissant, investi de pouvoir, devient méchant. Au dernier degré, l'exemple est celui de l'ancien « meilleur ami » Diderot. Rousseau montre, au terme d'une accumulation d'un certain nombre d'expériences, de beaucoup de persécutions, qu'il aiguise sa lucidité à propos d'un système d'anthropologie et de philosophie politique qui lui permet d'écrire une œuvre révolutionnant l'organisation de la société. Il commence par la *Nouvelle Héloïse* où il s'est toujours vanté qu'il réussit à faire un roman de six cents pages sans antagoniste malfaisant : « sans méchant » (XI, 309). Il réussit à tenir le lectorat du plus grand *best-seller* du XVIIIe siècle sans recours à aucun méchant. Il est en émulation avec Richardson qui, dans *Pamela* ou *Clarissa*, insérait des personnages masculins cruels, prédateurs sexuels et harceleurs. Rousseau mit en scène deux parties, littéralement en guerre. Il écrit au livre IX des *Confessions* qu'il y a un « état de guerre » civile qui reprend et retrouve (analogie) les conditions où il y eut les sanglantes Guerres de Religion entre catholiques et protestants (IX, 187). Désormais le clivage nouveau est identifié ; il se joue entre athées matérialistes et croyants. Citons le passage dramatisé du livre IX des *Confessions* :

> Les deux partis, déchaînés l'un contre l'autre avec la dernière fureur, ressemblaient plutôt à des loups enragés, acharnés à s'entredéchirer, [...]. Il ne manquait peut-être à l'un et l'autre que des chefs remuants qui eussent du crédit, pour dégénérer en guerre civile, et Dieu sait ce qu'eût produit une

---

23 Rousseau se réfère encore tout naturellement à l'univers moral des *Vies parallèles*, *Conf.*, XI, 314 ; XII, 360.

guerre civile de religion, où l'intolérance la plus cruelle était au fond la même des deux côtés. (IX, 187).

Rousseau établit le constat d'un double fanatisme des deux « partis », ceux des athées matérialistes et des croyants religieux. Dans un tel contexte (précisant qu'il se tient à l'écart des deux « partis »), il veut donner l'antidote, il veut « adoucir » le conflit ; il représente dans la *Nouvelle Héloïse*, sans mise en scène de violence, la coexistence entre l'athée vertueux, Wolmar et la croyante Julie ; l'effet de l'un sur l'autre leur permet de communier. C'est un peu le couple qu'il forme avec Diderot qu'il met en scène. Cette expérience de la *Nouvelle Héloïse* est précisément à l'opposé de ce que lui-même vit dans la réalité. Dans la vraie vie, il lui a été infligée comme destinée d'être la victime méchamment tourmentée par excellence, comme Pamela ou Clarissa chez Richardson. Ce sont à la fois les dévots et les athées matérialistes qui s'unissent sur un seul point, s'acharnent contre un bouc émissaire, contre Rousseau victime.

Rousseau montre cette persécution de tous contre un seul, c'est le sujet même des trois derniers livres des *Confessions*. C'est là, alors qu'il est dans l'exposé de cette guerre de tous contre lui, qu'il va revenir à cet épisode de travail de rédaction de son *Projet de paix perpétuelle* de l'abbé de Saint-Pierre, obéissant à la commande faite par l'abbé de Mably (VII, 14 ; IX, 156, 172-174). Ce texte sera indissociable d'un *Jugement sur l'extrait de paix perpétuelle* de l'abbé de Saint-Pierre, qui ne paraîtra que posthume.

Ce qui détend la tension et est drôle, c'est qu'il y a, dans le livre IX, un épisode burlesque, la « *guerre* » contre... les loirs qui viennent dévorer tous les légumes : « Je fis la guerre aux loirs » (IX, 184). Alors qu'il est « ami de la paix » (IX, 178), il demande un fusil, lui qui avait « posé l'épée » (VIII, 106), et il parle de « [s]on appareil militaire » (IX, 185), dans la grande tradition. La dimension importante de l'humour de Rousseau mérite d'être saluée. On attribuait à Homère, soucieux de ne pas trop se prendre au sérieux, lui qui écrivait l'*Iliade*, d'avoir composé la *Bataille des rats et des crapauds* (*Batrachomyomachie*). C'est recourir au langage élevé de la guerre et des militaires grecs et troyens dans un épisode burlesque ! Il convient de ne pas sous-estimer l'humour de Rousseau dans les *Confessions*. Cependant, Rousseau donne aux hommes, par son œuvre, les clés de compréhension pour cesser de se faire la guerre. Nous avons une histoire de France en fresque d'arrière-plan, avec des annotations qui témoignent, parfois en une demi-phrase, où l'on en est des guerres en cours (« Tandis que j'étais à Paris, Saint-Lambert y arriva de l'armée. » IX, 215 ; « Les désastres d'une guerre malheureuse, qui tous venaient de la faute du gouvernement [...] », XI, 329 ; etc.). Rousseau vit, sur le plan personnel, une guerre qui est en miroir de cette situation internationale, celle de l'Europe instable. En revanche sa situation de victime privilégiée le prépare à être le prophète d'un pacifisme. Le terme est anachronique ; il est celui qui énoncera et offrira les conditions de la paix. Cela reposera notamment sur la mise à nu de « maximes » (IX, 209, 227), alors que les discours de haine s'accumulent. Le méchant a besoin de sociétés à manipuler et où il puisse infliger de la souffrance tout en satisfaisant sa soif de domination ; le méchant a besoin des autres pour exercer sur eux sa malveillance. Rousseau écrit dans *Confessions* IX : « [...] la haine du méchant ne fait que s'animer davantage par l'impossibilité de trouver sur quoi la fonder. [...] La rage [des méchants] s'accroît de jour en jour, comme celle des tigres, par la facilité qu'ils trouvent à l'assouvir » (IX, 227) ou encore : « le jeu de l'intrigue et de la méchanceté se soutient, se renouvelle, et bientôt son effet sans cesse renaissant efface tout ce qui l'a précédé » (IX, 240). Ce qui conduit tous les partis conjugués à inverser les valeurs : « J'étais devenu [...] un forcené, un enragé, une bête féroce, un loup. [...] l'auteur de *la Nouvelle Héloïse* est un loup ! » (XII, 357).

En gros, Hobbes a tort, ce n'est pas l'état de jungle originelle où « l'homme est un loup pour l'homme », c'est l'homme civilisé qui ne sait pas voir que sous des couverts artificiels de sa pseudo-civilisation il n'est, plus que jamais, que tigre pour l'homme. Il faut renverser l'analyse de Hobbes et partir de la bonté de l'enfant. Il faut qu'une communauté d'Émiles établisse le *Contrat Social*, qui permettra et fera qu'il y aura égalité, qu'il n'y aura plus d'oligarchie et de puissants. Là-dessus seulement, sur la base de communautés entièrement renouvelées fondées sur le *Contrat social*, ayant comme prémisses des éducations à la Émile, on pourra imaginer un ordre international des petites communautés ayant toutes sortes de pactes entre elles. Ce n'est en tous cas pas en entérinant l'état politique tel qu'il existe : « Mon talent était de dire aux hommes des vérités utiles, mais dures, avec assez d'énergie et de courage ; il faillait m'y tenir » (XI, 316). Quand il fuit Montmorency, Rousseau, de façon assez curieuse, s'accompagne d'un livre. C'est Salomon Gessner (connu par tous pour être l'auteur de *La Mort d'Abel* – épopée du premier crime[24], XI, 352). Cette lecture l'inspire. Rousseau relit l'Ancien Testament. Il aurait voulu comme Socrate rester stoïque à Montmorency, mais pour faire plaisir à Mme de Luxembourg, il s'enfuit et rédige le *Lévite d'Éphraïm* (XI, 345, 352-353). Il y a pertinence d'une telle application, au moment de la fuite hors de France, pour celui qu'on chasse *parce qu'il était en train de donner la vérité aux hommes sur une réforme fondamentale nécessaire pour rétablir un pacte social sur des bases saines* ; il y a une sorte de validité de l'identification par Rousseau aux sorts des prophètes non écoutés par le peuple, dans l'Ancien Testament.

Jean-Jacques reçut une proposition du roi de Prusse, de l'accueillir chez lui (XII, 359-367). Frédéric II promettait de le couvrir de sa protection. Il lui aurait accordé une pension, il aurait confirmé ce faisant qu'il était le monarque qui protégeait les intellectuels persécutés en France. Il y eut une lettre extraordinaire de Rousseau, alors qu'on était proche de la fin de la Guerre de Sept ans et que Jean-Jacques Rousseau n'avait nulle part où aller et n'avait pas un sou, il eut le culot d'écrire à Frédéric II : « Ôtez de devant mes yeux cette épée qui m'éblouit et me blesse, elle n'a que trop bien fait son devoir et le sceptre est abandonné, la carrière des rois de votre étoffe est grande, et vous êtes encore loin du terme[25]. » L'*épée sanglante* de Frédéric II empêche totalement Rousseau d'entrer en matière pour être pensionné et hébergé à Potsdam ou Berlin – ce qui n'aura pas empêché Frédéric II, dans sa grandeur, de le protéger via George Keith, son homme de confiance.

Aux diptyques repérés au sein des *Confessions*, dont nous avons étudié la valeur heuristique, s'ajoute celui de deux « épées » marquantes

---

24 J. Berchtold, « *Rousseau und Gessner. Die Pastorale der Ursprünge, und der Ursprung des Bösen* », *Rousseaus Ursprungserzählungen*, éd. Pascal Delhom et Alfred Hirsch, Padeborn, Wilhelm Fink, 2012, p. 175-192.
25 Lettre de Rousseau adressée au roi de Prusse Frédéric, 1er nov. 1762. Le récit dans *Conf.* XII : « À la paix qu'il fit [en fait le roi Frédéric fera la Paix le 10.2.1763] peu de temps après, je témoignai ma joie [...] La paix conclue, je crus que sa gloire militaire et politique étant au comble, il allait s'en donner une autre en ses États, en y faisant régner le commerce, l'agriculture, en y créant un nouveau sol, en le couvrant d'un nouveau peuple, en maintenant la paix chez tous ses voisins, en se faisant l'arbitre de l'Europe après en avoir été la terreur. [...] Voyant qu'il ne désarmait pas [...] J'osai lui écrire à ce sujet et prenant le ton familier fait pour plaire aux hommes de sa trempe, porter jusqu'à lui cette sainte voix de la vérité, que si peu de Rois sont faits pour entendre » (XII, 366-367). Il est remarquable que ce dernier livre des *Confessions* soit le plus riche en occurrences du mot « paix ».

dans la vie de Rousseau. Nouvelle architecture : la seconde moitié des *Confessions* est articulée autour de deux *donjons*. La « Réforme » de 1753 est à prendre au sérieux. Dans l'énoncé « je posai l'épée » (VIII, 106), le lectorat voit bien l'opposition entre le sceptre moral qu'aurait dû bien manier Frédéric II et l'épée qu'il ne manie que trop bien. « Je posai l'épée », avait dit Rousseau. En fait, nous devons comprendre, au terme de la lecture des *Confessions*, qu'il a échangé l'épée contre la nouvelle épée de la plume. Deux versets de la *Lettre aux Hébreux*, chap. IV, versets 12-13, de l'Ancien Testament, sont pertinents : « Elle est vivante, la parole de Dieu, elle est énergique et plus coupante qu'une épée à deux tranchants. » Rousseau construit certes par son œuvre un donjon, une « œuvre forteresse » et se défend des persécutions ; c'est également une « œuvre épée ». Le passage visionnaire inspirateur est le portrait de l'ange de l'*Apocalypse*, au chap. XIX : « Je vis le ciel ouvert, je vis l'ange dont le nom est Vérité, son nom est parole de Dieu, parole de Vérité (19.11) [...] *De sa bouche sort une épée acérée avec laquelle il doit frapper les nations* (19.15). Je vis tous les rois de la Terre et leurs armées rassemblées pour lui faire la guerre mais tous furent tués par l'épée qui sortit de sa bouche. »

Rousseau faisait grand cas de la théorie stoïcienne des « exemples remparts », des exemples qui sont des protections morales contre les coups durs de la vie. Pour comprendre sa mission et sa destinée si difficiles, de devoir révéler le Vrai alors que ses contemporains restent sourds et aveugles aux révélations intéressant leur intérêt (plus il leur rapportait des Vérités favorables à leur bonheur, plus il était persécuté), il y a une ressemblance consolatrice et secourable à ce modèle de l'ange de l'Apocalypse avec sa « parole Vérité » annonçant qu'elle est apte à renverser à terme tous les rois bellicistes de la Terre.

Jacques BERCHTOLD
Sorbonne Université /
Fondation Bodmer

DESCARTES DANS LES *RÊVERIES DU PROMENEUR SOLITAIRE*

Méditation, méthode et écriture de soi

On ne saurait dire que les *Rêveries du promeneur solitaire*, sorte d'hapax produit par Rousseau dans les dernières années de sa vie (automne 1776 – avril 1778[1]) s'inscrivent dans un genre. Pour Marc Eigeldinger comme pour beaucoup de critiques, dont Jean Starobinski, ce texte forme le dernier panneau du « triptyque autobiographique[2] » de Rousseau, prolongeant les *Confessions* et les *Dialogues*, quoiqu'il s'en distingue par l'intention et la forme. Mais les tenants de la lecture autobiographique des *Rêveries*, qu'Emmanuel Martineau, dans une démonstration brillante, a d'ailleurs travaillé à déconstruire[3], ne s'accordent pas pour autant sur la caractérisation générique du texte. Eigeldinger, consultant les dictionnaires de l'époque, le rapproche avec précaution de ce que l'on appellera le journal intime[4], rapprochement dont Philippe Lejeune a montré les limites[5]. Selon Marcel Raymond, comme pour d'autres, dont

---

1 La date de composition des *Rêveries* n'est pas connue précisément, mais la plupart des chercheurs s'accordent à considérer que Rousseau les écrivit entre l'automne (voire l'hiver) 1776 et avril 1778.

2 Marc Eigeldinger, Introduction aux *Rêveries du promeneur solitaire : fac-similé du manuscrit original*, Bibliothèque de Neuchâtel, Genève, Slatkine, 1978, p. 1. Jean Starobinski inscrit de son côté le texte dans ce qu'il appelle l'« œuvre autobiographique » de Rousseau (Jean Starobinski, *Jean-Jacques Rousseau : la transparence et l'obstacle ; suivi de : Sept essais sur Rousseau*, Paris, Gallimard, « Tel. Gallimard », 2013, p. 216).

3 Emmanuel Martineau, « Nouvelles réflexions sur les *Rêveries*. La Première Promenade et son "projet" », *Archives de Philosophie*, vol. 47, n° 2, 1984, p. 207-246, p. 216. Martineau voit dans les *Rêveries* « une crise de la confession comme événement indivis de pensée et de langue » (p. 221).

4 Marc Eigeldinger, *op. cit.*, p. 3-5. Alain Girard (*Le Journal intime*, Paris, PUF, 1963) et Pierre Pachet (*Les Baromètres de l'âme. Naissance du journal intime*, Paris, Hachette littératures, « Pluriel », 2001) ont fait de Rousseau un précurseur des formes d'expression de l'intime.

5 Voir Philippe Lejeune, « Pourquoi Rousseau n'a-t-il pas écrit de journal ? », *Aux origines du journal personnel. France, 1750-1815*, Paris, Honoré Champion, 2016, p. 33-40. Lejeune

Céline Spector, « s'il est un genre littéraire français dont se rapproche la méditation-rêverie écrite de Rousseau, c'est [...] l'*Essai* de Montaigne[6] ». Rappelant, comme d'ailleurs plus tard Robert Morissey[7], le terme « rêverie » à son sens premier : *vagabonder* (du latin *reexvagare*), il souligne l'idée de dérèglement, de désordre, voire de *délire*, liée à l'activité du dormeur qui lui est attachée[8].

De fait, la première Promenade, qui devrait poser le pacte de lecture, semble tout faire pour brouiller les pistes : l'auteur y parle de ces pages comme pouvant « être regardées comme un appendice de [s]es *Confessions*[9] », ce qui semble la ranger dans la classe des écrits autobiographiques, tout en ajoutant qu'il ne leur donne pas ce titre, « ne [se] sentant plus rien à dire qui puisse le mériter[10] ». Mais les *Rêveries* se démarquent des *Confessions* sur plusieurs points. Il ne s'agit plus d'un récit mais d'un discours, selon les catégories reprises par Genette à Benveniste. À cet égard le choix des temps verbaux parle de lui-même : présent, passé-composé, parfois futur s'imposent, au détriment du passé simple qui n'apparaît plus que de manière incidente. L'objectif avoué n'est plus de reconstituer une vie, mais de livrer un courant de conscience. C'est dans son actualité (et seulement épisodiquement par la réminiscence d'expériences passées) que Rousseau entend représenter son âme. On serait donc effectivement

---

montre notamment que presque rien ne correspond au protocole ordinaire d'un journal dans les *Rêveries*. Il n'y a pas, comme il l'annonce, appliqué le baromètre à son âme. Mais en y rêvant, Rousseau a tracé certains contours de ce que sera le « journal intime » selon le critique.

6 Introduction à Jean-Jacques Rousseau, *Rêveries du promeneur solitaire*, *Œuvres Complètes*, Paris, Gallimard, « Bibliothèque de la Pléiade », 1959, t. I, p. LXXXI. Voir aussi Céline Spector, « Vérité et subjectivité : des *Essais* aux *Rêveries* », *Annales de la Société Jean-Jacques Rousseau*, Société Jean-Jacques Rousseau, 2012, p. 321-350.

7 Robert Morissey (*La Rêverie jusqu'à Rousseau. Recherches sur un topos littéraire*, French Forum Publishers, Lexington, Kentucky, 1984) met en valeur comme « topos littéraire », la rêverie, dont il remonte le fil de Chrétien de Troyes à Rousseau en passant par Montaigne et Descartes. Morissey, suivant J. Judd, rattache le verbe *resver* au *vagare* latin. Il aurait, selon le *Dictionnaire de Godefroy*, deux significations principales : *vagabonder et délirer*.

8 Dans le chapitre « Rêver à la Suisse » de son *Jean-Jacques Rousseau, La Quête de soi et la rêverie*, Marcel Raymond consacre un long développement au sémantisme du mot « rêverie » citant notamment la définition de Furetière : « Faire des songes extravagants, et particulièrement quand on est malade », « dire et faire, à l'état de veille, des choses extravagantes, comme un homme qui rêve en dormant et s'éloigne de toute pensée raisonnable » (Marcel Raymond, *Jean-Jacques Rousseau, La Quête de soi et la rêverie*, Paris, Corti, 1962, rééd. 1970, p. 160).

9 J.-J. Rousseau, *Rêveries*, Première Promenade, *op. cit.*, p. 1000.
10 *Ibidem*.

proche de l'autoportrait selon Montaigne s'attachant à représenter, dans leur désordre, pensées et sentiments[11] mais aussi des œuvres morales de Plutarque dont Rousseau se réclame (dans la quatrième Promenade) aussi bien que l'essayiste. Cette dimension morale, de même que l'écriture périodique des *Rêveries*[12] s'inscrivent aussi dans la lignée des périodiques d'observation morale qui se sont développés en France à la suite du *Spectator* anglais, dont elles conservent non seulement le caractère décousu mais aussi la présence d'un rédacteur individué aux états d'âme nombreux. Le rapprochement avec les dits *journaux* de Marivaux est possible dans la première Promenade, où Rousseau parle, aussi bien que le Spectateur français, de ses « feuilles » et de l'« informe journal de [ses] rêveries[13] ». Mais l'auteur entend également « fixer » les « contemplations » de ses promenades, tenir « registre » des opérations de son âme[14], offrir un « examen » de soi. Cette caractérisation quelque peu disparate, et par touches diverses, suggère que l'ouvrage s'inscrit à la croisée de plusieurs genres, ou sous-genres, plusieurs démarches, au rang desquelles, la *méditation*.

MÉDITATION, RÊVERIE ET MÉTHODE

Le terme apparaît d'emblée en première Promenade : « Si à force de réfléchir sur mes dispositions intérieures, je parviens à les mettre en meilleur ordre et à corriger le mal qui peut y rester, mes méditations ne seront pas entièrement inutiles[15]. » « Méditation » et « méditer » apparaissent quinze fois dans les promenades, parfois comme modalité de la rêverie[16], parfois comme contre-point : « la rêverie me délasse et m'amuse,

---

11 Sur Montaigne et Rousseau, voir l'article de Céline Spector déjà cité.
12 Les *Rêveries* marquent la temporalité propre de leur gestation comme de leur rédaction. Ainsi la quatrième Promenade est le fruit d'une promenade méditative décidée la veille (« hier ») pour le lendemain suite à la lecture concomitante (« avant-hier ») d'un traité des œuvres morales de Plutarque et de l'exemplaire d'un journal de l'abbé Rosier (*ibid.*, p. 1024).
13 J.-J. Rousseau, Première Promenade, *op. cit.*, p. 1000.
14 Sur l'usage de ce terme, voir M. Eigeldinger, *op. cit.*, p. 4.
15 J.-J. Rousseau, Première Promenade, *op. cit.*, p. 999.
16 « Je ne médite, je ne rêve jamais plus délicieusement que quand je m'oublie moi-même » (J.-J. Rousseau, Septième Promenade, *op. cit.*, p. 1065).

la réflexion me fatigue et m'attriste ; penser fut toujours pour moi une occupation pénible et sans charme. Quelquefois mes rêveries finissent par la méditation, mais plus souvent mes méditations finissent par la rêverie[17] ». Henri Gouhier remarque le caractère équivoque de l'usage de ce terme dans les *Dialogues* et les *Rêveries*, selon que la méditation interrompt la rêverie ou la compose[18], tandis que Béatrice Didier relève le glissement continuel d'un registre à l'autre[19]. Car rêver, c'est aussi « penser, méditer profondément » (*Dictionnaire de l'Académie*, 1ʳᵉ édition, 1694). L'idée, dans les deux cas, est celle d'un retour à soi, d'un « enfoncement en soi-même[20] » dans l'appréhension d'une idée, d'un objet, comme le suggère M. Raymond. Ainsi l'interversion ou l'équivalence entre les deux termes va dans les deux sens. Si Rousseau appelle « rêverie » une dérive de la philosophie s'attachant à des questions oiseuses[21], Descartes déjà, et sans connotation autrement péjorative que celle d'une modestie d'auteur, qualifiait à plusieurs reprises ses *Méditations métaphysiques* de « rêveries[22] ». Le *Dictionnaire de l'Académie*, dans sa 4ᵉ édition (1762) souligne la polysémie du terme, distinguant l'« opération de l'esprit », philosophique ou religieuse, du texte qui peut en résulter :

> MÉDITATION. s. f. Opération de l'esprit, qui s'applique à approfondir quelque sujet, quelque matière. Les méditations des Philosophes. Après une profonde méditation sur ce sujet. La méditation de la mort.
> Il se dit aussi Des écrits composés sur quelques sujets de Dévotion ou de Philosophie. Les méditations de sainte Thérèse. Les méditations de Descartes.
> Il signifie aussi Oraison mentale. Les Religieux font la méditation. Une méditation d'une heure. Longue méditation. Entrer en méditation. L'heure de la méditation.

---

17   J.-J. Rousseau, Septième Promenade, *op. cit.*, p. 1062.
18   Henri Gouhier, *Les Méditations métaphysiques de Jean-Jacques Rousseau*, 2ᵉ éd., Paris, Vrin (Bibliothèque d'histoire de la philosophie), 1984, p. 181 *sq*.
19   Béatrice Didier, *À l'extrême de l'écriture de soi : les derniers textes autobiographiques de J.-J. Rousseau*, Rosenberg & Sellier, « Biblioteca di Studi Francesi », 2020 ; ouvrage en ligne.
20   Marcel Raymond, *op. cit.*, p. 162.
21   Ainsi dans la troisième des *Lettres morales* : « Ne nous étonnons pas de voir la philosophie orgueilleuse et vaine se perdre dans ses rêveries et les plus beaux génies s'épuiser sur des puérilités » (*OC*, t. IV, p. 1095).
22   M. Raymond, *op. cit.*, p. 162 *sq*. Voir notamment la lettre du 12 novembre 1640 à Huyghens où Descartes qualifie les *Méditations* de « rêveries métaphysiques » ou de « rêveries » (*Œuvres de Descartes*, éd. Charles Adam et Paul Tannery, Léopold Cerf, 1907, t. III, p. 241 *sq*.).

La méditation suppose tantôt la contention de l'esprit, ce qui l'éloigne de la rêverie, tantôt une forme de dépossession de soi qui pourrait l'en rapprocher. La connotation religieuse est présente sous la plume de Rousseau qui trouve d'emblée des accents d'anachorète pour évoquer les « méditations solitaires[23] » dont ses rêveries sont le fruit. Il souligne dans la première Promenade leur statut d'examen de conscience[24] et dans la troisième leur qualité contemplative : « La méditation dans la retraite, l'étude de la nature, la contemplation de l'univers forcent un solitaire à s'élancer incessamment vers l'Auteur des choses, et à chercher avec une douce inquiétude la fin de tout ce qu'il voit et la cause de tout ce qu'il sent[25]. » La méditation ainsi entendue touche aux questions métaphysiques (« fin » et « cause ») tout en procurant au contemplatif une stimulation, « douce inquiétude » qui donne élan à sa quête. Cette démarche n'est pas ascétique mais, comme le souligne C. Spector, une voie d'accès au plaisir de l'âme[26]. Elle n'en suit pas moins un ordre, engage une démarche pour ne pas dire une *méthode*. Rousseau s'en défend pourtant dès la première Promenade, mais le mot récusé résonne : « Pour [procéder avec succès à l'examen de ma situation] *il y faudrait procéder avec ordre et méthode* : mais je suis incapable de ce travail et même il m'écarterait de mon but qui est de me rendre compte des modifications de mon âme et de leurs successions[27]. »

Certes, la marche réglée de celui que Rousseau appelle dans les *Lettres Morales* le « sage et méthodique Descartes[28] » semble bien éloignée des tours et détours du promeneur solitaire. Selon Michel Philippon, « Rousseau invente la *Wanderlust*, cette douce jouissance de l'incertitude quant au chemin qu'on va prendre, ce plaisir bien peu rationaliste de ne pas savoir exactement où l'on va ni comment on y va. Le détour est toujours possible : la méthode cartésienne est bien loin[29] ». Pour Alain

---

23 J.-J. Rousseau, Première Promenade, *op. cit.*, p. 1001.
24 « Si à force de réfléchir sur mes dispositions intérieures je parviens à les mettre en meilleur ordre et à corriger le mal qui peut y rester mes méditations ne seront pas entièrement inutiles » (Première Promenade, *ibid.*, p. 999).
25 J.-J. Rousseau, Troisième Promenade, *op. cit.*, p. 1014.
26 Céline Spector, art. cité.
27 J.-J. Rousseau, Première Promenade, *op. cit.*, p. 1000 ; je souligne.
28 J.-J. Rousseau, Troisième des *Lettres Morales*, *op. cit.*, p. 1096.
29 Michel Philippon, « Jean-Jacques Rousseau, la prose du promeneur », *Aux Origines du poème en prose français (1750-1850)*, N. Vincent-Munnia, S. Bernard-Griffiths et R. Pickering (éd.), Paris, Champion, 2003, p. 259.

Grosrichard, Descartes qui fut une référence théorique essentielle vingt ans plus tôt n'est plus, dans les *Rêveries*, « qu'un alibi[30] ».

La marche et la méthode cartésiennes sont-elles loin ? Nous voudrions avancer le contraire, en prenant à nouveaux frais la mesure de l'incidence de l'écriture cartésienne dans les *Rêveries*.

Descartes est une des lectures premières de Rousseau. Le matin aux Charmettes, il commençait, selon les *Confessions*, « par quelque livre de philosophie comme *La Logique* de Port-Royal, l'*Essai* de Locke, Malebranche, Leibnitz, Descartes, etc. » pour s'en faire un « magasin d'idées[31] ». Pour autant, comme le souligne Jean-Christophe Bardout[32], Rousseau cite peu Descartes : le chercheur compte une douzaine de mentions dans le corpus rousseauiste, parmi lesquelles la moitié concerne la physique, tandis qu'une seconde série magnifie le philosophe de manière topique sans s'attacher précisément à ses écrits. « Rousseau a-t-il jamais sérieusement lu Descartes ? demande de son côté Laure Verhaegue. Les études rousseauistes ne semblent pas avoir accordé à cette question toute l'attention qu'elle mérite au point, le plus souvent, de ne pas même l'avoir posée[33] ». Plusieurs études ont pourtant abordé le sujet de manière plus ou moins frontale, mettant notamment l'accent sur les deux textes rousseauistes qui entrent explicitement en dialogue avec Descartes : la troisième des *Lettres morales* et la Profession de foi du vicaire savoyard dans l'*Émile*, textes où, comme le signale J.-Chr. Bardout, Rousseau se confronte le plus directement à la tradition métaphysique et ses questions fondamentales[34]. Nous voudrions porter une plus grande

---

30 A. Grosrichard, « Où suis-je ? Que suis-je ? Réflexions sur la question de la place dans l'œuvre de J.-J. Rousseau, à partir d'un texte des *Rêveries* », *Rousseau et Voltaire en 1978*, actes du colloque de Nice, Paris, Slatkine, 1978, p. 338-365, repris dans *Rêveries sans fin. Autour des Rêveries du promeneur solitaire*, éd. M. Coz et F. Jacob, Paradigme, Orléans, 1997, p. 30.
31 J.-J. Rousseau, *Confessions*, l. VI, *OC* I, p. 237.
32 Jean-Christophe Bardout, « Ce je pense par où il fallait finir. Une lecture rousseauiste du cogito ? », *Cahiers de philosophie de l'université de Caen*, n° 50, 31 décembre 2013, p. 55-79.
33 Laure Verhaegue, « Rousseau interprète pascalien de Descartes : la troisième Lettre morale », *Les Études philosophiques*, n° 108, n° 1, 21 mai 2014, p. 115.
34 Voir notamment Pierre-Maurice Masson, *La Profession de foi du vicaire savoyard : édition critique d'après les manuscrits de Genève*, Neuchâtel et Paris, 1914 ; Georges Beaulavon, « La philosophie de J.-J. Rousseau et l'esprit cartésien », *Études sur Descartes*, publication de la *Revue de métaphysique et de morale*, Paris, 1937 ; Robert Derathé, *Le Rationalisme de J.-J. Rousseau*, Paris, PUF, 1948 ; Henri Gouhier, *op. cit.* ; André Charrak, « Descartes et Rousseau », A. Charrak, J. Salem, *Rousseau et la philosophie*, Paris, Publications de la

attention aux *Rêveries* pour montrer qu'il s'agit bien là des *méditations métaphysiques* de Rousseau : après la « réforme intellectuelle et morale » évoquée dans la troisième Promenade et largement menée, comme on le verra, d'après les préceptes de la *méthode*, réforme qui trouvait son expression définitive dans la Profession de foi du Vicaire savoyard, les *Rêveries* reviennent aux fondements cartésiens des quatre premières *Méditations*, inscrivant l'écriture de soi dans une série de méditations qui sont aussi préparation à la mort.

C'est dans les *Lettres morales* adressées à Sophie d'Houdetot en janvier 1758 que Rousseau entre dans la réflexion de Descartes pour la commenter et d'un même geste récuser ses conclusions[35] :

> Descartes voulant couper tout d'un coup la racine de tous les préjugés commença par tout révoquer en doute, tout soumettre à l'examen de la raison ; partant de ce principe unique et incontestable : je pense, donc j'existe, et marchant avec les plus grandes précautions, il crut aller à la vérité et ne trouva que des mensonges. [...] Newton fit voir que l'essence de la matière ne consiste point dans l'étendue, Locke fit voir que l'essence de l'âme ne consiste point dans la pensée[36].

Si le philosophe s'est trompé, ses successeurs n'ont pas véritablement répondu aux questions qu'il laissait ouvertes. La troisième Lettre morale s'achève donc sur cette suspension de jugement sceptique : « Nous ne courons qu'après des ombres qui nous échappent. [...] Après avoir parcouru le cercle étroit [du] vain savoir [des philosophes] *il faut finir par où Descartes avait commencé.* Je pense donc j'existe. Voilà tout ce que nous savons[37]. »

La divergence mais aussi la convergence des deux pensées se fait à la racine. Il n'est pas dans mon propos d'entrer dans les débats qui opposent les critiques sur le statut du *cogito* dans la pensée de Rousseau. On sait que selon Claude Lévi-Strauss, l'écrivain proclamait « la fin du *cogito*[38] ». Car

---

Sorbonne, 2004, p. 19-30 et André Charrak, *Rousseau De l'empirisme à l'expérience*, Paris, Vrin, 2013 ; Laure Verhaegue, art. cité. Alain Grosrichard, art. cité, Jacques Martineau, art. cité et Jean-Christophe Bardout, art. cité, s'intéressent plus particulièrement aux *Rêveries*.
35   Laure Verhaegue a voulu montrer, dans son étude déjà citée, que la troisième Lettre morale ne proposait pas la récusation de la métaphysique cartésienne.
36   J.-J. Rousseau, *Lettres morales, op. cit.*, p. 1095.
37   *Ibid.*, p. 1099 ; je souligne.
38   Claude Lévi-Strauss, « Jean-Jacques Rousseau fondateur des sciences de l'homme » (1962), *Anthropologie structurale deux*, Paris, Plon 1973 et 1996, p. 50.

c'est bien la conception rousseauiste de l'identité personnelle qui diffère de celle de Descartes, selon le philosophe commentant la célèbre reprise et subversion du *cogito* par le Vicaire savoyard dans l'*Émile*[39] : « Pour Rousseau, commente Lévi-Strauss, la notion de l'identité personnelle est acquise par inférence et [...] elle reste marquée d'ambiguïté[40]. » Quant à la dépossession de soi impliquée par le sentiment de l'existence que Rousseau décrit dans la cinquième Promenade, elle éloignerait là encore Rousseau de Descartes. Pour Jean Wahl, déjà, le sentiment de l'existence rousseauiste s'opposait au *je pense* cartésien[41]. Jean-Christophe Bardout voit dans la confrontation de Rousseau avec le cartésianisme, dans l'*Émile* et les *Lettres morales*, l'occasion d'une lecture critique qui débouche sur une réécriture du *cogito*. L'étude des *Rêveries* confirme selon nous cette dernière proposition.

Force est d'abord de constater ce qui rapproche les *Rêveries du Promeneur solitaire* des *Méditations métaphysiques*. L'une et l'autre se présentent comme l'œuvre de la maturité : geste final pour Rousseau, présenté dans la troisième Promenade comme une préparation à la mort ; entreprise longtemps différée par Descartes : « cette entreprise me semblant être fort grande, j'ai attendu que j'eusse atteint un âge qui fût si mûr, que je n'en pusse espérer d'autre après lui, auquel je fusse plus propre à l'exécuter[42] ». Comme le relève Henri Gouhier, les deux œuvres se présentent comme le fruit de la retraite. La méditation cartésienne suppose une application à laquelle le penseur se livre grâce au « repos assuré

---

39   « J'existe et j'ai des sens par lesquels je suis affecté. Voilà la première vérité qui me frappe et à laquelle je suis forcé d'acquiescer. Ai-je un sentiment de mon existence, ou ne la sens-je que par mes sensations ? Voilà mon premier doute, qu'il m'est, quant à présent, impossible de résoudre. » (J.-J. Rousseau, *Émile*, l. IV, *OC*, t. IV, p. 570 *sq.*).

40   « Descartes, écrit Lévi-Strauss, croit passer directement de l'intériorité d'un homme à l'extériorité du monde sans voir qu'entre ces deux extrêmes se placent des sociétés, des civilisations, c'est-à-dire des mondes d'hommes. » Rousseau, quant à lui, qui a bien perçu que « je est un autre » (par quoi il est aussi possible de dire que l'autre est un je), objective le moi : il conçoit qu'« il existe un "il" qui se pense en moi, et qui me fait douter si c'est moi qui pense » (*op. cit.*, p. 48-49).

41   « aucun philosophe n'est plus près du pur sentiment de l'existence que Rousseau... Je pense, donc je suis, disait Descartes. Mais dans ces états que nous décrit Rousseau, je suis parce que je pense à peine, on pourrait dire parce que je ne pense pas » (Jean Wahl, *Tableau de la Philosophie française*, Paris, éd. de la Revue Fontaine, 1946, p. 94-95, cité par Marcel Raymond, Rousseau, *OC* I, p. 1800).

42   René Descartes, *Méditations métaphysiques*, Première méditation, *Œuvres complètes* IV, 1, Paris, Gallimard, « Tel Gallimard », 2018, p. 105. Henri Gouhier relève cette attente commune aux deux penseurs (*op. cit.*, p. 54 *sq.*).

dans une paisible solitude[43] ». Rousseau tout en déplorant l'isolement dans lequel le laisse ce qui lui paraît la trahison des siens (on sait les premiers mots des *Rêveries*), souligne d'emblée le plaisir procuré par « les méditations solitaires dont [ces feuilles] sont le fruit[44] ».

Surtout, comme l'a souligné Roger Barny, Rousseau inscrit sa première rêverie sous le double sceau paradoxal du lyrisme et de la ratiocination[45]. Aussi n'est-ce pas un hasard que l'œuvre s'ouvre sur le connecteur logique « donc » : « Me voici donc seul sur la terre… » Certes, comme l'écrit Jean Guéhenno, « Ce *donc* qui éclate, au premier temps de la plainte, comme un accord au début d'une symphonie, pour en fixer la tonalité, conclut une longue ratiocination[46] » : celle des dialogues de *Rousseau juge de Jean-Jacques* notamment. Mais aussi il la reconduit, toujours sur le mode du trouble et de l'angoisse. La première Promenade s'ouvre sur une question qui travaille l'ensemble du recueil. Passant de *moi* (« me voici seul sur la terre ») à *eux*, dont l'aliénation équivaut à une non-existence (« les voilà donc étrangers inconnus, nuls enfin pour moi puisqu'ils l'ont voulu[47] »), Rousseau pose la question fondamentale qui résonne puissamment en ouverture de ce finale : « *que suis-je* moi-même[48] ? » L'écrivain qui avait travaillé, dans ses *Confessions*, à révéler *qui* il était, espérant encore pouvoir se connaître[49], semble revenir à une appréhension existentielle beaucoup plus fondamentale : il ne s'agit plus de présenter un homme et un caractère, mais de comprendre ce qui reste du moi lorsque le corps se désagrège, que la société humaine se dénoue, et qu'il ne reste que le sentiment de l'âme souffrante. La question rejoint alors celle que posait Descartes dans sa *Méditation seconde*, titrée *De la nature de l'esprit humain et qu'il est plus aisé à connaître que le corps*, après avoir conclu que la proposition « Je suis, j'existe » était nécessairement

---

43 *Ibid.*
44 J.-J. Rousseau, Première Promenade, *op. cit.*, p. 1001.
45 Roger Barny, « La première Promenade de Jean-Jacques Rousseau : du style argumentatif à la prose lyrique », *Aux origines du poème en prose*, éd. citée, p. 261-273.
46 Jean Guéhenno, *La Dernière Confession de Jean-Jacques*, N.R.F., *Annales Jean-Jacques Rousseau*, t. XXIII, p. 63, cité J. J. Rousseau, *OC*, t. I, p. 1763.
47 J.-J. Rousseau, Première Promenade, *op. cit.*, p. 995.
48 *Ibid.* ; je souligne. Voir Alain Grosrichard, art. cité. Voir aussi Claude Lévi-Strauss art. cité.
49 Les *Rêveries* mettent en cause cette possibilité. Si Rousseau se livre à une introspection dans sa quatrième Promenade, c'est pour s'y voir « confirmé dans l'opinion déjà prise que le connois-toi toi-même du Temple de Delphes n'étoit pas une maxime si facile à suivre qu'[il] l'avoi[t] cru dans [s]es *Confessions* » (*op. cit.*, p. 1024).

vraie toutes les fois qu'il la prononçait : « je ne connais pas encore assez clairement *ce que je suis* moi qui suis certain que je suis[50] ».

Cette question résulte chez les deux écrivains d'un même trouble, d'une même angoisse baroque exprimée dans leur première méditation. Ainsi Rousseau :

> Depuis quinze ans et plus que je suis dans cette étrange position, elle me paraît encore un rêve. Je m'imagine toujours qu'une indigestion me tourmente, que je dors d'un mauvais sommeil, et que je vais me réveiller bien soulagé de ma peine en me retrouvant avec mes amis. Oui sans doute, il faut que j'aie fait sans que je m'en aperçusse *un saut de la veille au sommeil, ou plutôt de la vie à la mort*. Tiré je ne sais comment de l'ordre des choses, je me suis vu précipité dans un chaos incompréhensible où je n'aperçois rien du tout, et plus je pense à ma situation présente et moins je puis comprendre où je suis[51].

La rêverie rousseauiste se présente d'abord comme le reflet d'un cauchemar, d'une réalité à ce point obscurcie qu'elle induit une perte de repères : non seulement Rousseau ne sait plus *qui* il est, mais, n'ayant plus d'appréhension intelligible, il ne sait pas non plus *où* il est, et même s'il est (éveillé). Ainsi que les dormeurs de Sardaigne dont parlait Aristote, il n'a pas vu passer l'instant qui le faisait basculer de la veille au sommeil, voire, de la vie à la mort. La possibilité d'un saut insensible de l'être au non-être est aussi envisagée par Descartes dans la troisième méditation : « tout le temps de ma vie peut être divisé en une infinité de parties, chacune desquelles ne dépend en aucune façon des autres, et ainsi de ce qu'un peu auparavant j'ai été, il ne s'ensuit pas que je doive maintenant être[52]… » Georges Poulet commentait : « cette absence de "dépendance", et la difficulté qui en résulte, de passer d'un instant à l'autre, domineront toute la pensée de Descartes […] voici qu'à ce moment-là même l'irruption soudaine de l'affectif dans le conscient par le moyen du songe, le forçait de constater l'urgence et le caractère tragique du problème. […] Ainsi au bout de cette chose sans bout qu'est chaque instant, il n'y a peut-être plus rien, plus rien d'autre qu'un trou où l'on tombe. C'est l'angoisse la plus forte de toutes, l'"épouvante",

---

50 René Descartes, *Méditations Métaphysiques*, éd. citée, p. 119. La question « qui suis-je ? », entendue dans un sens métaphysique est également posée par le Vicaire (J.-J. Rousseau, OC, t. IV, p. 570). *Cf.* à ce sujet le commentaire de J.-Chr. Bardout, art. cité.
51 J.-J. Rousseau, Première promenade, *op. cit.*, p. 995 ; je souligne.
52 R. Descartes, Méditation troisième, *op. cit.*, p. 165.

comme dit Descartes[53] ». Chez Rousseau, la situation est d'autant plus chaotique qu'à l'horizon de son complexe de persécution subsiste cette incertitude : le mal vient-il du dehors ou est-il forgé par son esprit égaré ?

Ce trouble n'est pas sans rappeler celui qu'exprime Descartes dans la Première Méditation, quand, ne sachant s'il peut se fier à ses sens, il doute s'il dort :

> [...] j'ai ici à considérer que [...] j'ai coutume de dormir et de me représenter en mes songes les mêmes choses, ou quelquefois de moins vraisemblables, que ces insensés, lorsqu'ils veillent. Combien de fois m'est-il arrivé de songer pendant la nuit que j'étais en ce lieu, que j'étais habillé, que j'étais auprès du feu, quoique je fusse tout nu dedans mon lit. [...] Je vois si manifestement qu'il n'y a point d'indices concluants, ni de marques assez certaines par où l'on puisse distinguer nettement la veille d'avec le sommeil, que j'en suis tout étonné ; et mon étonnement est tel, qu'il est presque capable de me persuader que je dors[54].

Mais, alors que Descartes « appréhende de [se] réveiller de cet assoupissement[55] », Rousseau lui espère sortir de ce qu'il voudrait être un cauchemar. Le « chaos incompréhensible » dans lequel il se débat répond aux « ténèbres des difficultés[56] » de Descartes. Et si ce dernier se « compare à ces insensés[57] » qui s'imaginent être des cruches, Rousseau, pour son compte, insiste sur le « délire » dans lequel il fut plongé pendant plus d'une dizaine d'années[58]. À cet égard, chez l'un comme chez l'autre, la rêverie est l'envers de la méditation comme le sommeil est l'envers de la veille : « peut-être que je dors, reprend Descartes en conclusion de la cinquième méditation, ou bien que toutes les pensées que j'ai maintenant ne sont pas plus vraies que les rêveries que nous imaginons étant endormis ? Mais quand bien même je dormirais, tout ce qui se présente à mon esprit avec évidence est absolument véritable[59] ». Le rêve est un mode d'existence différent de la veille, mais dont les perceptions ne sont

---

53 Georges Poulet, « Le songe de Descartes », *Études sur le temps humain* I, Paris, Plon, 1952, p. 72 *sq*.
54 R. Descartes, Méditation première, *op. cit.*, p. 107 *sq*.
55 *Ibid.*, p. 115.
56 *Ibid.*
57 *Ibid.*, p. 107.
58 « Mes agitations, mon indignation me plongèrent dans un délire qui n'a pas eu trop de dix ans pour se calmer, et dans cet intervalle, tombé d'erreur en erreur... » (J.-J. Rousseau, Première promenade, *op. cit.*, p. 996).
59 R. Descartes, Méditation cinquième, *op. cit.*, p. 207.

pas à invalider nécessairement, Dieu servant de garant à la connaissance véritable, du monde et de soi. De fait, les trois songes de Descartes ont eu pour lui l'effet de sceller sa vocation de philosophe et de savant. Ainsi, dès la méditation seconde, Descartes répond à la question *Que suis-je ?* Et la réponse va au-delà de la lapidaire *res cogitans* :

> *qu'est-ce donc que je suis ?* une chose qui pense ; qu'est-ce qu'une chose qui pense ? c'est-à-dire une chose qui doute, qui conçoit, qui affirme, qui nie, qui veut, qui ne veut pas, qui imagine aussi, et qui sent[60].

Je suis une chose pensante, mais aussi une chose imaginante et sensible : *res sentiens*. Voilà bien sur quoi Rousseau mettra l'accent. Comme l'écrivait J.-Chr. Bardout à propos des *Lettres morales*, la reformulation rousseauiste du *cogito* privilégie « le mode ultime de la pensée, le sentir, qui, Descartes l'a montré et Rousseau le confirme à sa manière, implique la co-présence du corps et de l'esprit[61] ». Cette dimension est amplifiée dans les *Rêveries*. Le penseur y déclare dès la première Promenade se replier sur la partie immatérielle, *quoique sensible*, de son être, seule destinée à survivre :

> dans ce désœuvrement du corps mon âme est encore active, *elle produit encore des sentiments, des pensées*, et sa vie interne et morale semble encore s'être accrue par la mort de tout intérêt terrestre et temporel. Mon corps n'est plus pour moi qu'un embarras, qu'un obstacle, et je m'en dégage d'avance autant que je puis[62].

Des sentiments et des pensées animent son âme : en cela *je* est aussi *res cogitans et sentiens*. Car loin que toute perception sensible soit bannie de l'expérience, l'âme ainsi animée s'éveille au monde qui l'entoure de manière inédite et singulière.

Il faut peut-être revenir aux *Lettres morales* pour comprendre ce paradoxe :

> Que pouvons-nous dire de l'âme […] ? Que savons-nous si elle n'a pas une infinité d'autres facultés qui n'attendent pour se développer qu'une organisation convenable ou le retour de la liberté ? *Nos lumières nous viennent-elles du dehors au dedans par les sens* selon les matérialistes, *ou s'échappent-elles du dedans*

---

60 R. Descartes, Méditation seconde, *op. cit.*, p. 125 ; je souligne.
61 J.-Chr. Bardout, art. cité, p. 70.
62 J.-J. Rousseau, Première promenade, *op. cit.*, p. 1000 ; je souligne.

au dehors comme le prétendait Platon ? Si le jour entre dans la maison par les fenêtres les sens sont le siège de l'entendement. Au contraire si la maison est éclairée en dedans, vous fermeriez tout que la lumière n'existerait pas moins quoique retenue, mais *plus vous ouvrirez de fenêtres plus il sortira de clarté et plus il vous sera facile de distinguer les objets environnants*[63].

L'âme est-elle éclairée de l'extérieur par les sens, ou de l'intérieur, par une lumière intérieure ? Cette question de la troisième Lettre morale est déjà posée en des termes similaires dans la troisième méditation métaphysique de Descartes, où le philosophe cherchait à distinguer les idées innées, d'une part de celles qui viennent « du dehors[64] », d'autre part de celles qu'il forgeait lui-même. Si la certitude d'exister lui vient d'une « lumière naturelle[65] », il n'en va pas de même de l'idée du soleil :

si je vois le soleil, si je sens de la chaleur, jusqu'à cette heure j'ai jugé que ces sentiments procédaient de quelques choses qui existent *hors de moi* [...] [Or] je trouve *dans mon esprit deux idées du soleil* toutes diverses ; *l'une tire son origine des sens*, et doit être placée dans le genre de celles que j'ai dit ci-dessus *venir de dehors*, par laquelle il me paraît extrêmement petit ; l'autre est prise des raisons de l'astronomie, c'est-à-dire de certaines *notions nées avec moi*, ou enfin est *formée par moi-même* de quelque sorte que ce puisse être, par laquelle il me paraît plusieurs fois plus grand que toute la terre[66].

L'idée du soleil tirée des sens est la plus fallacieuse. Ainsi le cheminement de la troisième Méditation débouche sur l'idée (innée) de Dieu et, partant, son existence. Chez Rousseau la question posée reste sans réponse. Et pourtant : une lumière du dedans permettant de mieux envisager les objets environnants, n'est-ce pas très précisément ce que l'écrivain présente dans la deuxième Promenade, lorsqu'il évoque l'accident de Ménilmontant qui lui offrit, à l'instant où il reprit conscience, une vision à la fois hyperesthésique et cosmique de la réalité :

La nuit s'avançait. J'aperçus le ciel, quelques étoiles et un peu de verdure. Cette première sensation fut un moment délicieux. Je ne me sentais encore que par là. Je naissais dans cet instant à la vie et il me semblait que *je remplissais* de ma légère existence tous les objets que j'apercevais[67].

---

63 J.-J. Rousseau, Troisième des *Lettres morales*, *op. cit.*, p. 1097 *sq.* ; je souligne.
64 R. Descartes, Méditation troisième, *op. cit.*, p. 147.
65 *Ibid.*, p. 145.
66 *Ibid.*, p. 143 et 147 ; je souligne.
67 J.-J. Rousseau, Deuxième promenade, *op. cit.*, p. 1005.

Ici, la lumière semble venir du dedans, se projeter sur la voute céleste, éclairant toutes choses comme au premier jour du monde. Ainsi la perception sensorielle entre en résonnance avec le sentiment intérieur, celui de l'existence. Ce que l'écrivain appelle plus loin son « âme expansive » « s'éten[d] sur d'autres objets[68] » et projette, sur sa sphère de vie, ses affections. Le parallèle souvent établi entre l'accident de Ménilmontant et l'expérience fameuse de la dérive sur le lac de Bienne évoquée dans la prose poétique de la cinquième Promenade, vaut encore ici, quoique la situation semble inversée :

> Le flux et le reflux de cette eau, son bruit continu mais renflé par intervalles frappant sans relâche mon oreille et mes yeux suppléaient aux mouvements internes que la rêverie éteignait en moi et suffisaient pour me faire sentir avec plaisir mon existence, sans prendre la peine de penser[69].

Dans ce cas, le mouvement va de l'extérieur vers l'intérieur : la sensation se fait sentiment pur. Jean-Jacques existe, sans presque penser[70]. Est-ce là l'anticogito ? Non, car c'est ici précisément l'expression d'une *res sentiens* vivant cette expérience que Descartes lui-même encourageait Élisabeth de Bohème à vivre en prenant les eaux de Spa pour se refaire une santé :

> [...] il se faut entièrement délivrer l'esprit de toutes sortes de méditations sérieuses touchant les sciences, et ne s'occuper qu'à imiter ceux qui, en regardant la verdeur d'un bois, les couleurs d'une fleur, le vol d'un oiseau, et telles choses qui ne requièrent aucune attention, *se persuadent qu'ils ne pensent à rien. Ce qui n'est pas perdre le temps,* mais le bien employer[71].

Ici comme dans les promenades, *ne rien penser* ne s'apparente nullement à un divertissement au sens métaphysique du terme, mais bien à un

---

68 J.-J. Rousseau, Huitième Promenade, *op. cit.*, p. 1074.
69 J.-J. Rousseau, Cinquième Promenade, *op. cit.*, p. 1045. Sur le rapprochement entre l'expérience relatée dans la deuxième et la cinquième Promenade, voir G. Poulet, « Rousseau », *Études sur le temps humain* I, éd. citée, p. 214-216.
70 « J'existe, et j'ai des sens par lesquels je suis affecté. [...] Ai-je un sentiment propre de mon existence ou ne la sens-je que par mes sensations ? Voilà mon premier doute, qu'il m'est, quant à présent, impossible de résoudre. Car étant continuellement affecté de sensations, ou immédiatement, ou par la mémoire, comment puis-je savoir si le sentiment du moi est quelque chose hors de ces mêmes sensations, et s'il peut être indépendant d'elles ? » (*Émile*, OC, t. IV, p. 570 *sq.*). La question du Vicaire ne semble pas trouver dans les *Rêveries* de réponse décisive, dans la mesure où le sentiment de l'existence est toujours corrélé à une sensation.
71 Descartes, Lettre à Élisabeth, mai ou juin 1645, *Œuvres et Lettres*, Paris, Gallimard « Bibliothèque de la Pléiade », 1953, p. 1187 ; je souligne.

recentrement de l'être, autrement hors de son lieu, dispersé, aliéné par l'inquiétude ou le désir. Ainsi, la méditation sensorielle et l'expérience existentielle sont étroitement corrélées à la pensée métaphysique dans les *Rêveries*.

MÉTAPHYSIQUE DE LA MÉDITATION ET MÉTHODE

La troisième Promenade offre l'équivalent rousseauiste de la troisième Méditation, ce que suggèrent A. Grosrichard et Fr. Jacob[72]. *De Dieu; qu'il existe*, titrait Descartes. Le cheminement réflexif de la troisième Promenade pointe vers la question de la foi dans l'existence de Dieu, ou plus exactement, de la manière dont la question, ayant été antérieurement réfléchie, trouve dans la *Profession de foi du vicaire savoyard* une réponse suffisamment éclairante pour que le promeneur, par méthode, ne veuille pas en remettre en cause les conclusions dans un âge plus avancé. De fait, le retour autobiographique au passé simple auquel Rousseau procède dans la troisième Promenade est remarquablement proche de l'autobiographie intellectuelle du *Discours de la méthode*.

Dans cette Promenade, Rousseau dit s'être trouvé perplexe devant le peu de certitude offert par les philosophes modernes, « ardents missionnaires d'athéisme[73] » :

> Je me dis enfin : me laisserai-je éternellement balloter par les sophismes les mieux disants, dont je ne suis pas même sûr que les opinions qu'ils prêchent [...] soient bien les leurs à eux-mêmes? [...] Leur philosophie est pour les autres; il m'en faudrait une pour moi. Cherchons-la de toutes mes forces tandis qu'il est temps encore afin d'avoir une *règle fixe de conduite* pour le reste de mes jours. Me voilà dans la maturité de l'âge, dans toute la force de l'entendement. [...] *Fixons* une bonne fois mes opinions, mes principes, et soyons pour le reste de ma vie ce que j'aurai trouvé devoir être après y avoir bien pensé[74].

---

72 Les chercheurs suggèrent dans leur introduction aux *Rêveries* que la troisième Promenade serait « un peu sa troisième Méditation à lui », Rousseau (*OC*, Classiques Garnier, Introduction, p. 48).
73 J.-J. Rousseau, Troisième Promenade, *op. cit.*, p. 1016.
74 J.-J. Rousseau, Troisième Promenade, p. 1016; je souligne.

Le texte de Rousseau, laissant résonner, comme déjà dans la deuxième Lettre morale, le *semel in vita* du *Discours de la méthode*, vient comme en redoubler la démarche :

> Je ne dirai rien de la philosophie, écrivait Descartes, sinon que [...] il ne s'y trouve encore aucune chose dont on ne dispute, et par conséquent qui ne soit douteuse [...] Mais [...] *je pris un jour la résolution d'étudier aussi en moi-même, et d'employer toutes les forces de mon esprit à choisir les chemins que je devais suivre*[75].

De part et d'autre, la marche est ardue et périlleuse : « Je m'y trouvai d'abord dans un tel labyrinthe d'embarras, de difficultés, d'objections, de tortuosités, de ténèbres[76] », écrit Rousseau, quand Descartes se décrivait « comme un homme qui marche seul et dans les ténèbres[77] ». Dans les deux cas, l'exécution est laborieuse et demande du temps : « J'exécutai ce projet lentement et à diverses reprises, lit-on dans la troisième Promenade, mais avec tout l'effort et toute l'attention dont j'étais capable[78] » ; « je me résolus, écrivait Descartes, d'aller si lentement et d'user de tant de circonspection en toutes choses, que si je n'avançais que fort peu, je me garderais bien au moins de tomber[79]. »

L'un et l'autre mettent en cause les acquis de la philosophie et des sciences qui en empruntent leurs principes. En l'absence de certitude, d'un côté comme de l'autre, tous deux choisissent d'envisager la question métaphysique à nouveaux frais. Si l'auteur du *Discours de la méthode* « jugeai[t] qu'on ne pouvait avoir rien bâti qui fut solide sur des fondements si peu fermes[80] », Rousseau, trouvant, sur la question de Dieu, « de toutes parts des mystères impénétrables et des objections insolubles », écrit avoir adopté « dans chaque question le sentiment qui [lui] parut le mieux établi directement, *le plus croyable en lui-même* sans [s]'arrêter aux objections qu['il] ne pouvai[t] résoudre mais qui se rétorquaient par d'autres objections non moins fortes dans le système opposé[81] ». La profession de foi, celle du vicaire savoyard, qui en résulte, donne lieu à

---

75 R. Descartes, *Discours de la méthode*, Première partie, *Œuvres et Lettres*, éd. citée, p. 130 *sqq.* ; je souligne.
76 J.-J. Rousseau, Troisième Promenade, *op. cit.*, p. 1016 *sq.*
77 R. Descartes, Deuxième partie, *op. cit.*, p. 136.
78 J.-J. Rousseau, Troisième Promenade, *op. cit.*, p. 1016.
79 R. Descartes, Deuxième partie, *op. cit.*, p. 136.
80 R. Descartes, Première partie, *op. cit.*, p. 131.
81 J.-J. Rousseau, Troisième Promenade, *op. cit.*, p. 1018 ; je souligne.

l'équivalent d'une « morale par provision[82] » encore effective au temps des *Rêveries*, et point trop éloignée de celle d'un Descartes choisissant « les opinions les plus modérées et les plus éloignées de l'excès[83] ». Ainsi, Rousseau choisit de s'arrêter définitivement à l'opinion, qu'après cet examen mûrement mené, il juge la plus vraisemblable ou la plus crédible :

> Depuis lors resté tranquille dans les principes que j'avais adoptés après une méditation si longue et si réfléchie, j'en ai fait la règle immuable de ma conduite et de ma foi, sans plus m'inquiéter ni des objections que je n'avais pu résoudre ni de celles que je n'avais pu prévoir et qui se présentaient nouvellement de temps à autre à mon esprit[84].

Il ne fait en cela que mettre en œuvre la seconde maxime du *Discours de la méthode*, que Descartes formulait ainsi : « être le plus ferme et le plus résolu en mes actions que je pourrais, et [...] ne suivre pas moins constamment les opinions les plus douteuses lorsque je m'y serais une fois déterminé que si elles eussent été très assurées[85] ». L'écriture rousseauiste est ici proche du décalque : c'est bien le récit de sa méthode qu'elle donne.

La progression que l'écrivain propose n'est certainement pas aussi erratique qu'il le suggère, et cela vaut aussi à l'échelle du recueil, qui s'inspire plus directement de celle des *Méditations métaphysiques*. Il n'a jamais été dit, à ma connaissance, que chez Rousseau comme chez Descartes, la première méditation représente le *doute* et porte la question de l'*identité personnelle*, la seconde touche au sentiment de *l'existence*, la troisième porte sur *l'existence de Dieu*, la quatrième sur la *distinction entre vérité et mensonge*. *Du vrai et du faux*, titrait Descartes : c'est le titre que pourrait porter la quatrième Promenade. Ainsi, lorsque Rousseau écrit dans la septième Promenade : « Quelquefois mes rêveries finissent par la méditation, mais plus souvent mes méditations finissent par la rêverie[86] », peut-être faut-il entendre le plus sérieusement du monde que les promenades offrent des méditations entrecoupées de rêveries. Il s'agit alors moins de parler de soi, que de se *connaître* dans sa condition d'homme et au sens le plus métaphysique du terme – au sens où le voulait

---

82 R. Descartes, Troisième partie, *op. cit.*, p. 141.
83 *Id.*
84 J.-J. Rousseau, Troisième Promenade, *op. cit.*, p. 1018.
85 R. Descartes, Troisième partie, *op. cit.*, p. 142.
86 J.-J. Rousseau, Septième Promenade, *op. cit.*, p. 1062.

Socrate. N'est-ce pas exactement ce que Rousseau affirme au seuil du recueil, considérant que « pour [procéder avec succès à l'examen de sa situation], il y faudrait procéder avec ordre et méthode » : « mais je suis incapable de ce travail, ajoute l'écrivain, et même il m'écarterait de mon but qui est de me rendre compte des modifications de mon âme et de leurs successions[87]. » Pourtant, des modifications de l'âme de Rousseau, comme l'a montré Philippe Lejeune[88], il est assez peu question. Il nous paraît donc que les promenades entremêlent deux manières apparemment fort diverses, la méditation – dont l'auteur était sans doute plus capable qu'il ne l'écrit – et qui est quête ordonnée de soi, et la rêverie, grâce à laquelle le moi se perd dans la contemplation du tout.

DES HOMMES MACHINES

Non seulement la méditation cartésienne informe le regard que l'écrivain porte sur lui-même, mais elle colore aussi le regard qu'il porte sur autrui. L'enfermement de Rousseau dans sa solitude résulte du constat de la parfaite inintelligibilité pour lui des actions des autres. Voici en quels termes il l'évoque, dans la huitième Promenade :

> Alors je commençai à me voir seul sur la terre et je compris que mes contemporains n'étaient par rapport à moi que des *êtres mécaniques* qui n'agissaient que par impulsion et dont je ne pouvais calculer l'action que par les lois du mouvement. Quelque intention, quelque passion que j'eusse pu supposer dans leurs âmes, elles n'auraient *jamais expliqué leur conduite à mon égard d'une façon que je pusse entendre*. C'est ainsi que leurs dispositions intérieures cessèrent d'être quelque chose pour moi. Je ne vis plus en eux que des masses différemment mues, dépourvues à mon égard de toute moralité[89].

Les *Rêveries* entérinent une méconnaissance des autres, dont le sujet subit les actions comme résultant d'une mécanique incompréhensible et même inhumaine. Il prend alors à rebours l'expérience proposée par Descartes dans la deuxième méditation :

---

87 *Id.*, p. 1000 ; je souligne.
88 Ph. Lejeune, article cité.
89 J.-J. Rousseau, Huitième Promenade, *op. cit.*, p. 1078 ; je souligne.

> [je regarde] d'une fenêtre des hommes qui passent dans la rue, à la vue desquels je ne manque pas de dire que je vois des hommes [...] ; et cependant que vois-je de cette fenêtre sinon des chapeaux et des manteaux, qui peuvent couvrir des spectres ou des hommes feints qui ne se remuent que par ressorts ? Mais je juge que ce sont de vrais hommes ; et ainsi je comprends, par la seule puissance de juger qui réside en mon esprit, ce que je croyais voir de mes yeux[90].

Le philosophe, disant qu'il *voit* des hommes, *juge* que les êtres qu'il voit se mouvoir sont des hommes, de même que c'est par le jugement qu'il conçoit ce qu'est la cire. Pourrait-il se tromper ? La cinquième partie du *Discours de la méthode* l'envisage, considérant « combien de divers *automates*, ou machines mouvantes, l'industrie des hommes peut faire, sans y employer que fort peu de pièces, à comparaison de la grande multitude des os, des muscles, des nerfs, des artères, des veines, et de toutes les autres parties qui sont dans le corps de chaque animal[91] ». La confusion est donc possible, mais Descartes propose deux critères devant permettre de distinguer l'automate de l'humain : l'usage de la parole et l'intelligence des actions. Car,

> bien que [les machines] fissent plusieurs choses aussi bien ou peut-être mieux qu'aucun de nous, elles *manqueraient infailliblement en quelques autres*, par lesquelles on découvrirait qu'elles n'agiraient pas par connaissance, mais seulement par la disposition de leurs organes. Car *au lieu que la raison est un instrument universel* qui peut servir en toutes sortes de rencontres, ces organes ont besoin de quelque particulière disposition pour chaque action particulière ; d'où vient qu'il est moralement impossible qu'il y en ait assez de divers en une machine, pour la faire agir en toutes les occurrences de la vie de même façon que notre raison nous fait agir[92].

Le bon sens et la raison ne sont pas le partage des machines, et c'est ce qui les distingue des humains, dotés d'une âme. Or, c'est peut-être ce second critère qui autorise Rousseau à déclasser ses contemporains au rang d'automates. L'auteur des *Rêveries* déclare l'inconnaissabilité de ses congénères, spectres sans âmes qui, gouvernés par l'opinion, convertis au matérialisme des philosophes, ne pensant plus par eux-mêmes[93], se

---

90 R. Descartes, *Méditations métaphysiques*, Deuxième méditation, *op. cit.*, p. 131 *sq.*
91 R. Descartes, *Discours de la méthode*, Cinquième partie, *op. cit.*, p. 164.
92 *Ibid.*, p. 165 ; je souligne.
93 Saint Preux dans *La Nouvelle Héloïse* déplore aussi de voir dans les Parisiens « des machines qui ne pensent point et qu'on fait penser par ressorts » (J.-J. Rousseau, *La Nouvelle Héloïse*, II, 14, *OC*, t. II, p. 234).

rendent ainsi « étrangers, inconnus, nuls[94] » pour lui. Mais, de la même manière, les promenades n'éclairent plus que d'un jour défléchi le moi d'un vieillard dont l'âme, « morte à tous les grands mouvements, ne peut plus s'affecter que par des objets sensibles[95] ». À cet égard, nous rejoignons J.-Chr. Bardout selon lequel « le "j'existe" rousseauiste est [...] en déficience sur le "je pense" cartésien, puisqu'il ne livre plus accès à la nature de ce qui se donne à sentir[96] ». La possibilité d'une connaissance de soi et des autres est largement hypothéquée dans les *Rêveries*.

« Il faut finir par où Descartes avait commencé, écrivait Rousseau dans sa troisième Lettre morale. Je pense donc j'existe. Voilà tout ce que nous savons[97] ». Les *Rêveries* nous paraissent mettre en œuvre ce programme. Partant des mêmes prémisses que Descartes, suivant à bien des égards le même chemin, Rousseau, loin de reconstruire le monde à partir de soi, représente la déliquescence d'un environnement aliéné qu'il n'est plus en mesure de redessiner, comme il le faisait auparavant, par la seule force de son imagination et de ses désirs. Passé de la veille au cauchemar, il suit les pas de *ce cavalier français qui partit d'un si bon pas* pour jeter quelque jour sur une situation, la sienne, incompréhensible à ses yeux. Adoptant sa méthode, il s'essaie à un parcours de méditations qui adopte, dans ses quatre premiers mouvements, l'ordre cartésien. Il adhère aussi à partie de ses conclusions, quoique l'accent soit mis sur la sensorialité du moi plutôt que sur sa dimension cognitive. Mais s'il reflète à cet égard la pensée empiriste, Rousseau force l'opposition entre corps et âme que Descartes voulait très intimement liés. Car il préfigure le moment de leur séparation. Ainsi, les *Rêveries*, au croisement entre expérience personnelle et inférence métaphysique, peuvent-elles se lire comme autant de méditations préparant l'âme à son dernier voyage.

Christine HAMMANN-DÉCOPPET
Université de Haute-Alsace – ILLE

---

94 J.-J. Rousseau, Première Promenade, *op. cit.*, p. 995.
95 J.-J. Rousseau, Septième Promenade, *op. cit.*, p. 1068.
96 J.-Chr. Bardout, art. cité, p. 72-73.
97 *Ibid.*, p. 1099 ; je souligne.

CONVERSER AVEC SON ÂME

Le désir autobiographique de Rousseau au prisme de l'heuristique malebranchienne

> *Noli esse uana, anima mea, et obsurdescere in aure cordis tumultu uanitatis tuae. Audi et tu : uerbum ipsum clamat, ut redeas, et ibi est locus quietis inperturbabilis, ubi non deseritur amor, si ipse non deserat.*
>
> AUGUSTIN, *Confessions*, IV, IX[1]

Rousseau entretient un rapport privilégié avec l'autobiographie : au centre de toute réflexion sur les écritures de soi, les *Confessions*, dont Philippe Lejeune faisait le point d'orgue de l'autobiographie moderne, les *Rêveries du promeneur solitaire*, les *Dialogues* retracent, sous des formes différentes, le parcours de vie du philosophe, exposant aux yeux du lecteur les facettes multiples d'une personnalité complexe et d'une expérience foisonnante. Difficile de définir un « moi » rousseauiste, tant ces textes sont riches de réflexions, d'aveux, d'anecdotes et tant la géographie intérieure du philosophe y est à la fois minutieusement cartographiée et constamment ressassée. D'une œuvre à l'autre, Rousseau procède à une analyse constante de sa vie intérieure : « [...] je reprends la suite de l'examen sévère et sincère que j'appelai jadis mes *Confessions*[2] », écrit-il dans la première promenade. « Ces feuilles peuvent donc être regardées comme un appendice de mes *Confessions*, mais je ne leur en donne plus

---

[1] Augustin, *Confessions*, trad. Pierre de Labriolle, Paris, Les Belles Lettres, 1989 : « Ne sois pas vaine, ô mon âme, ne laisse pas l'oreille de ton cœur s'assourdir au tumulte de ta vanité. Écoute, toi aussi : le Verbe lui-même te crie de revenir ; le lieu du repos que rien ne saurait troubler est là où l'amour ne souffre pas d'abandon, s'il n'abandonne lui-même. »

[2] Jean-Jacques Rousseau, *Les Rêveries du promeneur solitaire*, *Œuvres complètes*, éd. Bernard Gagnebin et Marcel Raymond avec la collaboration de Robert Osmont, Paris, Gallimard, « Bibliothèque de la Pléiade », 1956, vol. I, p. 1003.

le titre, ne sentant plus rien à dire qui puisse le mériter³ », ajoute-t-il plus bas.

Dans la pensée de Rousseau, le parcours intellectuel se dessinant à travers les différentes formes de l'écriture autobiographique est marqué par la continuité : il s'agit d'une recherche de soi qui se poursuit d'un texte à l'autre. Comme l'a écrit Béatrice Didier, « [l]a recherche de soi amorcée dans les *Confessions* est [...] incomplète et les *Rêveries* vont permettre de la poursuivre⁴ ». Peu importe que le récit soit rétrospectif et agencé chronologiquement, comme les *Confessions*, ou qu'il prenne la forme d'un « journal » qui n'en est pas un⁵, comme les *Rêveries* : l'étude de soi-même en tant qu'individu – et par ricochet de l'homme en tant que créature – suffit pour que l'écrivain puisse penser les deux œuvres dans une relation de continuité. Ce qui préoccupe le philosophe dans ces deux textes, excentriques par rapport au système des genres très codifié de l'époque, est moins la question générique que la nécessité d'objectiver et de fixer par l'écriture les effervescences, les fluctuations, les mouvements de l'expérience extérieure et de son flux intérieur, qui ne pourraient pas être rendus étudiables autrement.

Déclaration programmatique liminaire, la présentation par laquelle Rousseau introduit sa première rêverie nous invite à réfléchir au sens que le philosophe donne, dans sa vieillesse, au geste autobiographique :

> Je consacre mes derniers jours à m'étudier moi-même [...] Livrons-nous tout entier à *la douceur de converser avec mon âme* puisqu'elle est la seule que les hommes ne puissent m'ôter. Si *à force de réfléchir sur mes dispositions intérieures je parviens à les mettre en meilleur ordre et à corriger le mal qui peut y rester, mes méditations ne seront pas entièrement inutiles*, et quoique je ne sois plus bon à rien sur la terre, je n'aurai pas tout à fait perdu mes derniers jours⁶.

Cette étude se situe, nous dit Rousseau, sous le double signe de l'utile et de l'agréable. Elle permet de *se corriger*, de s'améliorer en devenant

---

3   *Ibid.*
4   Béatrice Didier, *À l'extrême de l'écriture de soi. Les derniers textes autobiographiques de Jean-Jacques Rousseau*, Rosenberg & Sellier, 2020, ouvrage en ligne : https://books.openedition.org/res/6677#ftn1, consulté le 30 mars 2021.
5   Car, ainsi que le remarque Philippe Lejeune, sa structure est thématique et retravaillée *a posteriori*. Rousseau déclare à plusieurs endroits de son œuvre son incapacité à écrire du premier jet et sa haine pour la contrainte générée par le caractère quotidien du journal. Voir Philippe Lejeune, « Pourquoi Rousseau n'a-t-il pas écrit de journal ? », *Aux origines du journal personnel. France, 1750-1815*, Paris, Champion, 2016, p. 33-40.
6   Jean-Jacques Rousseau, *op. cit.*, p. 1003. Nous soulignons.

vertueux et de s'adonner à la « douceur » de se retrouver avec soi-même. L'observation de l'expérience à travers l'écriture est donc le point de départ d'une quête éthique, et, au moins pour ce qui concerne les *Rêveries*, d'un support qui donne forme tangible à des souvenirs agréables : « Les loisirs de mes promenades journalières ont souvent été remplis de contemplations charmantes dont j'ai regret d'avoir perdu le souvenir. *Je fixerai par l'écriture celles qui pourront me venir encore ; chaque fois que je les relirai m'en rendra la jouissance.* » L'écriture arrache le souvenir à l'oubli et, supplément de l'expérience – élément à la fois de substitution et d'ajout[7] –, elle crée la possibilité d'une jouissance solitaire de soi-même. Elle est par conséquent la source d'un plaisir conjuguant une forme d'autosatisfaction personnelle et, comme Rousseau le précise plus bas, une recherche plus ample des universels, car la connaissance de soi devient immédiatement, chez le philosophe, intérêt pour « les enjeux scientifiques de l'introspection[8] » :

> Mais il en résultera toujours une nouvelle connaissance de mon naturel et de mon humeur par celle des sentiments et des pensées dont mon esprit fait sa pâture journalière dans l'étrange état où je suis. [...]
> *Je ferai sur moi-même à quelque égard les opérations que font les physiciens sur l'air pour en connaître l'état journalier.* J'appliquerai le baromètre à mon âme, et ces opérations bien dirigées et longtemps répétées me pourraient fournir des résultats aussi surs que les leurs[9].

La dimension ontologique de l'écriture en dévoile les revers heuristiques et s'ajoute à la dimension éthique et à celle plus proprement esthétique. Ce texte célèbre[10] permet ainsi de saisir non seulement le rapport de continuité intertextuelle qui caractérise les œuvres autobiographiques de Rousseau, mais également la manière dont une sorte de *circulation de la veine autobiographique* se traduit, chez le citoyen, par une *modulation*

---

7   Pour la notion de supplément, voir Jacques Derrida, *De la grammatologie*, Paris, Les Éditions de Minuit, 1967, en particulier p. 203 *sqq*. Derrida renvoie à son tour aux célèbres lectures de Jean Starobinski dans *L'Œil vivant*, Paris, Gallimard, 1961 et *La transparence et l'obstacle*, Paris, Plon, 1957.
8   Philippe Lejeune, *op. cit.*, p. 126.
9   *Ibid.*, p. 1000 *sq*. Nous soulignons.
10 L'idée du « baromètre de l'âme » ouvre la voie à la suite d'écritures du moi dont abonde le dix-neuvième siècle : allusion y est faite dans le titre du livre de Pierre Pachet sur la « naissance » du journal intime : Pierre Pachet, *Les baromètres de l'âme. Naissance du journal intime*, Paris, Hatier, 1990.

des autobiographèmes qui en fait à la fois un pilier de l'autobiographie et le prophète du journal intime[11]. Il existe, chez le philosophe, plus qu'un *désir autobiographique*, une vraie *précellence de l'élément autobiographique* qui se fonde sur le présupposé de la primauté de la connaissance de soi sur toute autre forme de savoir, présupposé que Rousseau formule à plusieurs reprises dans son œuvre. L'écriture autobiographique est, pour Rousseau, une entreprise avant tout gnoséologique, qui présuppose une heuristique : il est indispensable, pour reconnaître sa vérité intérieure, d'appréhender les processus de la cognition et de la connaissance, afin d'écarter l'erreur. La thèse illustrée dans les pages qui suivent est que ce présupposé, que Rousseau formule explicitement dans les *Rêveries* comme ailleurs, est un écho de la philosophie de Malebranche. Rousseau fait, certes, une lecture personnelle de tous les philosophes avec lesquels, directement ou indirectement, il dialogue et le *nosce te ipsum* a une indéniable racine socratique, mais une certaine lecture de Malebranche, c'est ce que nous espérons montrer, informe la relation qui s'établit, chez Rousseau, entre expérience, connaissance de soi et écriture.

ROUSSEAU ET MALEBRANCHE

« Pour un écrivain du siècle des Lumières, poète ou philosophe, romancier ou savant, Malebranche s'impose rapidement au nombre des classiques[12] », remarque Jean-Christophe Bardout. Rousseau, comme

---

11 Ainsi que le reconnaît Philippe Lejeune dans son livre déjà cité et dans ses analyses antérieures sur l'autobiographie. Voir, pour l'autobiographie, Philippe Lejeune, *L'Autobiographie en France*, Paris, Armand Colin, 1971, 1998, 2010 ; *Le Pacte autobiographique*, Paris, Seuil, 1975, 1996 ; *Signes de vie. Le pacte autobiographique 2*, Paris, Seuil, 2005.

12 J.-Chr. Bardout, « Quelques remarques sur le malebranchisme en France au siècle des Lumières », D. Antoine-Mahut (éd.), *Les Malebranchismes des Lumières*, Paris, Champion, 2014, p. 14. Un certain nombre d'études récentes interrogent la présence et la valeur de la pensée malebranchienne dans la philosophie des Lumières : Angela Ferraro, *La Réception de Malebranche en France au XVIIIe siècle*, Paris, Garnier, 2019 ; Elena Muceni, Maria-Cristina Pitassi, *Le Malebranchisme à l'épreuve de ses amis et de ses ennemis*, Paris, Champion, 2018 ; Delphine Antoine-Mahut (éd.), *Les Malebranchismes des Lumières*, Paris, Champion, 2014. Sur Rousseau, plus en particulier, voir : Christophe Litwin, « Amour de soi et pensée du néant. Rousseau héritier de Malebranche ? », B. Bachofen, B. Bernardi, A. Charrak, F. Guénard, *Philosophie de Rousseau*, Paris, Classiques Garnier, 2014, p. 275-288 ; Paul

nombre de ses contemporains, a lu Malebranche[13] et il en a assimilé, directement ou indirectement, la pensée. Il nous en informe lui-même, le citant parmi ses lectures dans la célèbre liste versifiée du *Verger des Charmettes*[14], au moment de la constitution du « magasin d'idées » ; aussi le philosophe oratorien revient-il, en bonne compagnie, sous la plume de Rousseau se remémorant les joies de ses années de formation et de la vie simple avec maman, au livre VI des *Confessions* : « Après une heure ou deux de causerie, j'allais à mes livres jusqu'au dîner. Je commençais par quelque livre de philosophie, comme la Logique de Port-Royal, l'Essai de Locke, Mallebranche (sic), Leibnitz, Descartes, etc.[15] » Et s'il est vrai que « [c]omme Rousseau cite dans ce poème à peu près tous les écrivains, tous les savants, tous les philosophes anciens et modernes, on ne saurait prendre le *Verger de Mme de Warens* pour un catalogue de ses lectures[16] », il ne faut pas oublier que le livre qui forme Rousseau à la science, les *Entretiens* de Bernard Lamy, est imprégné de malebranchisme[17]. Rousseau vit à une époque où la philosophie de l'oratorien est encore vivante, quoique critiquée et déclinante suite à l'ascendance des idées lockéennes sur le continent[18], que le célèbre jugement voltairien

---

Audi, *Rousseau, une philosophie de l'âme*, Paris, Verdier, 2008 et, pour les rapports entre Rousseau et Descartes, qui touchent de près ceux entre Malebranche et Rousseau : André Charrak, « Descartes et Rousseau », A. Charrak, J. Salem, *Rousseau et la philosophie*, Paris, Publications de la Sorbonne, 2004, p. 19-30 ; André Charrak, *Rousseau De l'empirisme à l'expérience*, Paris Vrin, 2013 ; Henri Gouhier, « Ce que le vicaire doit à Descartes », *Annales de la société Jean-Jacques Rousseau*, t. XXXV, p. 139-160 ; *Id.*, « La métaphysique du promeneur solitaire », H. Gouhier, *Les méditations métaphysiques de Jean-Jacques Rousseau*, Paris, Vrin, 1984, p. 85-131.

13 Comme le remarquait déjà Marguerite Reichenburg, *Essai sur les lectures de Jean-Jacques Rousseau*, Philadelphia, 1932. L. Dugas, « Rousseau et Malebranche », *La Revue pédagogique*, n° 72, janvier-juin 1918, p. 85, pense qu'il a lu et bien assimilé au moins le XIIIe éclaircissement.

14 J.-J. Rousseau, « Le Verger de la Baronne de Warens », *OC*, Paris, Gallimard, vol. II, p. 1124.

15 J.-J. Rousseau, *Confessions*, livre VI, *OC*, Paris, Gallimard, vol. I, p. 237. Les livres de « l'Oratoire et de Port-Royal » reviennent à plusieurs reprises au livre VI (voir p. 232, où Rousseau raconte sa lecture enthousiaste des *Entretiens sur les sciences* du père Lamy. Quelques pages plus bas, il se plaint que ces mêmes livres l'ont rendu « demi-Janséniste », p. 242). Voir le commentaire, à ce propos, de L. Dugas, *op. cit.*

16 Henri Gouhier, *Les méditations métaphysiques de Jean-Jacques Rousseau, op. cit.*, p. 50.

17 *Cf.* Angela Ferraro, *La Réception de Malebranche en France au XVIIIe siècle*, Paris, Garnier, 2019, p. 127 *sq*. La chercheuse remarque que dans cet ouvrage du père Lamy on est plus proche du malebranchisme que du cartésianisme.

18 *Ibid.* pour une analyse approfondie et comparée de la réception de l'oratorien et de Locke.

a contribué à faire percevoir comme plus scientifiques que le « roman de l'âme[19] » de l'auteur de la *Recherche de la vérité*. Les auteurs du *Dictionnaire de Jean-Jacques Rousseau*, à l'article « Malebranche », considèrent la philosophie des Lumières comme une « forme originale d'association entre le rationalisme de Malebranche et l'empirisme de Locke » et parlent d'une « postérité oblique » de Malebranche, dans laquelle Rousseau se situe au premier rang[20] ; plus récemment, Angela Ferraro a esquissé un cadre extrêmement précis de la réception de la philosophie malebranchienne au siècle des Lumières, bien qu'une étude exhaustive sur les rapports entre les deux philosophes reste à faire. Dans l'attente, il nous semble pouvoir retrouver, à la lecture des *Rêveries*, et plus particulièrement de la troisième promenade, au moins trois éléments justifiant le rapprochement entre la gnoséologie, l'ontologie et l'heuristique malebranchiennes et la pratique autobiographique de Rousseau : la primauté, pour la philosophie, de la connaissance de soi sur l'érudition stérile, car la connaissance de soi mène à un savoir utile, se confondant avec la sagesse ; la coïncidence entre l'acte de la connaissance et le sentiment de l'existence ; la physiologie de l'esprit, c'est-à-dire le parallèle que les deux philosophes établissent entre les opérations physiologiques et les opérations psychologiques.

IN TE IPSUM REDI

Dans la troisième promenade, Rousseau retrace l'itinéraire spirituel et intellectuel qui l'a mené à l'« assiette tranquille[21] » dont les *Rêveries* chantent la félicité. Miniature de l'œuvre autobiographique de l'auteur[22], ce chapitre résume les étapes de son itinéraire existen-

---

19 Voltaire, *Lettres philosophiques*, Lettre XIII, *Mélanges*, texte établi et annoté par Jacques Van Den Heuvel, Paris, Gallimard, 1961, p. 38 (voir aussi la première rédaction de cette même lettre, p. 45).
20 Raymond Trousson, Frédéric S. Eigeldinger, *Dictionnaire de Jean-Jacques Rousseau*, Paris, Champion, 2006, *s. v.* : p. 582 *sqq.*
21 J.-J. Rousseau, *Les Rêveries*, *op. cit.*, p. 1012.
22 Pour l'idée de la troisième promenade comme miniature de l'œuvre autobiographique rousseauiste, ainsi que pour une analyse plus approfondie du sentiment de l'existence

tiel : Rousseau, partant d'une maxime de Solon (« je deviens vieux en apprenant toujours[23] »), expose et analyse le parcours intellectuel de sa vie, de manière très condensée par rapport aux *Confessions*. Une enfance où « régnaient les mœurs et la piété[24] », la carrière d'écrivain et, surtout, les « réformes » : la première, celle qui le conduit, à l'âge de quarante ans, à refuser les usages du monde, suivie d'une « grande révolution qui venait de se faire en [lui], un autre monde moral qui se dévoilait à [s]es regards[25] » : c'est l'époque de la composition de la *Profession de foi du vicaire savoyard*, écrit auquel Rousseau confie les résultats des pénibles recherches d'un « sentiment à soi ».

Égaré et confus parmi les systèmes de ses amis philosophes, Rousseau décide d'arrêter une fois pour toute sa position en matière de philosophie et de doctrine. Le bonheur que le vieux philosophe goûte à cette dernière époque de sa vie est le résultat d'un parcours existentiel dans lequel l'expérience est l'objet de l'observation et la source d'une connaissance utile qui mène à la sagesse et qui ne se limite pas à la parade de l'érudition. Cette connaissance se construit sur un éloignement progressif de la société mondaine, dans le but de trouver un bonheur situé hors de l'Histoire et de ses perpétuelles oscillations :

> Cessant donc de chercher parmi les hommes le bonheur que je sentais n'y pouvoir trouver, mon ardente imagination sautait déjà par-dessus l'espace de ma vie à peine commencée, comme sur un terrain qui m'était étranger, pour se reposer sur une assiette tranquille où je pusse me fixer[26].

La topologie de la phrase dessine un triple mouvement : de revirement, d'isolement et d'ascèse. De revirement, car le verbe aspectuel « cesser » marque le renversement de la situation signifiée par la préposition « parmi » et le basculement vers son contraire : cessant de chercher parmi les hommes, c'est-à-dire *« commençant* à chercher *à l'écart* des hommes ». S'y ajoute l'ascèse imagée par les nombreuses figures d'analogies qui

---

dans les *Rêveries*, nous nous permettons de renvoyer à Marilina Gianico, « "J'appliquerai le baromettre à mon ame". Physiologie du sentiment et sentiment de l'existence de la *Morale sensitive* aux *Rêveries du promeneur solitaire* », Thierry Belleguic, Philip Knee, *Le sentiment de l'existence dans les* Rêveries du promeneur solitaire, Paris, Hermann « La République des Lettres », 2021, p. 141-157.
23 J.-J. Rousseau, *Les Rêveries du promeneur solitaire, op. cit.*, p. 1011.
24 *Ibid.*, p. 1013.
25 *Ibid.*, p. 1015.
26 *Ibid.*, p. 1012.

caractérisent la phrase principale, au centre de la période : l'« ardente imagination », synecdoque éloquente isolant le « moi partiel » qui conduit la quête du bonheur, prend les rênes du sujet et saute « par-dessus » sa vie passée, s'élevant de la sorte par rapport à celle-ci et se détachant (« comme sur un terrain étranger ») à la fois du ou des moi qu'elle représente. Ce mouvement culmine et s'arrête sur l'« assiette tranquille » où le « je », dans son intégralité, se fixe.

La demeure stable du « je » est atteinte grâce au mouvement ascensionnel initié par l'imagination, faculté que Rousseau caractérise de façon très complexe – que l'on pense à l'ambivalence du philosophe à l'égard des « chimères » de *La Nouvelle Héloïse*[27] – à l'instar de Malebranche qui, tout en condamnant les égarements des sens et de la faculté imaginative depuis la chute, n'en reconnaît pas moins à « la puissance qu'a l'âme de se former des images des objets[28] », le rôle de forger notre personnalité et de former notre mémoire[29]. Le geste autobiographique, tel que Rousseau le conçoit, est impossible sans cette puissance créatrice – voire heuristique – de l'imagination, qui permet, par une opération de condensation métaphorique, d'appréhender, rétrospectivement, le chaos magmatique de l'expérience, de s'approprier l'enchaînement des événements et de les façonner pour leur donner un sens. Source de vaines chimères, l'activité de l'imagination peut également favoriser une sorte de délivrance de l'opinion commune et du conformisme qui caractérisent, aux yeux de Rousseau, la société mondaine.

La quête d'une « assiette tranquille[30] » passe par la faculté d'imager, par l'intelligibilité de l'expérience transformée en tropes et sublimée

---

27 L'étude de ce sujet chez les deux philosophes demanderait à elle seule un livre. Nous nous limiterons à citer, parmi les contributions récentes, Didier Masseau, « Malebranche et le pouvoir de l'imagination romanesque », Antoine-Mahut, Delphine (éd.), *Les Malebranchismes des Lumières*, Paris, Champion, 2014, p. 143-158, qui fait dériver le discours élaboré par la deuxième moitié du siècle sur le roman directement de la théorie malebranchienne de l'imagination. Voir aussi, l'étude déjà citée de A. Ferraro et, pour le rôle de l'imagination dans les débats sur la rhétorique et les querelles littéraires au tournant du XVIIe siècle, Béatrice Guion, « Existe-t-il un malebranchisme littéraire ? », *Dix-septième siècle*, 2012/2, n. 255, p. 257-271.

28 Nicolas Malebranche, *De la recherche de la vérité*, éd. Geneviève Rodis-Lewis, Paris, Gallimard « Bibliothèque de la Pléiade », 1979, p. 144.

29 *Ibid.*, livre II. C'est notamment par la théorie des traces que l'imagination grave dans le cerveau des images.

30 La locution, sous la forme « assiette solide », revient souvent dans le texte des *Rêveries*, *Cf.* p. 1022, p. 1046 *sq.*

par le geste d'écrire qui, la fixant sur le papier, lui confère une forme
– et partant un statut – de vérité. Le geste autobiographique soutien
et formalise, pour Rousseau, une recherche éthique visant à extraire
de l'expérience la vérité de l'individu, configurée comme un élément
solide, capable d'abstraire le moi du flux perturbant de la contingence.
Cette vérité individuelle ne sera pas séparable, inévitablement, de la
recherche d'une plus universelle vérité de l'espèce, teintée, cette dernière, de téléologie.

> Ce sentiment [...] m'a fait chercher dans tous les temps à connaître la nature
> et la destination de mon être avec plus d'intérêt et de soin que je n'en ai
> trouvé dans aucun autre homme. *J'en ai beaucoup vu qui philosophaient bien
> plus doctement que moi, mais leur philosophie leur était pour ainsi dire étrangère.
> Voulant être plus savants que d'autres, ils étudiaient l'univers pour savoir comme il
> était arrangé, comme ils auraient étudié quelque machine qu'ils auraient aperçue, par
> pure curiosité. Ils étudiaient la nature humaine pour en pouvoir parler savamment,
> mais non pas pour se connaître ; ils travaillaient pour instruire les autres, mais non
> pas pour s'éclairer*[31].

La démarche autobiographie rentre donc dans un projet plus ample de
connaissance de l'humain, de son essence et de sa destination et ce projet
investit et remet en cause, dans la pensée rousseauiste, la visée même de
toute philosophie. Connaître « l'homme » sans se connaître soi-même,
voilà ce que font d'après Rousseau les philosophes de son époque et ce
qu'il ne peut guère se résoudre à faire. C'est ainsi que le citoyen pose,
dans la troisième promenade, une opposition entre l'étude de l'homme
menée par des savants en quête de notoriété et de reconnaissance sociale
et la recherche menée par lui-même, désirant, avant de pénétrer les lois
générales de l'espèce, se connaître soi-même pour pouvoir se conduire
vertueusement et atteindre un bonheur stable, une « assiette solide[32] »,
une fois les erreurs dues à l'opacité du moi et à l'ignorance du fonctionnement de l'être écartées.

La distinction est déjà présente chez Malebranche, qui, réfutant le
principe d'autorité, s'en prenant aux faux-savants et aux philosophes qui ne
font qu'accumuler des connaissances, critique ces hommes qui cherchent
le bonheur dans les « quelques secours nécessaires à la conservation du

---
31 J.-J. Rousseau, *Les Rêveries du promeneur solitaire*, *op. cit.*, p. 1012 *sq*. Nous soulignons.
32 *Ibid.*

corps[33] », dans « les biens sensibles », à savoir les richesses, les charges, les plaisirs mondains[34]. Les philosophes ne sont pas épargnés par cette critique, car ils paraissent, comme les autres, mettre les biens du corps au-dessus des biens de l'âme et préférer s'en remettre au principe d'autorité plutôt que chercher la vérité dans leur espace intérieur :

> Les savants mêmes, et ceux qui se piquent d'esprit, passent plus de la moitié de leur vie dans des actions purement animales, ou telles qu'elles donnent à penser qu'ils font plus d'état de leur santé, de leurs biens et de leur réputation, que de la perfection de leur esprit. *Ils étudient plutôt pour acquérir une grandeur chimérique dans l'imagination des autres hommes, que pour donner à leur esprit plus de force et plus d'étendue.* Ils font de leur tête une espèce de garde-meuble, dans lequel ils entassent sans discernement et sans ordre tout ce qui porte un certain caractère d'érudition ; je veux dire tout ce qui peut paraître rare et extraordinaire[35].

Cette critique de l'érudition et de l'étude mnémonique sera reprise dans le livre consacrée à l'imagination, aux chapitres III et IV, significativement intitulés, respectivement, « § I. *Que les personnes d'étude sont les plus sujettes à l'erreur.* § II. *Raisons pour lesquelles on aime mieux suivre l'autorité que de faire usage de son esprit* » et « *Des mauvais effets de la lecture sur l'imagination* ». Malebranche oppose à la pédanterie une autre forme de savoir, vers laquelle tend son heuristique ; il s'agit, comme pour Rousseau, de la connaissance de soi-même, antithétique par rapport à la « philosophie étrangère » :

> La plus belle, la plus agréable, et la plus nécessaire de toutes nos connaissances, *est sans doute la connaissance de nous-mêmes*. De toutes les sciences humaines, *la science de l'homme est la plus digne de l'homme*. Cependant cette science n'est pas la plus cultivée, ni la plus achevée que nous ayons : le commun des hommes la néglige entièrement. Entre ceux mêmes qui se piquent de science, il y en a très peu qui s'y appliquent, et il y en a encore moins qui s'y appliquent avec succès[36].

La *Recherche de la vérité* procède de la volonté d'atteindre une connaissance qui est sagesse et communion en Dieu, seule vraie forme de bonheur

---

33 N. Malebranche, *Recherche de la vérité*, *op. cit.*, p. 6.
34 Voir, pour un rapprochement entre *Émile* et la philosophie de Malebranche, L. Dugas, *op. cit.*, p. 86 *sqq.* et, pour les aspects cartésiens de la profession du vicaire, Henri Gouhier, « Ce que le vicaire doit à Descartes », *op. cit.*
35 N. Malebranche, *Recherche de la vérité*, *op. cit.*, p. 6.
36 *Ibid.*, p. 13. Nous soulignons.

et seule voie vers la vérité : « [r]entrer en soi-même pour consulter la raison est le *Leit-motiv* malebranchien qui indique comment la raison humaine peut se transcender elle-même[37] », écrit Nathalie Depraz. Or, la raison, résidant en nous-mêmes, peut être écoutée seulement après avoir libéré l'être des erreurs des sens, de l'imagination, des passions, et le projet global de la *Recherche de la vérité* est, ainsi que le remarque Jean-Christophe Bardout[38], de constituer un *vade-mecum* pour éviter ces erreurs et retrouver, dans son essentielle pureté, la voix de la conscience, le *sentiment intérieur*. C'est une gnoséologie assortie d'une heuristique et d'une ontologie. Chez Malebranche, ces trois domaines de la connaissance et de la réflexion philosophique ne sont pas séparables, mais interdépendants, pour ne pas dire coïncidents : ils visent tous un seul but, à savoir le bonheur de la créature, appréhendé comme la réunion de l'homme à la divinité, dont il participe – Malebranche le précise dès les premières pages de son essai. La citation augustinienne que le philosophe enchâsse dans le texte[39] éclaire le lecteur et permettra de mieux comprendre le sentiment intérieur dont parle Rousseau :

> *La sagesse éternelle [...] est le principe de toutes les créatures capables d'intelligence, et cette sagesse demeurant toujours la même, ne cesse jamais de parler à ses créatures dans le plus secret de leur raison, afin qu'elles se tournent vers leur principe : parce qu'il n'y a que la vue de la sagesse éternelle qui donne l'être aux esprits [...]*[40].

Cette sagesse, immuable et éternelle, est la fin vers laquelle l'être, libéré de l'erreur et du péché, tend : une « assiette tranquille » et « solide ». Pour l'atteindre, toutefois, il est nécessaire de reconnaître le langage, fallacieux et séduisant, de tout ce qui vient du corps. C'est ainsi que, chez Rousseau comme chez Malebranche, l'assentiment du sentiment intérieur,

---

37 Nathalie Depraz, « De la phénoménologie de la perception à la gnose transcendantale », Bruno Pinchard (éd.), *La légèreté de l'être : études sur Malebranche*, Paris, Vrin, 1998, p. 219-233, p. 224. Cette chercheuse analyse la manière dont Malebranche convertit « la factualité empirique en facticité transcendantale », par la « prise en vue d'une expérience qui excède le sensible ou l'imagination » (p. 230). Il y aurait donc, chez Malebranche, un dépassement du dualisme par la théorie de la vision en Dieu.
38 Dans l'introduction à N. Malebranche, *Recherche de la vérité*, éd. J.-Chr. Bardout, Paris, Vrin, 2006, p. 13-99.
39 N. Malebranche, *Recherche de la vérité*, éd. G. Rodis-Lewis, Paris, Gallimard « Bibliothèque de la Pléiade », p. 1348. Rodis-Lewis remarque que cette paraphrase est inexacte et que l'expression « dans le plus secret de leur raison » est de Malebranche.
40 *Ibid.*, p. 10. L'italique est dans le texte pour indiquer la citation.

ou intime, devient le sceau de la vérité, tandis que la connaissance profonde des mécanismes du corps se révèle indispensable pour retrouver cette voix enfouie dans les replis de l'être.

L'ASSENTIMENT INTÉRIEUR

« J'appris ainsi par ma propre expérience que *la source du vrai bonheur est en nous, et qu'il ne dépend pas des hommes de rendre vraiment misérable celui qui sait vouloir être heureux*[41] », écrit Rousseau dans la deuxième promenade. Les *Rêveries* célèbrent donc, nous l'avons vu, ce bonheur solitaire et indépendant que le vieux Rousseau a su conquérir en dépit des hommes et des ennemis ; la jouissance du moi délesté de la pesanteur de la vie en société et se laissant aller au courant de l'élément aquatique y est exprimée parfois dans des tons lyriques, tels ceux de la deuxième et de la cinquième promenade, où le philosophe nomme « sentiment de l'existence » cette forme de communion extatique de l'être avec la nature[42] : « De quoi jouit-t-on dans une pareille situation ? De rien d'extérieur à soi, de rien sinon de soi-même et de sa propre existence, tant que cet état dure on se suffit à soi-même comme Dieu[43] », écrit Rousseau, rapprochant la félicité de la rêverie de la plénitude de l'autosuffisance divine[44]. La recherche d'une forme de bonheur assimilée à un état de calme et de repos[45], d'une « assiette tranquille ou solide », est la fin de toute recherche philosophique pour Rousseau comme elle l'était pour

---

41 J.-J. Rousseau, *Rêveries, op. cit.*, p. 1003. Nous soulignons.
42 Sur le sentiment de l'existence, au-delà de l'étude classique d'Henri Gouhier, *Les méditations métaphysiques de Jean-Jacques Rousseau, op. cit.*, voir Paul Audi, *Rousseau : une philosophie de l'âme, op. cit.*, en particulier « La mise en lumière du sentiment de l'existence. Remarques sur "La profession de foi du Vicaire savoyard" », p. 382-420, et Thierry Belleguic, Philip Knee (éd.), *Le sentiment de l'existence, op. cit.*
43 Jean-Jacques Rousseau, *Les Rêveries, op. cit.*, p. 1047.
44 Il va de soi que la métaphysique malebranchienne n'est en rien comparable à la théologie rousseauiste. Rousseau aurait donc, comme maints philosophes de son temps, resémantisé des thèmes et des formes présents dans la philosophie de Malebranche.
45 Robert Mauzi, dans une étude désormais classique (*L'idée du bonheur dans la littérature et la pensée française au XVIIIe siècle*, Paris, Colin, 1960) a montré la largeur du spectre de l'idée de bonheur, allant de l'état de calme et de repos dont parle Rousseau au vertige donné par le mouvement incessant qui caractérise la frivolité et le libertinage.

Malebranche lecteur d'Augustin. Or, ce bonheur, nous dit Rousseau, est en nous, mais pour pouvoir le retrouver, il faut écarter les erreurs de l'homme social et mener sa quête à l'intérieur de soi-même plutôt que « parmi les hommes ».

La troisième promenade relate le parcours du philosophe à la recherche de sa propre vérité, après avoir été ébloui par la variété des systèmes que lui offre la philosophie de son temps. Dans ce chapitre des *Rêveries*, l'écriture devient autobiographique selon la définition du *Pacte autobiographique*[46] : elle est *rétrospective*, car il s'agit de raconter le parcours intellectuel – une quête gnoséologique – qui aboutit à la rédaction de la *Profession de foi du vicaire savoyard*. Le scripteur passe ici en revue les principes heuristiques qui ont informé sa quête et la formation de sa philosophie, confiée aux écrits (comme l'*Émile*) qui, tout en n'ayant pas une vocation autobiographique *stricto sensu*, n'en sont pas moins les fruits d'une expérience individuelle et existentielle bien définie : « j'adoptai dans chaque question *le sentiment* qui me parut le mieux établi directement, le plus croyable en lui-même, sans m'arrêter aux objections que je ne pouvais résoudre, mais qui se rétorquaient par d'autres objections non moins fortes dans le système opposé[47] », explique le philosophe. Le sentiment le mieux établi, ainsi qu'on le découvre par la suite du texte, procède de l'intuition plutôt que du raisonnement ; Rousseau ne s'arrête pas aux objections, mais accepte une vérité à laquelle il adhère, indépendamment de sa vérifiabilité par voie argumentative. Refusant toute prétention au statut de vérité générale et universelle (« [l]e ton dogmatique sur ces matières ne convient qu'à des charlatans[48] »), le citoyen souligne l'importance de rentrer en soi-même et de chercher son sentiment sur les matières fondamentales de l'existence : « il importe d'avoir *un sentiment pour soi*, et de le choisir avec toute la maturité de jugement qu'on y peut mettre [...] voici le principe inébranlable qui sert de base à ma sécurité[49]. »

Ce sentiment pour soi, explique encore le citoyen dans la troisième promenade, est justement *La profession de foi*, dont la vérité est pour Rousseau reconnue de façon tellement intime qu'elle reste un manuel

---

46 Philippe Lejeune, *Le Pacte autobiographique*, op. cit., p. 15.
47 J.-J. Rousseau, *Rêveries*, op. cit., p. 1018.
48 *Ibid*.
49 J.-J. Rousseau, *Rêveries*, op. cit., p. 1018.

de conduite encore au moment de la rédaction des *Rêveries*. Non que le doute ne survienne jamais ; mais il ne parvient pas à ébranler des convictions mûries par une « méditation si longue et si réfléchie[50] ». En effet, les doutes sur ces questions essentielles sont vite réduits à la « philosophie étrangère » qui éloigne les philosophes contemporains d'eux-mêmes et s'oppose de façon très nette à des principes puisés au fond de l'être : « Je me suis toujours dit : tout cela ne sont que des arguties et des subtilités métaphysiques qui ne sont d'aucun poids auprès des principes fondamentaux adoptés par ma raison, confirmés par mon cœur, et qui tous portent *le sceau de l'assentiment intérieur dans le silence des passions*[51]. » La troisième promenade avoue, d'une part, la présence d'un substrat autobiographique dans les œuvres philosophiques de Rousseau, et montre, d'autre part, où se situe, pour l'auteur, la source du vrai : seule est vraie la vérité à laquelle nous pouvons *assentir dans le silence des passions*.

Dans les pages qui suivent, Rousseau précisera les limites du champ gnoséologique humain, avec des tons qui ne sont pas sans rappeler les premiers chapitres de la *Recherche de la vérité*, où Malebranche définit les limites de la connaissance humaine. En effet, plus bas dans le texte Rousseau définira une démarche gnoséologique, caractérisée par la prudence et rejetant les jugements téméraires et audacieux, faisant écho à l'invitation à la prudence que l'on retrouve chez Malebranche – disciple du doute méthodique de Descartes –, ainsi qu'à sa théorie de l'« assentiment intérieur » :

> Je savais en méditant sur ces matières que l'entendement humain, circonscrit par les sens, ne les pouvait embrasser dans toute leur étendue. Je m'en tins donc à ce qui était à ma portée sans m'engager dans ce qui la passait. Ce parti était raisonnable, je l'embrassai jadis, et je m'y tins avec l'assentiment de mon cœur et de ma raison[52].

À côté de la prudence, faculté négative qui nous préserve des jugements erronés, un mouvement d'élan et d'adhésion nous conduit vers la vérité ; ce mouvement est un assentiment, une *reconnaissance*. À plusieurs reprises dans le texte, Rousseau parle de *l'assentiment intérieur*

---

50 *Ibid.*, p. 1018.
51 *Ibid.* Nous soulignons.
52 *Ibid.*, p. 1022.

comme du critère permettant d'établir la vérité ou la fausseté d'une doctrine ou d'un système philosophique. Afin de mieux comprendre la nature de ce sentiment il nous faut, ainsi que le philosophe nous le suggère lui-même, nous tourner vers la *Profession de foi*. L'*Émile* n'est pas un texte à proprement parler autobiographique, mais, comme dit plus haut, l'auteur lui-même reconnaît que les principes du vicaire sont les siens propres (c'est pour cela que nous pensons pouvoir parler de modulations des autobiographèmes, car il existe, chez Rousseau, un retour constant à l'expérience personnelle comme source de la pensée et ce retour est dicté par la conviction profonde que la connaissance ne peut être qu'empirique[53] et n'est possible qu'une fois des bases heuristiques et gnoséologiques posées).

Le vicaire raconte le point de départ de ses spéculations philosophiques reprenant la même opposition entre d'une part la cacophonie des doctrines philosophiques, d'autre part la clarté harmonieuse d'un sentiment choisi par un retour en soi-même :

> Je compris encore que loin de me délivrer de mes doutes inutiles, les philosophes ne feraient que multiplier ceux qui me tourmentaient et n'en résoudraient aucun. Je pris donc un autre guide, et je me dis : consultons *la lumière intérieure*, elle m'égarera moins qu'ils ne m'égarent, ou du moins mon erreur sera la mienne[54].

Cette introduction est suivie par un long raisonnement où Rousseau, par l'entremise du vicaire, illustre ses principes en matière de gnoséologie et

---

53 La question des rapports de la philosophie rousseauiste avec l'empirisme philosophique est complexe, et nous renvoyons, pour d'éclairants approfondissements, à André Charrak, *Rousseau de l'empirisme à l'expérience, op. cit.* Charrak, tout en jugeant le malebranchisme de Rousseau « surestimé » (p. 104), reconnaît dans Rousseau « une réception protéiforme de Malebranche », à ne pas confondre avec une « influence pure et simple » (p. 203). La proximité de la théorie de l'assentiment intérieur dans les *Rêveries* et de la théorie du sentiment intérieur de Malebranche ne fait pas de doute aux yeux de cet auteur. Ce qui intéresse surtout Charrak est d'établir une hiérarchie précise des sources de Rousseau ; dans cette perspective, le philosophe se demande si Rousseau pense directement à Malebranche ou bien à un interprétant, un intermédiaire. Nous préférons nous en tenir à un concept large de réception : que Rousseau pense à une page précise de Malebranche, ou qu'il ait en tête telle page d'un oratorien ou d'un disciple du malebranchisme n'infirme pas, à nos yeux, la thèse d'une réception de Malebranche chez Rousseau. Ce dernier révèle, par ailleurs, une telle indépendance vis-à-vis de ses sources, que parler d'influence de Malebranche sur Rousseau nous paraîtrait, ainsi qu'à André Charrak, caricatural.
54 J.-J. Rousseau, *Émile, ou de l'éducation*, OC, vol. IV, Paris, Gallimard, p. 569. Nous soulignons.

d'ontologie. Le vicaire redit sa foi dans l'assentiment intérieur plus que dans la raison à plusieurs endroits du texte : « ma règle de me livrer au sentiment plus qu'à la raison est confirmée par la raison même[55] », affirme-t-il en parlant de l'intelligence humaine. Or, ce sentiment intérieur qui nous permet de reconnaître la vérité est le même qui rend témoignage de l'existence d'un créateur derrière l'harmonie de la nature :

> Comparons les fins particulières, les moyens, les rapports ordonnés de toute espèce, puis écoutons *le sentiment intérieur*; quel esprit sain peut se refuser à son témoignage, à quels yeux non prévenus l'ordre sensible de l'univers n'annonce-t-il pas une suprême intelligence, et que de sophismes ne faut-il pas entasser pour méconnaître l'harmonie des êtres et l'admirable concours de chaque pièce pour la conservation des autres[56] ?

Tout esprit sain – c'est-à-dire non corrompu par la société – ne pourra qu'acquiescer au sentiment intérieur lui indiquant que l'harmonie, la proportion, les causalités présentes dans la nature témoignent de l'existence d'une intelligence créatrice. Rousseau emprunte le syntagme « sentiment intérieur », destiné à avoir une longue histoire dans l'anthropologie des Lumières[57], à Malebranche même. Or, le sujet demanderait sans aucun doute une réflexion plus longue, mais il semble plus que plausible de retrouver, tout au long de la *Profession de foi*, des principes de l'épistémologie et de la gnoséologie malebranchiennes. Lorsque Rousseau affirme adhérer à certaines croyances par « sentiment intérieur » ou par l'assentiment de son cœur et de son être, c'est encore vers Malebranche qu'il faut se tourner. D'une part le refus du scepticisme et la nécessité de rester prudent dans l'adhésion aux doctrines philosophiques, de l'autre le besoin d'avoir un sentiment pour soi, une sorte de manifeste éthique ; tous ces éléments énoncés par le vicaire peuvent être mis en regard avec la gnoséologie malebranchienne.

La philosophie de la connaissance élaborée par l'oratorien dans la *Recherche de la vérité*, en effet, tend à réhabiliter les sens (viciés et fallacieux depuis la Chute, mais bons dans leur principe) et à identifier la volonté, c'est-à-dire la capacité de l'homme d'accepter ou refuser certaines propositions, comme la source principale de l'erreur : « Nos sens ne sont

---

55 *Ibid.*, p. 573.
56 *Ibid.*, p. 578 *sq.*
57 Voir, par exemple, l'article « sentiment intime » de l'*Encyclopédie* et la bibliographie déjà citée sur la postérité du philosophe.

donc pas si corrompus qu'on s'imagine, mais c'est le plus intérieur de notre âme, c'est notre liberté qui est corrompue. Ce ne sont pas nos sens qui nous trompent, mais c'est notre volonté qui nous trompe par des jugements précipités[58]. » C'est pour cela qu'il faut bien savoir user de la liberté de la volonté pour ne pas se tromper et ne pas emprunter un chemin de pensée faux et périlleux ; le traité de Malebranche indique une voie heuristique fondée sur le sentiment intérieur, sur une *nécessité de la vérité* qui se manifeste sous la forme d'un reproche ou d'une souffrance à l'intérieur de nous-mêmes : « L'usage que nous devons faire de notre liberté, c'est de NOUS EN SERVIR AUTANT QUE NOUS LE POUVONS, *c'est-à-dire, de ne consentir jamais à quoi que ce soit, jusqu'à ce que nous y soyons comme forcés par des reproches intérieurs de notre raison*[59] » et aussi « [o]n ne doit jamais donner de consentement entier, qu'aux propositions qui paraissent *si évidemment vraies, qu'on ne puisse le leur refuser sans sentir une peine intérieure et des reproches secrets de la raison* [...][60] ». À défaut de ces reproches intérieurs, Malebranche conseille une conduite proche de ce qui sera aussi le choix du vicaire : ne pas se prononcer et choisir la voie de la prudence.

LE BAROMÈTRE DE L'ÂME

C'est en raison du rôle central que les erreurs induites par les sens jouent dans l'égarement des hommes que le monde physiologique, dans ses rapports avec ce que nous appellerions la psyché, mérite une attention particulière, et que, à mi-chemin entre un mémoire médical et une autobiographie partielle, le « baromètre de l'âme » s'impose aux yeux de Rousseau. Or, si ce dernier utilise la locution pour définir les *Rêveries*, la recherche des sources physiologiques des mutations psychologiques et morales puise ses racines bien plus loin dans le temps. Pendant toute sa carrière d'écrivain, Rousseau propose des variations de l'écriture de

---

58   N. Malebranche, *op. cit.*, p. 53.
59   *Ibid.*, p. 34. § De l'usage que nous devons faire de notre liberté pour ne nous tromper jamais. Nous soulignons. Les petites capitales sont dans le texte.
60   *Ibid.* § Règles générales pour éviter l'erreur. Nous soulignons.

soi. Nous avons vu que, dans le texte programmatique situé à la fin de la première promenade, il définit la position réciproque des *Confessions* et des *Rêveries* : celles-ci se situent dans le sillon de celles-là, au détail près que Rousseau n'a plus rien à dire qui puisse mériter le nom de « confessions » dans la mesure où, étant éloigné de la société, il est en dehors de tout jeu social et n'a donc plus aucune possibilité de faire du mal ou du bien à autrui ; de plus, son « cœur s'étant purifié à la coupelle de l'adversité[61] », ainsi qu'il l'écrit dans la suite du passage, la dimension religieuse de la confession a été évacuée et il ne reste, de l'écriture autobiographique, que le plaisir de l'étude de soi et de l'être humain.

Ce plaisir va de pair avec la possibilité d'un progrès dans la voie de la vertu, selon une « technique de gouvernement de soi[62] » que Rousseau élabore depuis la fin des années 50, dont il est fait mention dans les *Confessions* et dans la *Profession de foi du vicaire savoyard* ; elle aurait dû être théorisée et modélisée dans *La Morale sensitive ou le matérialisme du sage*, ouvrage qui ne vit jamais le jour mais auquel le philosophe continue encore de penser vers la fin de sa vie. Il est évident que, à partir de sa première réforme, toute quête éthique procède, pour Rousseau, d'une analyse empirique de l'expérience : « Que d'écart on sauverait à la raison, que de vices on empêcherait de naître si l'on savait forcer l'économie animale à favoriser l'ordre moral qu'elle trouble si souvent[63] ! », s'exclame-t-il en parlant de son projet d'une morale sensitive. Aussi à partir de cette époque le philosophe s'interroge-t-il sur les sources de la connaissance et sur la méthode la plus sûre de discerner, dans le foisonnement des doctrines philosophiques, le vrai du faux. Cette réflexion, qui atteint sa maturité dans les pages de la *Profession de foi* analysées plus haut, est le fruit d'un dialogue que Rousseau entretient avec la pensée de Condillac, comme la critique le soutient, mais aussi avec Malebranche.

Le noyau de *La Recherche de la vérité* est l'éradication de l'erreur, seule voie qui permet à l'homme d'approcher de la vérité et cette éradication passe par une observation constante du fonctionnement du corps : Malebranche fait sien le dualisme cartésien et ancre profondément la pensée dans la physiologie – pensons au livre sur l'imagination. Celle-ci nous fait tomber en erreur car elle matérialise dans notre cerveau, grâce

---

61   J.-J. Rousseau, *Rêveries du promeneur solitaire*, *op. cit.*, p. 1003.
62   *Cf.* Michel Foucault, *Histoire de la sexualité. 3. Le souci de soi*, Paris, Gallimard, 1984.
63   J.-J. Rousseau, *Confessions*, Livre IX, *OC* vol. I, p. 408 *sq.*

aux traces laissées par les esprits animaux[64], une réalité qui n'est que sensorielle, donc fausse et chimérique. Cette réalité, et la stimulation permanente des sens, nous éloignent de nous-mêmes et, par conséquent, de la vérité et de la vertu. Rousseau, dans toute son œuvre, paraît s'en souvenir. Nous mettrons en regard, avant de conclure, la page des *Confessions* dans laquelle l'écrivain rend compte de son projet d'une morale sensitive, ou, d'après son sous-titre, du « Matérialisme du sage[65] », et une page de la *Recherche de la vérité*.

« L'on a remarqué que la plupart des hommes sont, dans le cours de leur vie, souvent dissemblables à eux-mêmes, et semblent se transformer en des hommes tout différents[66] », constate Rousseau, dans l'entame de la présentation de ce projet d'étude psychophysiologique, soulignant le caractère changeant et chatoyant du moi.

> L'homme ne demeure guère longtemps semblable à lui-même : tout le monde a assez de *preuves intérieures* de son inconstance : on juge tantôt d'une façon et tantôt d'une autre sur le même sujet : en un mot la vie d'un homme ne consiste que dans la circulation du sang, et dans une circulation de pensées et de désirs ; et *il semble qu'on ne puisse guère mieux employer son temps, qu'à rechercher les causes de ces changements qui nous arrivent, et apprendre ainsi à nous connaître nous-mêmes*[67].

Ainsi réfléchit Malebranche dans le chapitre qui présente le livre sur l'imagination, ancrant très étroitement la psychologie dans la physiologie par le parallélisme entre la circulation du sang et la circulation des idées et des désirs. « Les climats, les saisons, les sons, les couleurs, l'obscurité, la lumière, les éléments, les aliments, le bruit, le silence, le mouvement, le repos, tout agit sur notre machine et sur notre âme par conséquent[68] », écrit Rousseau un peu plus bas. Comment ne pas penser au chapitre II du livre sur l'imagination, où Malebranche analyse tous les éléments sensibles – l'air, le vin, la lumière – susceptibles de créer des changements dans les esprits ? Et comment ne pas penser à la théorie malebranchienne des traces en lisant le passage suivant ?

---

64 N. Malebranche, *La Recherche de la vérité, op. cit.*, p. 159 : « Toute l'alliance de l'esprit et du corps qui nous est connue, consiste dans une correspondance naturelle et mutuelle des pensées de l'âme avec les traces du cerveau, et des émotions de l'âme avec les mouvements des esprits animaux » et *sqq*.
65 J.-J. Rousseau, *Confessions*, Livre IX, *OC* vol. I, p. 409.
66 *Ibid.*, p. 408.
67 N. Malebranche, *op. cit.*, p. 146 *sq.* Nous soulignons.
68 J.-J. Rousseau, *Confessions, op. cit.*, p. 408.

> En sondant en moi-même et en recherchant dans les autres à quoi tenaient ces diverses manières d'être je trouvai qu'elles dépendaient en grande partie de l'impression antérieure des objets extérieurs, et que modifiés continuellement par nos sens et nos organes, nous portions sans nous en apercevoir, dans nos idées, dans nos sentiments, dans nos actions mêmes l'effet de ces modifications[69].

À l'écriture échoit donc la tâche de retrouver l'histoire de ces traces, de parcourir le chemin tortueux de la formation complexe d'un être composite et de discerner, dans cet être même, ce qui relève du faux et du contingent de ce qui revient à l'éternel et à l'impérissable. Le ressassement continuel de l'expérience, et son compte rendu par l'écriture – rétrospective comme celle des *Confessions* ou immédiate telle celle des *Rêveries* – vise à objectiver tout ce qui, de l'expérience, est fugace et périssable, pour parvenir à une vérité intérieure permanente et immuable. Écrites sous le signe de l'étude scientifique, mais aussi du plaisir personnel, à l'instar des études de botanique auxquelles le philosophe se consacre dans sa vieillesse, les *Rêveries* poursuivent la quête d'une « assiette solide », d'un havre de paix où, dans le silence du monde et des passions, l'être puisse se retrouver avec son essence et, enfin, converser – par l'écriture – avec soi-même. Le retour à soi qui crée le dispositif de l'écriture autobiographique des *Rêveries* est la ligne d'horizon d'un cheminement de recherche de soi commencé longtemps avant et dont toute l'œuvre du citoyen rend témoignage. C'est par la bouche de Julie que Rousseau, comme avant lui Malebranche suivant Augustin, invite son lecteur à s'acheminer sur la même voie :

> Laisse, mon ami, ces vains moralistes et rentre au fond de ton âme : c'est là que tu retrouveras toujours la source de ce feu sacré qui nous embrasa tant de fois de l'amour des sublimes vertus ; c'est là que tu verras ce *simulacre éternel du vrai beau* dont la contemplation nous anime d'un saint enthousiasme et que nos passions souillent sans cesse sans pouvoir jamais l'effacer[70].

La quête d'une source intérieure de la vérité, qui ne se rend audible que dans le silence et dans la retraite et ne peut être interprétée que par une connaissance fine des sens et de leurs erreurs rapprochent les deux philosophes. Cependant, tandis que la gnoséologique malebranchienne pose Dieu en son centre, Rousseau replace le « simulacre éternel du vrai beau »

---

69 *Ibid.*
70 J.-J. Rousseau, *Julie ou la Nouvelle Héloïse, op. cit.*, p. 223. Nous soulignons.

au fond de l'âme humaine. Pour le citoyen, comme pour Malebranche, nous ne connaissons notre âme que par l'expérience – « [n]ous ne savons de notre âme que ce que nous sentons se passer en nous[71] », écrit ce dernier – ; mais à partir du même constat les deux auteurs empruntent des chemins différents : pour l'oratorien, l'âme demeure obscure à elle-même et son accès à la vérité se fait par la vision en Dieu, seule source, *in fine*, de toute connaissance. Pour Rousseau, au contraire, la conversation que l'âme entretient avec elle-même peut, à travers l'écriture, l'éclairer et lui permettre, sinon d'atteindre une connaissance parfaite de son essence, au moins de s'améliorer et de jouir de l'extase autosuffisante de la cinquième promenade. Les *Rêveries* racontent cet itinéraire qui mène de la recherche de la vérité à la quête du bonheur.

Marilina GIANICO
Université de Haute-Alsace – ILLE

---

71 N. Malebranche, *op. cit.*, p. 349.

CINQUIÈME PARTIE

AUX LIMITES DU GENRE
AUTOBIOGRAPHIQUE

APOLOGIE DU MOI
DANS LES TOURMENTES DE L'HISTOIRE

UN ÉCRIT À CŒUR OUVERT

La correspondance d'une noble provençale au XVIIIe siècle

> *adieu je vous enbrasse de tout mon coeur je toujour pour [...] semtiments mais je suis telle que je me depains devois me connoitre je vous fais connoitre toute ma façon [...] et tout ce que je sur le coeur adieu*[1]
>
> « adieu, je vous embrasse de tout mon cœur. J'ai toujours pour [vous des] sentiments mais je suis telle que je me dépeins et vous devez me connaître : je vous fais connaître toute ma façon [...] et tout ce que j'ai sur le cœur ; adieu »

Ces mots sont ceux que la Provençale Françoise de Robert d'Escragnolle (1724 – après 1791) destine à son époux Alexandre-Joseph de Robert d'Escragnolle (1718-1793) capitaine de cavalerie. Pendant plus de vingt ans, ce dernier s'absente régulièrement durant des périodes de six ou sept ans. Durant son absence, Françoise lui adresse trois cents lettres, soit environ deux courriers par mois, entre 1748 et 1776. Les missives de la Grassoise laissent entrevoir le silence d'un époux lointain. Seules dix lettres d'Alexandre-Joseph subsistent au sein du fond familial déposé aux Archives départementales des Alpes-Maritimes. Il s'agit principalement de missives écrites par le militaire au début de leur mariage. Cette correspondance permet d'entrevoir le destin tragique d'une femme abandonnée, mais qui a su, par la force de son caractère, prendre en main le domaine familial et l'éducation de ses enfants[2].

---

1   Feuillet n° 1 sans date, ADAM, 1E 3/2, Famille Robert d'Escragnolle. La syntaxe et l'orthographe sont proposés modernisés à la suite de la transcription originale afin de faciliter la lecture des extraits des lettres de Françoise de Robert d'Escragnolle (1724-après 1790). Le patronyme Escragnolle ne prend pas de « s » tandis que le nom de la seigneurie et de la commune sont dotés d'un « s » final.

2   Fonds Robert d'Escragnolle, Archives départementales des Alpes-Maritimes (ADAM) ; cet article est basé sur notre mémoire de Master 2, Caparos Camille, « *quan-ece que je serais delivree de vous ecrire mon dieu que je le desire...* » *Pratiques féminines de l'épistolarité (France, XVIIe-XVIIIe siècle)*, sous la direction d'Isabelle Luciani, Université d'Aix-Marseille, TELEMMe, 2016.

Dans cette première citation, Françoise semble annoncer un pacte épistolaire par lequel elle « s'engage à ne rien retenir sur [elle]-même et à laisser "courir sa plume"[3] ». Un tel protocole d'écriture peut être rapproché de celui définit par Philippe Lejeune dans son ouvrage *Le Pacte autobiographique* publié en 1975. Dans l'autobiographie, le pacte énonce « l'engagement qu'une personne réelle [prend] de parler sur soi dans un esprit de vérité[4] ». De leur côté, les lettres ont « naturellement une vocation diariste[5] ». Dans sa rencontre avec l'autre, l'épistolier est amené à donner de nouvelles de lui, à « livrer le scénario de ses jours ». Néanmoins, plusieurs différences séparent la correspondance de l'écrit autobiographique. La lettre est une écriture de l'immédiateté inscrite dans le présent de la prise de plume. L'autobiographie est un récit de soi plus réfléchi, car souvent écrit *a posteriori*. Elle est donc une remémoration des actions racontées tandis que la lettre narre l'instantanéité de la vie quotidienne. Dans les deux cas, l'auteur s'adresse à un lecteur destinataire. L'autobiographe livre un récit consciemment pensé et construit pour offrir à l'autre un portrait total de lui-même. L'épistolier propose quant à lui des bribes de lui-même à son destinataire, qui se complètent dans un *work in progress* dont la temporalité reprend celle de la correspondance. Parce qu'elle se livre au quotidien à un époux indifférent, les lettres de Françoise de Robert d'Escragnolle prennent la forme d'une écriture diariste en mouvement, transcrivant un portrait en constante évolution[6].

Durant l'Antiquité, puis dans l'analyse qui en est faite à la Renaissance, la lettre est perçue comme un espace dans lequel l'individu est invité à parler de soi à un autre. Ce lieu de confidences est, selon le philologue Juste Lipse (1547-1606), « l'instrument par excellence de l'autoportrait d'une grande âme[7] ». La pratique de la correspondance dans le cadre familial ou amical est aujourd'hui incorporée au sein des écrits du for

---

3   Brigitte Diaz, « La correspondance : une autobiographie expérimentale ? Usages autobiographiques de la lettre au XIXe siècle », *L'autobiographie hors l'autobiographie*, éd. B. Diaz, Caen, PUC, 2008, p. 35-61.
4   Philippe Lejeune, *Le Pacte autobiographique*, Paris, Seuil, 1975, p. 17.
5   Brigitte Diaz, *op. cit.*, 2008, p. 41.
6   Philippe Artières, Jean-François Laé, *Lettres perdues. Écritures, amour et solitude*, Paris, éd. Hachettes, 2003, p. 10 *sq*.
7   Propos cités par Marie-Claire Grassi, *Lire l'épistolaire*, Paris, Dunod, 1998, tirés de M. Fumaroli « Genèse de l'épistolographie classique », *RHLF*, 1978, n°6, p. 886-900.

privé (livres de raison, mémoires, autobiographies...)[8]. Ces derniers, répertoriés et analysés par une nouvelle historiographie à partir de l'article fondateur de Madeleine Foisil[9], regroupent « tous les textes produits hors institution et témoignant d'une prise de parole personnelle d'un individu sur lui-même, les siens, sa communauté, le monde tel qu'il le vit, l'imagine et le perçoit, à travers son regard et sa plume singulière[10] ». Surtout, les lettres sont analysées dans le champ des études littéraires comme de véritables « laboratoires identitaires[11] ». La correspondance peut se vivre comme un espace intime et personnel dans lequel l'épistolier succombe à l'envie de se confier à autrui. La vie de papier de l'épistolier se déploie sous le regard de l'autre. La *persona* créée par l'épistolier devient son reflet au sein de la correspondance[12].

Au XVIIe siècle, la correspondance « quitte son éloquence pour devenir mondaine ». Elle transcrit le discours de l'individu « ordinaire » qui s'exprime[13]. La lettre intime est largement pratiquée au sein de la noblesse. Elle permet aux membres d'une même famille d'entretenir le lien familial, de prendre soin les uns des autres et d'agir à distance. Pour Cécile Dauphin, Pierrette Lebrun-Pézerat et Danièle Poublan, la question de l'intime définit la correspondance dite familiale. Selon ces chercheuses, cette dernière se développe au sein des milieux aisés au cours du XIXe siècle[14]. Une telle conclusion écarte de manière trop nette, à nos yeux, le Grand Siècle ainsi que celui des Lumières. La définition même de la correspondance familiale comme un instrument de communication

---

8   Mireille Bossis, « La place nécessaire de l'épistolaire dans les écrits du for privé », *Au plus près du secret des cœurs ? Nouvelles lectures historiques des écrits du for privé en Europe du XVIIe au XVIIIe siècle*, éd. J.-P. Bardet, F.-J. Ruggiu, Paris, PUPS, 2005, p. 73-77.
9   Madeleine Foisil, « L'écriture du for privé », Philippe Ariès, Georges Duby (dir.), *Histoire de la vie privée. 3. De la Renaissance aux Lumières*, vol. édité par Roger Chartier, Paris, Seuil, 1999, p. 331-369.
10 Isabelle Lacoue-Labarthe, S. Mouysset, « De "l'ombre légère" à la "machine à écrire familiale" », *Clio. Femmes, Genre, Histoire*, 35, 2012, p. 7-20.
11 Brigitte Diaz, « Avant-propos », *L'Épistolaire au féminin : correspondances de femmes, XVIIIe-XXe siècles*, Actes du colloque de Cerisy-la-Salle (octobre 2003), éd. B. Diaz, J. Siess, PUC, 2006, p. 9.
12 Bernard Beugnot, « De l'invention épistolaire : à la manière de soi », *L'épistolarité à travers les siècles : geste de communication et/ou d'écriture*, colloque organisé par le Centre culturel international de Cerisy La Salle, éd. M. Bossis, C. A. Porter, France, Stuttgart, F. Steiner, 1990, p. 27-38.
13 Brigitte Diaz, *op. cit.*, 2008, p. 37.
14 Cécile Dauphin, Pierrette Lebrun-Pezerat, Danièle Poublan, *Ces bonnes lettres. Une correspondance familiale au XIXe siècle*, préface de Roger Chartier, Paris, Albin Michel, 1995.

tourné vers la narration de l'intimité et du quotidien, par une attention accrue aux nouvelles familiales, aux récits de soi, y compris des maux du corps, peut également qualifier certaines correspondances de l'époque moderne, comme celle de la marquise de Sévigné[15].

De la même manière, les différents autoportraits que Françoise de Robert d'Escragnolle envoie à son époux participent, au fil des années et de la correspondance, à la définition d'une « identité narrative » complexe que nous nous proposons d'aborder en trois temps. Il s'agira, en effet, d'explorer son récit épistolaire en tant qu'itinéraire personnel grâce auquel elle se représente en tant qu'épouse, mère puis seigneuresse du domaine d'Escragnolles dans les Préalpes grassoises. La correspondance sera ensuite envisagée comme un espace dans lequel la scriptrice définit une *persona* en harmonie avec l'image qu'elle a d'elle-même. Enfin, cette correspondance permet d'entrer dans l'intimité d'une femme de la petite noblesse provençale. Par le discours sur le corps et sur les sentiments, elle s'adonne à un portrait incarné d'elle-même qui participe à une écriture épistolaire proche de celle de l'autobiographie.

D'ÉPOUSE AIMANTE À LA DAME D'ESCRAGNOLLE

Tout comme l'écriture du journal intime, la correspondance est une activité scripturaire du quotidien. Entre les murs délabrés de sa bastide provençale, Françoise de Robert d'Escragnolle s'engage dans un véritable « itinéraire épistolaire », ou autoportrait *in progress*. Tour à tour, elle se construit, et s'écrit, par rapport à des rôles qu'elle acquiert, de gré ou de force, tout au long de sa vie.

Dès le départ, l'écriture épistolaire est le seul moyen qu'elle possède pour s'affirmer en tant qu'épouse, procuratrice légitime d'Alexandre et bientôt mère d'un héritier.

La correspondance qu'entretient Françoise avec son époux a un rôle central à jouer : lui permettre de garder un contact avec le membre le

---

15 Camille Caparos, « *Madame, un miroir s'il vous plaît* ». *Les formes de la perception de soi chez la marquise de Sévigné*, mémoire de master sous la direction d'Isabelle Luciani, Université Aix-Marseille, 2015.

plus influent de la famille, à la fois époux, père et véritable seigneur d'Escragnolles. En effet, Alexandre-Joseph, qui est alors un jeune capitaine de cavalerie, a renoncé au domaine familial pour retourner à son régiment.

Ainsi, c'est tout naturellement que cette femme de militaire, âgée de vingt-quatre ans, s'accommode de son « devoir d'écriture[16] ». Malgré un mariage arrangé, les époux Escragnolle semblent éprouver l'un pour l'autre un certain attachement qu'ils expriment dans leurs missives. Au début de leur échange épistolaire, Françoise se présente sous les traits d'une épouse attentionnée et d'une mère aimante :

> *je vous soite toujour une sante parfaite vous priant de vouloir vous conserver pour lamour dun petit enfan que vous avec qui et tres aimable et dune femme qui vous aime tendrement donc vous devez etre tres persuade et conter plus sur elle*[17]
>
> « Je vous souhaite toujours une santé parfaite, vous priant de vouloir vous conserver pour l'amour d'un petit enfant que vous avez qui est très aimable et d'une femme qui vous aime tendrement, ce dont vous devez être très persuadé et compter plus sur elle »

L'épistolière tente de trouver son identité dans sa relation à l'autre, car le « moi féminin » se définit sous l'Ancien Régime en s'imprimant « dans une trame familiale et sociale » plutôt que « sur un mode exclusivement égocentrique[18] ». Cette sorte d'énonciation réflexive des émotions participe à la constitution de son « identité narrative ». Le discours affectif renforce à la fois les émotions du locuteur tout en l'interrogeant lui-même au moment où il les exprime : autrement dit, les paroles transforment le « moi » qui les prononce[19]. La continuité des sentiments participe à la « permanence de soi » et à la construction de l'identité de l'individu

---

16 Devoir social, devoir conjugal mais aussi devoir affectif s'entremêlent dans la correspondance de Françoise de Blacas : *Cf.*, Philippe Artières, Jean-François Laé, *Lettres perdues. Écritures, amour et solitude*, Paris, Hachettes, 2003, p. 51.

17 ADAM 1 E 3/2, Fonds de la famille Robert d'Escragnolle : lettre de Françoise de Robert d'Escragnolle, datée du 30 septembre 1750.

18 Claire Sorin, « Aspects du sujet autobiographique dans les journaux des américaines au XIXe siècle : le corps et la voix dans le journal de Samuella Curd 1860-1863 », *Écritures de femmes et autobiographie*, éd. Ginette Castro, Marie-Lise Paoli Pessas, Maisons des sciences de l'homme d'Aquitaine, 2001, p. 249-262.

19 William Reddy, *The Navigation of Feeling : A Framework for the History of Emotions*, Cambridge University Press, 2001, propos recueillis dans l'article de Barbara H. Rosenwein, « Y avait-il un "moi" au haut Moyen Âge ? », *Revue historique*, 2005, 1 n° 633, p. 31-52.

qu'est Françoise. L'« identité narrative » selon Paul Ricœur se réalise dans la relation que l'épistolière entretient avec son mari : lien entre le passé d'un amour partagé au présent d'un amour déçu, l'attachement de Françoise est un état constant qui lui permet de se définir. Elle écrit en 1759 :

> *je ressu avec grand plaisir mon cher epoux votre lettre vous ne scauries me faire plus de plaisir quent me donnant souvent de vos nouvelles mes vivasites ne motent jamais les tendres semtiments que je eu et que je toujour pour vous ils sont eu dedela meme de ce qun mary peu egiger dune femme qui laime et qui laime au dessus de tout ce que lon peu desirer, je soiteré seulement que les votres à mon egart fasent ausi vif et ausi sinceres*[20]

« J'ai reçu avec grand plaisir mon cher époux votre lettre, vous ne sauriez me faire plus de plaisir qu'en me donnant souvent de vos nouvelles. Mes vivacités ne m'ôtent jamais les tendres sentiments que j'ai eu et que j'ai toujours pour vous. Ils sont au-delà même de ce qu'un mari peut exiger d'une femme qui l'aime et qui l'aime au-dessus de tout ce que l'on peut désirer. Je souhaiterais seulement que les vôtres à mon égard soient aussi vifs et aussi sincères. »

À l'aide des descriptions qu'elle fait de la vie quotidienne et du comportement d'Antonin, premier enfant du couple, Françoise essaie d'abolir la distance qui sépare Alexandrie de la vie familiale en Provence. La place accordée à la représentation du petit garçon dans la correspondance offre une illustration de l'importance symbolique grandissante accordée à l'enfant au XVIIIe siècle[21] :

> *quant au petit il et si aimable que vous puissies vous limagine [...] tous ceux qui le voit en sont enchantés cet meme au dessus de son age il ne dit que quelque mots mais il comprend et entant tout [...] il marche seul le soir lors que je me retire il mene une rejouysance terible il matant sur lescalier [...] il dans il chante cet un petit singe*[22].

« Quant au petit il est si aimable que vous puissiez vous l'imaginer [...] tous ceux qui le voient en sont enchantés c'est même au-dessus de son âge. Il ne dit que quelques mots mais il comprend et entend tout [...], il marche seul. Le soir lorsque je me retire il mène une réjouissance terrible il m'attend sur l'escalier [...]. Il danse, il chante, c'est un petit singe. »

---

20   ADAM, 1 E 3/3, Fonds de la famille Robert d'Escragnolle : lettre de Françoise de Robert d'Escragnolle, datée du 28 juillet 1759.
21   Stéphane Minvielle, *La famille en France à l'époque moderne*, Paris, Armand Colin, 2010.
22   ADAM, 1 E 3/2, Fonds de la famille Robert d'Escragnolle : lettre de Françoise de Robert d'Escragnolle, non datée.

C'est aussi par la lettre que Françoise construit et donne à voir la relation qu'elle a avec son fils. Alors qu'elle demeure à Escragnolles pour s'occuper du domaine, Antonin tombe malade. La crainte que ressent alors Françoise – et l'on sait que la mortalité infantile était élevée – s'exprime dans ses lettres. L'écriture transcrit l'importance qu'elle accorde à son rôle de mère. Sa tâche de gestionnaire l'éloigne de son fils, néanmoins, comme elle tient à le préciser, l'enfant fiévreux l'a reconnue. Le lien entre la mère et le fils est donc rendu visible par la correspondance :

> *je trouvé le pauvre enfan avec un fleur de sang fievre continuele avec redoublement enfin une dissanterie dans le formes il etoit dans un triste etat des quil me vit il me reconnu il voulu menbrasser gy resté jusqu à ce quil fut mieux et comme javois affare la haut je reparty*[23]

« J'ai trouvé le pauvre enfant avec une fleur de sang et une fièvre continuelle avec redoublement. Enfin une dysenterie avec les formes. Il était dans un triste état dès qu'il me vit il me reconnut, il voulut m'embrasser. J'y restais jusqu'à ce qu'il fût mieux et comme j'avais à faire là-haut je repartis. »

Plus tard, c'est avec une grande émotion que cette femme rapporte le décès prématuré de sa fille Caroline. Cette dernière n'a jamais vu son père. Les grossesses difficiles de Françoise, les maladies et la mort de ses enfants accentuent sa cruelle solitude. Au moment de la disparition de Caroline, la Grassoise indique la présence de nombreux membres de la famille et de l'entourage. Par là même elle souligne l'absence du capitaine de cavalerie qui reçoit ces lignes :

> *je vous assure que nous sommes dans une grande affliction je craind que ma chere mere ne me tombe malade nous navons encor peu la faire sortir, si nous navions eu monsieur le curé et mon oncle de robert qui à reste quelques jours avec nous, et monsieur le curé et sa soeur qui ne nous quitent pas nous aurions sucombé mon oncle la plurée il ne peu sent consoler monsieur le curé li na etoit malade nous y avons mille obligations tout le lieu à pluré cet enfan, ausi il le merité ce ne pas prevantion [...] javois mandé escragnolle chez mon oncle [...] depuis quelques jours et lors que je la vis mal je manda à labbé qui le vint le mener magagnos crainte que cela ne laffiga trop [...] il laimé beaucoup et la petite lui etoit tres attachée, labbé me mande qui ce porte fort bien quil à etoit affligé qui à beaucoup pluré mais que lon la dissipé et qua presant il et tranquille sil etoit isi il seroit toujour dans lafliction car des que nous sommes un moment seules nous ne faisons que rapeller ces maniere*[24]

---

23 ADAM, 1 E 3/2, Fonds de la famille Robert d'Escragnolle : lettre de Françoise de Robert d'Escragnolle non datée (certainement 1751).

24 ADAM, 1 E 3/3, Fonds de la famille Robert d'Escragnolle : lettre de Françoise de Robert d'Escragnolle datée du 13 octobre 1764.

« Je vous assure que nous sommes dans une grande affliction. Je crains que ma chère mère ne me tombe malade, nous n'avons encore pu la faire sortir. Si nous n'avions eu M. le curé et mon oncle de Robert qui est resté quelques jours avec nous et M. le curé et sa sœur qui ne nous quittent pas, nous aurions succombé. Mon oncle l'a pleuré, il ne peut s'en consoler. M. le curé en a été malade. Nous en avons mille obligations. Tout le lieu a pleuré cette enfant, aussi elle le méritait ce n'est pas prétention. [...] J'avais mandé Escragnolle [c'est-à-dire Antonin] chez mon oncle [...] depuis quelques jours et lorsque je la vis mal, je mandais à l'abbé qui le vint le mener à Magnagnos, crainte que cela ne l'affligeât trop [...]. Il l'aimait beaucoup et la petite lui était très attachée. L'abbé me mande qu'il se porte bien, qu'il a été affligé, qu'il a beaucoup pleuré, mais que l'on l'a dissipé et qu'à présent il est tranquille. S'il était ici, il serait toujours dans l'affliction, car dès que nous sommes un moment seules, nous ne faisons que rappeler ses manières. »

Comme il est possible de le constater dans la dernière citation, Françoise concilie son rôle de mère et celui de gestionnaire du domaine d'Escragnolles. Si elle accepte avec dévouement le premier, dans lequel elle se reconnaît, elle refuse catégoriquement le rôle de procuratrice pour lequel elle n'a pas les connaissances nécessaires. En effet, ayant été élevée à la ville, elle n'était pas destinée à devenir la gestionnaire d'un domaine agricole dans l'arrière-pays montagneux de Grasse.

Pourtant, quelques mois après avoir signé leur contrat de mariage, la procuration mise en place par Alexandre en mars 1748 fait de son épouse sa « procuratrice generalle et speciale[25] ». Par cet acte, le capitaine de cavalerie lui transfère tous ses pouvoirs seigneuriaux et tous ses biens jusqu'à son retour définitif, qui n'aura lieu qu'en 1792[26]. Il s'agit là d'un

[un acte] par lequel celui qui ne peut vacquer lui-même à ses affaires, donne pouvoir à un autre pour lui, comme s'il était lui-même présent, soit qu'il faille lui-même gérer et prendre soin de quelque bien ou de quelque affaire, ou que ce soit pour traiter avec d'autres[27].

---

25   Marie-Claire Grassi, « La monographie, objet de l'histoire, un gentilhomme campagnard, Antoine de Robert (1675-1753) », *Hommage à Maurice Bordes, Président de l'Association culturelle du Gers : travaux d'histoire*, Paris, Les Belles Lettres, 1984, p. 104, note n° 14 : « Les actes sont passés à Grasse chez le notaire Barbery. Série E des Archives Départementales des Alpes Maritimes, Étude Crépeaux, n° 42, f°163 et svt., les 21 et 22 mars 1748 ».

26   Après s'être vu refuser sa montée en grade, Antoine-Joseph démissionne. D'après Marie-Claire Grassi sa lettre de retrait montre son dévouement sans faille à son régiment : « Ce régiment a été mon berceau, je consentirai qu'il fut mon tombeau », *Cf.* Marie-Claire Grassi, *op. cit.*, 1984, p. 106.

27   Claude-Joseph de Ferrière, *La Science parfaite des notaires ou moyen de faire un parfait notaire, contenant les ordonnances, les arrest et reglemens rendus touchant la fonction de notaires*, Paris,

La procuration peut donc être analysée comme une « forme particulière de prise de pouvoir, d'*empowerment*[28] ». Pourtant, elle est vécue à la fois comme une punition par Françoise et une injustice par sa belle-famille. En effet, Antoine de Robert d'Escragnolle, « gentilhomme campagnard[29] », cède le domaine familial et le titre de seigneur à son fils, alors jeune marié. Rapidement, ce dernier le lègue à son tour à une inconnue pour repartir servir la couronne. La correspondance devient le relais entre un seigneur loin de son domaine et une procuratrice qui tente de se défendre face aux attaques de sa belle-famille. C'est ce que l'on constate à la lecture des premières lettres envoyées par une jeune épouse acculée par sa famille d'adoption :

> *Car tout ce que je vois ne minquiete que trop tout à lheure je suis meconnoissable je ne me sousie plus de rien [...] vous dittes que mes plaintes ne sont pas fondées elles ne le sont que trop mais avec vous je ne jamais raison et vous etes toujour la dupe et vous etes toujour plus aveuglés [...] je ne vous en dirois plus ni bien ni mal mais je saurois à quoi ment tenir*[30]

« Car tout ce que je vois ne m'inquiète que trop. Tout à l'heure je suis méconnaissable, je ne me soucie plus de rien [...] vous dites que mes plaintes ne sont pas fondées, elles ne le sont que trop mais avec vous je n'ai jamais raison et vous êtes toujours la dupe et vous êtes toujours plus aveuglé [...]. Je ne vous en dirai plus ni bien ni mal, mais je saurai à quoi m'en tenir. »

Un an plus tard, c'est sous les traits d'une femme esseulée, prisonnière d'un rôle et d'une vie qu'elle n'a pas choisies que Françoise prend la plume :

> *je trouve que le sort dun militaire marie et charmant et celui de sa femme et a plaindre il à tous les agrements du mariage [...] il ne ressent nule des incommodites chagrins et sousis que le mariage entrene eloigné de deux cent lieux de chez lui et toujour regardé comme le chef et le maitre, il ne occupé qua ce rejouir vela tout son occupation, dans le tems qune pauvre femme ne fait que inquieter que le soin et le sousis la mettent dans un etat deplorable, enfin que faire tel et mon sort*[31]

1692, p. 423.
28 Benoît Grenier, Catherine Ferland, « "Quelque longue que soit l'absence" : procurations et pouvoir féminin à Québec au XVIIIe siècle », *Clio. Femmes, Genre, Histoire*, 37, 2013, p. 197-225, p. 197.
29 Marie-Claire Grassi, *op. cit.*, 1984, p. 1.
30 ADAM, 1 E 3/2, Fonds de la famille Robert d'Escragnolle : lettre de Françoise de Robert d'Escragnolle, datée du 30 septembre 1750.
31 ADAM, 1 E 3/2, Fonds de la famille Robert d'Escragnolle : lettre de Françoise de Robert d'Escragnolle, datée du 12 novembre 1751.

> « Je trouve que le sort d'un militaire marié est charmant et celui de sa femme est à plaindre. Il a tous les agréments du mariage [...] il ne ressent aucune des incommodités, chagrins et soucis que le mariage entraîne. Éloigné de deux cents lieues de chez lui, il est toujours regardé comme le chef et le maître, il n'est occupé qu'à se réjouir, voilà toute son occupation. Dans le temps qu'une pauvre femme ne fait que s'inquiéter, que le soin et le souci la mettent dans un état déplorable. Enfin que faire, tel est mon sort »

Peu à peu l'écriture quotidienne permet à Françoise de construire sa condition d'épouse et de procuratrice. Le besoin de reconnaissance dont elle souffre transparaît dans la mise en scène de sa vie et de ses émotions au sein de la lettre. Pour elle, écrire sa vie à l'autre revient à se sentir exister[32]. Ce défaut de reconnaissance et ce besoin d'expression enferment Françoise dans un monologue autocentré. De la même manière que dans une autobiographie, la scriptrice a besoin de son lecteur. Sa subjectivité manifeste le besoin de s'exprimer à un autre, de raconter son soi à quelqu'un[33]. En remettant sans cesse la plume sur le papier, elle crée des « moi-épouse » ou « moi-procuratrice » constamment soumis à la volonté et au regard de son époux.

Ainsi, durant les années 1750, c'est le portrait d'une gestionnaire soumise à son seigneur qui transparaît dans les lettres de Françoise. Les prises de décision sont nombreuses au sein d'une seigneurie de montagnes : signer des contrats avec les fermiers, organiser les récoltes de blé et d'olives, faire réparer les étables et les granges, etc.

Malgré sa capacité effective à gérer seule le domaine, attestée par la manière avec laquelle elle parvient à tenir les comptes[34], Françoise ne s'accorde pas le titre de « seigneuresse[35] » des lieux et continue à se soumettre à son mari dans les prises de décisions. Tandis qu'elle expose les faits, elle lui adresse des appels à l'aide. Pour elle, c'est Alexandre, pourtant de plus en plus loin des réalités provençales, qui doit trancher.

---

32 Jean-François Chiantaretto, « Trouver en soi la force d'exister : un enjeu d'écriture », *Vie sociale*, 2015, 1, n°9, p. 45-51, p. 42.

33 Anne Levallois, « "Je" et "moi" dans l'expérience psychanalytique et dans l'écriture autobiographique », *Autobiographie, journal intime et psychanalyse*, éd. J.-F. Chiantaretto, A. Clancier, A. Roche, Paris, Economica-Anthropos, 2005, p. 13-26.

34 Elle prend en charge une écriture comptable au sein de la correspondance mais également en ajoutant différentes entrées au livre de raison de son beau-père (ADAM, 1E 3/6, Famille Robert d'Escragnolle).

35 Benoît Grenier, *Seigneurs campagnards de la Nouvelle France : Présence seigneuriale et sociabilité rurale dans la vallée du Saint-Laurent à l'époque préindustrielle*, Rennes, PUR, 2007.

Afin de se prémunir du risque de commettre une erreur, la procuratrice en appelle constamment au véritable seigneur des lieux :

> *venons un peu à toutes nos affaires celle de la grange de joseph pin nous navons rien fait, je la lui fis visiter, [ils] me dirent quelle ne vallé pas davantage dans letat que 300 tt [...] cela etant voisi larangement que je pris je lui et fait une declaration comme nous ne voulons rien au bien afin quils puissent prendre leurs arrangements, mais que cet à condition qua votre retour si vous voules la grange*[36]

« Venons un peu à toutes nos affaires. Celle de la grange de Joseph Pin, nous n'avons rien fait. Je la lui fis visiter, [ils] me dirent qu'elle ne valait pas davantage dans l'état que 300 livres [...]. Cela étant voici l'arrangement que je pris : je lui ai fait une déclaration comme nous ne voulons rien au bien, afin qu'ils puissent prendre leurs arrangements, mais c'est à condition qu'à votre retour si vous voulez la grange. »

Ses longues maladies et la mort en bas âge de sa fille Marie Angélique Agathe plongent l'épistolière dans un tourment manifeste et les lettres des années 1760 illustrent la façon dont Françoise tente de se décharger du poids de la gestion du domaine. Elle écrit :

> *tout retombe sur moy, enfin il ni à pas situation ausi triste, je vous le dit plusiers fois si vous croies que quelqun autre fut plus capable de ranger les affaires vous pouves il en charger pour moy je ne puis pas faire davantage que je fais et je vous diré que ce ne pas moy qui le fait car je regarde comme un miracle de la providence que gi puisse tenir, insi voies sil vous seroit possible de trouver quelqu'un*[37]

« Tout retombe sur moi, enfin, il n'y a pas situation aussi triste. Je vous l'ai dit plusieurs fois : si vous croyez que quelqu'un d'autre fût plus capable de ranger les affaires, vous pouvez l'en charger pour moi. Je ne puis pas faire davantage que je fais et je vous dirai que ce n'est pas moi qui le fais, car je regarde comme un miracle de la Providence que j'y puisse tenir. Ainsi, voyez s'il vous serait possible de trouver quelqu'un. »

Depuis le début de la correspondance, en 1750, quatre autoportraits ont été dressés par l'épistolière : la femme aimante et la mère attentionnée, la procuratrice soumise et la gestionnaire dépassée par le rôle transmis par son mari.

---

36 ADAM, 1 E 3/2, Fonds de la famille Robert d'Escragnolle : lettre de Françoise de Robert d'Escragnolle, datée du 10 mars 1770.
37 ADAM, 1 E 3/2, Fonds de la famille Robert d'Escragnolle : lettre de Françoise de Robert d'Escragnolle, datée du 2 janvier 1765.

Ce cheminement autobiographique par lettres bascule à partir de 1760. Face au détachement d'Alexandre vis-à-vis des affaires de Provence, Françoise prend conscience de son rôle et assume la bonne marche du domaine[38]. En totale rupture avec la soumission première, elle assume ses choix et devient une véritable chef de famille en remplaçant le patriarche dans les affaires matrimoniales d'Antonin. Elle affirme à propos d'une proposition de mariage :

> *il faut augmenter que jetois au fet des affaires de la maison, ausi bien que vous et que je voies quil etoit du tout inposible de songer à marier notre enfan à moins qune dot de le jour du mariage ne nous fourni les moiens de faire face aux affaire*[39]

> « Il faut argumenter que j'étais au fait des affaires de la maison, aussi bien que vous et que je voyais qu'il était du tout impossible de songer à marier notre enfant à moins qu'une dot dès le jour du mariage ne nous fournît les moyens de faire face aux affaires. »

Elle s'oppose également à d'autres hommes de son entourage. C'est le cas, lors d'une dispute avec son cousin Muraire :

> *je meme dit à muraire que je vous envoie 1000 tt et je lui et dit larangement que javois pris pour lui faire voir je navois baisoin de personne car comme je le vis de mauvoise humeur [...] lors que je lui fis voir que je navois baisoin de personne et que javois conté à monsieur bonnin la lettre de change il changa de ton*[40]

> « J'ai même dit à Muraire que je vous envoie 1000 livres et je lui ai dit l'arrangement que j'avais pris pour lui faire voir que je n'avais besoin de personne, car comme je le vis de mauvaise humeur [...] lorsque je lui fis voir que je n'avais besoin de personne et que j'avais compté à M. Bonnin la lettre de change, il changea de ton. »

Lucide, Françoise ne défend plus le domaine pour Alexandre, mais pour son fils, seul héritier d'Escragnolles. Elle fait de sa seigneurie un

---

38 D'autres exemples de femmes nobles prenant en charge le domaine de leur époux ont été révélés par les historiens et historiennes : *Cf.* Mariannick Pontacq, « Madame de Marcellus, une femme d'affaires à l'époque des Lumières », *Annales du Midi : revue archéologique, historique et philologique de la France méridionale*, t. 118, 2006, p. 51-71 ; Dominique Picco, « Les femmes et la terre dans les élites françaises (XVIIe-XVIIIe siècles) », *Les élites et la terre, du XVIe siècle aux années 1930*, éd. Caroline Le Mao, Corinne Marache, Paris, Armand Colin, 2010, p. 223-232.
39 ADAM, 1 E 3/2, Fonds de la famille Robert d'Escragnolle : lettre de Françoise de Robert d'Escragnolle, datée du 18 octobre 1769.
40 ADAM, 1 E 3/2, Fonds de la famille Robert d'Escragnolle : lettre de Françoise de Robert d'Escragnolle, datée du 25 septembre 1771.

lieu à protéger et assume pleinement le statut de « seigneuresse » des lieux. De nombreuses fois, elle prend position par la plume et s'affirme face aux autorités locales. Lors d'un litige qui l'oppose à la communauté de Saint-Pons, bourg rattaché à Escragnolles, c'est en toute autonomie qu'elle écrit au subdélégué de l'intendant de Provence :

> *aller a monsieur le subdelegué, je ne le faires pas exepté pour affaires de lintendance et encore il ne voulu pas en ecrire à monsieur de la tour je le fait tout de moy meme sans prendre conseil de personne et fait moy meme mes lettres, les choses sont dans letat de suspension jusque a votre retour qui doit etre dans lautonne*[41].

« Aller chez M. le subdélégué, je ne le ferai pas excepté pour affaires de l'intendance et encore il ne voulut pas écrire à M. de La Tour. Je l'ai fait tout de moi-même sans prendre conseil de personne et fais moi-même mes lettres. Les choses sont dans l'état de suspension jusqu'à votre retour qui doit être dans l'automne. »

De la même façon, elle protège les droits féodaux de la famille de Robert d'Escragnolle lors d'une lutte d'herbages avec la communauté voisine de Mons. Au cœur des négociations, Françoise apparaît comme une gestionnaire active, à laquelle il faut s'adresser avec respect et que les autorités reconnaissent officiellement comme « la Dame d'Escragnolles[42] ». Par la lettre, elle entreprend la narration de l'affaire, justifie ses agissements et dresse le portrait d'une femme débordée par les événements, mais déterminée à l'emporter.

De telles prises de position, accompagnées par l'exercice de la plume, agissent sur la scriptrice qui devient capable de s'affirmer comme une femme de raison :

> *vous auré veu par ma derniere lettre mon cher epoux quil y à difference destile car je vous avoüé que comme jetois à vous ecrire au moment que lon me remit votre lettre, je repondis au premier moment et la fis maitre tout de suite au courir, je ne sois pas bien tout ce quelle contien, mais ce fut en versant de larmes que je la finis mais enfin aujourdhuy de sans froy je vous dis de faire bien toutes les reflections au sujet de votre voyage, et de votre fils*[43].

---

41 ADAM, 1 E 3/2, Fonds de la famille Robert d'Escragnolle : lettre de Françoise de Robert d'Escragnolle, datée du 11 juillet 1770.
42 Daniel Solakian, « Un exemple de lutte villageoise unitaire au XVIIIe siècle : la défense des herbages du terroir de Mons-en-Provence (Haut-Var) », *Le Village en Provence, Actes des journées d'histoire régionale Mouans-Sartoux*, 16, 17 mars 1984, Mouans-Sartoux, publication du Centre Régional de Documentation Occitane, 1985.
43 ADAM, 1 E 3/2, Fonds de la famille Robert d'Escragnolle : lettre de Françoise de Robert d'Escragnolle, datée du 16 juillet 1765.

> « Vous aurez vu par ma dernière lettre mon cher époux qu'il y a différence de style, car je vous avoue que comme j'étais à vous écrire au moment que l'on me remit votre lettre, je répondis au premier moment et la fis mettre tout de suite au courrier. Je ne sais pas bien tout ce qu'elle contient, mais se fut en versant des larmes que je la finis. Mais enfin aujourd'hui de sang-froid je vous dis de faire bien toutes les réflexions au sujet de votre voyage, et de votre fils. »

Ici, la simultanéité entre l'écriture et les événements rapportés rapproche la lettre du journal intime. L'exercice d'écriture fait progresser l'épistolière dans la perception qu'elle a d'elle-même et la conduit à assumer ses actions et ses choix.

L'ÉCRIT ÉPISTOLAIRE
Un lieu de perception de soi

LES MOTS POUR PARLER DE SOI

Le genre épistolaire présente de réelles affinités avec le genre autobiographique puisque la lettre admet une double focale qui aide à la conscience de soi : elle permet des « confessions », tout en décrivant le sujet dans sa quotidienneté, ses actions, ses habitudes[44]... Contrairement au diariste ou à l'autobiographe qui mettent en place des protocoles solitaires d'écriture, l'épistolier « convoque impérativement sur lui le regard de l'autre. De cet autre auquel il s'adresse, il attend une légitimation de sa personne et de son personnage[45] ».

L'écrit épistolaire apparaît comme étant une « mise en scène de soi[46] » : si le sujet se décrit à travers les lignes, il choisit ce qu'il raconte à son destinataire. Cette sélection, et la mise en ordre des pensées sur le papier, appellent donc une action de réflexivité de la part du sujet. La lettre conduit à la conscience de soi dans le fait que

---

44 Jean-Pierre Vernant, « L'individu dans la cité », *L'individu, la mort, l'amour*, Paris, Gallimard, 1989, p. 224 *sq*.
45 Brigitte Diaz, *op. cit.*, 2006, p. 9.
46 Frédéric Calas, « Le désir du dialogue : examen du dispositif énonciatif des *Lettres portugaises* de Guilleragues », *Littératures classiques*, 2010, 1 (n° 71), p. 175-186, p. 175.

le sujet a la possibilité, en écrivant à un destinataire, de réfléchir à ses propres actions[47].

Tout d'abord, Françoise s'énonce sous la forme qui est la plus « naturelle », celle par laquelle la société lui a accordé un « genre », celui d'être une femme. Elle écrit en ce sens en 1773 : « *je suis femme et femme qui a aimé et aime encor tendrement, le plus ingrad peu etre de tous les hommes*[48]. » En se désignant par deux fois par le mot « femme », elle entre dans une communauté qui s'oppose, par le genre et par l'organisation de sa phrase, à la communauté des hommes. Il semblerait donc que Françoise embrasse le rôle que la société d'Ancien Régime lui accorde : elle est femme, Alexandre est homme, elle est soumise, il est son maître. Cette hypothèse est confirmée par les autres emplois qu'elle fait du mot « femme ». Le pouvoir qu'elle détient sur le domaine est amoindri par son genre tandis que le pouvoir exercé par les hommes semble plus effectif :

> *votre presence et ausi necaissere pour votre terre je ni paré plus le rantier na [...] capiteaux, je beau dire je beau crier [...] une femme lon ne la craint pas, vos vasseaux son tous republicains*[49]
>
> « Votre présence est aussi nécessaire pour votre terre, je n'y parais plus. Le rentier n'a [...] capiteaux, j'ai beau dire, j'ai beau crier [...] une femme l'on ne la craint pas. Vos vassaux sont tous républicains. »

D'autres citations témoignent de sa vision amoindrie du pouvoir de la gent féminine dans la société d'Ancien Régime, par exemple :

> *il convient mieux que ce soit vous que moy quil le demande et lon aime mieux avoir affaire aux homes que femmes, insi vous avois le tems, à tous cas que vous voulies que ce soit moy je le fairé vous avoir le tems de mecrire, et que je ne puis madresser qua lun de deux mais je vous le repette il faira un meilleur effet que vous le fassies*[50].
>
> « Il convient mieux que ce soit vous que moi qui le demande et l'on aime mieux avoir affaire aux hommes qu'aux femmes. Ainsi vous avez le temps,

---

47 Vincent Descombes, *Le parler de soi*, Paris, Gallimard, 2014, p. 164-169.
48 ADAM, 1 E 3/2, Fonds de la famille Robert d'Escragnolle : lettre de Françoise de Robert d'Escragnolle, datée du 3 novembre 1773.
49 ADAM, 1 E 3/2, Fonds de la famille Robert d'Escragnolle : feuillet écrit par Françoise de Robert d'Escragnolle, non daté.
50 ADAM, 1 E 3/2, Fonds de la famille Robert d'Escragnolle : lettre de Françoise de Robert d'Escragnolle, datée du 15 août 1768.

au cas où vous voudriez que ce soit moi je le ferai. Vous aurez le temps de m'écrire et je ne peux m'adresser qu'à l'un des deux. Mais je vous le répète, il fera un meilleur effet que vous le fassiez. »

Françoise se fait donc l'écho d'une conception misogyne du statut de la femme dans la société à l'époque moderne[51].

Son infériorité naturelle est doublée, selon elle, par l'infériorité qu'elle a acquise en devenant la procuratrice de son époux. Elle est devenue une simple fermière, incapable de se défaire de ses chaînes :

> *au non de dieu je vous le demande il y auré de la cruauté de me le refuser, je perdu ma santé et etant votre fermiere ce la recompense davoir eu soin de votre bien, un homme daffaire vous lauries bien païé et vous lui en sauries gré, et moi pour toute recompence il faut que je mepuise totalement voiez linjustice de votre procedé à mon egard, vous mavies promis que vous ne resteries qun an vous etes dans la septieme année*[52].

« Au nom de Dieu je vous le demande. Il y aurait de la cruauté de me le refuser, j'ai perdu ma santé et étant votre fermière c'est la récompense d'avoir eu soin de votre bien. Un homme d'affaires vous l'auriez bien payé et vous lui en sauriez gré, et moi pour toute récompense il faut que je m'épuise totalement. Voyez l'injustice de votre procédé à mon égard, vous m'aviez promis que vous ne resteriez qu'un an, vous êtes dans la septième année. »

Cette femme noble refuse d'être réduite à ce statut. Fille du procureur royal de la sénéchaussée de Grasse, elle doit être digne de son rang. Il lui appartient donc de dénoncer la situation dans ses lettres.

Ainsi, l'écriture épistolaire place Françoise face à la réalité de son existence. En faisant le récit de sa vie, de ses pensées et de ses tourments, elle s'adonne à une « mise en scène de soi » et se présente sous les traits d'une noble déchue, réduite à la servitude envers un époux qui la tourmente. Encore une fois, le destinataire lui permet de faire le bilan de sa vie. Peu à peu la correspondance se transforme en une plaidoirie exprimant une quête de liberté et d'apaisement.

---

51 *Cf.* par exemple, Voltaire, *Dictionnaire philosophique* (1764), éd. Olivier Ferret, Raymond Naves, Paris, Classiques Garnier, 2008, article « Femme ».
52 ADAM, 1 E 3/2, Fonds de la famille Robert d'Escragnolle : lettre de Françoise de Robert d'Escragnolle, datée du 9 septembre 1772.

LES LETTRES : CHRONIQUES DE VIE ET RÉHABILITATION DE SOI

Le genre épistolaire diffère de celui des mémoires ou de l'autobiographie par le fait qu'il ne conduit pas le sujet à se retourner sur son existence et à en faire le bilan d'un seul trait, mais l'oblige à faire preuve de réflexivité « en pointillé », chaque fois qu'il prend la plume. Néanmoins, la lettre peut être un instrument du retour sur le passé, surtout s'il implique le destinataire.

Françoise écrit des « chroniques de vie » dans lesquelles elle retrace sa vie et en expose les « crises ». L'un de ses bilans, qui nous éclaire sur le séjour d'Alexandre en Provence dans les années 1760, lui permet de se défendre face aux accusations de son époux. Elle écrit :

> *venons en premier lieu sur le reproche que vous me faites, de vous avoir fait manquer le parti que votre cornette vous avoit propose en 1760 mon idée etoit bonne [...] car allors votre santé etoit tres mauvoise et le medecin me disoit quil falloit de necessité que vous fussies dans des airs tel que vous habities jusque que la grande junesse [...], insi sans vous rien dire je me suis sacrifiée et ruiné ma santé pour conserver la votre, en 1763 ditte vous votre coronnel vous fit ausi une proposition tres avantageuses et je vous la fit manquer ausi, cetoit allors cetoit pour retablir entierement votre santé [...] vela les raisons qui me firent pancher à me sacrifier et pour lun et pour lautre*[53]

« Venons en premier lieu sur le reproche que vous me faites de vous avoir fait manquer le parti que votre cornette vous avait proposé en 1760. Mon idée était bonne [...] car alors votre santé était mauvaise et le médecin me disait qu'il fallait de nécessité que vous soyez dans des airs tels ceux où vous habitiez jusque dans la grande jeunesse [...]. Ainsi, sans vous rien dire je me suis sacrifiée et ruiné ma santé pour conserver la vôtre. En 1763, dites-vous, votre colonel vous fit aussi une proposition très avantageuse et je vous la fis manquer aussi. C'était alors pour rétablir entièrement votre santé [...]. Voilà les raisons qui me firent pencher à me sacrifier et pour l'un et pour l'autre. »

Sa capacité à faire preuve de réflexivité de manière aussi précise participe à la construction de son « identité narrative ». Cette dernière est définie par Paul Ricœur comme la capacité d'un individu, grâce au récit de sa propre vie, de rapporter à sa seule personne les événements,

---

53 ADAM, 1 E 3/2, Fonds de la famille Robert d'Escragnolle : lettre de Françoise de Robert d'Escragnolle, datée du 15 mars 1769.

actions, pensées, qu'il a pu vivre tout au long de son existence[54]. En s'opposant à son mari, qui l'accuse d'avoir empêché son avancement de carrière, Françoise donne du sens à son existence.

Les nombreux retours en arrière, comparables à ceux dressés par un autobiographe, sont particulièrement tragiques pour Françoise et prouvent son besoin de se défendre et d'affirmer la vision qu'elle a des événements. Une correspondance est une conversation à deux voix, celle de Françoise veut s'exprimer plus fort pour détenir la vérité sur son existence. Elle écrit :

> *jetois plus jeune quelle lors que le fardeau me tombé sur le corps javois des enfans et des mauvoises grossesses plus des proces, je fait comme je peu pendant vint ans [...] ma santé ne me le permet plus [...] il ne pas la justice de vouloir lesser accabler les gents, si vous ne le faites ni par amitie ni par reconnoissance faite le par religion ou meme par humanite, si un domestique vous disé que vous lacablés vous le soulageries, insi mon cher epoux je vous en conjure au non de dieu de ment delivrer, et me lesser un peu dintervalle entre la vie et la mort, si je moures il faudré bien que vous prissies un parti, faites comme si je letois et natendes pas que je nexiste plus*[55]

« J'étais plus jeune qu'elle [sa belle-fille, Caroline de Suffret] lorsque le fardeau me tomba sur le corps. J'avais des enfants et de mauvaises grossesses, plus des procès, j'ai fait comme j'ai pu pendant vingt ans. [...] Ma santé ne me le permet plus [...]. Il n'est pas juste de vouloir laisser accabler les gens. Si vous ne le faites ni par amitié ni par reconnaissance, faites-le par religion ou même par humanité. Si un domestique vous disait que vous l'accablez, vous le soulageriez. Ainsi, mon cher époux, je vous en conjure au nom de Dieu de m'en délivrer, et me laisser un peu d'intervalle entre la vie et la mort. Si je mourais il faudrait bien que vous preniez un parti, faites comme si je l'étais et n'attendez pas que je n'existe plus. »

S'il est clair que Françoise écrit en réaction aux propos et aux actes de son mari, il n'en demeure pas moins qu'elle s'adonne à une « construction empirique de soi » qui, selon Pierre Livet, conduit l'épistolier à « réagir au regard de l'autre, [à] réagir au jugement de valeur qu'il met sur [lui], s'y conformer, s'y opposer, définir qui [il est][56] ». En s'exprimant par écrit,

---

54 Paul Ricœur, *Soi-même comme un autre*, Paris, Seuil, 1990, p. 35 ; *Cf.* aussi Johann Michel, « Narrativité, narration, narratologie : du concept ricœurien d'identité narrative aux sciences sociales », *Revue européenne des sciences sociales*, XLI-125, p. 125-142, 2003.
55 ADAM, 1 E 3/2, Fonds de la famille Robert d'Escragnolle : feuillet écrit par Françoise de Robert d'Escragnolle, non daté (certainement 1772 ou 1773).
56 Pierre Livet, *Émotions et rationalité morale*, Paris, PUF, 2002, p. 58 *sq.*, cité par, Isabelle Luciani, « "Car les ungs et les aultres m'accablent de peyne…", Des épreuves de la vie

elle tente de ramener à soi la bonne version d'elle-même. L'expression des sentiments, constitutive du récit de soi, et le retour vers le passé pour rendre compte de la vérité, transforment les lettres en une « quête de sens qui restitue au sujet son intégrité perdue[57] ».

Finalement, les bilans que l'épistolière dresse de sa vie contribuent à la permanence de soi et à la définition de sa personne, dans le passé, le présent, mais également dans le futur, puisqu'ils précèdent parfois une prise de décisions.

DU DÉVOILEMENT DU CORPS À L'INTIMITÉ DES SENTIMENTS

LE « SOUCI DE SOI »

Michel Foucault met en avant, dans sa réflexion sur la conscience de soi, l'existence d'un « souci de soi » qui se développe chez l'individu vis-à-vis de son corps et de ses affects. La lettre apparaît dès l'Antiquité comme un média par lequel un individu donne des nouvelles de sa santé[58].

Les « chroniques de santé[59] », dressées par Françoise tout au long de la correspondance, sont de véritables points d'ancrage dans le développement de la conscience de soi. Son « souci de soi » apparaît alors qu'elle narre son état de santé à un mari indifférent :

> *ma santé et toujour foible, je suis au regime par ordre du medecin, le soir je ne mange plus du gras [...] je ne vit que de rasines, si cela nopere il me purgera, il me fait prendre par intervalle de limonade bouillie. je vous entretien dune chose mon cher epoux qui à ce que je crois vous et fort indifferante et je ne soit pas pour quoi je vous*

à l'expérience de soi dans quelques livres de raison provençaux », « *Car c'est moi que je peins* », *écritures de soi, individu et liens sociaux (Europe, XV*^e*-XX*^e *siècles)*, éd. Sylvie Mouysset, Jean-Pierre Bardet, François-Joseph Ruggiu, CNRS Université Toulouse-Le Mirail, Toulouse, 2010, p. 39-52, p. 44.
57 Isabelle Luciani, *ibid.*, p. 50.
58 Michel Foucault, *Histoire de la sexualité. 3. Le souci de soi*, Paris, Gallimard, 1984.
59 Nahema Hanafi, « Des plumes singulières. Les écritures féminines du corps souffrant au XVIIIe siècle », *Clio. Femmes, Genre, Histoire*, 35, 2012, p. 45-66.

en et parlé, mais à tous cas vous verrois par la que vos affaires en provence vons tres mal et sont en tres mauvoises mains[60].

« Ma santé est toujours faible, je suis au régime par ordre du médecin. Le soir je ne mange plus de gras [...] je ne vis que de racines. Si cela n'opère, il me purgera. Il me fait prendre par intervalle de la limonade et de la bouillie. Je vous entretiens d'une chose, mon cher époux, qui à ce que je crois vous est fort indifférente et je ne sais pas pourquoi je vous en ai parlé. Mais en tout cas vous verrez par là que vos affaires en Provence vont très mal et sont en très mauvaises mains. »

Françoise a conscience que son époux ne fera pas grand cas de ces nouvelles, cette description tient alors du besoin : c'est pour elle qu'elle décrit son état de santé, pour narrer son mal et soulager sa peine. De nombreuses fois, l'épistolière rend compte de ses maux corporels et des stratégies qu'elle adopte pour en venir à bout.

UNE PATIENTE DE L'ÉPOQUE MODERNE

Françoise est lucide quant aux causes de sa maladie : l'inquiétude, le surmenage et l'abandon aggravent sa santé fragile. Bien avant que le vocable contemporain de « patient » ne soit utilisé, à partir du XIXe siècle, dans son acception contemporaine de personne malade s'en remettant aux prescriptions d'un professionnel de la santé, la Dame d'Escragnolles nous offre le témoignage d'une autre attitude des individus face à la médecine. Ainsi que le remarque Philip Rieder, les écrits personnels permettent de concevoir le patient non pas comme le « client » du médecin, mais comme l'individu qui gère sa santé au quotidien[61]. Françoise, à l'image de ses contemporains, n'est donc pas passive : elle agit plus qu'elle ne laisse agir seul le médecin. Si elle le consulte souvent, elle a pris l'habitude d'entretenir sa santé au quotidien et de prendre seule les décisions la concernant. Elle écrit en 1766 :

---

60 ADAM, 1 E 3/2, Fonds de la famille Robert d'Escragnolle : lettre de Françoise de Robert d'Escragnolle, datée du 1 février 1774.
61 Philip Rieder, « Soi et santé : écrire ses maux au siècle des Lumières », *Les Écrits du for privé en Europe du Moyen Âge à l'époque contemporaine, Enquêtes, Analyses, Publications*, éd. J.-P. Bardet, É. Arnoul, F.-J. Ruggiu, Bordeaux, Presses Universitaires de Bordeaux, 2010, p. 315-330.

> *je ne suivres pas tous les remedes du medecin, car mon estomac ne peu pas suporter les choses froides ce printems je fus obligée de discontinuer le boillons de poulles quoique le medecin ne voulu pas lentendre je le fis à son isuë sans quoi il mauré tuë*[62].

« Je ne suivrai pas tous les remèdes du médecin, car mon estomac ne peut pas supporter les choses froides. Ce printemps, je fus obligée de discontinuer le bouillon de poule quoique le médecin ne voulut pas l'entendre, je le fis à son insu sans quoi il m'aurait tuée. »

Par son mal, l'épistolière s'individualise, elle se reconnaît dans les symptômes qu'elle énonce et ces derniers la constituent. L'écriture des maux participe au processus d'appropriation de soi : le contrôle de son corps conduit à la maîtrise de soi[63]. Narrer sa maladie c'est inscrire sur le papier des fragments d'existence. En 1768, lors d'une crise particulièrement sévère, la Grassoise constate la proximité de la mort et prend la plume pour narrer cet épisode :

> *mon tres cher epoux ce pour vous donner de mes nouvelles que je prend la plume et avec bien de paine je commence à faire quelques pas sans baton, enfin dieu soit louë de tout mais je etoit en grand danger je ressu tous les sacrements lextremention ce dieu qui à voulu me conserver [...] je suis plus vielë à mon age que dautres à soixante ans je craind que les dents de me tombent toutes*[64].

« Mon très cher époux, c'est pour vous donner de mes nouvelles que je prends la plume et avec bien de peine. Je commence à faire quelques pas sans bâton. Enfin, Dieu soit loué de tout, mais j'ai été en grand danger. Je reçus tous les sacrements d'extrême-onction. C'est Dieu qui a voulu me conserver [...]. Je suis plus vieille à mon âge que d'autres à soixante ans. Je crains que les dents ne me tombent toutes. »

Ce passage est intéressant non seulement par le fait que Françoise se décrit en train de prendre la plume, mais également parce qu'elle pose sur le papier sa souffrance et sa prise de conscience de soi face à la mort. Elle se sent exister au moment où elle écrit et elle se rend présente à

---

62 ADAM, 1 E 3/2, Fonds de la famille Robert d'Escragnolle : lettre de Françoise de Robert d'Escragnolle, datée du 2 novembre 1766.
63 Scarlett Beauvalet, Isabelle Luciani, « Le corps dans les écrits du for privé », *Les Écrits du for privé en France, de la fin du Moyen Âge à 1914*, éd. Jean-Pierre Bardet, François-Joseph Ruggiu, Paris, CTHS, 2014, p. 99-128 ; Barbara Duden, *Geschichte unter des Haut*, Stuttgart, 1987.
64 ADAM, 1 E 3/2, Fonds de la famille Robert d'Escragnolle : lettre de Françoise de Robert d'Escragnolle, datée des 27 et 28 mai 1768.

elle-même. La réflexion qu'elle mène sur les complications de sa maladie indique qu'elle éprouve dans sa chair sa permanence : elle est la personne qui a subi les épisodes qu'elle raconte. La maladie fait partie intégrante de son « identité narrative[65] ».

Enfin, l'écriture corporelle lui permet également de dresser une identité narrative particulière, celle d'une femme du XVIIIe siècle qui connaît l'« économie générale du corps[66] ». Une telle « biographie médicale[67] » lui permet d'identifier ses symptômes comme des parties constitutives de son identité. Françoise écrit notamment en 1766 :

> *sil veulent scavoir si je suis reglée vous pouvois lui dire que tres exatements tous les mois, mais en grande quantité, je toujour etoit de meme autres fois cela ne mafoiblissé pas du tout je faisois les memes fatigues mais attuellements elle mabiment et je suis dune grande foiblesse [...], vous saves mon age, vous pouvois lui dire que mes grosseses etoit pendant 4 mois tres mauvaises que jetois obligée de garder le lit tout ce tems attendu que je ne pouvois pas me nourir et que javois une vomissement continuel cela joint à mes affaires domestiques et inquietudes peuvent avoir beaucoup contribuë à laprovissement de mon sang[68].*

« S'ils veulent savoir si je suis réglée, vous pouvez lui dire que très exactement tous les mois, mais en grande quantité. J'ai toujours été de même autrefois cela ne m'affaiblissait pas du tout je faisais les mêmes fatigues, mais actuellement elles m'abîment et je suis d'une grande faiblesse [...]. Vous savez mon âge, vous pouvez lui dire que mes grossesses étaient pendant 4 mois très mauvaises, que j'étais obligée de garder le lit tout ce temps entendu que je ne pouvais pas me nourrir et que j'avais un vomissement continuel. Cela joint à mes affaires domestiques et inquiétudes peuvent avoir beaucoup contribué à l'appauvrissement de mon sang. »

En réalité Françoise s'adonne à la consultation épistolaire, pratique ordinaire pour l'époque. Cette chronique de santé doit parvenir, par le biais d'Alexandre-Joseph, à un médecin parisien jugé plus à même d'apporter des réponses aux divers maux de la Provençale. Elle participe du « sentiment de soi[69] » que Françoise développe grâce à l'écriture épistolaire.

---

65 Paul Ricœur, *op. cit.*, p. 35.
66 Nahema Hanafi, *op. cit.*, p. 60.
67 *Ibid.*, p. 49.
68 ADAM, 1 E 3/2, Fonds de la famille Robert d'Escragnolle : lettre de Françoise de Robert d'Escragnolle, datée du 1er août 1766.
69 Georges Vigarello, *Le Sentiment de soi. Histoire de la perception du corps*, Paris, Seuil, 2014.

PAROLES DE LETTRES, PAROLES DU CŒUR

L'aveu de souffrance, le fait de pouvoir dire par écrit « je souffre » mais aussi « je suis opprimée » conduit l'épistolière à émettre un jugement sur la réalité : « Elle déploie, en effet, un fort affect qui lui permet de rendre compte de sa cohérence intime[70]. » L'écriture devient le moyen de parler de soi, de s'avouer à soi-même et d'enfin apaiser sa souffrance[71]. Elle devient une étape importante dans le soulagement du mal en permettant d'exposer le fruit de ses réflexions. Tel est le cas en 1773 :

> *je veü que vous voulies que joublia que javes un mary, et quil fallé que je pris mon parti et que je me regarda etat toute seule et abandonnée, je tâché de me faire une raison la dessus, et quoi que vous detestes les sermons je me les suis faites à moi meme je mis toute ma confiance en dieu, et jespere quil ne mabandonnera pas [...] je etoit trop bonne et ce comme cela quon et dupe je ruine ma santé, et voies quelle et ma recompense*[72].

« J'ai vu que vous vouliez que j'oubliasse que j'avais un mari, et qu'il fallait que je prisse mon parti et que je me regardasse comme étant seule et abandonnée. J'ai tâché de me faire une raison là-dessus, et quoique vous détestiez les sermons, je me les suis faits à moi-même. J'ai mis toute ma confiance en Dieu, et j'espère qu'il ne m'abandonnera pas [...] j'ai été trop bonne et c'est comme cela qu'on est dupe. J'ai ruiné ma santé, et voyez quelle est ma récompense. »

Le récit de soi est alors une étape de la « mise en ordre de soi[73] ». Françoise devient un individu « agissant » puisque la prise de parole n'est pas seulement l'expression d'un besoin de se plaindre, mais d'une capacité par le récit de soi de s'approprier sa vie en pleine conscience[74].

---

70 Jacques Guilhaumou, « Écriture-femme, Souffrance de soi et conscience singulière du temps », *Écriture, récit, trouble(s) de soi. Perspectives historiques. France, XVIe-XXIe siècles*, éd. Isabelle Luciani, Valérie Piétri, Aix-en-Provence, PUP, 2012, p. 97-114, p. 99.
71 Caroline Muller, *Au plus près des âmes et des corps. Une histoire intime des catholiques au XIXe siècle*, Paris, PUF, 2019.
72 ADAM, 1 E 3/2, Fonds de la famille Robert d'Escragnolle : lettre de Françoise de Robert d'Escragnolle, datée du 3 novembre 1773.
73 Isabelle Luciani, « De l'écriture de soi comme pratique sociale. Des histoires, objet d'histoire », *op. cit.*, éd. Isabelle Luciani, Valérie Piétri, Aix-en-Provence, PUP, 2012 ; Claude Poliak, « Manières profanes de "parler de soi" », *Genèses* 2002, 2, n° 47, p. 4-20.
74 *Ibid.*, p. 17.

CONCLUSION
La lettre, écrit personnel libérateur ?

Ainsi, la conquête de l'écriture a été longue pour Françoise. En analysant la totalité de sa correspondance, on entrevoit ses progrès et sa capacité à formuler ses idées de façon claire et organisée. Les lettres des années 1750 sont souvent confuses, les thèmes sont abordés les uns après les autres sans organisation. On sent l'urgence d'écrire, le besoin de donner des nouvelles du domaine et d'apprendre la marche à suivre. Les missives des années 1760 sont mieux organisées et témoignent d'une plus grande maîtrise du récit personnel et familial. En prenant et en reprenant la plume, Françoise a appris à se raconter, à se défendre et à construire un véritable « royaume féminin[75] » dans lequel elle apparaît comme une femme combattive, et non comme un être vaincu.

Le dernier portrait dressé par Françoise se dévoile dans les années 1770 alors que la lettre devient le lieu de son *agency*, autrement dit, « un forum de la formation de soi, et éventuellement, [...] [un] déclencheur d'action[76] ». En transmettant son rôle de procuratrice à Antonin, ses rôles de mère et de procuratrice touchent à leur fin.

Finalement, la lettre devient le lieu du divorce. Françoise ne se considère plus ni comme femme aimante, ni comme mère attentionnée, ni comme procuratrice acharnée, mais bien comme une individue libre de ses choix. Encore une fois, la lettre est un « laboratoire identitaire » dans lequel le sujet dévoile le personnage qu'il désire être. Elle affirme dans une missive de l'été 1774 :

> je fais a present comme vous vous vies en garcon et moi en fille qui na point de soucis, tout me plait et rien ne minquiete je va du jour à la journee et à chaque jour suffit sa paine peu à peu je me dechargeré de tout et vivres en pensionnaire si jamais vous vous retires peu etre que je serois morte allors[77]

---

75   Isabelle Luciani, « De l'espace domestique au récit de soi ? Écrits féminins du for privé », *Clio. Femmes, Genre, Histoire*, 35, 2012, p. 21-44, p. 26.
76   Simon-Martin Meritxell, « La correspondance de Barbara Leigh Smith Bodichon (1827-1891) », *Rives méditerranéennes*, 41, 2012, p. 79-99, p. 81.
77   ADAM, 1 E 3/2, Fonds de la famille Robert d'Escragnolle : lettre de Françoise de Robert d'Escragnolle, datée du 29 juin 1774.

« Je fais à présent comme vous, vous vivez en garçon et moi en fille qui n'a point de soucis. Tout me plaît et rien ne m'inquiète. Je vais du jour à la journée et à chaque jour suffit sa peine. Peu à peu je me déchargerai de tout et vivrai en pensionnaire. Si jamais vous vous retirez peut-être que je serai morte alors. »

Détachée d'un homme qui la méprise, la Dame d'Escragnolles désire une nouvelle vie. Après avoir eu de nombreux rôles, c'est une dernière « identité » qu'elle souhaite embrasser, celle de femme de Dieu.

Camille CAPAROS
Aix-Marseille Université, CNRS,
Telemme, Aix-en-Provence France

LES « FRAGMENTS DE VIE » DANS LES *MÉMOIRES JUDICIAIRES* DE BEAUMARCHAIS

Dans son *Cours de littérature*, La Harpe s'intéressait aux mémoires judiciaires de Beaumarchais pour « l'homme qu'ils produis[ai]ent au grand jour[1] » et parce que dans Beaumarchais « l'homme » était « digne d'une attention particulière[2] ». En 1809, Paul-Philippe Gudin de la Brenellerie, l'éditeur des premières *Œuvres complètes* de Beaumarchais, utilisait une formulation comparable, qui rappelait les *Confessions* de Rousseau : « C'est un homme qui se peint, qui intéresse parce qu'il est lui[3]. » Les mémoires judiciaires, selon Gudin, n'étaient pas l'œuvre d'un « orateur qui arrange des phrases » et « qui fait de la parole un art imposteur[4] ». Ils avaient toute leur place dans les *Œuvres complètes*, entre le théâtre et la correspondance. Sainte-Beuve, citant la *Requête aux représentants de la commune de Paris* en 1789, estimait, quant à lui, que le dramaturge y parlait « magnifiquement de lui-même[5] ». Sylvain Menant a récemment considéré les textes judiciaires du dramaturge comme un « document biographique[6] ». Béatrice Didier s'est intéressée à l'écriture autobiographique[7] des mémoires rédigés sous la Révolution,

---

1 J.-F. de La Harpe, *Lycée ou cours de littérature ancienne et moderne* [1798-1804], Paris, Depelafol, 1825, t. XI, chap. 5, Sect. 9, p. 500.
2 *Ibid.*, p. 489.
3 *Œuvres complètes de Pierre-Augustin Caron de Beaumarchais*, éd. Gudin de La Brenellerie, Paris, L. Colin, 1809, t. III, « Avertissement de l'éditeur », p. VII.
4 *Ibid.*, p. VII.
5 C.-A. Sainte-Beuve, « Beaumarchais », *Le Constitutionnel*, 28 juin 1852, recueilli dans *Causeries du lundi*, Paris, Garnier frères, t. VI [3ᵉ édition], p. 251.
6 S. Menant, « Beaumarchais et l'histoire littéraire », *Revue d'Histoire littéraire de la France*, 2000, n°4, PUF, p. 1176.
7 B. Didier, « L'écriture autobiographique au bout des fusils », *Beaumarchais, homme de lettres, homme de société*, éd. P. Robinson, Oxford, Berne, Berlin, Bruxelles, Francfort, New York, Vienne, Peter Lang, « French Studies of the Eighteenth and Nineteenth Centuries », 1990, t. VIII, p. 57-67.

et, Bénédicte Obitz a étudié la « peinture du moi » et son « unité » dans l'œuvre de Beaumarchais[8].

Les mémoires judiciaires de Beaumarchais portaient sur « cinq procès très considérables » dans lesquels le dramaturge fut impliqué : un premier procès « en Espagne, pour les intérêts d'une sœur mourante » (1764); un second procès contre « l'héritier Duverney » (1771-1778); un troisième procès, le plus « connu », contre le « conseiller Goëzman » (1773-1774); un quatrième procès contre les « héritiers » de sa femme; un cinquième procès contre les époux « Kornman » (1787)[9]. Ces procès, Beaumarchais les gagna tous, sauf une dernière affaire, celle dite des « fusils de Hollande » (1792-1802), dans laquelle il était opposé à la Convention nationale et au Comité de salut public. À chaque fois, il assura lui-même sa défense, en publiant des factums, qu'il faisait signer par son avocat, car c'était obligatoire. Un factum ou mémoire judiciaire était un écrit judiciaire rédigé et imprimé dans le cadre d'une procédure civile ou pénale. Il tirait son nom du latin *factum*, « fait », en référence aux événements d'une affaire dont il était supposé faire le récit véridique. Le *Dictionnaire de droit* de Ferrière le définit comme un « mémoire qui contient sommairement le fait sur lequel la contestation est intervenue entre les parties, avec les moyens sur lesquels on fonde sa prétention, et les réponses à la prétention et aux droits prétendus des parties adverses[10] ».

Le factum était destiné en priorité aux acteurs du procès, aux avocats de la partie adverse et aux juges. Il était censé garantir la liberté d'expression de l'avocat et les droits de défense de l'accusé dans une procédure judiciaire qui était souvent secrète et dont les arrêts n'étaient pas motivés. Cependant, il était en même temps diffusé auprès du public et comme son statut de pièce de procès s'accompagnait d'un régime de faveur sur le marché de la Librairie, il n'était pas concerné par la censure. Malgré tout, un factum n'était pas censé être « injurieux »

---

8   B. Obitz, « Dispersion ou unité : la peinture du moi dans l'œuvre de Beaumarchais », *Beaumarchais en toutes lettres*, Paris, Champion, 2011, p. 298-354 et « Le plaideur et l'épistolier : statut et fonction des lettres dans les Mémoires judiciaires de Beaumarchais », *Dix-huitième siècle*, n° 41, 2009, p. 567-583.
9   Beaumarchais, *Requête à MM. les Représentants de la Commune de Paris*, *Œuvres complètes de Beaumarchais*, éd. Fournier, Paris, Laplace, Sanchez et Cie, 1876, p. 493.
10 C.-J. de Ferrière, entrée « Factum », *Dictionnaire de droit et de pratique*, troisième éd., Paris, Bauche, 1771.

ou « contraire à l'objet du procès[11] ». Beaumarchais profita de cette liberté pour faire de ses factums de véritables pamphlets. Ses textes furent tous dénoncés comme calomnieux et condamnés par la justice. Le dramaturge les utilisa également pour écrire, selon ses propres termes, le « roman » de « [s]a vie[12] ». Il tira profit d'une évolution du genre du mémoire judiciaire qui accordait, dans la seconde moitié du siècle, plus de place à la subjectivité et qui s'inspirait des formes du récit à la première personne, factuels ou fictionnels, existantes à l'époque[13]. L'écriture de soi permettait à Beaumarchais de construire un ethos d'homme de bien dans la tradition de l'orateur romain[14], de restaurer son image dans l'opinion et de revendiquer un mérite individuel. Au-delà de la finalité rhétorique fixée par le cadre judiciaire, Beaumarchais élaborait, dans ses factums, le récit autobiographique de sa « bizarre destinée ». Ces fragments d'écriture de soi se retrouvent disséminés dans son théâtre et dans sa correspondance au point que l'on peut se demander si l'œuvre judiciaire ne constituait pas un laboratoire de l'écriture de soi.

LE RÉCIT DE SOI AU SERVICE DE LA JUSTIFICATION

Il faut rappeler qu'exhiber sa singularité dans un texte à vocation juridique était contraire à la déontologie de l'avocat. Dans le chapitre consacré à l'éloquence judiciaire de sa *Rhétorique française*, Crevier notait que l'on ne devait « jamais parler de soi-même que par nécessité » et

---

11   Beaumarchais, « Extrait du jugement du 26 février 1774 », *Œuvres complètes de Beaumarchais*, éd. Larthomas avec la collaboration de Jacqueline Larthomas, Paris, Gallimard, « Bibliothèque de la Pléiade », 1988, p. 1517-1519.
12   Beaumarchais, *Mémoire à consulter et consultation pour P. A. Caron*, *Œuvres complètes de Beaumarchais, op. cit.*, p. 359.
13   Voir sur ce point S. Maza, « Le Tribunal de la nation : les mémoires judiciaires et l'opinion publique à la fin de l'Ancien Régime », *Annales, Économies, Sociétés, Civilisations*, 42e année, n° 1, 1987, p. 73-90.
14   Au XVIIIe siècle, l'avocat est encore défini par « la célèbre formule de Caton *Vir bonus dicendi peritus* (un homme de bien habile à parler) », cité par H. Leuwers, *L'Invention du Barreau français, 1660-1830*, Éditions de l'école des hautes études en sciences sociales, Paris, 2006, p. 174.

rappelait la phrase de Pascal, « le moi est haïssable[15] ». Beaumarchais savait également que la justification ne faisait pas partie de l'éthique aristocratique et il écrivit plusieurs fois dans ses factums qu'il considérait l'obligation qu'il avait de se défendre comme une « humiliation[16] ». Dans ses factums contre le comte La Blache, il adoptait la posture du « défenseur d'un homme outragé » pour, disait-il, « se donne[r] le change à lui-même[17] ». Dans ses premiers mémoires contre le juge Goëzman, Beaumarchais restait fidèle aux codes du genre et promettait de ne rien dire « qui ne soit constant au procès[18] ». Il cherchait à « justifier ses actions » par l'exposé des faits, qu'il présentait « positivement » et dans l'ordre « chronologique[19] ». Il énumérait le nombre de ses visites chez le juge, faisait la récapitulation de ses courses dans Paris et établissait des listes, un procédé qui montre son souci d'objectivité et son respect de la contrainte du factuel. Cependant, dans l'une des brochures du procès, il inséra le « récit de l'horrible journée[20] » qui précéda l'annonce de son blâme par le Parlement Maupeou. Le factum basculait dans le récit de soi :

> Le lendemain matin j'étais sous les terribles voûtes à cinq heures, avant l'ouverture des portes. Mais seul, à pied, traversant dans l'obscurité ce pont si bruyant qui mène au Palais, frappé du silence et du calme universel qui me faisait distinguer le bruit de la rivière, je disais en perçant le brouillard : Quel sort bizarre est le mien ! Tous mes amis, tous mes concitoyens sont livrés au repos ; et moi je vais peut-être au-devant de l'infamie ou de la mort. Tout dort en cette grande ville ; et peut-être je ne me coucherai plus !
> La douleur m'emporte : il faut achever[21].

Cette pause dans le récit des faits est l'occasion pour l'auteur de broder sur le thème de la « bizarre destinée », qui traverse l'ensemble de ses mémoires judiciaires et de sa correspondance dans laquelle Sainte-Beuve remarquait que Beaumarchais se montrait « émerveillé lui-même de sa destinée, se retournant, se regardant de profil pour se dire combien elle

---

15 J.-B.-L. Crevier, *Rhétorique française*, Paris, Saillant et Desaint, 1765, vol. 1, p. 181 *sq*.
16 Beaumarchais, *Mémoire à consulter et consultation pour P. A. Caron, Œuvres de Beaumarchais*, *op. cit.*, p. 342.
17 *Ibid.*, p. 676.
18 *Ibid.*
19 *Ibid.*
20 *Ibid.*, p. 369.
21 *Ibid.*

est étrange et bizarre²² ». Certaines formulations se retrouvent également dans la bouche de Figaro, qui s'exclame, par exemple, dans *Le Mariage* : « Est-il rien de plus bizarre que ma destinée²³ ! » Le terme « bizarre » signifie, dans le *Dictionnaire de l'Académie*, « extraordinaire » et « hors du commun²⁴ ». L'expression « bizarre destinée », récurrente dans l'œuvre de Beaumarchais, évoque celle du « roman de [s]a vie », employée dans ses factums, dans laquelle le mot « roman » désigne une « aventure qui parait surprenante²⁵ ». Par ces mots, Beaumarchais se plaisait à insister sur la singularité de son expérience et la rendait digne d'être lue.

Dans une lettre de février 1774, la femme de lettres Mme Guichard de Meinières écrivait à Beaumarchais que sa querelle avec Goëzman donnait au public l'occasion de « feuilleter sa vie²⁶ ». Elle paraphrasait le dramaturge qui écrivait, dans ses factums, qu'il racontait sa « vie, en peu de mots²⁷ ». Beaumarchais faisait un usage publicitaire du mémoire judiciaire, qui servait à ses procès et qui, « davantage que son théâtre », selon La Harpe, fit son « éclatante célébrité²⁸ ». Il fit paraître les brochures de l'affaire Goëzman en recueil, chez l'éditeur Ruault²⁹ accompagnées de son portrait, en frontispice – la célèbre gravure de Charles-Nicolas Cochin. Beaumarchais y était représenté de profil. L'inscription de son nom en lettres capitales donnait son titre à l'illustration. Le médaillon liminaire servait de « signature » au recueil et constituait une « marque forte de la présence de l'auteur dans son œuvre³⁰ ». Son effet pathétique était comparable à celui du portrait des Calas que Voltaire avait fait circuler, en même temps que les mémoires qu'il avait rédigés pour leur défense. Dans une lettre, Beaumarchais précisait que lorsque Cochin vint l'« enlever de profil », en 1773, « ce fut à titre d'homme

---

22 Sainte-Beuve, *op. cit.*, p. 220.
23 Beaumarchais, *Le Mariage de Figaro*, V, 3, *Œuvres*, *op. cit.*, p. 469.
24 *Dictionnaire de l'Académie française*, 1694, [1ʳᵉ éd.].
25 *Ibid.*
26 Lettre de Madame Guichard de Meinières à Beaumarchais, *Correspondance*, éd. Brian N. Morton, Donald C. Spinelli, Paris, Nizet, t. II, p. 42.
27 Beaumarchais, *Supplément au Mémoire à consulter...*, *op. cit.*, p. 749.
28 J.-F. La Harpe, *op. cit.*, p. 488.
29 Homme de lettres et ami des philosophes, l'éditeur parisien Nicolas Ruault était un proche de Beaumarchais, dont il partagea le domicile, en 1780, et avec qui il s'associa pour imprimer le Voltaire de Kehl. Il est l'éditeur du *Barbier de Séville* (1775) et du *Mariage de Figaro* (1785).
30 M. Nachtergael « Autoportrait », *Dictionnaire de l'autobiographie. Écritures de soi de langue française*, éd. F. Simonet-Tenant, Champion, Paris, 2017, p. 98.

malheureux, injustement persécuté, dont le courage pourrait servir de leçon[31] ». L'écriture de soi, chez Beaumarchais, n'était pas une confidence ou une mise à nu, comme chez Rousseau, mais elle avait pour fonction de susciter la « bienveillance publique[32] ».

Afin de restaurer son image d'honnête homme calomnié par ses adversaires, Beaumarchais distillait d'abord dans ses factums une sorte d'autoportrait moral fragmentaire. Par petites touches, il cherchait à prouver qu'il était un « homme juste, bon père, bon mari, bon ami, bon parent, très bon français, excellent citoyen, et loyal négociant, fort désintéressé[33] ». À ses adversaires, qui le renvoyaient à ses origines bourgeoises, il répondait par une petite scène de genre : « J'avoue avec douleur que rien ne peut me laver du juste reproche que vous me faites d'être le fils de mon père... mais je m'arrête ; car je le sens derrière moi qui regarde ce que j'écris, et rit en m'embrassant[34]. » Et lorsqu'il évoquait son amitié avec le financier Pâris-Duverney, dans le cadre du procès qui l'opposait à son héritier le comte La Blache, il notait : « Le douloureux souvenir de mon respectable ami m'en rend le sentiment si vif en ce moment, que je n'ai pu me refuser de le verser sur mon papier[35]. » Il revenait sur cette amitié, dans un autre factum, dans ce qui était peut-être une réminiscence de la célèbre phrase de Montaigne, à propos de son amitié avec La Boétie : « Il ne me connaissait pas : j'errais dans le monde, il m'a rencontré[36]. »

Ces morceaux d'autoportrait moral avaient vocation à rétablir la réputation de Beaumarchais dans l'opinion publique, au moment où l'affaire Goëzman avait doté le dramaturge d'une « célébrité séditieuse[37] », selon ses propres termes. Il faut rappeler qu'au XVIIIe siècle, la *fama* était une catégorie agissante en justice. La bonne ou la mauvaise réputation d'un

---

31. Beaumarchais, lettre XXXIII, « À M. Pujos », *Œuvres complètes de Beaumarchais, op. cit.*, p. 661.
32. Beaumarchais, *Quatrième mémoire à consulter...*, *Œuvres, op. cit.*, p. 847.
33. Beaumarchais, *Pétition de Pierre-Augustin Caron de Beaumarchais à la Convention nationale...*, *Œuvres, op. cit.*, p. 942.
34. Beaumarchais, *Addition au Supplément du Mémoire à consulter...*, *Œuvres, op. cit.*, p. 768.
35. Beaumarchais, *Réponse ingénue de Pierre-Augustin Caron de Beaumarchais à la consultation injurieuse que le Comte Joseph-Alexandre Falcoz de La Blache a répandue dans Aix*, *Œuvres complètes de Beaumarchais, op. cit.*, p. 398.
36. *Ibid.*, p. 393.
37. Lettre de Beaumarchais « À M. de La Borde » [fin février 1774], *Correspondance, op. cit.*, t. II, p. 47.

suspect tenait lieu de preuve ou de partie de preuve[38]. Arlette Farge a remarqué que les témoignages de police regorgeaient de l'expression : « Je le connais pour être[39]... » Beaumarchais le savait et le rappelait dans ses consultations :

> Dans toute affaire criminelle et surtout dans une affaire de la nature de celle-ci, qui fixe toute la France, les actions, les mœurs, la conduite d'un accusateur doivent être mises dans la balance, et influer sur le jugement[40].

Beaumarchais ne se contentait pas de glisser çà et là, dans ses factums, les fragments de son autoportrait moral, il mettait également ses talents de dramaturge au service d'une mise en scène de sa vie. La Harpe remarquait que les factums de Beaumarchais « mettaient en spectacle celui que l'on mettait en cause[41] ». La théâtralité de ses factums a été observée par René Pomeau et par Béatrice Didier, notamment[42]. Cette théâtralité était intimement liée à la pratique de l'écriture de soi, et il est difficile de faire la part du théâtre et celle du roman chez Beaumarchais. Le contexte public et publicitaire le conduisit à une sorte de mise en scène de soi qui accentuait certains traits et qui présentait au public des masques.

---

38 Le criminaliste Daniel Jousse estimait, en 1771, que le « bruit public, joint à la déposition d'un témoin » formait une « preuve suffisante pour la condamnation » d'un accusé (D. Jousse, *Traité de la justice criminelle de France*, [t. 1], Paris, Debure, 1771, p. 830, cité par B. Garnot, *Histoire de la justice. France, XVIe-XXIe siècle*, Gallimard, « Folio histoire », Paris, 2009, p. 613).
39 A. Farge, « Familles. L'honneur et le secret », *Histoire de la vie privée*, éd. Ph. Ariès, vol. 3, *De la Renaissance aux Lumières*, éd. R. Chartier, Paris, Seuil, 1986, p. 590.
40 « Consultation » signée par Bidault, Ader, *Œuvres complètes de Beaumarchais*, p. 1589.
41 J.-F. La Harpe, *op. cit.*, p. 488.
42 Voir à ce sujet R. Pomeau, *Beaumarchais ou la bizarre destinée*, Paris, PUF, 1987 ; B. Didier, *Beaumarchais ou la passion du drame*, Paris, PUF, 1994 et V. Géraud, « Mémoires contre Goëzman : de la tradition du factum à la scénographie théâtrale », *Revue d'histoire littéraire de la France*, n° 4, 2000, p. 1105-1115.

LES MISES EN SCÈNE DE SOI

Béatrice Didier remarque, dans les mémoires judiciaires de Beaumarchais, un « art de la mise en scène du moi par les procédés du drame », un genre que le dramaturge théorisa dans un *Essai sur le genre dramatique sérieux* (1767), en préface à *Eugénie*, et qui gagne à être rapporté aux mémoires judiciaires[43]. L'écriture de soi est le lieu de la revendication d'un *ethos*, dont la construction était consciente et très élaborée.

Une mise en scène marqua particulièrement les esprits de ses contemporains et donna à Goethe l'envie d'écrire la pièce de théâtre *Clavigo*[44]. Dans son quatrième mémoire judiciaire de l'affaire Goëzman, Beaumarchais fit le récit de l'année 1764, qu'il intitula « Fragment de mon voyage d'Espagne ». Le dramaturge s'était rendu en Espagne pour tirer sa sœur des griffes d'un séducteur nommé Clavijo. Il écrivait, dans un factum publié en 1774, qu'il avait « tout quitté, patrie, devoirs, famille, état, plaisirs, pour venir venger en Espagne une sœur innocente et malheureuse[45] ». Il racontait qu'il avait obtenu gain de cause auprès de la justice espagnole et que le séducteur Clavijo, une fois l'affaire terminée, avait reconnu qu'il était le « plus généreux des hommes[46] ». Beaumarchais lui aurait répondu en termes cornéliens : « Je suis vengé. Je ne vous hais plus[47]. » La conception cornélienne de la justice de Beaumarchais se traduisait également, dans cette affaire, à la façon qu'il avait de se représenter « armé du bon droit et de la fermeté[48] » et de demander la justice ou un duel au jardin du Retiro. Beaumarchais inséra ce récit de voyage en Espagne dans ses factums probablement parce qu'il opposait le même *ethos* cornélien au juge Goëzman. Il donna à son récit une forme originale qui mêlait des lettres de son opposant, Clavijo, à des passages

---

43   B. Didier, *op. cit.*, cité par V. Géraud, *Beaumarchais, l'aventure d'une écriture*, Paris, Champion, 2000, p. 6.
44   J.-W. von Goethe, *Clavigo*, *Théâtre complet*, Paris, Gallimard, « Bibliothèque de la Pléiade », 1988.
45   Beaumarchais, *Quatrième mémoire…*, *Œuvres, op. cit.*, p. 904.
46   *Ibid.*, p. 907.
47   *Ibid.*, p. 925.
48   *Ibid.*, p. 904.

narratifs et dialogués, brochés dans un « style rapide[49] » quasi théâtral. Chaque lettre, datée et reproduite intégralement, fonctionnait comme preuve mais apportait aussi un nouveau rebondissement de l'intrigue. Il concluait le récit de son aventure en donnant la dernière lettre de Clavijo, avec sa propre « réponse en marge », introduisant un dialogisme dans la forme épistolaire. À côté de la déclaration de Clavijo qui écrivait : « Mais, sur qui tombe-t-elle, cette vengeance ? Sur un homme que vous aimiez, qui a suivi en tout aveuglément vos volontés, sur un homme enfin qui vous aime malgré ce qui s'est passé », Beaumarchais notait : « Vous m'aimez ! monstre que vous êtes ! et vos lâches impostures ! et votre plainte furtive et calomnieuse[50] ? »

Le fragment du « voyage d'Espagne » reconstruit *a posteriori*, voire falsifié, était destiné à servir de miroir aux juges français qui instruisaient l'affaire Goëzman. Beaumarchais, en leur signalant que le roi d'Espagne avait su lui rendre justice d'une manière « éclatante[51] », les invitait à faire la même chose. Le terme soulignait l'idée d'une « réparation » du moi offensé par l'éclat public, comme il était d'usage dans la société aristocratique.

Dès la parution du quatrième mémoire de l'affaire Goëzman, en février 1774, le fragment de voyage en Espagne fut salué. Voltaire reconnut qu'il n'y avait « point d'histoire mieux contée[52] ». Mme Guichard de Meinières célébrait le « pinceau magique[53] » de Beaumarchais, dans une lettre au dramaturge du 18 février 1774. Elle ajoutait : « Quand on vous suit chez ce M. Clavijo, chez M. Whall, dans le parc d'Aranjuès, chez l'ambassadeur, chez le roi, on palpite, on frémit, on s'indigne avec vous[54]. » Elle comparait Beaumarchais à sir Charles Grandison, le personnage du roman de Richardson : « Grandisson, le héros de roman le plus parfait, ne vous vient pas à la cheville du pied[55]. » La publication de lettres intégrales, présentées comme authentiques, rappelant le roman

---

49   Gazette de Leyde, n° 17 du 1ᵉʳ Mars 1774 : « Cette Histoire, tirant beaucoup sur le romanesque, écrite d'ailleurs d'un style rapide et avec toutes les couleurs, que le Sr. de Beaumarchais sait donner à sa matière, répand l'agrément dans son nouveau Mémoire ».
50   *Ibid.*, p. 923.
51   *Ibid.*, p. 922.
52   Voltaire, *Correspondance*, D18823, 26 février 1774, cité par R. Pomeau, *op. cit.*, p. 35.
53   Lettre de Mme Guichard de Meinières à Beaumarchais du 18 février 1774, *Correspondance*, *op. cit.*, t. II, p. 44.
54   *Ibid.*, p. 43.
55   *Ibid.*, p. 44.

épistolaire, qui était alors en vogue, avait vocation à satisfaire le « goût actuel du public[56] », selon la *Gazette de Leyde*. En 1764, Beaumarchais estimait que son journal de voyage n'intéresserait que ses proches. Le succès de son « Fragment de voyage d'Espagne », dix ans plus tard, entérina une évolution du genre viatique, qui, observe François Moureau, se tournait « de plus en plus vers une écriture particulière, subjective du voyage[57] ». Une telle évolution peut être rapportée à l'« émergence de la culture du moi[58] », qui touchait, à la même époque, la littérature judiciaire.

Un autre cas de mise en scène apparaît dans les mémoires d'autodéfense que Beaumarchais publia pendant la Révolution sous le titre : *Compte rendu des neuf mois les plus pénibles de ma vie*[59]. Ces mémoires étaient adressés au citoyen Lecointe, qui avait dénoncé Beaumarchais à la Convention comme traître à la patrie pour avoir refusé de livrer soixante mille fusils bloqués en Hollande. Beaumarchais rédigea son mémoire dans la prison du Banc du roi à Londres, où il était emprisonné pour dettes. Le récit fut publié à six mille exemplaires, selon Beaumarchais. C'était à la fois le « roman d'aventures » d'un exilé et une « chronique minutieuse du nouveau régime[60] ». Beaumarchais y racontait sa vie privée, dans une démarche qui visait à prouver sa « pureté[61] » morale, en tant que citoyen. Il insérait une lettre à sa fille Eugénie, dans laquelle il prétendait avoir « mis son âme toute entière », ajoutant que son mémoire pourrait ne pas être inutile à l'« histoire de la Révolution[62] ». Les deux remarques étaient au service d'une « rhétorique de la transparence[63] », qui était courante, observe Lise Andries, dans les récits de survie écrits pendant la Révolution, un genre auquel le mémoire de Beaumarchais peut se rattacher. Dans

---

56 « Suite des Nouvelles de Paris du 21 février », *Gazette de Leyde*, n° 17 du 1er Mars 1774.
57 F. Moureau, *Le Théâtre des voyages. Une scénographie de l'Âge classique*, Paris, PUPS, 2005, p. 21 *sq*.
58 *Ibid*.
59 Beaumarchais, *Mémoires sur l'affaire des fusils de Hollande*, *Œuvres, op. cit.*, p. 929-1119.
60 J. C. Gatty, *Beaumarchais sous la Révolution : l'affaire des fusils de Hollande d'après des documents inédits*, Leiden, E. J. Brill, 1976, p. 195-196.
61 Beaumarchais, « Cinquième époque », *Œuvres, op. cit.*, p. 1041.
62 Beaumarchais, « Quatrième époque », *Œuvres, op. cit.*, p. 1012.
63 L. Andries, « Récits de survie : les mémoires d'autodéfense pendant l'an II et l'an III », *La Carmagnole des Muses. L'homme de lettres et l'artiste dans la Révolution*, éd. J.-C. Bonnet, Paris, Armand Colin, « 1789-1989 », 1988, p. 261 *sq*. – Lise Andries a montré que, dans les récits de survie, « l'innocence de l'inculpé repose sur la transparence de ses mœurs et de sa vie publique ».

ce mémoire, Beaumarchais affirmait qu'il écrivait « le livre intact de [s]a vie[64] ». Il insérait un « tableau des vertus » de sa famille, dans lequel apparaissait la « voix douce et mélodieuse » de sa fille chantant une « courte prière[65] », qu'il avait composée et qu'il comparait à l'hymne patriotique *Salvam fac gentem...* Cette évocation lui offrait un répit et calmait ses « douleurs[66] ». La mise en scène du bon père de famille lui permettait également de revendiquer un attachement bourgeois à la vie privée, de rompre avec les formes de sociabilités de l'Ancien Régime, de la Cour et des Salons et de passer pour un bon patriote[67].

LA PHILOSOPHIE DE « FIGARO-BEAUMARCHAIS[68] »

Dans la préface du *Mariage de Figaro*, Beaumarchais, faisant allusion à l'un de ses factums contre le comte La Blache, se présentait comme un « moraliste » et comme un « écrivain sévère[69] ». Il suggérait ainsi que les moralistes du XVIIe siècle, la « seule culture du moi disponible à l'époque[70] », lui avaient servi de modèle. Dans ses factums, l'écriture de soi adopte parfois, en effet, la forme de la réflexion philosophique. Beaumarchais lui donne volontiers la forme d'une introspection, teintée de stoïcisme.

Ainsi, le dramaturge présentait ses procès comme une « épreuve », qui devait lui permettre de prendre conscience de la supériorité de son « âme » sur les « événements[71] ». Il était fidèle à la théorie de Diderot,

---

64 Beaumarchais, *Requête du Sieur de Beaumarchais...*, *Œuvres complètes de Beaumarchais*, *op. cit.*, p. 336.
65 Beaumarchais, *Observations de l'accusé*, *Œuvres*, *op. cit.*, p. 1119.
66 *Ibid.*
67 A. Coudreuse, « La médiatisation de la vie privée dans les Mémoires de la Révolution », *La Médiatisation de la vie privée*, éd. A. Walch, Artois Presses université, 2012, p. 79-95, notamment p. 82 sur la « lecture politique » d'une telle représentation.
68 J.-F. de La Harpe, *op. cit.*, p. 583.
69 Beaumarchais, « Préface » du Mariage de Figaro, *Œuvres*, *op. cit.*, p. 370-371.
70 P. Pelckmans, "Au moment où j'écris ceci". Le présent des premières Confessions et la construction d'une nouvelle curiosité de soi », *La représentation de la vie psychique dans les récits factuels et fictionnels de l'époque classique*, éd. M. Hersant et C. Ramond, Brill/Rodopi, 2015, p. 407.
71 Lettre de Beaumarchais à son père, *Correspondance*, *op. cit.*, p. 145.

selon laquelle c'est à l'infortune « que nous devons la reconnaissance flatteuse de l'énergie de notre âme[72] ». Beaumarchais voulait témoigner d'une « grandeur d'âme jusqu'au sein de l'humiliation même[73] ». Après le procès Goëzman et une fois condamné au blâme, qui correspondait à une mort civile, il écrivait :

> J'avais perdu ma fortune et mon état de citoyen ; je fuyais la persécution loin de ma patrie ; mais j'étais calme et serein, et je n'aurais pas voulu changer mon sort contre celui de cet ennemi[74].

Il y a dans cette représentation de soi en infortuné un écho à la littérature de l'époque, qui valorisait le « beau spectacle » de « la vertu dans les grandes épreuves[75] ». Cependant, la bonne foi de Beaumarchais ne doit pas être remise en cause car il semble atteindre un degré de sincérité plus important dans ces moments d'introspection, où il se donne « des airs d'avoir sa philosophie[76] ». Cette philosophie qu'il qualifiait de « douce[77] » et de « gaie[78] », Beaumarchais l'empruntait à Rousseau. Il écrivait au juge Goëzman :

> Je suis un peu comme la cousine d'Héloïse ; *j'ai beau pleurer, il faut toujours que le rire s'échappe par quelque coin.* Voilà ce qui me rend doux à votre égard. Ma philosophie est d'être, si je puis, content de moi, et de laisser aller le reste comme il plaît à Dieu[79].

Sainte-Beuve considérait que cette philosophie reflétait la « nature[80] » de Beaumarchais. À la fin de sa vie, le dramaturge écrivait à Collin-d'Harleville :

> Maintenant, après cinquante ans de travaux, j'écris pour disputer mon pain à ceux qui l'ont volé à ma famille. Mais j'avoue que je suis un peu comme la Claire de Jean-Jacques, à qui même, au travers des larmes, le rire échappait quelquefois[81].

---

72 M. Delon, *L'Idée d'énergie au tournant des Lumières (1770-1820)*, PUF, Paris, 1988, p. 473.
73 Beaumarchais, *Réponse ingénue...*, *Œuvres complètes de Beaumarchais*, p. 403.
74 *Ibid.*, p. 402-403.
75 Diderot cité par M. Delon, *op. cit.*, p. 473.
76 Beaumarchais, *Quatrième mémoire à consulter...*, *Œuvres, op. cit.*, p. 847.
77 *Ibid.*, *Œuvres, op. cit.*, p. 846.
78 Beaumarchais, *Le Barbier de Séville*, I, 2, *Œuvres, op. cit.*, p. 295.
79 Beaumarchais, *Addition au Supplément...*, *Œuvres, op. cit.*, OC, p. 789.
80 C.-A. Sainte-Beuve, *op. cit.*, p. 256.
81 Beaumarchais, *Addition au Supplément...*, *Œuvres, op. cit.*, p. 789.

La douceur et la gaieté, c'est aussi celle de Figaro, qui évoquait en ces termes sa « philosophie[82] », dans *Le Barbier de Séville* :

> LE COMTE
> Qui t'a donné une philosophie aussi gaie?
>
> FIGARO
> L'habitude du malheur. *Je me presse de rire de tout, de peur d'être obligé d'en pleurer*[83].

On sait que Figaro partageait avec Beaumarchais, comme l'a écrit Violaine Géraud, « le même ton gai et insolent, la même aisance verbale, le même *ethos* inventé pour la polémique, un *ethos* reposant sur une même "philosophie"[84] ». Cette ressemblance entre Beaumarchais et Figaro est connue et Beaumarchais lui-même en avait conscience et l'instrumentalisait, lui qui nommait Figaro l'« un de ses amis[85] ». La Harpe notait à ce sujet qu'on ne pouvait douter « que ce ne soit Beaumarchais lui-même qui a[it] voulu se transformer sur la scène, et qui avait besoin d'un tel personnage pour lui donner tout son esprit[86] ». Violaine Géraud a parlé à propos de Figaro de « prototype autobiographique[87] » et d'« ethos spirituel[88] » commun avec son créateur.

Les monologues de Figaro, dans le *Barbier* et le *Mariage*, ont effectivement une grande familiarité d'inspiration et de style avec les passages les plus autobiographiques des mémoires judiciaires. Ils sont écrits avec la même « recherche du dynamisme[89] », observée par Gabriel Conesa, et ils procèdent volontiers par accumulation, en multipliant les structures binaires. Beaumarchais écrit, par exemple, dans un mémoire contre La Blache :

> Ainsi, toujours pauvre et battu des événements, marchant sans arriver, toujours près d'être riche et ne l'étant jamais, mais ma reconnaissance l'emportait sur

---

82 Beaumarchais, *Le Barbier de Séville*, I, 2, *Œuvres, op. cit.*, p. 295.
83 *Ibid.*
84 V. Géraud, « Genèse du comique. Du *pathos* à l'"*archiethos*" », *Nouveaux regards sur la trilogie de Beaumarchais*, éd. S. Lefay, Paris, Classiques Garnier, « Rencontres – Le dix-huitième siècle », 2015, p. 137.
85 *Réponse ingénue...*, *Œuvres complètes de Beaumarchais*, p. 406.
86 J.-F. La Harpe, *op. cit.*, p. 568.
87 V. Géraud, *op. cit.*, p. 137.
88 *Ibid.*
89 G. Conesa, *La Trilogie de Beaumarchais*, Paris, PUF, 1985, p. 33.

mes chagrins, j'étais serein, j'étais gai, tranquille, et, s'il faut l'avouer, bien plus heureux de tant devoir qu'infortuné de ne rien avoir. Depuis quatre ans, à la vérité, je me suis vu malaisé, maltraité, mal attaqué, mal dénigré, mal jugé, mal dénoncé, mal blâmé, mal assassiné ; j'ai perdu ma fortune et ma santé ; tous mes biens sont encore saisis, et je plaide pour les ravoir, ce qui achève le tableau. Telle a toujours été ma vie[90].

Beaumarchais qualifiait cet excursus de « petit repos » visant à « délasser » le lecteur au milieu d'un argumentaire juridique « aride[91] ». De même, le long récit des mésaventures de Figaro, au début du *Barbier*, représente un « palier de repos », selon Gabriel Conesa, dans la mesure où il est étranger à la situation dramatique et qu'il constitue une « parenthèse purement ludique[92] ». Figaro expliquait à son maître, Almaviva, les raisons de son arrivée à Séville :

> [F]atigué d'écrire, ennuyé de moi, dégoûté des autres, abîmé de dettes et léger d'argent ; à la fin convaincu que l'utile revenu du rasoir est préférable aux vains honneurs de la plume, j'ai quitté Madrid ; et, mon bagage en sautoir, parcourant philosophiquement les deux Castilles, la Manche, l'Estramadure, la Siera-Morena, l'Andalousie ; accueilli dans une ville, emprisonné dans l'autre, et partout supérieur aux événements ; loué par ceux-ci, blâmé par ceux-là, aidant au bon temps, supportant le mauvais, me moquant des sots, bravant les méchants, riant de ma misère et faisant la barbe à tout le monde ; vous me voyez enfin établi dans Séville, et prêt à servir de nouveau Votre Excellence en tout ce qu'il lui plaira de m'ordonner[93].

La formule « loué par ceux-ci, blâmé par ceux-là » faisait allusion à l'arrêt de la Cour du 26 février 1774, qui condamnait Beaumarchais au blâme et mettait un terme à l'affaire Goëzman. Cette allusion à son procès, placée dans la bouche du personnage, n'est pas la seule de la pièce.

Dans le célèbre monologue du *Mariage de Figaro*, alors qu'il s'apprête à surprendre sa femme dans les bras du comte, Figaro se livre à des réflexions sur lui-même et sur sa destinée. Le questionnement identitaire du personnage exprime un « moi de pyrrhonien[94] » et un *cogito*

---

90 *Mémoire à consulter et consultation pour P.-A Caron de Beaumarchais*, Œuvres complètes, *op. cit.*, p. 365-366.
91 *Ibid.*, p. 367.
92 G. Conesa, *op. cit.*, p. 40 et 49.
93 Beaumarchais, *Le Barbier de Séville*, I, 2, Œuvres, *op. cit.*, p. 295.
94 J.-F. de La Harpe, *op. cit.*, p. 583.

sensualiste[95], et l'on a pu dire que Figaro, dans le temps de ce monologue, « faisait place à Beaumarchais[96] » :

> Ô bizarre suite d'événements ! Comment cela m'est-il arrivé ? [...] Forcé de parcourir la route où je suis entré sans le savoir, comme j'en sortirai sans le vouloir, je l'ai jonchée d'autant de fleurs que ma gaieté me l'a permis ; encore je dis ma gaieté, sans savoir si elle est à moi plus que le reste, ni même quel est ce moi dont je m'occupe : un assemblage informe de parties inconnues ; puis un chétif être imbécile, un petit animal folâtre, un jeune homme ardent au plaisir, ayant tous les goûts pour jouir, faisant tous les métiers pour vivre [...] ; ambitieux par vanité, laborieux par nécessité, mais paresseux... avec délices ! orateur selon le danger, poète par délassement ; musicien par occasion, amoureux par folles bouffées, j'ai tout vu, tout fait, tout usé[97].

On peut remarquer que ce monologue, dans lequel on identifie souvent Beaumarchais lui-même, est seul en son genre, dans l'œuvre. Les récits de soi qui figurent dans la correspondance et dans les factums n'expriment pas la même « découverte angoissée face au néant de la vie[98] ». Le théâtre permettait sans doute à Beaumarchais d'exprimer librement une conception matérialiste de la nature humaine et une inquiétude existentielle qui n'avaient pas leur place dans l'argumentation judiciaire. Dans une requête publiée en 1791, qu'on présente parfois sous le titre d'« Apologie de lui-même », Beaumarchais affirmait, au contraire, l'unité de son moi et une force de caractère, proches de l'« énergie » que Michel Delon observe, à la fin du XVIIIe siècle, chez des écrivains comme Diderot, Mercier et Meister, en identifiant dans leur « capacité à résister au torrent » et dans la « fidélité à soi-même », la « silhouette de l'homme qui n'est pas à la merci des influences extérieures[99] ». Beaumarchais écrivait : « Qu'étais-je donc ? Je n'étais rien que moi, et moi tel que je suis resté, libre au milieu des fers, serein dans les plus grands dangers[100]. » Le « caractère » beaumarchaisien apparaît

---

95 Voir sur ce point l'article de J.-P. Sermain, « La conscience du temps dans *Le Mariage de Figaro* », *Revue d'histoire littéraire de la France*, vol. 104, n° 3, 2004, p. 621-636.
96 P. Larthomas, « Introduction », *Œuvres, op. cit.*, p. XX.
97 Beaumarchais, *Le Mariage de Figaro*, V, 3, *Œuvres, op. cit.*, p. 471.
98 R. Navarri, « Réflexions sur quelques aspects de la pensée philosophique et morale de Beaumarchais », *La Pensée*, n° 110, août 1963, p. 139.
99 M. Delon, *op. cit.*, p. 410.
100 Beaumarchais, *Apologie pour lui-même*, *Œuvres complètes de Beaumarchais*, éd. Moland, Paris, Garnier, 1874, p. 715-716.

bien comme « une force se heurtant à des obstacles » et « une force de dépassement[101] », selon l'analyse d'Henri Coulet.

Beaumarchais tirait de sa « bizarre destinée » une « doctrine[102] ». Dans une lettre à Mme de Staël, qui, selon Martine de Rougemont, est un « dernier monologue de Figaro », le dramaturge se représentait en philosophe, racontant qu'on lui rendait visite pour « apprendre de [lui] comment on soutient des outrages sans perdre sa sérénité[103] ». La comparaison avec l'œuvre judiciaire et la correspondance permet de supposer une part de jeu autour de l'expression de soi, dans l'œuvre théâtrale. Elle nous invite à lire le monologue de Figaro moins comme une profession de foi intime que comme une réflexion sur le personnage et comme une étape de l'expérience menée, par le dramaturge, dans le « laboratoire de l'individu[104] ». Les monologues, élaborés d'abord dans les mémoires judiciaires, participent à « l'invention de nouvelles formes d'intériorité » et, en ce sens, ils accompagnent, au même titre que les romans-mémoires, l'essor de l'individualisme moderne.

Dans sa correspondance, ses mémoires judiciaires et, indirectement, dans son théâtre, Beaumarchais s'autorisait des épisodes de « retour sur lui-même[105] ». Ces moments d'introspection se font échos, d'un texte à l'autre, et constituent une sorte de récit autobiographique, centré sur l'affirmation d'une individualité singulière. Ils prennent place, le plus souvent, dans un discours de justification et ne prennent pas la forme d'une « confession » à la manière de Rousseau. Ils sont, en outre, toujours destinés à un public. En célébrant son mérite individuel, le dramaturge gagnait, dans la sphère publique, un statut social que le privilège de la naissance lui refusait *a priori*. Il affirmait également l'unité de son

---

101 H. Coulet, « La notion de caractère dans l'œuvre de Beaumarchais », p. 29, cité par L. Van Delft, *Nature humaine et caractère à l'âge classique*, Paris, PUF, 1993, p. 260.
102 Voir la lettre de Beaumarchais à Gudin : « J'ai posé pour fondement de ma doctrine que c'est sur soi qu'il faut exercer sa force, et non sur les événements qui se combinent de mille manières que l'on ne peut prévoir », *Correspondance, op. cit.*, t. II, p. 78.
103 M. de Rougemont, « Beaumarchais par lui-même : une lettre inédite de Beaumarchais à Mme de Staël », *Le Siècle de Voltaire. Hommage à René Pomeau*, éd. C. Mervaud et S. Menant, Oxford, The Voltaire Foundation, 1987, vol. 2, p. 797-801.
104 Nous reprenons l'expression de S. Marchand, dans « Beaumarchais et le personnage de théâtre », *Nouveaux regards sur la trilogie de Beaumarchais, op. cit.*, p. 237.
105 G. et M. von Proschwitz, *Beaumarchais et le Courrier de l'Europe, Documents inédits ou peu connus*, Oxford, The Voltaire Foundation, S.V.E.C., 273, t. I, p. 214.

moi, repoussant l'image de « tortueux Protée[106] », que ses adversaires lui attribuaient, dans le procès Kornman, en 1787. À cette accusation de dispersion, qui pouvait viser ses multiples activités, Beaumarchais répondait en vers, à la fin de *Tarare*, en 1787 :

> Homme ! ta grandeur sur la terre
> N'appartient point à ton état :
> Elle est toute à ton caractère[107].

Valentine Dussueil
Sorbonne Université, CELLF

---

106 *Le Public à P.A.C. de B...*, [s. l., 1787], p. 11.
107 Beaumarchais, *Tarare*, « Couronnement de Tarare », scène 4, *Œuvres, op. cit.*, p. 596.

« LES AUTRES ADMIRENT MON COURAGE, MAIS ILS NE CONNAISSENT PAS MES JOUISSANCES »

Exposition et repli du moi dans les *Mémoires* de Manon Roland

Les *Mémoires d'outre-tombe* contiennent un hommage inattendu à Mme Roland :

> La femme qui, au pied de la guillotine, demandant une plume et de l'encre afin d'écrire les derniers moments de son voyage, de consigner les découvertes qu'elle avait faites dans son trajet de la Conciergerie à la place de la Révolution, une telle femme montre une préoccupation d'avenir, un dédain de la vie dont il y a peu d'exemples[1].

Peu soupçonnable de sympathie envers un personnage emblématique du parti Girondin, Chateaubriand révèle pourtant en une phrase ce qui fait sa grandeur singulière, en l'occurrence l'affirmation ostentatoire d'une supériorité face aux événements puisant sa source et trouvant sa forme dans l'expérience de l'écriture. Celle-ci fonde l'exemplarité d'un tableau qui évoque, par métonymie, les derniers mois d'existence de Manon Roland, passés en prison à écrire ses *Mémoires*. Si cette entrée dans la postérité une plume à la main avait de quoi le séduire, Chateaubriand reconnaît aussi peut-être une forme de dette envers un auteur qui mena une entreprise autobiographique comparable à la sienne : celle d'un travail d'appropriation de soi qui articule sans rupture les replis de l'intériorité à l'éclat du mémorable. L'anecdote, au demeurant parfaitement apocryphe, décrit de manière emblématique la relation dialectique entre la mémoire personnelle et la mémoire historique qui donne leur dynamique aux écrits de prison de Mme Roland, la première permettant

---

1 Chateaubriand, *Mémoires d'Outre-tombe*, Paris, Gallimard, « Bibliothèque de la Pléiade », 1951, t. 1, p. 306.

simultanément de se détacher de la seconde et d'y laisser son empreinte. À l'image de ces dernières notes écrites « entre la Conciergerie et la place de la Révolution », les *Mémoires* portent témoignage d'un moi cherchant en lui-même la force de maintenir et d'afficher son intégrité, de refluer vers sa source dans l'activité d'une « découverte » et de se forger ainsi, comme par contrecoup, une représentation de soi digne d'être conservée dans le souvenir collectif.

Le terme de Mémoires est, du reste, en partie impropre pour caractériser l'ensemble de textes composites rédigés durant l'incarcération, dont les enjeux et la portée évoluent au fil de leur rédaction. Le premier ouvrage, titré *Notices historiques* et entamé le 1ᵉʳ juin 1793, est rédigé en grande partie lors du premier mois d'emprisonnement à l'Abbaye. Présenté par Mme Roland comme son « testament moral et politique », sa logique est à la fois judiciaire et historique ; l'auteur y raconte d'abord les circonstances de son arrestation ainsi que ses démarches afin de demander justice : ses lettres sont intégrées au texte tout comme la transcription de son premier interrogatoire. Elle revient également sur les deux passages de son mari au ministère de l'Intérieur et, plus généralement, défend les choix politiques des Girondins. Les *Notices historiques*, tournées vers l'opinion publique et écrites à un moment où le combat politique ne semble pas tout à fait perdu, se tiennent donc au plus près de l'événement, essaient d'en influer le cours et d'en prendre en charge le sens immédiat. Mais, le 24 juin, Mme Roland est libérée avant d'être arrêtée à nouveau le soir même et conduite cette fois à la prison de Sainte-Pélagie. Là-bas, elle croit les *Notices* perdues et entame simultanément, le 8 et le 9 août pour être précis, la rédaction des *Portraits et anecdotes* et des *Mémoires particuliers*. Les premiers sont une somme de fragments chargés de suppléer aux *Notices* et esquissant une histoire de la Révolution, mais leur horizon n'est déjà plus tout à fait le même. Ces bribes de mémoire revendiquent en effet pour seule action la mise en réserve du passé en vue de son récit futur : « Cela ne saurait remplacer ce que j'ai perdu, mais ce seront des lambeaux qui serviront à me le rappeler, et à m'aider un jour à y suppléer, si la faculté m'en est laissée[2]. » Les *Mémoires particuliers*, conformément à ce qu'annonce leur

---

2   Manon Roland, *Mémoires*, éd. Paul de Roux, Paris, Mercure de France, « Le Temps retrouvé », 1986 [1966], p. 148. Toutes les références aux *Mémoires* renvoient à cette édition.

titre, relèvent quant à eux davantage des écrits du for privé, s'attachant aux souvenirs de jeunesse et à tout ce qui, selon la mémorialiste, « [lui] est personnel[3] ». Ils ne prétendent à rien d'autre qu'au plaisir de l'entretien avec soi-même, dans une forme d'autodestination médiatisée par diverses figures de lecteurs allant de sa fille Eudora à un lointain double fictif (« peut-être un jour mes récits ingénus charmeront les instants de quelque infortunée captive[4] »). L'approche de la mort interrompt cette double rédaction : se sachant condamnée, la prisonnière recueille dans ses *Dernières pensées* d'ultimes adresses à ses proches et rassemble une série de notes sur son procès. Elle est exécutée le 8 novembre 1793.

Ces distinctions faites, la « bipartition entre vie privée et Histoire[5] » mérite néanmoins d'être nuancée, tant ce corpus établit un incessant va-et-vient entre le public et le particulier, le moi et l'Histoire, l'intime et le politique. Non seulement les notations personnelles abondent dans les *Portraits* tout autant que les réflexions politiques dans les *Mémoires particuliers*, mais même les *Notices Historiques* conservent l'empreinte du moi qui en est la source : « je les donnais avec la liberté, l'énergie de mon caractère [...] avec le plaisir de peindre ce que j'avais senti ou ce que j'éprouvais[6] ». Et il semble bien que leur perte n'ait fait que renforcer le souci de cohésion et d'identification entre le moi personnel et l'individu historique, au point que les *Portraits* sont présentés comme le simple prolongement des *Mémoires particuliers* :

> Treize années passées en divers lieux, dans un travail continuel, avec des relations très variées, et dont les dernières tiennent si particulièrement à l'histoire du jour, fourniraient la quatrième et la plus intéressante partie de mes *Mémoires*. Les morceaux détachés qu'on trouvera dans mes *Portraits et anecdotes* en tiendront lieu[7].

Ainsi, ce que nous comprenons comme deux régimes d'énonciation étanches (l'un historique, l'autre autobiographique) s'inscrivent pour l'auteur dans la boucle d'un même projet d'écriture que les circonstances de rédaction ont contraint au morcellement et à la discontinuité.

---

3   *Ibid.*, p. 306.
4   *Ibid.*, p. 363.
5   Anne Coudreuse, « Les Mémoires de Mme Roland : être femme dans la tourmente de l'Histoire », *Itinéraires*, 2011-1, p. 29.
6   Manon Roland, *Mémoires, op. cit.*, p. 147.
7   *Ibid.*, p. 520.

Ces circonstances, celles de l'enfermement mais aussi de la certitude grandissante d'une mort prochaine, constituent à la fois la matrice, la condition et l'objet des *Mémoires*[8] : elles déterminent leur régime d'écriture dans la mesure où celui-ci noue, selon la tripartition proposée par J.-P. Cavaillé[9], une « visée pragmatique » (parce qu'il cherche à instituer un lien avec le dehors), un ordre de représentation (élaboré à partir des motifs rhétoriques et philosophiques traditionnels de l'incarcération) et une expérience de soi (dont l'écriture témoigne mais à laquelle surtout elle participe). L'anecdote de Chateaubriand indique à sa manière à quel point ces trois dimensions sont inséparables chez Mme Roland, tant la mise en scène de l'écrit comme réceptacle de l'expérience intérieure s'inscrit dans un imaginaire culturel codifié (celui du stoïcisme pour le dire vite) dont l'actualisation se veut une leçon adressée à l'Histoire. L'écriture personnelle sert ainsi conjointement de support public à une réverbération héroïque du moi et d'instrument intime d'une pleine souveraineté de soi sur soi. Mais, dans ce qu'elle laisse transparaître d'énergie passionnelle contenue et d'opacité intérieure furtivement révélée, se manifeste aussi un rapport à soi plus trouble et plus intense dont l'enjeu semble moins la perpétuation d'une maîtrise que l'appréhension d'une pure présence à soi rendue possible par la prison.

On sait que Mme Roland tint, à partir de 1791, un salon où se réunissaient les futurs membres de la Gironde et dont l'influence connut son apogée lors des deux ministères de son mari (mars-juin 1792, août-janvier 1793). Durant cette période, elle est à portée de regard de l'opinion publique tout en étant contrainte de se tenir en réserve de la sphère de l'action politique, position précaire qui en fait la proie de ses adversaires l'accusant de manœuvrer en coulisse et d'être, selon le mot de Danton, la « Circé de la république[10] ». Le cas de Mme Roland per-

---

8   Nous continuons d'employer le terme par commodité pour désigner l'ensemble textuel précédemment décrit, indépendamment d'une stricte caractérisation générique.

9   « La prison comme cadre et condition d'adoption de stratégies pragmatiques d'écriture, la prison comme représentation, entendu par là tous les motifs et lieux rhétoriques traditionnels concernant l'enfermement tels qu'ils sont réappropriés et ressaisis par le philosophe prisonnier dans ses textes, et la prison comme expérience déterminante, mise en forme dans et par l'écriture, source de connaissance de soi et du monde », Jean-Pierre Cavaillé, « Les écritures carcérales de Tommaso Campanella et Giambattista Marino », *Les Cahiers du Centre de Recherches Historiques* [En ligne], 39 | 2007, mis en ligne le 12 octobre 2011 (consulté le 06 juin 2020). URL : http://journals.openedition.org/ccrh/3363.

10 C'est en fait Lamartine qui place la formule dans la bouche de Danton (voir *Histoire des Girondins*, Wauters, Paris, 1847, vol. 3, p. 280), mais l'accusation était suffisamment commune pour que Manon Roland y fasse référence dans les *Mémoires* (*op. cit.*, p. 255).

sonnifie la reconfiguration du domaine public opérée par la Révolution, qui repose d'après Antoine Lilti sur une double dynamique :

> D'une part, au nouvel espace public et politique, désormais réservé aux hommes et dominé par l'exigence de publicité et de vertu civique, s'opposait un espace domestique et familial, dans lequel les femmes étaient reléguées ; d'autre part et dans le même temps, les Jacobins rêvaient à la transparence du second aux regards et aux exigences du premier. Toute forme d'action intermédiaire ne pouvait plus être comprise que sur le mode du complot [...] ou d'une influence délétère des femmes sur la politique[11].

La transgression de ce double impératif de séparation et de subordination des deux espaces motive l'accusation du tribunal révolutionnaire contre la salonnière, dont elle se défend d'abord en rouvrant l'espace domestique sur la vie publique (Roland recevait chez lui, pour dîner, « ses collègues et connaissances » pour des « conversations très publiques ») puis en soustrayant à celle-ci la sphère du particulier (les « liens d'amitiés » entretenus avec les soi-disant conspirateurs s'étaient noués « fort indépendamment de toutes considérations politiques[12] »). Cette première distinction, à valeur juridique, en entraîne une seconde, interne au sujet, qui possède une fonction structurante dans les *Mémoires* : le particulier est lui-même clivé entre la revendication d'un for intérieur irréductible aux injonctions de la loi (« je ne saurais être interpellée de rendre compte de mes affections particulières[13] » écrit l'accusée) et la promotion publique de la valeur de ces « affections » : ces amitiés « feraient seulement penser que je partageais les opinions et les sentiments de ceux qu'on appelle les conspirateurs. Cette induction est fondée, je l'avoue hautement, et je me glorifie de cette conformité[14] ».

Ce double mouvement de repli et d'exposition se trouve au cœur de l'expérience carcérale, de ses enjeux éthiques et politiques ainsi que de sa logique énonciative. La prison peut en effet à la fois se comprendre comme un retranchement dans le particulier *et* une entrée dans la vie publique, parce que le statut de prisonnière constitue Manon Roland en

---

11 Antoine Lilti, *Le Monde des salons*, Paris, Fayard, 2005, p. 403.
12 M. Roland, *op. cit.*, p. 574. Les citations sont tirées du « Projet de défense » que la prisonnière rédige à la suite de son interrogatoire. Sur ce point voir l'article d'Yves Castan, « Politique et vie privée » dans *Histoire de la vie privée*, Paris, Points-Seuil, 1999, t. 3, p. 68.
13 *Ibid.*, p. 570.
14 *Ibid.*, p. 574.

sujet de droit, l'autorisant à investir la sphère d'énonciation propre au politique (« Je suis opprimée, j'ai donc sujet de vous rappeler mes droits et vos devoirs[15] » écrit-elle dans une lettre au ministre de l'intérieur Garat, incluse au début des *Notices*) et justifiant qu'elle s'adresse directement à la communauté des citoyens afin de les prendre à témoin (« Mes concitoyens voudront bien accueillir cette profession de foi que je n'eusse jamais songé à rendre publique si un abus d'autorité ne m'inculpait d'une manière publique », dit-elle dans une lettre adressée à sa section, également citée dans les *Notices*).

De fait, l'ensemble des *Mémoires* s'efforce de construire une image de soi digne d'apparaître dans la sphère publique et de s'y conserver, construction qui ne peut avoir d'autres fondations que l'emprisonnement, puisqu'avant cela la mémorialiste n'était, à l'en croire, jamais sortie « du rôle qui convient à son sexe[16] », rôle entièrement circonscrit dans l'espace domestique. Peu importe pour nous que cette affirmation soit vraie ou fausse, l'essentiel étant qu'elle est suffisamment répétée pour n'être pas seulement une protestation de pure forme et qu'elle fonctionne comme une contrainte structurante, obligeant les *Mémoires* à porter sur la scène historique une figure qui revendique avec constance de s'en être tenue soigneusement à l'écart. La « posture mémoriale », formule par laquelle J.-L. Jeannelle désigne le fait, pour un mémorialiste, de « transformer le gain d'une image publique et symbolique en une forme sublimée, une grandeur de type moral et historique, propre à dessiner ce personnage qu'il prétend être[17] », a donc pour seul appui le statut de prisonnière, qu'elle utilise pour assumer sa visibilité nouvelle et donner aux vertus de son être privé le lustre de la scène publique. En témoigne par exemple le dialogue avec les officiers venus la conduire à l'Abbaye : « Voulez-vous qu'on lève les portières ? me dirent obligeamment les commissaires. – Non, messieurs, l'innocence, tout opprimée qu'elle soit, ne prend jamais l'attitude des coupables ; je ne crains les regards de personne, et je ne veux me soustraire à ceux de qui que ce soit[18]. » L'écriture personnelle s'apparente donc à une élaboration de soi au miroir du public, public dont le regard répercuté au sein du récit atteste d'une valeur individuelle qui sans cela serait restée inaperçue.

---

15 *Ibid.*, p. 82.
16 M. Roland, *op. cit.*, p. 92.
17 Jean-Louis Jeannelle, *Écrire ses mémoires au XXᵉ siècle. Déclin et renouveau*, Paris, Gallimard, 2008, p. 330.
18 M. Roland, *op. cit.*, p. 63.

L'usage des *topoï* relatifs à l'enfermement ne se comprend qu'à l'aune de cette ambition performative du discours cherchant à réaliser une transfiguration de soi en figure historique, ambition marquée dès l'incipit des *Notices* :

> *Aujourd'hui sur le trône, et demain dans les fers.* C'est le sort de la vertu dans les temps de révolution. Après les premiers mouvements d'un peuple lassé des abus dont il était vexé, les hommes sages [...] sont appelés dans les places ; mais ils ne peuvent les occuper longtemps, car les ambitieux [...] parviennent bientôt, en flattant le peuple, à l'égarer et à l'indisposer contre ses véritables défenseurs [...]. Telle a dû être la marche des choses, notamment depuis le 10 août. Peut-être un jour les reprendrai-je de plus loin, pour tracer ce que ma situation m'a donné la faculté de connaître ; je n'ai pour objet en ce moment que de consigner sur le papier les circonstances de mon arrestation ; c'est l'espèce d'amusement du solitaire qui dépeint ce qui lui est propre et exprime ce qu'il sent[19].

L'amplitude du mouvement opéré par le texte, qui s'ouvre sur une maxime, se prolonge dans un récit historique avant de trouver son point d'achèvement et d'équilibre dans l'affirmation d'un moi autocentré, opère en soi un prodigieux coup de force envers les normes régissant la prise de parole féminine dans le champ de l'Histoire. Mais ce repli progressif d'une énonciation héroïque et immémoriale sur une voix purement intime tend de surcroît à les fonder l'une par l'autre, légitimant une position d'autorité mémoriale par l'affirmation d'une subjectivité solitaire qui, sous couvert « d'amusement », tâche de déployer son exemplarité et de reconquérir son historicité.

Par ailleurs, la citation initiale de Boileau aussi bien que l'écho final des *Rêveries*[20] montrent combien cette solitude est riche d'imaginaire et de représentations. La fin du paragraphe met ainsi discrètement en œuvre le motif de la *felix carcer* qui s'avère ensuite, tout au long des *Mémoires*, un moyen de faire, très littéralement, de la prison un *lieu commun*, c'est-à-dire un espace déterminé par un ensemble de repères symboliques le hissant au-delà de sa nudité et de sa pauvreté immédiate. La première description de la cellule en témoigne :

> Lorsque j'entrai entre quatre murs assez sales, au lieu desquels était un grabat sans rideaux, que j'aperçus une fenêtre à double grille et que je fus frappée

---

19 *Ibid.*, p. 45.
20 Le terme « amusement » revient avec régularité sous la plume de Rousseau dans les *Rêveries*, désignant la rêverie elle-même ou encore la botanique.

> de cette odeur qu'une personne accoutumée à un appartement très propre trouve toujours dans ceux qui ne le sont pas, je jugeai que c'était bien une prison qu'il s'agissait d'habiter, et que ce n'était pas du local qu'il me fallait attendre quelque agrément[21].

En-deçà de toute topique, de tout aménagement littéraire ou rhétorique, la prison est d'abord un lieu que le sujet ne parvient, ni moralement ni physiquement, à rendre à sa mesure, et où s'effacent les normes sociales structurant son identité : « Sous le même toit, sur la même ligne, séparée par un léger plâtrage, j'habite avec des filles perdues et des assassins[22]. » L'abjection de l'univers carcéral empêche son appropriation par le sujet, et ne lui laisse plus qu'à ressasser amèrement l'injure de son déclassement, jusqu'à finir par trouver la mort désirable : « Voilà donc le séjour qui était réservé à la digne épouse d'un homme de bien. Si c'est là le prix de la vertu sur terre, qu'on ne s'étonne donc plus de mon mépris pour la vie, et de la résolution avec laquelle je saurais affronter la mort[23]. »

Le *topos* de la *felix carcer* intervient alors comme instrument de modélisation symbolique permettant à la mémorialiste de faire sienne l'expérience carcérale, c'est-à-dire à la fois de s'y reconnaître et de s'y inscrire. Il est ainsi révélateur que le thème apparaisse pour la première fois explicitement lors de l'aménagement de la cellule et de son exhaussement progressif en espace domestique :

> Levé à midi, j'examinai comment je m'établirais dans mon nouveau logis ; je couvris d'un linge blanc une petite vilaine table que je plaçai près de ma fenêtre et que je destinai à me servir de bureau [...]. Deux grosses épingles de tête, fichées dans des planches, me servirent de portemanteau. J'avais à ma poche le poème de Thomson, ouvrage que je chéris à plus d'un titre [...]. Je souriais moi-même à mes préparatifs, car il y avait une grande agitation ; le rappel battait à chaque instant, et j'ignorais ce que ce pouvait être[24].

Ce sourire intérieur, reflet de « l'amusement du solitaire », manifeste la joie des retrouvailles avec soi-même par le biais de multiples objets transitionnels, des plus humbles (les épingles, le linge blanc) aux plus nobles (la poésie), autant que l'ironie de leur moment, puisqu'elles ont

---

21 M. Roland, *op. cit.*, p. 70.
22 *Ibid.*, p. 274.
23 *Ibid.*, p. 275.
24 *Ibid.*, p. 72.

lieu alors même que l'exclusion du monde commun semble la plus manifeste.

Il emblématise la manière dont l'auteur travaille le *topos* de la prison heureuse, indiquant notamment combien celui-ci, en mettant à sa disposition des images où se projeter, participe à la préservation de ce qu'elle appelle « l'unité du moi personnel », qui ne correspond nullement à une unité mémorielle ou ontologique mais se rapporte à une cohérence éthique : « c'est-à-dire le plus grand accord entre les opinions et les conduites », accord qui est « nécessaire au bien-être individuel ; il faut donc bien examiner ce qui est juste et, quand il est une fois reconnu, le pratiquer rigoureusement[25] ». La réclusion est donc réélaborée dans la double perspective d'une réalisation et d'une démonstration de cette « unité du moi », c'est-à-dire d'un « rapport de rectitude[26] » entre le for intérieur (« les opinions ») et son incarnation aux yeux de tous (« les conduites »). Tout se passe comme si, chez Mme Roland, le moi ne pouvait s'appartenir pleinement que dans le processus de son exposition. Or cette figuration du sujet qui unit le moi public et le moi privé, qui subsume le second dans le premier pour lui donner sa pleine et véritable mesure, correspond à ce que l'on appelle un *ethos*, qui n'est pas seulement un masque rhétorique ou un rôle stratégique, ce à quoi on le réduit trop souvent, mais un mode d'exposition de soi dans le domaine public, une manière d'être par laquelle le sujet se rend digne d'être vu par le public. Cela n'implique aucune forme de duplicité ni d'arrière-pensée mais bien plutôt une assomption éthique vers l'exemplarité. Dans le cas de Mme Roland, l'*ethos* permet la mise en œuvre de la « vertu pratique » de l'exemple, « qui peut être défini comme la forme parfaite et spectaculaire du devoir[27] », forme à travers laquelle la mémorialiste peut simultanément restaurer une continuité du moi et y fonder son « appel à l'impartiale postérité » (qui est l'autre titre des *Notices*). Cela explique pourquoi l'ensemble du passé, notamment l'inclination pour l'isolement et la retraite mise en exergue par de nombreux souvenirs associés à l'étude ou à la lecture, se réfléchit dans l'expérience carcérale,

---

25 M. Roland, *op. cit.*, p. 395.
26 La formule est empruntée à Frédéric Gros dans sa présentation du cours de Michel Foucault, *L'Herméneutique du sujet*, Paris, Gallimard-Seuil, 2001, p. 505.
27 Hélène Merlin-Kajman, *Public et littérature en France au XVIIe siècle*, Paris, Les Belles Lettres, 1994, p. 65.

l'oriente, l'anticipe et s'y réitère selon une circularité à travers laquelle s'institue une pleine souveraineté du moi : « Sous le tranquille abri du toit paternel, j'étais heureuse dès l'enfance avec des fleurs et des livres : dans l'étroite enceinte d'une prison, au milieu des fers imposés par la tyrannie la plus révoltante, j'oublie l'injustice des hommes, leurs sottises et mes maux avec des livres et des fleurs[28]. »

Force est néanmoins de reconnaître que cette savante orchestration de la *felix carcer*, point d'appui de l'*ethos* mémorial, se déploie quelquefois avec tant d'ostentation que son évaluation en devient problématique ; elle réduit alors la prison à un pur *decorum* rhétorique, au risque de dissoudre le vécu dans le topique :

> Le bonheur tient moins aux choses extérieures qu'à la disposition de l'esprit et aux affections de l'âme. J'employais mon temps d'une manière utile et agréable ; je voyais quelquefois les quatre personnes qui venaient me visiter à l'Abbaye : l'honnête Grandpré que sa place autorisait à venir, et qui m'amenait une femme intéressante ; le fidèle Bosc, qui m'apportait des fleurs du Jardin des Plantes, dont la forme aimable, les couleurs brillantes et les doux parfums embellissaient mon austère réduit ; le sensible Champagneux, qui m'engageait si vivement à prendre la plume pour continuer les *Notices historiques* que j'avais commencées : ce que je fis à sa prière, abandonnant pour quelques temps mon Tacite et mon Plutarque, dont je nourrissais mes après-dîner[29].

La concentration de lieux communs est telle que rien d'authentique ne semble habiter une écriture dont la splendeur évapore la réalité carcérale dans le parfum des fleurs de rhétorique et étouffe les affects dans une harmonie un peu poseuse.

Peut-être ne faut-il toutefois pas en rester à la distance qu'un tableau de ce type semble établir avec l'expérience qu'il dépeint, mais le comprendre à la lumière de ce qu'il refoule spectaculairement et qui faille cet *ethos* où s'articulent sans rupture les « vertus privées et les mérites publics[30] » pour laisser apparaître un rapport à soi moins assuré :

> Je n'ambitionnais que de conserver mon âme pure et de voir la gloire de mon mari intacte [...]. Mon vœu est rempli : Roland persécuté, proscrit, ne mourra point dans la postérité ; je suis prisonnière, et je périrai probablement victime ; ma conscience me tient lieu de tout. Il m'arrivera comme à Salomon, qui ne

---

28 M. Roland, *op. cit.*, p. 312.
29 *Ibid.*, p. 277.
30 Georges Benrekassa, « Le sein blessé de Clorinde », *Littérature*, n° 69, 1988, p. 63.

demandait que la sagesse et qui eut d'autres biens ; je ne voulais que la paix des justes ; et *moi aussi* j'aurai quelque existence dans la génération future[31].

Le passage s'essaye toujours à conjuguer la transparence intérieure et la projection glorieuse, l'effacement et le renom, mais sur le mode cette fois disjonctif d'un « *moi aussi* » cristallisant l'énergie passionnelle qui anime souterrainement le récit. Toute la force du bouillant *pathos* que l'écriture réprime surgit là, dans une sorte de cri étouffé d'affirmation poussé par un sujet qui, au seuil de la mort, éprouve et conjure sa précarité face à l'Histoire.

Si l'on veut bien considérer que la mobilisation de *topoï* possède pour vocation de réguler cette véhémence de la sensibilité, alors ces *topoï* ne manifestent aucune inauthenticité mais témoignent plutôt de l'effort de la mémorialiste pour s'arracher à la vulnérabilité dont elle fait l'épreuve. Envisagée ainsi, l'écriture n'a pas seulement pour fonction de modéliser l'expérience afin d'en instruire la compréhension *a posteriori* ; elle vise, plus profondément, à en gouverner l'accomplissement. Le récit témoigne en effet, de la part de la mémorialiste, d'une relation à soi soutenue par ce que Michel Foucault appelle le « souci de soi », une entreprise de façonnement du sujet par lui-même, dont on retrouve dans les *Mémoires* les deux modèles, l'un « juridico-politique », qui appelle à « être souverain sur soi-même », l'autre, lié à la « jouissance possessive », qui induit de « trouver en soi toute sa volupté[32] ». De ce « souci de soi », qui s'origine dans la philosophie antique mais qui a été, au XVIIIe siècle, puissamment remotivé par Rousseau, la description de l'entrée à l'Abbaye offre une représentation exemplaire :

> Me voilà donc en prison, me dis-je. Ici, je m'assieds et me recueille profondément. Je ne donnerais pas les moments qui suivirent pour ceux que d'autres estimeraient les plus doux de ma vie. [...] Jusque-là poussée par les événements, mes actions, dans cette crise, avaient été le résultat d'un vif sentiment qui entraîne : quelle douceur que d'en justifier tous les effets par la raison ! Je rappelai le passé, je calculai les événements futurs ; et si je trouvai, en écoutant ce cœur sensible, quelque affection trop puissante, je n'en découvris pas une [...] qui ne servît d'aliment à mon courage [...]. Je me consacrai pour ainsi dire volontairement à ma destinée [...] ; je défiai ses rigueurs, et m'établis dans cette disposition où l'on ne cherche plus que le bon emploi du présent, sans inquiétude ultérieure[33].

---

31 M. Roland, *op. cit.*, p. 424.
32 Michel Foucault, *L'Herméneutique du sujet*, *op. cit.*, p. 476.
33 M. Roland, *op. cit.*, p. 65.

Le mélange, si propre à Mme Roland, d'une extrême théâtralisation du discours, d'une puissante exigence éthique et d'une intense affectivité ne prend sens ici qu'à travers le mouvement d'une conversion à soi : la prise de conscience de l'enfermement conduit spontanément à un recueillement dramatisé par le présent de narration, avant que le « je » ne rentre intégralement en lui-même, dans le moment d'une crise qui affermit son jugement, dessine avec netteté les contours de son être et lui fait trouver « en lui-même une satisfaction qui n'a besoin de rien d'autre que lui-même[34] », le tout selon un processus que le texte semble rejouer en le décrivant.

La plongée en soi est ainsi intégralement soumise à une démarche éthique, celle de la coïncidence avec sa propre nature, immuable et sans mystère, dont les événements et les affects peuvent nous écarter mais qu'ils ne sauraient effacer. Les *Mémoires* ne sont donc pas dans cette perspective une entreprise de connaissance de soi, au sens de l'exploration d'une intériorité obscure à elle-même et en quête de sa propre vérité. Ils sont bien davantage le lieu d'une entéléchie, de l'intensification d'un rapport à soi dont l'enjeu n'est pas d'en prendre la mesure mais d'en contenir la force : « j'ai besoin de me posséder, parce que j'ai l'habitude de me régir[35] » écrit la mémorialiste en une superbe formule où la ferme majesté de la syntaxe, qui enracine la relation qu'elle décrit dans le pli d'un parallélisme et l'élan d'une gradation (marqué par le passage d'un octosyllabe à un alexandrin), maintient en réserve la tension entre l'objectivation de soi par la pratique d'une discipline et l'insondable nécessité intérieure qui la fonde.

Cette discipline se soutient d'un ensemble de préceptes et de techniques assez connus relevant de l'*exercitatio* (à travers la pratique du dessin ou de la musique) ou de la *meditatio* (par le biais de la lecture). Faute de pouvoir nous livrer à leur analyse détaillée, nous nous bornerons à évoquer le plus singulier de ces exercices, celui ayant pour objet le contrôle des représentations mentales par la technique dite de la *revocatio*. Jean-François Perrin a montré comment Rousseau avait réactualisé cette technique dans ses écrits autobiographiques en l'enrichissant des pouvoirs de l'imagination, à travers un ensemble de pratiques où se conjuguent le bonheur de la réminiscence, la projection expansive de

---

34 *Ibid.*, p. 178.
35 M. Roland, *op. cit.*, p. 272.

soi dans le mouvement de la nature et la création de fiction mentale[36]. Sur ce point, l'influence rousseauiste sur Mme Roland semble avoir la force de l'évidence, comme en témoigne la première évasion intérieure décrite par la mémorialiste : « Je donne carrière à mon imagination ; j'appelle les impressions douées, les souvenirs agréables, les sentiments heureux : plus d'efforts, plus de calculs, plus de raison ; tout à la nature et, paisible comme elle, je souffre sans impatience ou me repose et m'égaye[37]. » La prison ouvre à la rêverie, dont on retrouve ici les grands traits : la mobilisation de l'imagination comme puissance de rappel à soi des affects, la « désactivation des facultés » de l'entendement et l'épuisement de la sensibilité dans un abandon passif au flux de l'être.

Sans vouloir rabattre intégralement les *Mémoires* sur le processus de la *revocatio*, on peut toutefois noter que l'acte d'écriture trouve son origine dans un pli de mémoire et d'imagination qui s'en approche, évoqué à l'orée des *Mémoires particuliers* :

> Je me propose d'employer les loisirs de ma captivité à retracer ce qui m'est personnel depuis ma tendre enfance jusqu'à ce moment ; c'est vivre une seconde fois que de revenir ainsi sur tous les pas de sa carrière, et qu'a-t-on de mieux à faire en prison que de transporter ailleurs son existence par une heureuse fiction ou par des souvenirs intéressants[38].

L'alternative entre les fictions et les souvenirs instaure entre les deux un rapport d'équivalence et prend acte, de manière assez clairement rousseauiste, d'un redoublement de soi qui est aussi la donation d'un « ailleurs » et au sein duquel la remémoration se nimbe d'imaginaire. Les *Mémoires* dessinent alors une scène intérieure dont la contemplation semble à certains moments importer davantage que l'édification d'une image de soi pour la postérité.

Mais l'essentiel tient à ce que, dans cette logique, l'écriture devient à elle-même sa propre fin, sans enjeu autre que la création d'un rapport à soi envisagé simultanément comme une coïncidence et un détachement : « Je vais faire des *Mémoires* ; et, m'accommodant avec prudence à ma propre faiblesse dans un moment où je suis péniblement affecté,

---

36 Jean-François Perrin, « L'art d'oublier : une conversion à soi », *Rousseau. Le chemin de ronde*, Paris, Hermann, 2014, p. 271-320.
37 M. Roland, *op. cit.*, p. 73.
38 *Ibid.*, p. 306.

je vais m'entretenir de moi pour mieux m'en distraire[39]. » La phrase indique que, davantage peut-être que du passé lui-même, c'est de l'activité d'écriture et de l'intensité de la relation à soi qui s'y met en place que la mémorialiste tire la vigueur et l'extraordinaire allégresse qui irriguent chaque page des *Mémoires particuliers*. Par effet de contraste, cette jouissance scripturale est particulièrement sensible dans les dernières et poignantes lignes du récit, lorsque la remémoration s'accélère et se brise dans le désespoir de ne pouvoir être dite :

> Il y en aurait pourtant de jolies [choses] à dire sur les bals de l'allée des Voleurs, sur les courses de d'Artois, sur les folies de Seguin, caissier du duc d'Orléans dont on célébrait la fête (de Seguin) par des illuminations et qui fit banqueroute peu après ; et les agréables promenades du bois, et la belle vue du haut du parc de la Marne, pour laquelle nous franchissions une brèche du mur [...] et ces concerts boiteux d'après souper, où, sur la table qu'on venait de desservir, des étuis de manchons servaient de pupitre au bon chanoine Bareux en lunettes, faisant ronfler sa basse tandis que j'égratignais un violon, et tandis que mon oncle détonait sur la flûte. Ah ! j'y reviendrai, sur ces douces scènes, si l'on me laisse vivre[40].

Il y a là, dans une flambée de mémoire et d'affect, le regret d'une adhésion à soi qui était une offrande que l'écriture faisait à la prisonnière, parce que cette écriture se présentait comme une reconquête de la vie enfin libérée de la volonté, l'abandon à un « loisir » volubile et irrésolu qui était une aventureuse expansion intérieure. La logique de cet « amusement » est incidemment manifestée au détour d'un passage où la mémorialiste justifie l'acte d'écriture par la nécessité de répondre à ses accusateurs :

> Au lieu de passer aujourd'hui mon temps à détruire le mensonge, je lirais un chapitre de Montaigne, je dessinerais une fleur ou jouerais une ariette, et j'adoucirais la solitude de ma prison, sans m'appliquer à faire ma confession. Mais j'anticipe sur un temps auquel je n'étais pas encore arrivée ; je le remarque sans gêne, comme je l'ai fait sans scrupule ; puisque c'est moi qu'il s'agit de peindre, il faut qu'on me voie avec mes irrégularités. Je ne commande pas ma plume, elle m'entraîne où il lui plaît et je la laisse aller[41].

L'ironie qui parcourt le texte, comme le masque du pastiche qu'il emprunte, atténuent l'audace du geste qu'il formule, celui d'un lâcher

---
39 M. Roland, *op. cit.*, p. 307.
40 *Ibid.*, p. 505 *sq.*
41 *Ibid.*, p. 468.

prise où la stricte discipline éthique fléchit soudainement pour consentir à son dessaisissement. La mémorialiste, passant de la confession orientée à l'autoportrait capricieux, accepte le risque d'un rapport à soi décentré, qui ne serait plus seulement l'attestation sans cesse réaffirmée d'une unité, mais qui s'abandonne aux mouvements aveugles de l'intériorité et aux surprises de l'altérité qu'elle recèle. L'écriture alors, pour reprendre une formule de Roland Barthes, devient « le produit d'une poussée, non d'une intention[42] », une poussée à l'origine de la « jouissance » qu'évoque la citation donnée en titre[43] et qui transforme l'écriture en une expérience sensible où se laisse entendre « le vibrato intérieur secret[44] » de la mémorialiste. Mais le souci d'objectivation presque statuaire de soi-même qui gouverne la démarche autobiographique n'entrave pas cette expérience, il la rend au contraire possible. Ainsi, en dépit de dissensions qu'elle laisse percevoir, des élans contraires ou des ambitions opposées qui semblent l'animer, c'est au fond un seul et même mouvement qui traverse l'écriture et qui, simultanément, porte vers le dehors et ramène à soi, permet de s'arracher au vécu immédiat et d'en intensifier le ressenti, d'accomplir exemplairement son devoir et de jouir, presque charnellement, d'un abandon intérieur.

Cyril FRANCES
Université de Lyon – Lyon 3

---

42 Roland Barthes, *Le Degré zéro de l'écriture*, Paris, Points-Seuil, 1972 [1953], p. 12.
43 Une citation issue de la correspondance et non des *Mémoires* : Lettre à Buzot du 22 juin 1793 (*Lettres de Madame Roland*, 1780-1793, t. 2, Paris, Imprimerie nationale, 1900-1902, p. 484).
44 G. Benrekassa, *op. cit.*, p. 66.

BIBLIOGRAPHIE

SOURCES

ALEMANY, Véronique et LESAULNIER, Jean (éd.), *Constitutions du monastère de Port-Royal du Saint-Sacrement* [1665], Paris, Nolin, 2004.
ARNAULD, Angélique, *Œuvres complètes*, t. 1, 3 vol., éd. J. Lesaulnier, F. Pouge-Bellais, A.-C. Volongo, Paris, Garnier, 2020.
ARNAULD, Angélique, *Relation*, éd. J. Lesaulnier, *Chroniques de Port-Royal*, n° 41, 1992.
ARNAULD D'ANDILLY, Angélique de Saint-Jean, *Lettres*, Bibliothèque de Port-Royal à Paris (LT 88/93 ms).
ARNAULD D'ANDILLY, Angélique de Saint-Jean, *Relation de captivité*, éd. L. Cognet, Paris, NRF, Gallimard, 1954. Réédition par S. Lapaque aux éditions de La Table Ronde (2005).
AUGUSTIN D'HIPPONE (Saint), *Confessions*, trad. Pierre de Labriolle, Paris, Les Belles Lettres, 1989.
AUGUSTIN D'HIPPONE (Saint), *La Cité de Dieu*, Paris, Seuil, 1994, t. 2.
AVILA, Thérèse d', « Le Livre de la Vie », *Œuvres très complètes de sainte Thérèse*, vol. 1, Paris, Chez J. P. Migne, 1840.
BEAUMARCHAIS, Pierre-Augustin Caron de, *Œuvres complètes de Pierre-Augustin Caron de Beaumarchais*, éd. Gudin de La Brenellerie, Paris, L. Colin, 1809, t. III.
BEAUMARCHAIS, Pierre-Augustin Caron de, *Requête à MM. les Représentants de la Commune de Paris, Œuvres complètes de Beaumarchais*, éd. Fournier, Paris, Laplace, Sanchez et Cie, 1876.
BEAUMARCHAIS, Pierre-Augustin Caron de, *Œuvres complètes de Beaumarchais*, éd. Pierre Larthomas avec la collaboration de Jacqueline Larthomas, Paris, Gallimard, « Bibliothèque de la Pléiade », 1988.
BLANCHARD, Claude, *Journal de campagne de Claude Blanchard, commissaire des guerres principal au corps auxiliaire français sous le commandement du lieutenant général comte de Rochambeau*, Paris, Librairie Militaire de J. Dumaine, L. Baudouin et successeurs, 1881.

Bourignon, Antoinette, *L'Appel de Dieu et le refus des hommes, Œuvres complètes*, vol. 3, Amsterdam, Jean Riewerts et Pierre Arents, 1682.

Bourignon, Antoinette, *Avis et instructions salutaires, Œuvres complètes*, vol. 19, Amsterdam, Pierre Arents, 1684.

Bourignon, Antoinette, *La Lumière née en ténèbres, Œuvres complètes*, vol. 4, I, Amsterdam, Pierre Arents, 1699.

Bourignon, Antoinette, « La parole de Dieu ou la vie intérieure de Dm^{lle} Antoinette Bourignon depuis l'an 1634 jusqu'à l'an 1663 où ses entretiens spirituels avec Dieu et les desseins de Dieu sur elle et par elle, sont décrits par elle-même, et publiés par les âmes de bonne volonté, après sa mort », *La Vie de Dm^{lle} Antoinette Bourignon*, t. I, II, Amsterdam, Jean Riewerts et Pierre Arents, 1683.

Bourignon, Antoinette, *Le Témoignage de Vérité, Œuvres complètes*, vol. 13, II, Amsterdam, Pierre Arents, 1683.

Bourignon Antoinette, *Le Tombeau de la fausse théologie, Œuvres complètes*, vol. 5, Amsterdam, Pierre Arents, 1679.

Bourignon, Antoinette, « La Vie extérieure de Dam^{lle} Antoinette Bourignon écrite par elle-même », *La Vie de Dm^{lle} Antoinette Bourignon*, t. I, II, Amsterdam, Jean Riewerts et Pierre Arents, 1683.

Castries, Scipion de, *Souvenirs maritimes*, éd. Gérard de Colbert-Turgis, Paris, France, Mercure de France, 2005.

Charlus, *Journal de mon Voyage en Amérique*, manuscrit de 113 pages, AN/MAR/B4/183.

Chateaubriand, François René de, *Mémoires d'Outre-tombe*, Paris, Gallimard, « Bibliothèque de la Pléiade », 1951.

Descartes, René, *Méditations métaphysiques, Œuvres complètes* IV, t. I et II, Paris, Gallimard, « Tel Gallimard », 2018.

Descartes, René, *Œuvres de Descartes*, éd. Charles Adam et Paul Tannery, Léopold Cerf, 1907.

Descartes, René, *Œuvres et Lettres*, Paris, Gallimard « Bibliothèque de la Pléiade », 1953.

Deux Ponts, Guillaume de, *Mes campagnes d'Amérique*, Boston, J. K. Wiggin et WM Parsons Lunt, 1868.

Divers actes, lettres et relations des religieuses de Port-Royal, touchant la persécution et les violences qui leur ont été faites au sujet de la signature du Formulaire [1723-1724] [s. l.], [s. n.].

Dumas, comte de, *Souvenirs du Lieutenant Général comte Mathieu Dumas de 1770 à 1836, publiés par son fils*, Paris, Charles Gosselin, 1889, t. 1.

Escragnolle, Françoise de Robert d', lettres provenant du Fonds Robert d'Escragnolle, Archives départementales des Alpes-Maritimes (ADAM), 1750-1774.

FONTAINE, Nicolas, *Mémoires ou histoire des Solitaires de Port-Royal*, éd. P. Thouvenin, Paris, Champion, 2001.
KLEIST, Heinrich von, *La Bataille de Hermann*, 1808.
LA HARPE, Jean-François de, *Lycée ou cours de littérature ancienne et moderne* [1798-1804], Paris, Depelafol, 1825. [« Beaumarchais », t. XI, chap. 5, Sect. 9].
Lettres de la révérende mère Marie-Angélique Arnauld, abbesse et réformatrice de Port-Royal, Utrecht, 1742-1744, 3 vol., 1644, t. 1.
MALEBRANCHE, Nicolas, *De la recherche de la vérité*, éd. Geneviève Rodis-Lewis, Paris, Gallimard « Bibliothèque de la Pléiade », 1979.
MALEBRANCHE, Nicolas, *Recherche de la vérité*, éd. J.-Chr. Bardout, Paris, Vrin, 2006.
Mémoires pour servir à l'histoire de Port-Royal et à la vie de la révérende mère Marie-Angélique de Sainte-Madeleine Arnauld [...], Utrecht, Aux dépens de la Compagnie, 1742, 3 vol.
MONLUC, Blaise de, *Commentaires*, éd. Paul Courteault, Paris, Gallimard, « Bibliothèque de la Pléiade », 1964.
MONTAIGNE, Michel de, *Les Essais*, éd. Jean Balsamo, Michel Magnien et Catherine Magnien-Simonin, Paris, Gallimard, « Bibliothèque de la Pléiade », 2007.
MONTAIGNE, Michel de, *Journal d'un voyage en Italie par la Suisse et l'Allemagne*, Paris, Gallimard, « Bibliothèque de la Pléiade », 1962.
OEXMELIN (parfois orthographié EXQUEMELIN), Alexandre-Olivier, *Histoire des Aventuriers qui se sont signalés dans les Indes contenant ce qu'ils ont fait de plus remarquable depuis vingt années*, Paris, J. Le Febvre, 1686, 2 vol.
OEXMELIN, Alexandre-Olivier, *Les Flibustiers du Nouveau Monde, Histoire des flibustiers et boucaniers qui se sont illustrés dans les Indes*, Paris, Phébus, 1996 ; édition originale en néerlandais *De Americaensche Zee-Roovers*, Amsterdam, Jan Ten Hoorn, 1678.
PINDANSAT DE MAIROBERT, *L'Espion Anglois ou Correspondance Secrète entre Milord All'Eye & All'Ear*, Londres, John Adamson, 1784, t. 8.
POIRET Pierre, *La Vie de Dm^{lle} Antoinette Bourignon*, vol. 1, II, Amsterdam, Jean Riewerts et Pierre Arents, 1683.
PRUNIS, Joseph, « Préface de Joseph Prunis à son projet d'édition (1772) », François Rigolot (éd.), *Journal de voyage de Michel de Montaigne*, Paris, PUF, 1992, p. 301-306, reproduction des *folios* 20-25 du Recueil Prunis-Leydet (BN, ms. Périgord 106).
QUERLON, Meusnier de (éd.), *Journal de voyage de Montaigne en Italie, par la Suisse & l'Allemagne en 1580 et 1581*, Paris, Chez le Jay, 1774.
RAVENEAU DE LUSSAN, Jean, *Journal d'un voyage fait à la Mer du Sud avec les flibustiers de l'Amérique (depuis le 22 novembre 1684 jusqu'en janvier 1688)*, Paris, Jean Baptiste Coignard, 1689.

RAVENEAU DE LUSSAN, Jean, *Journal du voyage fait à la Mer du Sud avec les flibustiers de l'Amérique en 1684 et années suivantes*, Paris, J. Le Febvre, 1699.
RAVENEAU DE LUSSAN, Jean, *Les Flibustiers de la mer du Sud*, édition critique, notes et préface de Patrick Villiers, Paris, France Empire, 1993.
RIGOLOT, François (éd.), *Journal de voyage de Michel de Montaigne*, Paris, PUF, 1992.
ROBIN, Charles César, *Nouveau voyage dans l'Amérique Septentrionale en l'année 1781 ; et campagne de l'armée de M. le Comte de Rochambeau*, Philadelphie & Paris, Moutard, 1782.
ROLAND, Manon, *Mémoires*, éd. Paul de Roux, Paris, Mercure de France, « Le Temps retrouvé », 1986 [1966].
ROUSSEAU, Jean-Jacques, *Du Contrat social, ou Principes du droit politique*, OC, t. III, Paris, Gallimard « Bibliothèque de la Pléiade », 1964.
ROUSSEAU, Jean-Jacques, *Les Confessions* [1813 pour la première édition intégrale], éd. Alain Grosrichard, GF Flammarion, 2002, 2 vol.
ROUSSEAU, Jean-Jacques, *Écrits sur l'abbé de Saint-Pierre*, éd. Denis de Casabianca, *Œuvres complètes*, éd. J. Berchtold, F. Jacob, C. Martin, Y. Séité, Paris, Classiques Garnier, 2018, t. VIII.
ROUSSEAU, Jean-Jacques, *Œuvres complètes*, éd. Bernard Gagnebin et Marcel Raymond, Paris, Gallimard, « Bibliothèque de la Pléiade », t. I-IV, 1959.
SABRAN, comtesse de, *Correspondance inédite de la comtesse de Sabran et du chevalier de Boufflers (1778-1788)*, éd. E. de Magnieu et H. Prat, Paris, Plon, 1875.
SADE, Donatien Alphonse François, *Lettres à sa femme*, éd. Marc Buffat, Arles, Actes Sud, 1997.
SADE, Donatien Alphonse François, *Correspondance*, éd. Alice Laborde, t. XVIII, Genève, Slatkine, 2007.
SADE, Donatien Alphonse François, *Œuvres*, I, éd. Michel Delon, Paris, Gallimard, « Bibliothèque de la Pléiade », 1990.
SAINTE THÉRÈSE DE LISIEUX, *Histoire d'une âme*, Paris, Éditions Emmanuel, 2015.
SAINT-SIMON, *Mémoires*, éd. Yves Coirault, Paris, Gallimard, « Bibliothèque de la Pléiade », 1983-1988, 8 vol.
SOREL, Charles, *Bibliothèque française*, Paris, par la Compagnie des Libraires du Palais, 1664.
STAËL, Germaine de, *Dix années d'exil* [1820], Paris, Fayard, 1996.
TALLEYRAND, *Mémoires et correspondance*, éd. Emmanuel de Waresquiel, Paris, Robert Laffont, 2007.
TAVERNIER, Jean-Baptiste, *Les six Voyages de Jean-Baptiste Tavernier, écuyer baron d'Aubonne, qu'il a fait en Turquie, en Perse et aux Indes, pendant l'espace de quarante ans, & par toutes les routes que l'on peut tenir : accompagnez d'observations*

particulières sur la qualité, la religion, le gouvernement, les coutumes & le commerce de chaque païs [...], Paris, G. Clouzier et C. Barbin, 1676, 2 vol.

VOLTAIRE, *Lettres philosophiques, Mélanges*, texte établi et annoté par Van Den Heuvel, Jacques, Paris, Gallimard, 1961.

LITTÉRATURE CRITIQUE

ANDRIES, Lise, « Récits de survie : les mémoires d'autodéfense pendant l'an II et l'an III », *La Carmagnole des Muses. L'homme de lettres et l'artiste dans la Révolution*, J.-C. Bonnet (éd.), Paris, Armand Colin, « 1789-1989 », 1988, p. 261-275.

ANTOINE-MAHUT, Delphine (éd.), *Les Malebranchismes des Lumières*, Paris, Champion, 2014.

ARENDT, Hannah, *La Tradition cachée. Le Juif comme paria*, traduction de S. Courtine-Denamy, Paris, Essais Payot, 2019.

ARTIÈRES, Philippe, LAÉ, Jean-François, *Archives personnelles. Histoire, anthropologie et sociologie*, Paris, Armand Colin, 2011.

ARTIÈRES, Philippe, LAÉ, Jean-François, *Lettres perdues. Écritures, amour et solitude*, Paris, Hachette, 2003.

ATKINSON, Geoffroy, *Les Relations de voyages du XVIIe et l'évolution des idées. Contribution à l'étude de la formation de l'esprit au XVIIIe*, Genève, Slatkine Reprints, 1972 (réimpression 2010).

AUDI, Paul, *Rousseau : une philosophie de l'âme*, Lagrasse, Verdier, 2008.

BARDET, Jean-Pierre, RUGGIU, François-Joseph (éd.), *Les Écrits du for privé en France, de la fin du Moyen Âge à 1914*, Paris, CTHS, 2014.

BARDET, Jean-Pierre, RUGGIU, François-Joseph (éd.), *Au plus près du secret des cœurs ? Nouvelles lectures historiques des écrits du for privé en Europe du XVIIe au XVIIIe siècle*, Paris, PUPS, 2005.

BARDET, Jean-Pierre, ARNOUL, Élisabeth et RUGGIU, François-Joseph, *Les Écrits du for privé en Europe du Moyen Âge à l'époque contemporaine. Enquêtes, Analyses, Publications*, Pessac, Presses Universitaires de Bordeaux, 2010.

BARDOUT, Jean-Christophe, « Ce je pense par où il fallait finir. Une lecture rousseauiste du cogito ? », *Cahiers de philosophie de l'université de Caen*, n° 50, 31 décembre 2013, p. 55-79.

BARDOUT, Jean-Christophe, « Quelques remarques sur le malebranchisme en France au siècle des Lumières », *Les Malebranchismes des Lumières*, Antoine-Mahut, Delphine (éd.), Paris, Champion, 2014, p. 11-38.

BARNY, Roger, « La première Promenade de Jean-Jacques Rousseau : du style argumentatif à la prose lyrique », Vincent-Munnia, Nathalie, Simone Bernard-Griffiths et Robert Pickering (éd.) *Aux Origines du poème en prose français (1750-1850)*, (Centre de Recherches Révolutionnaires et Romantiques, Clermont-Ferrand), Paris, Champion, 2003, p. 261-273.

BARRAS, Vincent, RIEDER, Philip, « Corps et subjectivité à l'époque moderne », *Dix-huitième siècle*, n° 37, 2005.

BARTHES, Roland, *Le Degré zéro de l'écriture*, Paris, Points-Seuil, 1972 [1953].

BAUCHER, Bérengère, *L'art de former un homme : les figures de l'exemple dans l'œuvre de Jean-Jacques Rousseau, du premier Discours aux Confessions* (thèse soutenue le 22 septembre 2014, non publiée).

BEAUMONT, Élie, *Obèse et impuissant. Le dossier médical d'Élie de Beaumont (1765-1776)*, textes établis et présentés par Daniel Teysseire, Grenoble, Jérôme Millon, 1995.

BEAUVALET, Scarlett, LUCIANI, Isabelle, « Le corps dans les écrits du for privé », Bardet, Jean-Pierre et Ruggiu, François-Joseph (éd.), *Les Écrits du for privé en France, de la fin du Moyen Âge à 1914*, Paris, CTHS, 2014.

BEAUVERD, Jean, « Problématique de l'intime », *Intime, intimité, intimisme*, Société des études romantiques, Université de Lille III, Éditions Universitaires, 1976, p. 15-46.

BENREKASSA, Georges, « Le sein blessé de Clorinde », *Littérature*, n° 69, 1988, p. 58-71.

BERCHTOLD, Jacques, HABIB, Claude (éd.), *Les Confessions : se dire, tout dire*, Paris, Classiques Garnier, 2015.

BERCHTOLD, Jacques, « Les *Confessions* de Saint-Augustin et celles de Rousseau », Berchtold, Jacques, Habib, Claude, *Les Confessions : se dire, tout dire*, Paris, Classiques Garnier, 2015, p. 19-31.

BERCHTOLD, Jacques, « J.-J. Rousseau et la paix des Lumières », *Genève et la paix. Actes et enjeux. Trois siècles d'histoire*, Actes du colloque du palais de l'Athénée de novembre 2001, éd. Roger Durand, Genève, Association « Genève : un lieu pour la paix », 2005, p. 35-50.

BERCHTOLD, Jacques, « Rousseau, Kant et le projet de paix perpétuelle des Lumières », *Guerre et Paix*, éd. J. Berchtold, N. Ducimetière, P. Hazan, C. Imperiali, Gallimard, 2019, p. 226-233.

BERCHTOLD, Jacques, « *Vitam impendere vero*. Dépense, dette et dédommagement : autour de la devise de Rousseau », *Europe*, 930, 84ᵉ année (n. *J.-J. Rousseau*, éd. Michel Delon), oct. 2006, p. 141-160.

BERCHTOLD, Jacques, « Rousseau : un recours iconoclaste à l'histoire », *Les philosophes et l'histoire au XVIIIᵉ siècle*, éd. Muriel Brot, Paris, Hermann, 2011, p. 150-163.

BERCHTOLD, Jacques, « La musique des murailles. Rousseau visiteur de Vauban », *Annales de la Société J.-J. Rousseau*, 48, 2008, p. 23-34.

BERCHTOLD, Jacques, « Jean Guéhenno lecteur de Rousseau », *Jean Guéhenno : guerres et paix*, éd. Jeanyves Guérin [*et al.*], Lille-Villeneuve d'Ascq, Presses Universitaires du Septentrion, 2009, p. 165-180.

BERCHTOLD, Jacques, « *Rousseau und Gessner. Die Pastorale der Ursprünge, und der Ursprung des Bösen* », *Rousseaus Ursprungserzählungen*, éd. Pascal Delhom et Alfred Hirsch, Padeborn, Wilhelm Fink, 2012, p. 175-192.

BLOCH, Marc, *Apologie pour l'histoire ou Métier d'historien*, nouvelle édition, Paris, Armand Colin, 1997.

BOSSIS, Mireille, A. PORTER, Charles (éd.), *L'Épistolarité à travers les siècles : geste de communication et/ou d'écriture*, colloque organisé par le Centre culturel international de Cerisy La Salle, France, Stuttgart, éd. F. Steiner, 1990.

BOSSIS, Mireille, « La place nécessaire de l'épistolaire dans les écrits du for privé », *Au plus près du secret des cœurs ? Nouvelles lectures historiques des écrits du for privé en Europe du XVIIe au XVIIIe siècle*, Bardet, Jean-Pierre, Ruggiu, François-Joseph (éd.), Paris, PUPS, 2005, p. 73-77.

BRAY, Bernard, STROSETZKI, Christoph (éd.), *Art de la lettre, art de la conversation à l'époque classique en France*, actes du colloque de Wolfenbüttel (octobre 1991), Klinsieck, 1995.

BRIOT, Frédéric, *Usage du monde, usage de soi. Enquête sur les mémorialistes d'Ancien Régime*, Paris, Seuil, 1994.

BRISSOT, Jacques Pierre, *Nouveau voyage dans les États-Unis de l'Amérique septentrionale, fait en 1788*, Paris, Buisson, 3 vol.

CAGNAT, Constance, « Port-Royal et l'autobiographie », *CAIEF*, n° 49, 1997, p. 223-242.

CALAS, Frédéric, « Le désir de dialogue : examen du dispositif énonciatif des *Lettres portugaises* de Guilleragues », *Littératures classiques*, 2010, 1, n° 71, p. 175-186.

CARR, Thomas M. Jr, *Voix des abbesses du Grand Siècle. La prédication au féminin à Port-Royal*, Tübingen, G. Narr, 2006.

CARRIER, Hubert, « Sincérité et création littéraire dans les *Mémoires* du cardinal de Retz », XVIIe siècle, n°s 94-95, 1971, p. 39-74.

CASTRIES, René de, « Dans l'armée de La Fayette : souvenirs inédits du comte de Charlus », *Revue de Paris*, n° 64, juillet 1957, p. 94-110.

CAVAILLÉ, Jean-Pierre, « Les écritures carcérales de Tommaso Campanella et Giambattista Marino », *Les Cahiers du Centre de Recherches Historiques* [En ligne], 39 | 2007.

CASTAN, Yves, « Politique et vie privée », *Histoire de la vie privée*, Georges Duby, Philippe Ariès (éd.), Paris, Points-Seuil, 1999, t. 3, p. 31-72.

CHAMPY, Flora, « *Rousseau's Rome and Political Pragmatism* », *Antiquity and Enlightenment Culture. New Approaches and Perspectives*, Felicity Loughlin, Alexander Johnston (éd.), Brill, 2020, p. 219-240.

CHARBONNEAU, Frédéric, *Les Silences de l'histoire, les Mémoires français du XVIIe siècle*, Hermann, 2016.

CHARBONNEAU, Frédéric, *Mémorialistes français du siècle de Louis XV : bibliographie*, Québec, Les Presses de l'Université de Laval, Cahiers du CIERL, n° 12, 2011.

CHARRAK, André, « Descartes et Rousseau », A. Charrak, J. Salem, *Rousseau et la philosophie*, Paris, Publications de la Sorbonne, 2004, p. 19-30.

CHARRAK, André, *Rousseau De l'empirisme à l'expérience*, Paris Vrin, 2013.

CHEVALLIER, Marjolaine, *Pierre Poiret (1646-1719) : du protestantisme à la mystique*, Genève, Labor et Fides, 1993.

CHIANTARETTO, Jean-François, « Trouver en soi la force d'exister : un enjeu d'écriture », *Vie sociale*, 2015, 1, n° 9, p. 45-51.

CHIANTARETTO, Jean-François, CLANCIER, Anne, ROCHE, Anne (eds), *Autobiographie, journal intime et psychanalyse*, Paris, Economica-Anthropos, 2005.

COL, Norbert, *Écritures de soi*, L'Harmattan, 2007.

COHN, Dorrit, *Le Propre de la fiction*, Paris, Seuil, 2001.

COIRAULT, Yves, « Autobiographie et Mémoires (XVIIe-XVIIIe siècles) ou existence et naissance de l'autobiographie », *R.H.L.F.*, n° 6, 1975, p. 937-953.

CONESA, Gabriel, *La Trilogie de Beaumarchais*, Paris, PUF, 1985.

CORBIN, Alain, *Le Territoire du vide, L'Occident et le désir du rivage*, Paris, Flammarion, « Champs Histoire », 1990.

COTTRET, Bernard (éd.), Jacques Fontaine, *Persécutés pour leur foi, Mémoires d'une famille huguenote (1722)*, Paris, Les Éditions de Paris, 2003.

COUDREUSE, Anne, SIMONET-TENANT, Françoise (éd.), *Itinéraires, Littérature, Textes, Cultures*, « Pour une histoire de l'intime et de ses variations », Paris, L'Harmattan, 2009.

COUDREUSE, Anne, SIMONET-TENANT, Françoise (éd.), *Itinéraires – Littérature, Textes, Cultures*, « Les Mémoires, une question de genre ? », Paris, L'Harmattan, 2011.

COUDREUSE, Anne, « Les mémoires de Mme Roland : être femme dans la tourmente de l'Histoire », *Itinéraires*, « Les Mémoires, une question de genre ? », 2011-1, p. 29-43.

COUDREUSE, Anne, « La médiatisation de la vie privée dans les *Mémoires* de la Révolution », *La Médiatisation de la vie privée*, Agnès Walch (éd.), Artois Presses université, 2012, p. 79-95.

COULET, Henri, « La notion de caractère dans l'œuvre de Beaumarchais », *Revue de l'université de Moncton*, n° 11, 1978, p. 21-32.

COURCELLES, Dominique de, *Thérèse d'Avila : femme d'écriture et de pouvoir dans l'Espagne du Siècle d'Or*, Grenoble, Éditions Jérôme Millon, 1993.
COUSSON, Agnès, *L'Écriture de soi. Lettres et récits autobiographiques des religieuses de Port-Royal. Angélique et Agnès Arnauld – Angélique Saint-Jean Arnauld d'Andilly – Jacqueline Pascal*, Paris, Champion, 2012, réed. 2015.
COUSSON, Agnès (éd.), *L'Entretien au XVIIe siècle*, avec une préface de B. Beugnot, Paris, Garnier, 2018.
COUSSON, Agnès, *L'Entretien du XVIIIe siècle à nos jours*, Garnier, mars 2021.
COUSSON, Agnès, « Modalités et enjeux du récit personnel dans les *Mémoires* de Port-Royal : la *Relation* de la mère Arnauld et les récits de souvenirs des sœurs », *La Mémoire à Port-Royal. De la célébration eucharistique au témoignage*, Paris, Garnier, 2016, L. Plazenet (éd.), p. 47-84.
COUSSON, Agnès, « Raconter la réforme : de l'histoire au mythe », *Chroniques de Port-Royal*, n° 60, 2010, p. 131-144.
CRON, Adélaïde, *Mémoires féminins de la fin du XVIIe siècle à la période révolutionnaire : enquête sur la constitution d'un genre et d'une identité*, Paris, Presses Sorbonne nouvelle, 2016.
DARMON, Jean-Charles, *Philosophie épicurienne et littérature au XVIIe siècle*, Paris, PUF, 1998.
DAUMAS, Maurice, ULBRICH, Claudia (éd.), *Une conversion au XVIIIe siècle, Mémoires de la comtesse de Schwerin*, Pessac, Presses Universitaires de Bordeaux, 2013.
DAUPHIN, Cécile, LEBRUN-PÉZERAT Pierrette, POUBLAN Danièle, *Ces bonnes lettres. Une correspondance familiale au XIXe siècle*, préface de Roger Chartier, Paris, Albin Michel, 1995.
DELEHAYE, Hippolyte, *Les Légendes hagiographiques*, Bruxelles, Société des Bollandistes, 4e éd., 1955.
DELOFFRE, Frédéric, *La Nouvelle en France à l'âge classique*, Paris, Didier, 1967.
DELON, Michel, *L'Idée d'énergie au tournant des Lumières (1770-1820)*, PUF, Paris, 1988.
DELON, Michel, MAUZI, Robert et MENANT, Sylvain, *Littérature française. 6. De l'Encyclopédie aux Méditations. 1750-1820*, Paris, Arthaud, 1984.
DELUMEAU, Jean, *La Peur en Occident*, Paris, Fayard, 1978.
DÉMORIS, René, *Le Roman à la première personne*, Paris, Armand Colin, 1975.
DEPRAZ, Nathalie, « De la phénoménologie de la perception à la gnose transcendantale », Pinchard, Bruno (éd.), *La légèreté de l'être : études sur Malebranche*, Paris, Vrin, 1998, p. 219-233.
DERRIDA, Jacques, *De la grammatologie*, Paris, Les Éditions de Minuit, 1967.
DESCOMBES, Vincent, *Le parler de soi*, Paris, Gallimard, 2014.
DIAZ, Brigitte (éd.), *L'Autobiographie hors l'autobiographie*, Caen, PUC, 2008.
DIAZ, Brigitte, « La correspondance : une autobiographie expérimentale ?

Usages autobiographiques de la lettre au XIXᵉ siècle », *L'Autobiographie hors l'autobiographie*, Caen, PUC, 2008, p. 35-61.

DIAZ, Brigitte, SIESS, Jürgen, *L'Épistolaire au féminin : correspondances de femmes, XVIIIᵉ-XXᵉ siècles*, actes du colloque de Cerisy-la-Salle (octobre 2003), PUC, 2006.

DIDIER, Béatrice, *Beaumarchais ou la passion du drame*, Paris, PUF, 1994.

DIDIER, Béatrice, À *l'extrême de l'écriture de soi : les derniers textes autobiographiques de J.-J. Rousseau*, Rosenberg & Sellier, « Biblioteca di Studi Francesi », 2020 ; ouvrage en ligne.

DIDIER, Béatrice, « L'écriture autobiographique au bout des fusils », *Beaumarchais, homme de lettres, homme de société*, éd. Philip Robinson, Oxford, Berne, Berlin, Bruxelles, Francfort, New York, Vienne, Peter Lang, « French Studies of the Eighteenth and Nineteenth Centuries », 1990, t. VIII, p. 57-67.

DOIRON, Normand, *L'art de voyager : le déplacement à l'époque classique pour l'art du voyage*, Sainte-Foy : Presses de l'Université de Laval, 1995.

DORNIER, Carole, « L'abbé de Saint-Pierre : rationalité politique et écriture du système », *L'Esprit de système au 18ᵉ siècle*, éd. S. Marchand, É. Pavy-Guilbert, Hermann, 2017, p. 33-42.

DORNIER, Carole, « Écrire la Citadelle intérieure : les thérapeutiques de l'âme dans les *Rêveries du promeneur solitaire* », *Annales de la Société Jean-Jacques Rousseau*, éd. J. Berchtold, M. Porret, 48, 2008, p. 105-112.

DUCHÊNE, Roger, « Réalité vécue et réussite littéraire : le statut particulier de la lettre », *Revue d'Histoire Littéraire de la France*, n° 2, 1971, p. 177-194.

DUGAS, Ludovic, « Rousseau et Malebranche », *La Revue pédagogique*, n° 72, janvier-juin 1918, p. 79-99.

EIGELDINGER, Marc, Introduction aux *Rêveries du promeneur solitaire : fac-similé du manuscrit original, Bibliothèque de Neuchâtel*, Genève, Slatkine, 1978.

FARGE, Arlette, « Familles. L'honneur et le secret », Philippe Ariès et Georges Duby (éd.), *Histoire de la vie privée*, vol. 3, « De la Renaissance aux Lumières », dir. Roger Chartier, Paris, Seuil, 1986, p. 581-619.

FERRARO, Angela, *La Réception de Malebranche en France au XVIIIᵉ siècle*, Paris, Garnier, 2019.

FERRARO, Angela, « L'obscurité de l'âme à elle-même. Malebranche dans les lectures de quelques matérialistes français du XVIIIᵉ siècle », Antoine-Mahut, Delphine (éd.), *Les Malebranchismes des Lumières*, Paris, Champion, 2014, p. 125-142.

FOISIL, Madeleine, « L'écriture du for privé », Philippe Ariès et Georges Duby (éd.), *Histoire de la vie privée*, vol. 3, « De la Renaissance aux Lumières », dir. Roger Chartier, Paris, Seuil, 1986, p. 331-369.

FOUCAULT, Michel, *Histoire de la sexualité. 2. L'usage des plaisirs*, Paris, Gallimard, 1984.

Foucault, Michel, *Histoire de la sexualité. 3. Le souci de soi*, Paris, Gallimard, 1984.
Foucault, Michel, *L'Herméneutique du sujet*, Paris, Gallimard-Seuil, 2001.
Foucault, Michel, « L'Écriture de soi », *Corps écrits*, n° 5, (*L'Autoportrait*), Paris, PUF, février 1983, p. 3-23.
Freidel, Nathalie, *La Conquête de l'intime. Public et privé dans la Correspondance de Mme de Sévigné*, Paris, Champion, 2009.
Friedrich, Hugo, *Montaigne*, Paris, Gallimard, « Tel Gallimard », 1968.
Fumaroli, Marc, « Les Mémoires du XVIIe siècle au carrefour des genres en prose », XVIIe *siècle*, n°s 94-95, 1971, p. 7-37.
Fumaroli, Marc, « Des Vies à la biographie », *Diogène*, n° 139, 1987, p. 3-30.
Fumaroli, Marc, « La Conversation », P. Nora (éd),. *Lieux de mémoire, Les France*, Paris, Gallimard, « Quarto », 1997.
Garnot, Benoit, *Histoire de la justice. France, XVIe-XXIe siècle*, Gallimard, « Folio histoire », Paris, 2009.
Gasparini, Philippe, *La Tentation autobiographique de l'Antiquité à la Renaissance*, Paris, Seuil, 2013.
Gatty, Janette C., *Beaumarchais sous la Révolution : l'affaire des fusils de Hollande d'après des documents inédits*, Leiden, E. J. Brill, 1976.
Géraud, Violaine, « Genèse du comique. Du *pathos* à "l'*archiethos*" », *Nouveaux regards sur la trilogie de Beaumarchais*, S. Lefay (éd.), Paris, Classiques Garnier, « Rencontres. Le-dix-huitième siècle », 2015, p. 131-148.
Géraud, Violaine, « Mémoires contre Goëzman : de la tradition du factum à la scénographie théâtrale », *Revue d'histoire littéraire de la France*, n° 4, 2000, p. 1105-1115.
Gianico, Marilina, « "J'appliquerai le baromettre à mon ame". Physiologie du sentiment et sentiment de l'existence de la *Morale sensitive* aux *Rêveries du promeneur solitaire* », Belleguic, Thierry, Knee, Philip, *Le sentiment de l'existence dans les* Rêveries du promeneur solitaire, Paris, Hermann, 2021, p. 141-157.
Gomez-Geraud, Marie-Christine, *Le Crépuscule du Grand Voyage. Les récits des pèlerins de Jérusalem à la Renaissance (1458-1612)*, Paris, Champion, 1998.
Gouhier, Henri, *Les Méditations métaphysiques de Jean-Jacques Rousseau*, 2e éd., Paris, Vrin, Bibliothèque d'histoire de la philosophie, 1984.
Gouhier, Henri, « Ce que le vicaire doit à Descartes », *Annales de la société Jean-Jacques Rousseau*, t. XXXV, p. 39-160.
Goulemot, Jean-Marie, « Tensions et contradictions de l'intime dans la pratique des Lumières », *Littérales* n° 17, *L'Invention de l'intimité au Siècle des Lumières*, Université Paris X-Nanterre, 1995.
Grassi, Marie-Claire, « La monographie, objet de l'histoire, un gentilhomme

campagnard, Antoine de Robert (1675-1753) », *Hommage à Maurice Bordes, Président de l'Association culturelle du Gers : travaux d'histoire*, Paris, Les Belles Lettres, 1984.

GRASSI, Marie-Claire, *Lire l'épistolaire*, Paris, Dunod, 1998.

GRENIER, Benoît, *Seigneurs campagnards de la Nouvelle France : Présence seigneuriale et sociabilité rurale dans la vallée du Saint-Laurent à l'époque préindustrielle*, Rennes, PUR, 2007.

GRENIER, Benoît, FERLAND, Catherine, « "Quelque longue que soit l'absence" : procurations et pouvoir féminin à Québec au XVIIIe siècle », *Clio. Femmes, Genre, Histoire*, 37, 2013, p. 197-225.

GRÈVE, Marcel de, « L'autobiographie, genre littéraire ? », *Revue de littérature comparée*, Paris, Klincksieck, 2008/1, n° 325, p. 23-31.

GRISI, Stéphane, *Dans l'Intimité des maladies, de Montaigne à Hervé Guibert*, Desclée de Brouwer, « Intelligence du corps », 1996.

GROSRICHARD, Alain, « Où suis-je ? Que suis-je ? Réflexions sur la question de la place dans l'œuvre de J.-J. Rousseau, à partir d'un texte des *Rêveries* », *Rousseau et Voltaire et 78*, actes du colloque de Nice, Paris, Slatkine, 1978, p. 338-365, repris dans *Rêveries sans fin. Autour des Rêveries du promeneur solitaire*, éd. M. Coz et F. Jacob, Paradigme, Orléans, 1997, p. 29-47.

GUILLAUMONT, François et LAURENCE, Patrick (éd.), *La Présence de l'histoire dans l'épistolaire*, Presses Universitaires F. Rabelais, 2012.

GUION, Béatrice, « Existe-t-il un malebranchisme littéraire ? », *Dix-septième siècle*, 2012/2, n° 255, p. 257-271.

GURVITCH, Georges, « L'autobiographie », *Revue d'Histoire Littéraire de la France*, nov. Déc. 1975, n° 6.

GUSDORF, Georges, *Lignes de vie. 1. Les écritures du moi ; 2. Auto-bio-graphie*, Paris, Odile Jacob, 1991.

GUSDORF, Georges, « De l'autobiographie initiatique à l'autobiographie genre littéraire », *Revue d'Histoire Littéraire de la France*, n° 6, 1975, p. 957-994.

HADOT, Pierre, *L'Invention de l'autobiographie. D'Hésiode à saint Augustin* (Colloque de Paris, 1990, éd. Baslez, Marie-Françoise, Hoffmann, Philippe et Pernot, Laurent), Presses de l'École Normale Supérieure, 1993.

HAMBURGER, Käte, *Logique des genres littéraires*, Paris, Seuil, 1986 pour la traduction française [1957].

HAMMANN, Christine, *Déplaire au public : le cas Rousseau*, Paris, Éditions Classiques Garnier, 2011.

HAMMANN, Christine, « La "vie" de J.-J. Rousseau ou l'éternel retour du Tasse », *Revue d'histoire littéraire de la France*, 106, n° 4, 2006, p. 859-883.

HANAFI, Nahema, « Des plumes singulières. Les écritures féminines du corps souffrant au XVIIIe siècle », *Clio. Femmes, Genre, Histoire*, 35, 2012, p. 45-66.

HAZARD, Paul, *La Crise de la conscience européenne (1680-1715)*, Paris, Boivin, 1935.

HERSANT, Marc, *Le Discours de vérité dans les* Mémoires *du duc de Saint-Simon*, Paris, Champion, 2009.

HERSANT, Marc, JEANNELLE, Jean-Louis, ZANONE, Damien (éd.), *Le sens du passé, Pour une nouvelle approche des Mémoires*, Actes du colloque international organisé par Jean-Louis Jeannelle, Marc Hersant et Damien Zanone à l'Université Paris IV et à l'Université de Louvain (Belgique), du 1er au 4 décembre 2010, revue *La Licorne* n° 104, 2013.

HERSANT, Marc, RAMOND, Catherine (éd.), *La représentation de la vie psychique dans les récits historiques et fictionnels des* XVIIe *et* XVIIIe *siècles*, Leiden/Boston, Brill/Rodopi, 2015.

HERSANT, Marc, RAMOND, Catherine, RAVIEZ, François, PILORGE, Marie-Paule (éd.), *Histoire, Histoires. Nouvelles approches de Saint-Simon et des récits des* XVIIe *et* XVIIIe *siècles*, Arras, Artois Presses Université, 2011.

HERSANT, Marc, « Vitalité des Mémoires au XXe siècle », analyse de l'ouvrage de Jean-Louis Jeannelle, *Écrire ses Mémoires au XXe siècle : déclin et renouveau*, Gallimard, 2008, Fabula, « Acta Fabula », publié en ligne en septembre 2009 : https://www.fabula.org/acta/document5167.php (consulté le 26/03/2021).

HERSANT, Marc, « Rousseau mémorialiste ? », *Les Confessions : se dire, tout dire*, éd. Jacques Berchtold et Claude Habib, Classiques Garnier, 2015, p. 51-68.

HERSANT, Marc, « Les éclats autobiographiques du *Dictionnaire philosophique* », *Méthode !*, n° 14, 2008, p. 161-168.

HERSANT, Marc, « Voltaire, auteur et lecteur de Mémoires », Tatin-Gourier, Jean-Jacques, *La réception des Mémoires d'Ancien Régime : discours historique, critique, littéraire*, Éditions le Manuscrit, 2010, p. 143-170.

HOLTZ, Grégoire, *L'ombre de l'auteur : Pierre Bergeron et l'écriture du voyage à la fin de la Renaissance*, Genève, Droz, « Travaux d'Humanisme et Renaissance », 2010.

JACKMAN, Sydney Wayne, *A middle passage : the journal of Armand-Charles Augustin de la Croix de Castries, Duc de Castries, Comte de Charlus and Baron Castries, 6 April 1780 to 29 Septembre 1780*, Boston, Boston Athenæum, 1970.

JAEGER, Gérard A., *L'Aventure maritime : corsaires, flibustiers, pirates et barbaresques, synthèse d'une légende*, Paris, DUC, 1986.

JAEGER, Gérard A., *Les Aventuriers de la mer : bibliographie thématique, XVI-XXe siècles*, Lausanne, Le Front littéraire, 1984.

JAEGER, Gérard A., *Le Livre blanc de la piraterie : contribution à une identification du pirate occidental*, Paris, DUC, 1990.

JAEGER, Gérard A., *Vues sur la piraterie, cartes, tableaux, chronologie, bibliographie*, Paris, Tallandier, 1992.

JANKÉLÉVITCH, Vladimir, *L'Aventure, l'Ennui, le Sérieux*, Paris, GF, 2017.
JEANNELLE, Jean-Louis, *Écrire ses mémoires au XXe siècle. Déclin et renouveau*, Paris, Gallimard, 2008.
KERBAOL, Camille, *Les lettres d'Adrien Simon Galliot-Marie de Mandat-Grancey. Édition critique de la correspondance familière d'un officier de la Marine royale française (1781-1791)*, thèse soutenue en décembre 2019 à l'Université de Bretagne Occidentale.
KERBAOL, Camille, « Les Mémoires de Forbin : fortune des mers, infortune de la postérité », *Cahiers Saint-Simon*, n° 48, 2020.
KOLAKOWSKI, Leszek, *Chrétiens sans Église. La conscience religieuse et le lien confessionnel au XVIIe siècle*, Paris, Gallimard, 1987.
LACOUE-LABARTHE, Isabelle, MOUYSSET, Sylvie (éd.), *Écrire au quotidien, Clio. Femmes, Genre, Histoire*, n° 35, 2012.
LAUDOU, Christophe, « Le Cogito autobiographique : quelques conditions métaphysiques d'apparition de l'autobiographie », Norbert Col, *Écritures de soi*, L'Harmattan, 2007, p. 31-40.
LAUTELIER-MOURIER, Rachel, *Le Voyage de Perse à l'âge classique. Lieux rhétoriques et géographiques*, Paris, Classiques Garnier, 2020.
LE HUENEN, Roland, *Le récit de voyage au prisme de la littérature*, Paris, PUPS, 2015.
LEJEUNE, Philippe, *Aux origines du journal personnel, France, 1750-1815*, Paris, Honoré Champion, 2016.
LEJEUNE, Philippe, *Écrire sa vie : du pacte au patrimoine autobiographique*, Paris, Éditions du Mauconduit, 2015.
LEJEUNE, Philippe, *Je est un autre*, Paris, Seuil, 1980
LEJEUNE, Philippe, *L'Autobiographie en France*, Paris, Armand Colin, 1971, 1998, 2010, 2014.
LEJEUNE, Philippe, *Le Pacte autobiographique*, Paris, Seuil, 1975, 1996.
LEJEUNE, Philippe, *Signes de vie. Le Pacte autobiographique 2*, Paris, Seuil, 2005.
LEJEUNE, Philippe, *Moi aussi*, Paris, Seuil, 1986
LEJEUNE, Philippe, *Pour l'autobiographie. Chroniques*, Paris, Seuil, 1998
LEJEUNE, Philippe, « Célestin Guittard, diariste malade », *Les Écrits du for privé en Europe du Moyen Âge à l'époque contemporaine. Enquêtes, Analyses, Publications*, Jean-Pierre Bardet, Élisabeth Arnoul et François-Joseph Ruggiu (éd.), Pessac, Presses Universitaires de Bordeaux, 2010, p. 303-314.
LEJEUNE, Philippe, « Pourquoi Rousseau n'a-t-il pas écrit de journal ? », *Aux origines du journal personnel. France, 1750-1815*, Paris, Honoré Champion, 2016, p. 33-40.
LÉONARD, Monique *Mémoire et écriture*, Paris, Champion, 2003.
LEROY-LADURIE, Emmanuel et ROGER, Jean-Marc (éd.), *La Chronologiette de Pierre Prion (1744-1759)*, Paris, Fayard, 2007.

LESAULNIER, Jean, *Images de Port-Royal, Tome II*, Paris, Garnier, 2015.
LESNE, Emmanuèle, *La Poétique des Mémoires, 1650-1685*, Paris, Champion, 1996, 2000.
LEUWERS, Hervé, *L'Invention du Barreau français, 1660-1830*, Éditions de l'École des hautes études en sciences sociales, Paris, 2006.
LEVALLOIS, Anne, « "Je" et "moi" dans l'expérience psychanalytique et dans l'écriture autobiographique », *Autobiographie, journal intime et psychanalyse*, Jean-François Chiantaretto, Anne Clancier, Anne Roche (éd.), Paris, Economica-Anthropos, 2005, p. 13-26.
LÉVI-STRAUSS, Claude, « Jean-Jacques Rousseau fondateur des sciences de l'homme » (1962), *Anthropologie structurale deux*, Paris, Plon 1973 et 1996, p. 45-56.
LILTI, Antoine, *Le Monde des salons*, Paris, Fayard, 2005.
LINON-CHIPON, Sophie, *Gallia orientalis. Voyages aux Indes orientales. 1529-1722. Poétique et imaginaire d'un genre littéraire en formation*, Paris, PUPS, 2003.
LINON-CHIPON, Sophie, « Brièveté et authenticité : l'identité générique de la relation de voyage à la fin de l'Âge classique », *La Licorne*, « Brièveté et Écriture », n° 21, novembre 1991, p. 115-123.
LITWIN, Christophe, « Amour de soi et pensée du néant. Rousseau héritier de Malebranche ? », *Philosophie de Rousseau*, B. Bachofen, B. Bernardi, A. Charrak, F. Guénard (éd.), Paris, Classiques Garnier, 2014, p. 275-288.
LOUIS-COMBET, Claude, *Mère des croyants. Mythobiographie d'Antoinette Bourignon*, Paris, Flammarion, 1983.
LUCIANI, Isabelle, « De l'espace domestique au récit de soi ? Écrits féminins du for privé », *Clio. Femmes, genre, histoire*, 35, 2012, p. 21-44.
LUCIANI, Isabelle, « "Estant ce que je suis..." Du recueil savant au récit de soi : l'écriture quotidienne de François Rebatu (1588-1662) », Jean-Pierre Bardet, Élisabeth Arnoul et François-Joseph Ruggiu, *Les Écrits du for privé en Europe du Moyen Âge à l'époque contemporaine. Enquêtes, Analyses, Publications*, Pessac, Presses Universitaires de Bordeaux, 2010, p. 359-380.
LUCIANI, Isabelle, « "Car les ungs et les aultres m'accablent de peyne...", Des épreuves de la vie à l'expérience de soi dans quelques livres de raison provençaux », Mouysset, Sylvie, Bardet, Jean-Pierre, Ruggiu, François-Joseph, (éd.), *« Car c'est moi que je peins », écritures de soi, individu et liens sociaux (Europe, XVe-XXe siècles)*, CNRS Université Toulouse-Le Mirail, Toulouse, 2010.
LUCIANI, Isabelle, PIÉTRI, Valérie, *Écriture, récit, trouble(s) de soi. Perspectives historiques. France, XVIe-XXIe siècles*, Aix-en-Provence, PUP, 2012.
MAGNÉ, Bernard, « L'autobiotexte perecquien », *Le Cabinet d'amateur*, n° 5, juin 1997, p. 5-42.
MARCHAND, Sophie, « Beaumarchais et le personnage de théâtre », *Nouveaux*

regards sur la trilogie de Beaumarchais, S. Lefay (éd.), Paris, Classiques Garnier, 2015, p. 221-238.

MARIN, Louis, *L'écriture de soi*, PUF, 1999.

MARIN, Louis, *Philippe de Champaigne ou la présence cachée*, Paris, Hazan, 1995.

MARTINEAU, Emmanuel, « Nouvelles réflexions sur les *Rêveries*. La Première Promenade et son "projet" », *Archives de Philosophie*, vol. 47, n° 2, 1984, p. 207-246.

MASSEAU, Didier, « Malebranche et le pouvoir de l'imagination romanesque », Antoine-Mahut, Delphine (éd.), *Les Malebranchismes des Lumières*, Paris, Champion, 2014, p. 143-158.

MAUREPAS, Arnaud de, *À cinquante lieues de Paris. Le journal d'exil des frères Belle-Isle pendant leur exil à Nevers (1725-1726)*, Moulins, Études bourbonnaises, n° 267, 1994.

MAUREPAS, Arnaud de, et BRAYARD, Florent, *Les Français par eux-mêmes. Le XVIIIe siècle. Anthologie des mémorialistes du XVIIIe siècle*, Laffont, 1996.

MAUREPAS, Arnaud de, « L'œil, l'oreille et la plume : la sensibilité testimoniale dans le Journal de Barbier (1718-1763) », *Histoire, économie et société*, 4, 1991, p. 491-503.

MAUZI, Robert, *L'idée du bonheur dans la littérature et la pensée française au XVIIIe siècle*, Paris, Colin, 1960.

MAZA, Sarah, « Le Tribunal de la nation : les mémoires judiciaires et l'opinion publique à la fin de l'Ancien Régime », *Annales, Économies, Sociétés, Civilisations*, 42e année, n° 1, 1987, p. 73-90.

MAY, Georges, *L'Autobiographie*, Paris, PUF, 1979.

MCCALL SAINT-SAËNS, Anne E., *De l'être en lettres : l'autobiographie épistolaire de George Sand*, Amsterdam ; Atlanta, Rodopi, 1996.

MELANÇON, Benoît, *L'invention de l'intimité au Siècle des Lumières*, *Littérales*, n° 17, 1995.

MENANT, Sylvain, « Beaumarchais et l'histoire littéraire », *Revue d'Histoire littéraire de la France*, 2000, n° 4, PUF, p. 1171-1177.

MERLIN-KAJMAN, Hélène, *Public et littérature en France au XVIIe siècle*, Paris, Les Belles Lettres, 1994.

MICHEL, Johann, « Narrativité, narration, narratologie : du concept ricœurien d'identité narrative aux sciences sociales », *Revue européenne des sciences sociales*, XLI-125, 2003, p. 125-142.

MINVIELLE, Stéphane, *La Famille en France à l'époque moderne*, Paris, Armand Colin, 2010.

MISH, Georg : *Geschichte der Autobiographie*, Francfort, Schulte-Bulmke, 1907-1969, 4 vol.

MORÉ DE PONTGIBAUD, Charles Albert, *Mémoires*, Paris, Thiercelin, 1828.

MORISSEY, Robert, *La rêverie jusqu'à Rousseau. Recherches sur un topos littéraire*, French Forum Publishers, Lexington, Kentucky, 1984.
MOUREAU, François, *Le Théâtre des voyages. Une scénographie de l'Âge classique*, Paris, PUPS, 2005.
MOUYSSET, Sylvie, BARDET, Jean-Pierre, RUGGIU, François-Joseph, (éd.), « *Car c'est moi que je peins* », *écritures de soi, individu et liens sociaux (Europe, XVe-XXe siècles)*, CNRS Université Toulouse-Le Mirail, Toulouse, 2010.
MUCENI, Elena, PITASSI, Maria-Cristina (éd..), *Le Malebranchisme à l'épreuve de ses amis et de ses ennemis*, Paris, Champion, 2018.
MULLER, Caroline, *Au plus près des âmes et des corps. Une histoire intime des catholiques au XIXe siècle*, Paris, PUF, 2019.
MURR, Sylvia, « Le politique "au Mogol" selon Bernier : appareil conceptuel, rhétorique stratégique, philosophie morale », *Purusartha*, n° 13, 1990, p. 239-310.
NAVARRI, Roger, « Réflexions sur quelques aspects de la pensée philosophique et morale de Beaumarchais », *La Pensée*, n° 110, août 1963, p. 136-141.
OBERKIRCH, baronne d', *Mémoires de la baronne d'Oberkirch sur la Cour de Louis XVI et la société française avant 1789*, Paris, Mercure de France, 2010.
OBITZ, Bénédicte, *Beaumarchais en toutes lettres*, Paris, Champion, 2011.
OBITZ, Bénédicte, « Le plaideur et l'épistolier : statut et fonction des lettres dans les Mémoires judiciaires de Beaumarchais », *Dix-huitième siècle*, n° 41, 2009, p. 567-583.
ORCIBAL, Jean, *La spiritualité de Saint-Cyran*, Paris, Vrin, 1962.
OUELLET, Réal, « Fiction et réalité », dans *Les Tyrans de la mer. Pirates, corsaires et flibustiers*, Paris, Presses de l'Université de Paris-Sorbonne, 2002, p. 290.
PACHET, Pierre, *Les baromètres de l'âme. Naissance du journal intime*, Paris, Hatier, 1990.
PAIGE, Nicholas D., *Being Interior. Autobiography and the contradictions of modernity in Seventeenth-Century France*, University of Pennsylvania Press, 2001.
PAUL, Audi, *Rousseau, une philosophie de l'âme*, Paris, Verdier, 2008.
PERRIN, Jean-François, *Rousseau. Le chemin de ronde*, Paris, Hermann, 2014.
PERRIN, Jean-François, « César à Bossey : le palimpseste antique au livre I des *Confessions* », *Annales de la Société J.-J. Rousseau*, 48, éd. J. Berchtold, M. Porret, 2008, p. 317-337.
PHILIPPON, Michel, « Jean-Jacques Rousseau, la prose du promeneur », *Aux Origines du poème en prose français (1750-1850)*, N. Vincent-Munnia, S. Bernard-Griffiths et R. Pickering (éd.) (Centre de Recherches Révolutionnaires et Romantiques, Clermont-Ferrand), Paris, Champion, 2003, p. 253-261.
PICCO, Dominique, « Les femmes et la terre dans les élites françaises (XVIIe-XVIIIe siècles) », dans LE MAO, Caroline, MARACHE, Corinne (éd.), *Les*

élites et la terre, du XVIe siècle aux années 1930, Paris, Armand Colin, 2010, p. 223-232.

POMEAU, René, *Beaumarchais ou la bizarre destinée*, Paris, PUF, 1987.

PONTACQ, Mariannick, « Madame de Marcellus, une femme d'affaires à l'époque des Lumières », *Annales du Midi : revue archéologique, historique et philologique de la France méridionale*, t. 118, n° 253, 2006, p. 51-71.

PILLOUD, Séverine, *Les mots du corps : expériences de la maladie dans les lettres de patients à un médecin du XVIIIe siècle*, Lausanne, BHMS, 2013.

POULET, Georges, *Entre moi et moi. Essais critiques sur la conscience de soi*, Paris, Corti, 1977.

POULET, Georges, « Le songe de Descartes », *Études sur le temps humain*, I, Paris, Plon, 1952, p. 63-92.

POULET, Georges, « Rousseau », *Études sur le temps humain*, I, Paris, Plon, 1952, p. 214-216.

POUMAREDE, Géraud, *Pour en finir avec la Croisade. Mythes et réalités de la lutte contre les Turcs au XVIe et XVIIe siècles*, Paris, PUF, « Quadrige », 2009.

RAJOTTE, Pierre, *Le récit de voyage, aux frontières du littéraire*, Montréal, Tryptique, 1997.

RAMOND, Catherine, *Roman et théâtre au XVIIIe siècle : le dialogue des genres*, Oxford, Voltaire foundation, 2012.

RAYMOND, Marcel, *Jean-Jacques Rousseau, La Quête de soi et la rêverie*, Paris, Corti, 1962, rééd. 1970.

REICHENBURG, Marguerite, *Essai sur les lectures de Jean-Jacques Rousseau*, Philadelphia, 1932.

REQUEMORA-GROS, Sylvie, *Voguer vers la modernité : Le voyage à travers les genres au XVIIe siècle*, Paris, PUPS, « Imago Mundi », 2012.

RICHARD-PAUCHET, Odile, *Les Écrits indiscrets. Autoreprésentation et formes de l'écriture de soi dans l'œuvre de Diderot*, HDR soutenue en 2017 à l'Université de Tours.

RICŒUR, Paul, *Temps et récit III. Le temps raconté*, Paris, Seuil, 1985.

RICŒUR, Paul, *Soi-même comme un autre*, Paris, Seuil, 1990.

RIZZONI, Nathalie, *Charles-François Pannard et l'esthétique du « petit »*, Oxford, Voltaire Foundation, 2000.

ROCHE, Denis, *Éclats et empires du moi dans la littérature française du XVIIe siècle*, thèse soutenue le 19 décembre 2018 à l'Université Paris 3 Sorbonne Nouvelle sous la direction d'Hélène Merlin-Kajman.

ROUGEMONT, Martine de, « Beaumarchais par lui-même : une lettre inédite de Beaumarchais à Mme de Staël », *Le Siècle de Voltaire. Hommage à René Pomeau*, éd. C. Mervaud et S. Menant, Oxford, *The Voltaire Foundation*, 1987, vol. 2, p. 797-801.

SAINTE-BEUVE, « Beaumarchais », *Le Constitutionnel*, 28 juin 1852, recueilli dans *Causeries du lundi*, Paris, Garnier frères, t. VI, p. 201-260.

SELLIER, Philippe, « Pour une poétique de la légende : *La vie de Monsieur Pascal* », *Chroniques de Port-Royal*, n° 31, 1982, p. 51-65, repris dans *Port-Royal et la littérature*, Paris, Champion, 1999, t. 1, p. 29-48.

SERMAIN, Jean-Paul, « La conscience du temps dans *Le Mariage de Figaro* », *Revue d'histoire littéraire de la France*, vol. 104, n° 3, 2004, p. 621-636.

SETH, Catriona, *La Fabrique de l'intime. Mémoires et journaux de femmes du XVIIIe siècle*, Paris, Laffont, 2013.

SIMONET-TENANT, Françoise, « À la recherche des prémices d'une culture de l'intime », *Itinéraires*, 2009-4 (consulté le 26 novembre 2020). URL : http://journals.openedition.org/itineraires/1466).

SIMON-MARTIN, Maritxell, « La correspondance de Barbara Leigh Smith Bodichon (1827-1891) », *Rives méditerranéennes*, 41, 2012, p. 79-99.

SOLAKIAN, Daniel, « Un exemple de lutte villageoise unitaire au XVIIIe siècle : la défense des herbages du terroir de Mons-en-Provence (Haut-Var) », *Le Village en Provence, Actes des journées d'histoire régionale Mouans-Sartoux*, 16, 17 mars 1984, Mouans-Sartoux, publication du Centre Régional de Documentation Occitane, 1985.

SORIN, Claire, « Aspects du sujet autobiographique dans les journaux des américaines au XIXe siècle : le corps et la voix dans le journal de Samuella Curd 1860-1863 », *Écritures de femmes et autobiographie*, éd. Ginette Castro, Marie-Lise Paoli Pessas, Maisons des sciences de l'homme d'Aquitaine, 2001.

SPECTOR, Céline, « Vérité et subjectivité : des *Essais* aux *Rêveries* », *Annales de la Société Jean-Jacques Rousseau*, Société Jean-Jacques Rousseau, 2012, p. 321-350.

SPECTOR, Céline, « Le *Projet de paix perpétuelle* : de Saint-Pierre à Rousseau », *Rousseau, Principes du droit de la guerre. Écrits sur la Paix Perpétuelle*, éd. B. Bachofen, B. Bernardi, G. Silvestrini, C. Spector, Vrin, 2008, p. 229-294.

STAROBINSKI, Jean, *L'Œil vivant*, Paris, Gallimard, 1961.

STAROBINSKI, Jean, *Jean-Jacques Rousseau : la transparence et l'obstacle ; suivi de : Sept essais sur Rousseau*, Paris, Gallimard, « Tel. Gallimard », 2013 [1957].

STAROBINSKI, Jean, « Le Style de l'autobiographie », *Poétique*, n° 3, 1970 (repris dans *La Relation Critique*, Gallimard, 1971).

TATIN-GOURIER, Jean-Jacques, *La réception des Mémoires d'Ancien Régime : discours historique, critique, littéraire*, Éditions le Manuscrit, 2010.

TATIN-GOURIER, Jean-Jacques, *Usages et pratiques de la mémoire (XVIIIe-XXe siècles)*, En hommage à Maria Isabel Herrero, *Cahiers d'histoire culturelle*, Hors-série, 2001.

TINGUELY, Frédéric, « La différence religieuse selon Jean Chardin », *Dix-septième siècle*, vol. 278, n° 1, 2018, p. 111-122.

TINGUELY, Frédéric, *L'Écriture du Levant à la Renaissance : enquête sur les voyageurs français dans l'Empire de Soliman le Magnifique*, Genèse, Droz, 2000.

TISSOIRES, Amélie, *L'Opéra mental. Formes et enjeux de l'écriture du spectacle chez J.-J. Rousseau*, Genève, Slatkine, 2012.

TORRELL, Jean-Pierre, *Le Christ en ses mystères. La vie et l'œuvre de Jésus selon Thomas d'Aquin*, t. II, Paris, Desclée, 1999.

TOUCHEFEU, Yves, *L'Antiquité et le christianisme dans la pensée de J.-J. Rousseau*, Oxford, Studies on Voltaire, 1999.

VASSET, Sophie, « Narrating pain in British medicine and fiction », *Le corps et ses images dans l'Europe du dix-huitième siècle / The Body and its Images in Eighteenth-century Europe*, S. Arnaud, H. Jordheim (éd.), Paris, Champion, 2012, p. 199-217.

VERHAEGUE, Laure, « Rousseau interprète pascalien de Descartes : la troisième Lettre morale », *Les Études philosophiques*, n° 108, n° 1, 21 mai 2014, p. 115.

VERNANT, Jean-Pierre, « L'individu dans la cité », *L'individu, la mort, l'amour*, Paris, Gallimard, 1989.

VIGARELLO, Georges, *Le Sentiment de soi. Histoire de la perception du corps*, Paris, Seuil, 2014.

WAHL, Jean, *Tableau de la Philosophie française*, Paris, éd. de la Revue Fontaine, 1946.

WEAVER, F. Ellen, « Angélique de Saint-Jean, abbesse et "mythographe" de Port-Royal », *La Mère Angélique de Saint-Jean, Chroniques de Port-Royal*, n° 34, 1985, p. 93-108.

WEERD-PILORGE, Marie-Paule de (éd.), *Mémoires des XVIIe et XVIIIe siècles : nouvelles tendances de la critique, Cahiers d'histoire culturelle* n° 13, 2003.

WINKLER, Martin, *Arminius the liberator, Myth and Ideology*, Oxford UP, 2016.

WINTERMEYER, Rolf, en collaboration avec Corinne Bouillot (éd.), *Moi public et moi privé dans les mémoires et les écrits autobiographiques du XVIIe siècle à nos jours*, Mont Saint-Aignan, Publications des Universités de Rouen et du Havre, 2008.

WOLFZETTEL, Friedrich, *Le Discours du voyageur : pour une histoire littéraire du récit de voyage en France, du Moyen Âge au XVIIIe siècle*, Paris, PUF, « Perspectives littéraires », 1996.

ZANONE, Damien, *Écrire son temps. Les Mémoires en France de 1815 à 1848*, Presses Universitaires de Lyon, 2006.

ZANONE, Damien, *L'autobiographie*, Ellipses, 1996.

ZANONE, Damien, *Le moi, l'histoire (1789-1848)*, textes réunis par D. Zanone, Grenoble, ELLUG, Université Stendhal, 2005.

ZWERDLING, Alex, *The Rise of the Memoir*, Oxford, Oxford University Press, 2017.

DICTIONNAIRES ET ENCYCLOPÉDIES

BAYLE, Pierre, *Dictionnaire historique et critique. Nouvelle édition augmentée [...]*, Paris, Desoer, Libraire, Rue Christine, 1820.

BURGER, Pierre-François, « TAVERNIER, JEAN-BAPTISTE », *Encyclopædia Iranica, online edition*, 2017, http://www.iranicaonline.org/articles/tavernier-jean-baptiste (consulté le 20/03/2020).

FURETIÈRE, Antoine, *Dictionaire Universel*, La Haye et Rotterdam, Arnout et Reinier Leers, 3 tomes, 1690.

NICOT, Jean, *Thrésor de la langue françoyse, tant ancienne que moderne*, Paris, David Douceur, 1606.

SIMONET-TENANT, Françoise (éd.), avec la collaboration de Michel Braud, Jean-Louis Jeannelle, Philippe Lejeune et Véronique Montémont, *Dictionnaire de l'autobiographie. Écritures de soi de langue française*, Paris, Champion, 2017.

TROUSSON, Raymond, EIGELDINGER, Frédéric S., *Dictionnaire de Jean-Jacques Rousseau*, Paris, Champion, 2006.

INDEX DES NOMS

ABEL : 174, 185
ACHILLE : 180
ALEXANDRE, roi : 134-135, 180, 182, 234
ANNE D'AUTRICHE : 29
ARMINIUS : 181
ARNAULD, Angélique : 14, 54, 57-59, 63-64, 70
AUGUSTE, empereur : 181
AUGUSTIN (saint) : 7, 53, 59, 64-65, 72-73, 93, 101
AVILA, Thérèse d' : 13, 90-92, 97, 99-102
AZAÏS, Pierre Hyacinthe : 49

BASSOMPIERRE, François de : 32
BAUVIN, Jean-Grégoire : 181
BEAUMARCHAIS, Pierre-Augustin Caron de : 257-273
BLANCHARD, Claude : 150, 152, 154, 157-160
BRISSOT, Jacques Pierre : 149
BROGLIE (prince de), Charles-Louis-Victor : 146
BRONGNIART, Alexandre : 49
BRONGNIART, Cécile : 49
BOURIGNON, Antoinette : 10, 79-103

CAMPION, Henri de : 32, 44
CANDY, Pierre Philippe : 49, 156
CASANOVA, Giacomo : 30, 38
CASTRIES, Scipion de La Croix de : 163
CAYLUS, Marthe-Marguerite, marquise de : 31
CÉSAR, Jules : 31, 172, 174-175, 180-182
CHALLE, Robert : 162
CHARLES IX, roi de France : 35

CHARLUS, Armand Charles Augustin de La Croix de Castries, comte de : 15, 145-165
CHASTELLUX, François Jean de : 146, 149, 152, 156
CHATEAUBRIAND, François-René de : 28-29, 149, 275, 278
CHEVREUSE, Charles-Honoré d'Albert, duc de : 27
CHOISY, François-Timoléon de : 31-32
COMMYNES, Philippe de : 30, 32
CONDILLAC, Étienne Bonnot de : 175, 224
CONSTANT, Benjamin : 38, 46, 48

DANGEAU, Philippe de Courcillon, marquis de : 31
DELEULLION DE THORIGNY : 49
DEFFAND, Marie de Vichy-Chamrond, marquise du : 39, 44
DESCARTES, René : 10, 30, 33, 94, 172, 187-206, 211, 216, 220
DEUX PONTS, Guillaume, vicomte des : 146, 153
DIDEROT, Denis : 39, 173, 178-179, 182-183, 267-268, 271
DUMAS, Guillaume-Mathieu, comte de : 146, 153, 157

ESCRAGNOLLE, Alexandre Joseph de Robert d' : 231, 235-236, 238, 240, 242, 245, 247, 252
ESCRAGNOLLE, Antoine de Robert d' : 238-239
ESCRAGNOLLE, Caroline de Robert d', née de Suffret : 237

ESCRAGNOLLE, Françoise de Robert d', née de Blacas : 254

FONTAINE, Jacques : 8, 10
FONTAINE, Nicolas : 32, 54, 64
FRÉDÉRIC II, roi de Prusse : 28, 173, 185-186

GAULLE, Charles de : 25
GENLIS, Félicité de : 49
GESSNER, Salomon : 174, 184-185
GOËZMAN DE THURN, Louis Valentin : 261
GROTIUS, Hugo : 171-172, 177-178, 180
GUYON, Jeanne-Marie : 10-11, 13, 43
GUÉHENNO, Jean : 176, 195

HAENDEL, Georg Friedrich : 181
HÉSIODE : 7, 177
HOBBES, Thomas : 184
HOMÈRE : 183
HOMMEY, Joseph d' : 49
HOUDETOT, Sophie de : 193

JULES CÉSAR : 172, 174-175, 180-181
JULIEN, Marc Antoine : 49

KANT, Immanuel : 169
KEITH, George : 185
KLEIST, Heinrich von : 181

LA BLACHE, comte de : 260, 262, 267, 269
LA BOÉTIE, Étienne de : 23, 262
LA BRUYÈRE, Jean de : 176
LA ROCHEFOUCAULD, François de : 176
LAUNAY, Marguerite de (Madame de STAAL-DELAUNAY) : 9, 11, 36-37, 44
LEIRIS, Michel : 25, 33
LEIBNIZ, Gottfried, Wilhelm : 89
LÉVI-STRAUSS, Claude : 15, 193-195
LOCKE, John : 192-193, 211-212
LORGES, Guy Aldonce II de Durfort, duc, dit maréchal de : 27
LOUIS XIII, roi de France : 177

LOUIS XIV, roi de France : 31, 55
LOUIS XV, roi de France : 173, 177
LUXEMBOURG, Madeleine Angélique Neufville de Villeroy, marquise de Boufflers, duchesse de : 185

MABLY, Gabriel Bonnot, abbé de : 174-175, 183
MABLY, Jean Bonnot de : 174-175, 180
MAINE DE BIRAN, Pierre : 46, 48
MALEBRANCHE, Nicolas : 16, 192, 210-212, 214-227
MANDAT-GRANCEY, Adrien Simon Galliot-Marie de : 151
MARIVAUX, Pierre Carlet de : 36-37, 189
MONLUC, Blaise de Lasseran de Massencome, seigneur de : 31-37, 44
MONTAIGNE, Michel de : 7, 11-12, 15, 22-24, 28-29, 44, 109-110, 113, 116-123, 140, 188-189, 262, 288
MORÉ DE PONTGIBAUD, Charles Albert de : 146, 149
MOTTEVILLE, Françoise Bertaud, dame de : 29, 32

NOAILLES, Anne, comte d'Ayen, duc de : 27
NOËL, François Nicolas : 49
NOIRCARMES, Philippe de : 49
NOMPÈRE DE CHAMPAGNY, Jean-Baptiste : 151

OBERKIRCH, Henriette Louise de Waldner de Freundstein, baronne d' : 148
OEXMELIN (ou EXQUEMELIN), Alexandre-Olivier : 125-127, 129-131, 133-143
OLIER, Jean-Jacques : 49
ORLÉANS, Philippe, duc d' : 39, 288
ORLÉANS, Anne Marie Louise d', dite la Grande Mademoiselle : 32

PASCAL, Blaise : 53, 62, 260
PHILIDOR, Danican : 170

INDEX DES NOMS

PINDANSAT DE MAIROBERT, Mathieu-François : 148
POIRET, Pierre : 14, 80-87, 89-94, 99, 101-103
PONCHARTRAIN, Louis Phélypeaux, comte, dit le chancelier de : 27
PONTIS, Louis de : 32
PRANGINS, baron de : 49

RAMEAU, Jean-Philippe : 170, 175-178
RAVENEAU DE LUSSAN, Jean : 126-127, 129-130, 132, 135-136, 138, 141, 143
RETZ, Jean-François Paul de Gondi, cardinal de : 28, 31, 32, 44, 76
ROBIN, Charles César : 149
ROCHAMBEAU, Jean-Baptiste Donatien de Vimeur de : 145-150, 156, 164-165
ROLAND, Manon : 17, 275-280, 282-288
ROUSSEAU, Jean-Jacques : 7, 11, 15-16, 21, 24, 28-31, 33-34, 38, 41, 44, 58, 76, 139, 167-227, 257, 262, 268, 272, 281, 285-287

SADE, Donatien Alphonse François, marquis de : 12, 39-44
SAINT-PIERRE, abbé Irénée de : 171-175, 183
SAINT-SIMON, duc de : 8, 13, 21-22, 24, 26-32, 34, 36-37, 39, 44

SALES, François de : 68
SENANCOUR, Étienne Pivert de : 38
SÉVIGNÉ, Marie de Rabutin-Chantal, marquise de : 8, 10, 44, 108, 115, 234
SPINOZA, Baruch : 172
STAAL-DELAUNAY, voir LAUNAY : 9, 11, 36-37, 44
STAËL, Germaine de : 133, 272
STENDHAL : 46, 48

TALLEMANT DE RÉAUX, Gédéon : 34
TACITE : 179, 181, 284
TALLEYRAND-PÉRIGORD, Charles-Maurice de : 149
TASSO, Torquato (dit Il Tasso – Le Tasse) : 177
TAVERNIER, Jean-Baptiste : 15, 109, 111, 113-115, 117-123
THÉRÈSE DE LISIEUX (sainte) : 63
TIBÈRE, empereur : 181
TITE-LIVE : 179

VAUBAN, Sébastien Le Prestre de : 170
VOLTAIRE : François-Marie Arouet, dit : 21, 26, 28-29, 31, 38-39, 44, 173, 175-178, 192, 212, 246, 261, 265, 272

INDEX THÉMATIQUE

Âme, psyché, psychique, psychologie : 7, 11, 34, 37, 46, 54, 63, 66, 68, 74, 80, 81-83, 87-88, 90, 92, 95-97, 99-100, 102, 107, 160, 162, 169, 179, 187-189, 191, 193, 195, 198-200, 204-206, 207-209, 211-214, 216, 218, 223, 225-227, 232, 253, 266-268, 284, 292, 294-295, 300-301, 303, 307

Amour, amoureux, amoureuse : 36, 49, 60, 62, 65-67, 90, 99, 177, 207, 226, 232, 235-236

Amour de soi, amour-propre : 53-54, 91, 95-96, 210

Amour de Dieu : 53

Anecdote (s), anecdotique : 23, 34, 44, 114, 135, 276-277

Apologie, apologétique (s), procès : 13, 16, 35, 41, 66, 76, 83, 88, 89-90, 92-94, 99, 103, 138, 162, 229, 248, 258, 260-262, 267-268, 270, 271, 273, 277, 297

Archives : 10, 12, 15, 46-48, 129, 145-146, 151, 153, 187, 231, 238, 292, 295, 306

Autobiographie(s), autobiographique(s) : 7-17, 21-24, 26, 26-31, 33-35, 38-40, 42-43, 54, 56, 58, 60, 62-63, 70, 74-76, 83-84, 88, 93, 97-99, 102, 109, 113, 116, 125, 127-128, 131, 133-134, 139, 162, 169, 171, 175, 187-188, 190, 201, 207-210, 212, 214-215, 219-221, 223-224, 226, 229, 232-233, 235, 240, 242, 244, 257, 259, 269, 272, 275, 277, 286, 289, 298-301, 303-306, 309-310

Autobiographème(s) : 39, 109, 210, 221

Autopathographie, pathographie : 116, 137

Autoportrait, portrait : 17, 48-49, 60, 67, 69-70, 80-81, 109, 122-123, 127-128, 131, 135-136, 140, 159, 186, 232, 234, 240-241, 243, 254, 261, 263, 276-277

Autre, altérité, aliénation : 9, 14, 74, 136, 102, 162, 194, 232, 140, 144, 195, 248, 64, 308

Autonomie, autonomisation, émancipation : 17, 243

Biographie : 14, 28, 40, 43, 56, 67, 74, 83, 86, 93, 127, 134, 138, 143, 252, 301

Catholique, catholicisme : 48, 80, 120, 149, 182, 253, 307

Chronique(s) : 9, 11, 27-28, 30, 42, 45, 56, 58-59, 62, 155, 247, 249, 252, 266, 291, 299, 304, 309-310

Cogito, *res cogitans* : 10, 192-194, 198, 270, 295, 304

Communauté, communautaire : 14, 49, 54-58, 59, 61-62, 67, 69, 73, 75-76, 129, 134, 138, 140-143, 172, 184, 233, 243, 245, 280, 319

Confession(s) : 7, 13, 15-16, 21, 24, 31, 33, 38, 53, 56, 59, 63-66, 76, 79, 92, 107, 123, 139, 169-175, 178-188, 192, 195, 206-208, 210-213, 217, 219-222, 224-226, 244, 257, 267, 272, 288-289, 291, 294, 296, 303, 307

Connaître, connaissance de soi, cognition, cognitif, gnoséologie : 7, 15-16, 68, 110, 132, 169, 195, 203, 206, 209-210, 212, 216, 215, 225, 231, 278, 281, 286

Construction (de soi, de l'identité, du moi) : 25, 36, 47, 72, 74, 141, 162, 164, 169, 234-235, 237, 240, 247-248, 254, 259, 264, 267, 280

Contemplation, contemplatif, contemplative, contempler : 92, 99, 189, 191, 204, 209, 226, 287

Corps, corporel, physiologie, physiologique : 7, 11, 23, 27, 31, 33, 35, 42, 44, 74, 79, 101, 111, 116-118, 135, 137, 145-146, 150, 158, 160, 162-164, 195, 198, 205-206, 216-218, 224-225, 234-235, 248-249, 250-253, 291, 296, 301-302, 307-310

Correspondance, lettre, épistolaire, épistolier, épistolière : 8-11, 15, 17, 23, 26, 31, 36-37, 39-44, 46-47, 49, 54-55, 61-63, 65-66, 68-69, 73-75, 82, 85, 108, 113, 126, 108, 129, 148-152, 157, 160, 162, 178, 185-186, 190-194, 198-200, 202, 206, 225, 231-255, 257, 259-267, 271-272, 280, 289, 293-294, 297, 299, 300-301, 304, 306, 308-310

Cryptage, crypté : 39, 49

Description, décrire, descriptif : 12, 15, 22, 34-36, 42, 66, 89, 108, 114, 117-119, 122, 130-131, 134-136, 140, 148, 154, 160, 180, 194, 236, 244, 250-251, 275, 281, 285-286

Diariste : 117, 146, 155-156, 161-165, 232, 244, 304

Dieu, divinité, divin, divine, ciel, céleste : 13-14, 34, 49, 53-55, 57, 59-68, 71, 75-76, 79-103, 115, 157, 177, 182, 186, 198-199, 201-203, 216-217, 226-227, 231, 246, 248, 251, 253, 255, 291-292

Discours sur soi : 66, 99

Discours rapporté : 59, 65, 69, 73, 164

Éclat(s) autobiographique(s) : 10, 13, 36, 39-40, 154, 156, 303, 308

Écrits du for privé : 8, 112, 125, 233, 250-251, 277, 295-297, 304-305

Écriture(s) de soi : 7-9, 10-11, 13-17, 39, 48, 53-54, 56, 74, 117, 128, 143, 187, 190, 193, 207-208, 249, 253, 259, 261-264, 266, 298-301, 304-306, 307, 311

Éducation : 47-49, 58, 130, 170, 174, 178, 184, 221, 231

Empirisme, empirique : 175, 193, 206, 211-212, 217, 221, 224, 247-248, 277, 298

Enfance, jeunesse : 24, 41, 43, 47, 59-61, 63-64, 66-67, 79, 86, 102, 213, 239, 248, 287

Énoncé, énonciation, énoncer, énonciatif, énonciative : 9, 30, 43, 57, 111, 123-124, 232, 244, 279, 281, 297

Erreur, erronée, méconnaissance, heuristique : 79, 120, 141, 154, 171, 185, 197, 204, 210, 214-217, 219, 221, 223-224, 226

Esprit : voir *spiritualité*

Essai(s) : 7, 12, 22-24, 29, 110, 171, 188, 211, 217, 264, 293, 308, 309

Ethos, éthique(s) : 74, 76, 141, 143, 147, 153, 163-164, 209, 215, 222, 224, 259, 264, 269, 279, 283-284, 286, 289

Examen (de soi, de conscience) : 53, 191

Expérience(s), expérimental : 9, 11, 13, 25, 32, 34, 93, 95, 97-98, 101-103, 109, 121, 123, 130-131, 141, 155, 160, 183, 200, 206-207, 210, 217-219, 232, 261, 278, 289, 299, 308

Faute, culpabilité, coupable, péché, pécher, pécheresse, égarement : 53, 57, 59, 64-66, 68, 71, 74, 81, 214, 217, 280

Fragment (autobiographique, de soi), fragmentaire : 10, 15, 17, 30, 36, 39, 43-44, 128, 131, 133, 143, 161, 251, 257, 259, 262-266, 276

Humilité, humble, humiliation : 62-63, 67, 73, 90, 94, 121, 260

Identité, identitaire : 9, 14, 34-35, 57, 73, 76, 131, 143, 162, 233-237, 247, 252, 254-255, 270, 282, 299

INDEX THÉMATIQUE

Intérieur, intériorité : 8, 11, 13-15, 32-34, 46, 49, 53, 59, 80, 88-95, 98-101, 123, 138, 147, 155, 162, 179, 189, 191, 199, 200, 204, 207-208, 210, 216-223, 225-226, 278-279, 282-283, 285-289, 292, 300

Intime, intimité : 12-13, 15, 23-25, 33, 45-46, 48-49, 57, 59, 72, 89-90, 92, 94, 96, 99, 102, 107-108, 112, 114, 116-119, 121, 123, 133, 136, 149, 155, 157, 164-165, 187-188, 218-219, 222, 233-234, 240, 244, 253, 272, 278, 281, 293, 294, 296, 298, 305, 307

Janséniste, jansénisme : 14, 55, 80, 82, 87, 101, 211
Jésuite : 87, 97
Journal intime : 10, 45-46, 48, 133, 187-188, 209-210, 234, 240, 244, 298, 305, 307
Journal spirituel : 46, 48
Journal de voyage : 14, 105, 109-110, 117, 133, 147, 266, 293, 294

Labyrinthe, labyrinthique, méandre(s) : 13, 15, 25, 33, 145, 202
Légende : 60-62, 76, 128, 299, 303, 309
Livre de raison : 240

Marge, marginal(e), marginaux : 17, 109, 125, 127, 134, 140, 141, 143, 150, 159, 265
Mariage, marié(e) : 27, 58-59, 65, 102, 121, 133, 145, 231, 235, 238-240, 242, 261, 267, 269-271, 309
Maxime(s) : 184, 195, 203, 213, 281
Mémoires : 8-14, 17, 21-22, 24-34, 36-37, 39-40, 53-59, 62-64, 66, 69-76, 112, 125, 128, 134, 143, 146-149, 151, 155, 157, 162, 165, 233, 247, 257-273, 275-289, 292-295, 297-299, 301, 303-307, 309-310
Méditation(s), méditer : 16, 24, 33, 73, 82, 97, 126, 187-191, 193-201, 203-206, 208, 211, 218, 220, 286, 292, 299, 301

Métaphysique(s) : 10, 11, 16, 190-194, 196, 199-203, 205-206, 211, 218, 220, 292
Méthode(s), méthodique(s) : 4, 10, 16, 32, 39, 47-48, 100, 187, 189, 191-193, 201-206, 224, 303, 324
Morale, moral(e), moraliste : 15, 17, 23, 53, 55, 57, 62, 64, 67-68, 72-73, 76, 113, 118-119, 155, 176, 178, 182, 186, 189-194, 198-199, 202-206, 213, 223-226, 248, 262-263, 266-267, 271, 276, 280, 282, 301, 307
Mort, mourir, décès, deuil : 13, 17, 23, 25-26, 38, 49, 53, 56, 62-63, 66, 68, 73, 75, 80-82, 105, 115, 132, 136-137, 143, 161, 174, 181, 185, 190, 193-194, 196, 198, 206, 237, 241, 244, 248, 251, 254-255, 260, 268, 277-278, 282, 285, 292, 310

Narration, narrateur, narratif, narrer : 11, 15, 17, 22, 24, 36-38, 40, 56-59, 64, 67-72, 74, 108-110, 112, 127, 131-132, 134-140, 143, 147, 165, 234-236, 243, 247-248, 252, 265, 286, 306, 310

Observation, observer : 14, 16, 25, 28, 38-39, 48, 107, 111-115, 117, 131, 135, 189, 209, 213, 224, 263, 266, 267, 269, 294
Opinion, opinion publique : 195, 201, 203, 205, 214, 259, 262, 276, 278-279, 283, 306
Origine(s), originel : 27, 32, 45-47, 54-55, 57, 59-62, 67, 85, 143, 153, 155, 179-180, 184, 187, 191, 195, 199, 208, 262, 285, 287, 289, 296, 304, 307

Passé, présent, futur : 25-27, 34, 44, 54, 58-60, 62, 65-66, 72-73, 76, 136, 143, 151, 156, 188, 201, 232, 236, 238, 247, 249, 254-255, 267, 276, 278, 283, 285-286, 288, 303

Perception, perceptible, percevoir : 9, 43, 111-114, 120, 161, 197-198, 200, 217, 234, 244, 252, 299, 310

Persécution, persécuter : 8, 13-14, 54-56, 61, 67, 69, 73, 75-76, 79, 82, 87, 171, 176, 180, 182-183, 185-186, 194, 197, 262, 268, 284, 292, 298

Personnage, : 8, 27, 30, 34, 36, 43, 56, 58, 70, 76, 108, 131, 135, 138, 158, 176-177, 180-182, 244, 254, 265, 269-270, 272, 275, 280, 305

Personnalité, personnalisation, personnel(le) : 9, 11-15, 14-15, 22-23, 25, 27-28, 33-34, 37, 39, 41, 43, 45-49, 55-57, 60, 63, 65-72, 74, 108-114, 117-119, 121, 123-125, 128, 132, 134-136, 139, 143, 147, 149, 150-151, 154-155, 157-159, 164-165, 173, 178, 184, 187, 194, 203, 206, 207-210, 214, 221, 226, 233-234, 250, 254, 275, 277-278, 280, 283, 287, 295, 299, 304

Philosophie, philosopher, philosophe : 16, 23, 27-28, 33, 39, 89, 103, 113, 120, 131, 141, 143, 169-170, 174-175, 177-178, 180, 182, 187, 190, 192-194, 198-199, 201-202, 205, 207-222, 224, 226, 246, 261, 267-272, 278, 285, 295-296, 299, 301, 303, 305-307, 310

Piraterie, flibuste : 15, 125, 128-129, 125, 134, 142-143, 303

Port-Royal : 13-14, 53-77, 192, 211, 291-293, 297, 299, 305, 309-310

Postérité : 54, 57, 75, 151, 158, 212, 222, 275, 283-284, 287, 304

Prison, prisonnier, prisonnière, emprisonner, *felix carcer* : 14, 36, 39-42, 55, 112, 132, 178-179, 239, 266, 270, 275-288

Profession (de foi) : 60, 67-68, 70, 85, 192-193, 201-202, 213, 216, 218-219, 221-222, 224, 272, 280

Promenade(s), promeneur : 24, 65, 187-189, 191, 193-204, 206, 207, 209, 212, 215, 218-220, 224, 227, 288, 296, 306

Protestant(s), protestantisme : 12, 35, 48, 82, 120, 182, 298

Religion, religieux, religiosité : 12-15, 23, 29, 32, 34-35, 48, 53-56, 59-62, 65-68, 71, 73-76, 80, 82, 91, 98, 113, 119-120, 126, 135, 142, 149, 157, 159, 182-183, 190-191, 224, 248, 292, 295, 299, 304, 309

Réforme : 54-55, 57-62, 65-67, 73-74, 76-77, 102, 120, 126, 164, 179, 185-186, 193, 213, 224, 299

Retraite : 16, 34, 64, 68, 93, 100, 191, 194, 226, 283

Rêve, cauchemar, songe : 35-36, 70, 130, 188-189, 196-198, 205, 308

Rêverie(s) : 16, 24, 29, 179, 187-206, 207-210, 212-215, 218-221, 224, 226-227, 281, 287, 300-302, 306-309, 324

Santé, maladie : 11, 42, 49, 62, 73, 109-110, 116-118, 137, 200, 216, 235, 237, 241, 246-250-253, 270, 302, 308

Scène (mise en) de soi : 17, 61, 66, 108, 117, 121-122, 131, 137, 164, 170, 175-177, 183, 240, 244, 246, 263-264, 266-267, 278, 287

Sens, sensations, sensualisme : 90, 111-114, 175, 194, 197-200, 213-214, 217, 220, 222-226, 301, 303

Sensibilité : 6, 32, 120, 154, 160-162, 285, 287, 306

Solitude, solitaire : 16, 24, 29, 49, 54, 64, 92, 102, 179, 187-206, 207-209, 211, 213, 215, 218, 224, 232, 235, 237, 144, 281-282, 288, 293, 295, 300-302, 324

Spiritualité, spirituel, esprit : 10-14, 33-34, 37, 46, 48, 51, 55, 57-60, 62-67, 70, 73-76, 79-86, 88-102, 108, 122, 148, 150, 161-162, 190-192, 195, 197-200, 202-203, 205, 209, 212, 216-217, 222, 225, 232, 269, 292, 300, 307

Sujet, subjectivité, subjectivation : 14-15, 17, 22, 57, 60, 67, 70, 72, 74, 88, 91-94, 99, 111-112, 115, 136-137, 141, 143, 149, 155, 188, 204, 214, 235, 240, 247, 254, 279, 281-283, 285, 296, 301, 309

Témoin, témoignage : 26, 41, 55-58, 76, 79-80, 87-88, 91, 95-96, 101, 113, 133-134, 137-139, 141, 151, 160, 163, 171, 222, 226, 233, 244-245, 250, 259, 280

Vérité : 8, 10, 21, 23-24, 29, 74-76, 79-80, 82, 88-89, 91, 95-96, 100-101, 103, 113, 115, 118, 139-140, 144, 169, 178, 182, 184-186, 188, 193-194, 203, 210, 212, 214-227, 232, 248-249, 270, 286, 292-293, 303, 309, 263, 269, 276, 284, 292, 295, 299

Viatique, voyage, voyageur (littérature viatique), récit de voyage : 14-15, 27, 32, 74, 105-167, 206, 243-244, 264-266, 275, 292-295, 297, 300-301, 303-305, 307-308, 310

RÉSUMÉS

Christine HAMMANN-DÉCOPPET et Marilina GIANICO, « Introduction. Gestes autobiographiques : pratiques disséminées et "moi" partiels »

Le partage générique entre autobiographie et mémoires – et la définition même de l'autobiographie comme genre – sont aujourd'hui questionnés par la critique : la découverte des écrits du for privé et les entrelacs inextricables entre moi privé et moi public dans les textes suggèrent l'utilité d'une nouvelle cartographie des écritures de soi, incluant des œuvres et des genres qui, aux marges de l'autobiographie, offrent au regard les contours d'un geste, plus que d'un genre, autobiographique.

Marc HERSANT, « Disséminations autobiographiques »

Longtemps la critique a différencié les Mémoires, genre voué à la représentation d'un moi social, au théâtre de l'Histoire, de l'autobiographie, destinée à saisir les replis de l'intimité et les variations du moi. Or, à considérer les textes d'Ancien régime, de Montaigne à Sade, cette opposition générique s'estompe pour laisser entrevoir la présence, disséminée dans des textes divers, d'éclats autobiographiques.

Philippe LEJEUNE, « *Aux origines du journal personnel*. Synopsis »

Présentation d'une recherche en archives visant à éclairer l'émergence d'une nouvelle pratique, la tenue d'un journal personnel ou intime en France à partir des années 1750. Introduction à la lecture du synopsis présentant une trentaine de cas dans le volume publié en 2016 chez Champion, *Aux origines du journal personnel, France, 1750-1815*.

Agnès Cousson, « Écriture de l'histoire et écriture de soi. Les *Mémoires* de Port-Royal »

Les relations des religieuses de Port-Royal autour de la vie de leur première abbesse reformée, qui participe malgré elle à l'entreprise mémorielle, échappent à l'impersonnalité formelle et thématique attendue au couvent, régi par des règles strictes qui limitent les possibilités narratives et stylistiques du récit rétrospectif. Or, un rapport intime à l'écriture se noue dans ces récits de commande, infléchissant les textes vers des formes d'autobiographie qu'il faudra définir.

Yolanda Viñas del Palacio, « "C'est peu de chose qu'on opine mon orgueil". Enjeux de l'écriture illuminée d'Antoinette Bourignon »

Antoinette Bourignon écrit, sur injonction divine, deux récits autobiographiques qui retracent sa conversion. Peu après sa mort, son disciple Pierre Poiret lui consacre une biographie où ses gestes et paroles paraissent d'autant plus admirables qu'ils font écho à ceux des plus illustres saints et des plus grands prophètes. L'étude rend compte de la rupture qu'Antoinette Bourignon pense cependant incarner, en analysant ses autoportraits et les retouches de Poiret.

Mathilde Mougin, « Les variations de l'intimité dans les récits de voyage de Montaigne et Jean-Baptiste Tavernier »

La dimension intime des récits de voyage ne va pas de soi, à une époque où la vocation documentaire du genre prédomine. Cette étude est consacrée à l'étude des notations personnelles de deux récits de voyage que la modalité terrestre du déplacement rapproche en dépit du siècle et de la destination qui les séparent. Il s'agira d'interroger la frontière entre la dimension documentaire du texte et sa part de témoignage privé en statuant sur le degré d'intimité de plusieurs énoncés personnels.

Stéphanie Bernier-Tomas, « Écrire sa vie d'aventurier sous l'Ancien Régime »

Manifestant un paradigme de tensions dans l'expression de soi, *L'Histoire* d'Alexandre-Olivier Oexmelin et le *Journal* de Jacques Raveneau de Lussan ont moins pour finalité de restituer le parcours d'un individu que de brosser les mœurs marginales et subversives du monde de la flibuste. Ces textes

« amphibies » promeuvent un moi testimonial et auctorial, véritable être de langage dont la parole vise moins la narration cohérente d'un passé que la lente acquisition d'une identité, celle d'un sujet, voire d'une communauté.

Camille KERBAOL, « Méandres de l'intime dans le *Journal de mon voyage en Amérique* du comte de Charlus »

Le comte de Charlus a laissé un manuscrit remarquable par son statut de chainon manquant entre la « littérature grise » des journaux de bord et l'écriture du journal personnel, si ce n'est intime. D'où une errance tant formelle que thématique, le récit de voyage proposé se substituant à la description de la société des officiers de marine. La violence de cette peinture pose d'autant plus question que le texte est adressé au « plus tendre des pères », qui est également le ministre de la Marine...

Jacques BERCHTOLD, « Guerre et Paix dans les *Confessions* de J.-J. Rousseau »

Dans les *Confessions*, Rousseau rapporte les événements à la connaissance de soi et à la révélation de la nature de la Paix, sur les plans de l'anthropologie et de la philosophie politique. L'ouvrage se présente comme mémoire explicatif du processus ayant conduit à la révélation de la juste théorie de la paix et offre à comprendre comment le penseur a produit une configuration d'œuvres décisives sur l'instauration de la paix. Un certain nombre de motifs et d'intertextes représentent autant de signaux décisifs.

Christine HAMMANN-DÉCOPPET, « Descartes dans les *Rêveries du promeneur solitaire*. Méditation, méthode et écriture de soi »

Les *Rêveries* sont au croisement de plusieurs formes de l'écriture de soi dont la méditation. L'étude s'attache à mettre en valeur l'importance et les enjeux de l'intertexte cartésien dans cette œuvre, envisageant de quelle manière Rousseau réinvestit dans son autobiographie intellectuelle les étapes de la méthode, et dans la série des Promenades le cheminement des *Méditations métaphysiques*, offrant ainsi une réévaluation des conditions de possibilité de la connaissance de soi et d'autrui.

Marilina GIANICO, « Converser avec son âme. Le désir autobiographique de Rousseau au prisme de l'heuristique malebranchienne »

Considérée comme un jalon de l'histoire des écritures de soi, l'œuvre de Rousseau n'a de cesse de ressasser l'expérience individuelle et d'en faire le point départ d'une recherche des universels. La quête éthique qui la sous-tend procède de la clarification des mécanismes de la connaissance et l'écriture autobiographique devient observation scientifique de l'intime (le « baromètre de l'âme »). L'heuristique qui en résulte se rapproche des thèses malebranchiennes de la *Recherche de la vérité*.

Camille CAPAROS, « Un écrit à cœur ouvert. La correspondance d'une noblesse provençale au XVIIIe siècle »

Françoise de Robert d'Escragnolle (1724-après 1792) entretient pendant vingt ans une correspondance avec son époux Alexandre, capitaine de cavalerie. Abandonnée à la tête d'une seigneurie de montagnes, elle utilise abondamment la plume et dépeint le quotidien tourmenté d'une petite noble provençale au siècle des Lumières. La spontanéité, la liberté d'expression et l'intimité de ses missives tendent à interroger la limite entre genre épistolaire et écriture autobiographique.

Valentine DUSSUEIL, « Les "fragments de vie" dans les *Mémoires judiciaires* de Beaumarchais »

Beaumarchais utilisa ses mémoires judiciaires pour écrire, selon ses propres termes, le « roman » de « [s]a vie ». Il tira profit d'une évolution du genre qui accordait plus de place à la subjectivité, dans la seconde moitié du siècle et qui s'inspirait des formes du récit à la première personne. Ces fragments d'écriture de soi se retrouvent disséminés dans son théâtre et dans sa correspondance et l'on peut se demander si l'œuvre judiciaire ne constituait pas un laboratoire de l'écriture de soi.

Cyril FRANCES, « "Les autres admirent mon courage, mais ils ne connaissent pas mes jouissances". Exposition et repli du moi dans les *Mémoires* de Manon Roland »

Les *Mémoires* de Mme Roland décrivent une paradoxale entreprise de repli introspectif et d'exposition héroïque de soi. Écrit intime et auto-destiné autant que vigoureuse adresse à la postérité, ils témoignent de la manière dont l'écriture fut pour l'auteur le moyen de transformer l'emprisonnement en une expérience de ressaisie et d'affirmation du moi.

TABLE DES MATIÈRES

Christine HAMMANN-DÉCOPPET et Marilina GIANICO
Introduction. Gestes autobiographiques :
pratiques disséminées et « moi » partiels 7

PREMIÈRE PARTIE
ÉCRIRE SA VIE
DES LIMITES THÉORIQUES D'UN GENRE

Marc HERSANT
Disséminations autobiographiques 21

Philippe LEJEUNE
Aux origines du journal personnel. Synopsis 45

DEUXIÈME PARTIE
L'AUTOBIOGRAPHIE SPIRITUELLE

Agnès COUSSON
Écriture de l'histoire et écriture de soi.
Les *Mémoires* de Port-Royal 53

Yolanda VIÑAS DEL PALACIO
« C'est peu de chose qu'on opine mon orgueil ».
Enjeux de l'écriture illuminée d'Antoinette Bourignon 79

TROISIÈME PARTIE
LA VOIX DE L'INTIME DANS LE JOURNAL DE VOYAGE

Mathilde MOUGIN
Les variations de l'intimité dans les récits de voyage
de Montaigne et Jean-Baptiste Tavernier 107

Stéphanie BERNIER-TOMAS
Écrire sa vie d'aventurier sous l'Ancien Régime 125

Camille KERBAOL
Méandres de l'intime dans le *Journal de mon voyage
en Amérique* du comte de Charlus 145

QUATRIÈME PARTIE
ROUSSEAU : HÉRITIER OU PRÉCURSEUR ?

Jacques BERCHTOLD
Guerre et paix dans les *Confessions* de J.-J. Rousseau 169

Christine HAMMANN-DÉCOPPET
Descartes dans les *Rêveries du promeneur solitaire*.
Méditation, méthode et écriture de soi 187

Marilina GIANICO
Converser avec son âme.
Le désir autobiographique de Rousseau
au prisme de l'heuristique malebranchienne 207

CINQUIÈME PARTIE

AUX LIMITES DU GENRE
AUTOBIOGRAPHIQUE

APOLOGIE DU MOI
DANS LES TOURMENTES DE L'HISTOIRE

Camille Caparos
Un écrit à cœur ouvert.
La correspondance d'une noble provençale au XVIIIe siècle 231

Valentine Dussueil
Les « fragments de vie »
dans les *Mémoires judiciaires* de Beaumarchais 257

Cyril Frances
« Les autres admirent mon courage,
mais ils ne connaissent pas mes jouissances ».
Exposition et repli du moi
dans les *Mémoires* de Manon Roland 275

Bibliographie 291

Index des noms 313

Index thématique 317

Résumés 323

DANS LA MÊME SÉRIE

1. *La Guerre civile des langues*. Mémoires *du duc de Saint-Simon, année 1710,* « *Intrigue du mariage de M. le duc de Berry* », études réunies par Marc HERSANT, 2011
2. *Le Tournant des Lumières. Mélanges en l'honneur de Malcolm Cook*, sous la direction de Katherine ASTBURY et Catriona SETH, 2012
3. *Le corps et l'esprit en voyage. Le voyage thérapeutique*, sous la direction de Christine de BUZON et Odile RICHARD-PAUCHET, 2012
4. *Rousseau et le roman*, études réunies par Coralie BOURNONVILLE et Colas DUFLO, 2012
5. *Les* Lettres persanes *en leur temps*, sous la direction de Philip STEWART, 2013
6. *La Révolution française et le monde d'aujourd'hui. Mythologies contemporaines*, sous la direction de Martial POIRSON, 2014
7. *Le Temps des femmes. Textes mémoriels des Lumières*, sous la direction d'Anne COUDREUSE et Catriona SETH, 2014
8. *Jean-Jacques Rousseau et l'exigence d'authenticité. Une question pour notre temps*, sous la direction de Jean-François PERRIN et Yves CITTON, 2014
9. *Nouvelles lectures de* La Vie de Marianne. *Une « dangereuse petite fille »*, sous la direction de Florence MAGNOT-OGILVY, 2014
10. *Classer les mots, classer les choses. Synonymie, analogie et métaphore au XVIIIe siècle*, sous la direction de Michèle VALLENTHINI, Charles VINCENT et Rainer GODEL, 2014
11. *Saint-Simon ou le sens de l'intrigue*, sous la direction de Jacques BERCHTOLD et Marc HERSANT, avec la collaboration de Damien CRELIER, 2014
12. *L'Accident de Ménilmontant*, sous la direction d'Anouchka VASAK, 2015
13. *Les Confessions. Se dire, tout dire*, sous la direction de Jacques BERCHTOLD et Claude HABIB, 2015
14. *Le Sacré en question. Bible et mythes sur les scènes du* XVIIIe *siècle*, sous la direction de Béatrice FERRIER, 2015
15. *Démocratisation et diversification. Les littératures d'éducation au siècle des Lumières*, sous la direction de Rotraud von KULESSA, 2015
16. *Nouveaux regards sur la trilogie de Beaumarchais*, sous la direction de Sophie LEFAY, 2015
17. *Casanova.* « *Écrire à tort et à travers* », sous la direction de Raphaëlle BRIN, 2016
18. *Rousseau, les Lumières et le monde arabo-musulman. Du* XVIIIe *siècle aux printemps arabes*, sous la direction de Pascale PELLERIN, 2017
19. *Kant et les Empirismes*, sous la direction d'Antoine GRANDJEAN, 2017
20. *Lumières et océan Indien. Bernardin de Saint-Pierre, Évariste Parny, Antoine de Bertin*, sous la direction de Chantale MEURE et Guilhem ARMAND, 2017
21. *Conte et Histoire (1690-1800)*, sous la direction de Marc HERSANT et Régine JOMAND-BAUDRY, 2018
22. *Femmes des Lumières. Recherches en arborescences*, sous la direction d'Huguette KRIEF, Marie-Emmanuelle PLAGNOL-DIÉVAL, Michèle CROGIEZ LABARTHE et Edith FLAMARION, 2018

23. *Littérature et voyages de santé*, sous la direction de Christine de BUZON et Odile RICHARD-PAUCHET, 2017
24. *Les Arts du spectacle et la référence antique dans le théâtre européen (1760-1830)*, sous la direction de Mara FAZIO, Pierre FRANTZ et Vincenzo DE SANTIS, 2018
25. *Les Savoirs des barbares, des primitifs et des sauvages. Lectures de l'Autre aux XVIIIe et XIXe siècles*, sous la direction de Françoise LE BORGNE, Odile PARSIS-BARUBÉ et Nathalie VUILLEMIN, 2018
26. *Raconter la douleur. La souffrance en Europe (XVIIe-XVIIIe siècles)*, sous la direction de Marilina GIANICO, avec la collaboration de Michel FAURE, 2018
27. *Diderot et l'Antiquité classique*, sous la direction d'Aude LEHMANN, 2018
28. *Diderot, le génie des Lumières. Nature, normes, transgressions*, sous la direction de Konstanze BARON et Robert FAJEN, 2019
29. *Fièvre et vie du théâtre sous la Révolution française et l'Empire*, sous la direction de Thibaut JULIAN et Vincenzo DE SANTIS, 2019
30. *Un homme, deux cultures. Charles de Villers entre France et Allemagne (1765-1815)*, sous la direction de Nicolas BRUCKER et Franziska MEIER, 2019
31. *Poétique et Politique de l'altérité. Colonialisme, esclavagisme, exotisme (XVIIIe-XXIe siècles)*, sous la direction de Karine BÉNAC-GIROUX, 2019
32. *Se promener au XVIIIe siècle. Rituels et sociabilités*, sous la direction de Sophie LEFAY, 2019
33. *Les Lumières, l'esclavage et l'idéologie coloniale. XVIIIe-XXe siècles*, sous la direction de Pascale PELLERIN, 2020
34. *Écrire l'encyclopédisme, du XVIIIe siècle à nos jours*, sous la direction de Susanne GREILICH et Hans-Jürgen LÜSEBRINK, 2020
35. *Récits de vie et pratiques de sociabilité. 1680-1850*, sous la direction de Marie-Paule DE WEERDT-PILORGE et Malina STEFANOVSKA, 2021
36. *Femmes artistes à l'âge classique. Arts du dessin – peinture, sculpture, gravure*, sous la direction d'Élise PAVY-GUILBERT, Stéphane PUJOL et Patrick WALD LAWOSKI, 2021

Achevé d'imprimer par Corlet,
Condé-en-Normandie (Calvados), en novembre 2021
N° d'impression : 173663 - dépôt légal : novembre 2021
Imprimé en France